Über den Autor:

Siegfried Obermeier wurde 1936 in München geboren. Er hat über 20 Romane und Sachbücher, zumeist historischen Inhalts, veröffentlicht. Das Sachbuch »Starb Jesus in Kaschmir?« stand wochenlang auf der »Spiegel«-Bestsellerliste. Obermeier wurde mit der »Littera-Medaille« und anderen Kulturpreisen ausgezeichnet.

Siegfried Obermeier

Die unheiligen Väter

Gottes Stellvertreter zwischen Machtgier und Frömmigkeit

Eine Geschichte der Päpste

BASTEI LÜBBE

BASTEI-LÜBBE-TASCHENBUCH
Band 60451

Lizenzausgabe im Bastei-Verlag Gustav H. Lübbe GmbH & Co.,
Bergisch Gladbach,
mit freundlicher Genehmigung des Scherz Verlag, Bern und München
Copyright © 1995 by Scherz Verlag, Bern und München
Alle Rechte beim Scherz Verlag, Bern und München
Printed in Germany, März 1998
Einbandgestaltung: Dieter Ziegenfeuter, Dortmund,
unter Verwendung des Gemäldes »Innozenz X.« von Velàsquez,
Galleria Doria-Pamphili, Rom
Druck und Bindung: Clausen & Bosse, Leck
ISBN 3-404-60451-2

Inhalt

Vorwort

Ist das Papsttum tatsächlich von Christus mit eindeutigen Worten begründet und für alle Ewigkeit eingesetzt worden? Die römisch-katholische Kirche bezieht sich bei der Beantwortung dieser Frage auf einen in Matth. 16, 18-19 erwähnten Ausspruch Jesu, der in der lutherischen Übersetzung so lautet: «Und ich sage dir auch: Du bist Petrus, und auf diesen Felsen will ich bauen meine Gemeinde, und die Pforten der Hölle sollen sie nicht überwältigen. Und ich will dir des Himmelreichs Schlüssel geben: Alles, was du auf Erden binden wirst, soll auch im Himmel gebunden sein, und alles, was du auf Erden lösen wirst, soll auch im Himmel gelöst sein.»

Die katholischen Übersetzungen sind etwa gleichlautend, nur heißt es da: «... will ich meine Kirche bauen...»

Die moderne Bibelübersetzung spricht ebenfalls von einer Gemeinde, was wohl dem griechischen Original näher kommt, dem damals der Begriff Kirche als Institution völlig fremd war, denn altgriechisch *ekklesia* bedeutet Volksversammlung und Gemeinde. Auf diese eine Bibelstelle gründet nun die römisch-katholische Kirche ihr Papsttum, denn kein anderer Evangelist hat ähnliches verkündet, wenn es auch da und dort Hinweise gibt, daß Christus den Apostel Petrus (griechisch *petros* = Fels) mit einer Führerrolle betrauen wollte.

Es liegt jedoch näher, das Matthäuswort so zu verstehen, daß Christus für die Zeit nach seinem Tode Petrus ganz einfach zum Haupt der Christengemeinde machen wollte. Diese Ansicht teilen inzwischen alle christlichen Glaubensrichtungen – ausgenommen die römisch-katholische und die mit ihr unierten orthodoxen Kirchen.

In den ersten nachchristlichen Jahrhunderten war die Situation noch völlig anders, doch davon später.

Dieses Buch hat nur marginal etwas mit Religion zu tun, obwohl seine «Helden» verschiedene Päpste sind. Was mich an diesem Thema reizte, war die beispiellose Kontinuität des höchsten Kirchenamtes und die Tatsache, daß es durch schlimme Zeiten sein Ansehen und seine Würde bewahrt oder doch wiedergewonnen hat. Bei Päpsten wie Johannes XII., Bonifatius VIII. oder Alexander VI. mag dies unglaublich erscheinen, doch wir dürfen nicht vergessen: Für das Volk und den einfachen Klerus waren sie die geweihten und gesalbten Nachfolger Petri, deren persönliches oder politisches Fehlverhalten nicht so sehr ins Gewicht fiel. Nur in ganz wenigen und sehr krassen Fällen hat sich das Volk selbst seiner Oberhirten entledigt.

Die Päpste waren aber zugleich – und sie sind es bis heute – Souveräne eines selbständigen Staates, und als solche hatten sie die Funktion weltlicher Fürsten. Wie auf anderen Fürstenthronen hat es auch bei den Päpsten integre und vorbildliche, ja heiligmäßige Menschen gegeben. Es gab gutwillige Versager, es gab Trottel und heilige Narren, und es gab Scheusale, die einen Vergleich mit Caligula oder Iwan dem Schrecklichen nicht zu scheuen brauchen. Doch auch sie werden von der katholischen Kirche als rechtmäßige und vom Heiligen Geist erwählte Päpste gezählt, mit der vielleicht etwas bedenklichen Begründung, daß sie – sei ihr Leben noch so sündhaft gewesen – nichts an den ewigen Wahrheiten der christlichen Lehre verändert hätten. Dazu äußerte sich Papst Leo I. (440–461): *Petri dignitas etiam in indigno herede non deficit.* (Die Würde des Petrus geht auch in einem unwürdigen Erben nicht verloren.) Darüber kann man streiten, doch eine solche Debatte ist nicht Thema dieses Buches. Wie dem auch sei – ihnen, den Mördern und Prassern, den Grausamen und Machtgierigen, den Beute- und Rachelüsternen, ist dieses Schwarzbuch gewidmet.

Es werden Menschen geschildert, die sich in den meisten Fällen das höchste Kirchenamt erkauft, ertrotzt oder erpreßt hatten und die dieses Amt für ihre Habgier, ihre persönlichen Macht- oder Rachegelüste skrupellos ausnutzten, ohne Rücksichten auf die Besonderheit ihrer Stellung als «Stellvertreter Christi auf Erden» und «Knecht der Knechte Gottes».

Ein Wort noch zu meinen Quellen. Um dem Vorwurf einer Parteinahme oder Überzeichnung gleich am Anfang zu begegnen, möchte ich darauf hinweisen, daß sich dieses Buch ohne Ausnahme auf anerkannte und seriöse Quellen stützt, die im Anhang genannt werden. Es ist sonst nicht meine Art, mich in einem Vorwort zu rechtfertigen – das Urteil spricht allein der Leser –, aber hier halte ich es doch für angebracht, denn vieles in diesem Buch wird wie böswillige Erfindung klingen oder als die perfide Absicht erscheinen, das Ansehen der katholischen Kirche zu verunglimpfen. Daß beides nicht beabsichtigt ist, kann der zweifelnde Leser durch Studium der genannten Quellen jederzeit selber herausfinden.

I. Das finstere Mittelalter

Die Bischöfe von Rom

Die römische Christengemeinde sei, so Karl Heinz Deschner in «Der gefälschte Glaube», weder von Petrus noch von Paulus gegründet worden, sondern von unbekannten Judenchristen. Er begründet es damit, daß noch in der Mitte des 2. Jahrhunderts – damals gab es bereits etwa 30 000 Christen und 150 Kleriker – niemand etwas von Petrus als Stifter oder gar Bischof gewußt habe, sondern Linus erster Bischof von Rom genannt wurde; das «Liber pontificalis» – das offizielle Papstbuch – nennt ihn als ersten Bischof der Stadt.

Man darf diese Frage nicht überbewerten, denn ob Petrus oder Linus als erster Bischof von Rom genannt wird, wäre – auch für die Kirche – nicht so wichtig gewesen. Wichtig, ja entscheidend wurde sie erst, als diese Bischöfe das Primat über die gesamte Christenheit anmeldeten, also den Anspruch, Erster und Oberster zu sein über alle Christen auf dieser Welt, ob Patriarchen, Bischöfe, einfache Priester oder Laien. Jetzt spielte es eine entscheidende Rolle, ob Petrus die lange Reihe der Päpste anführte, denn er war ja, laut Auslegung des Matthäuswortes, von Christus dazu ausersehen.

Nun taucht Petrus plötzlich im «Liber pontificalis» auf, zwar erst im 4. Jahrhundert, aber noch rechtzeitig genug, um das Primat künftiger Päpste zu legitimieren. Nun war es nicht so, daß der eine Bischof von Rom sich noch als solcher sah und bezeichnete, während sein Nachfolger sich das Primat anmaßte. Das ging allmählich vor sich, und noch Anastasius I. (399–401) sah sich lediglich als Oberhaupt der Westkirche, wenn auch einige seiner

Vorgänger schon intensiv mit dem Primat liebäugelten und es zum Thema von Konzilen machten.

Leo der Große (440–461) aber verstand sich bereits als Papst im späteren Sinne – als Oberhaupt aller Christen –, und weil er dies tat, legte er auch den Grundstein zur späteren Kirchenspaltung, zum Schisma. Am Allgemeinen Konzil von Chalcedon lehnte er alle Einigungsversuche der Ostkirche ab und bestand auf der Einrichtung einer römischen Nuntiatur in Konstantinopel. Das wiederum empörte die sich als gleichrangig empfindenden Patriarchen, und wenn sich auch kein genaues Datum für die endgültige und bis heute anhaltende Trennung in Ost- und Westkirche nennen läßt, so wurde der Bruch im Laufe des 9. Jahrhunderts endgültig vollzogen, als man sich gegenseitig Ketzerei vorwarf und Päpste und Patriarchen sich einander Bannflüche übersandten. Dies alles war natürlich auch ein Politikum, bei dem die oströmischen Kaiser nicht weniger mitwirkten als die Fürstentümer im Westen und seit Karl dem Großen die deutschrömischen Kaiser.

Papst Leo hat übrigens recht klug vorgesorgt, damit seine Nachfolger sich auch in peinlichen Situationen rechtfertigen konnten, als er den schon erwähnten Satz vom unwürdigen Erben aussprach, bei dem die Würde des Petrus nicht verloren gehe.

Nicht zuletzt aber spielte es eine entscheidende Rolle, daß Rom, die alte Kaiserstadt, Residenz jener Bischöfe wurde, die bis zum Jahre 530 – mit zwei Ausnahmen – als Heilige gelten. Mehr als vierzig Bischöfe von Rom also, deren Biographien häufig sehr dunkel sind, lauter Heilige? Ein halbes Jahrtausend Papstgeschichte mit lauter ehrenwerten, heiligmäßigen Männern? Das ist wohl nur als Geste zu verstehen, als Reverenz vor den schwierigen Zeiten, in denen diese Bischöfe ihre Gemeinden führen mußten und einige von ihnen den Märtyrertod starben. Auch unter ihnen wird es Unheilige gegeben haben, aber dafür fehlt der historische Beweis genauso wie für ihre Heiligkeit. Sie mögen in Frieden ruhen.

Zurück zur Rolle des Römischen Reichs, die auch nach seinem

Niedergang noch nicht ganz ausgespielt war und die wesentlich dazu beitrug, daß aus römischen Bischöfen Päpste wurden.

Ferdinand Gregorovius (1821–1891), einer der glänzendsten Historiker des 19. Jahrhunderts, hat diese Entwicklung in seiner «Geschichte der Stadt Rom» so dargestellt:

«Weder die Heiligkeit von Jerusalem, wo Christus lehrte und starb, noch die unbezweifelbare Stiftung der Gemeinde Antiochias durch Petrus gaben diesen Städten das Recht des Anspruchs auf den kirchlichen Primat. Aber die Bischöfe im Lateran, welche die politische Bedeutung der Hauptstadt Constantinopel nicht als maßgebend für die Stellung des dortigen Patriarchen anerkannten, ergriffen mit Erfolg die Ansprüche, welche die alte Welthauptstadt auf die Ehrfurcht und den Gehorsam der Völker machte. Der Nimbus der ewigen Roma fiel auf ihr priesterliches Haupt zurück. Sie waren die Erben des Geistes, der Disziplin, der ehrgeizigen Triebe der alten Römer, und obwohl das Reich zerfiel, bestand doch dessen große, wenn auch entseelte Maschinerie. Die Länder trugen noch die tiefen Geleise der Regierung und Verwaltung Roms, und so begann die Herrschaft der kirchlichen Stadt sich bald durch jene Kanäle, welche das heidnische Rom gezogen hatte, in die Provinzen zu ergießen.

Die römische Kirche verwandelte den Imperialismus, in welchem sie als eine hierarchische Institution entstanden war, allmählich in das Papsttum. Die Organisation des Reiches wurde in ein kirchliches System übertragen, dessen Mittelpunkt der Papst war. Der alte Reichssenat umgab diesen geistlichen Wahlmonarchen, bei dem, wie bei den alten Imperatoren, Stamm und Nation gleichgültig waren, in der Gestalt von Kardinälen und Bischöfen, aber das konstitutionelle Prinzip, welches die Cäsaren nicht gekannt hatten, wurde in den Konzilen und Synoden eingeführt, wozu die Provinzen nach dem allgemeinen Senatshause, dem römischen Lateran, ihre Abgeordneten schickten. Die Statthalter dieser kirchlichen Provinzen waren die von Rom geweihten und beaufsichtigten Bischöfe; die Klöster in allen Ländern glichen den alten Römerkolonien und waren Burgen oder Stationen der geistlichen Herrschaft Roms wie der Kultur, und nachdem die heidnischen oder ketzerischen Barbaren in Britannien, Deutschland, Gallien und Spanien durch die unblutigen Waffen Roms gezwungen und zivilisiert worden waren, gebot die Ewige Stadt wiederum in dem schönsten Teile der Welt und schrieb ihm Gesetze vor. Wie man auch die neue Zentralisation betrachten mag, die von Rom ausging, sie wurde auf der Schwäche oder dem Bedürfnis der Menschen gebaut, und der Primat Roms war für rohe und gesetzlose Jahrhunderte notwendig, weil er die Einheit des Christentums erhielt.»

Aus all dem wird ersichtlich, daß das römische Primat weder bei Petrus begann, noch als anmaßende Forderung später plötzlich durchgesetzt wurde, sondern viele Wurzeln hat und sich im Laufe von Jahrhunderten herausbildete.

Ich habe meine Zweifel geäußert, ob es sich bei den ersten vierzig Bischöfen von Rom – nennen wir sie der Einfachheit halber künftig Päpste – wirklich um lauter Heilige gehandelt hat. Nun, diese Frage bleibt offen. Zwei wurden jedenfalls von dieser Generalkanonisation ausgenommen: Liberius und Anastasius II. Waren sie die ersten unheiligen Väter?

Über Papst Liberius (352–366) sind wir verhältnismäßig gut informiert, weil sein Pontifikat in die Regierungszeit der Söhne Konstantins des Großen fiel, als das Christentum zwar noch nicht – wie es häufig falsch dargestellt wird – offizielle Staatsreligion, aber schon zum vorherrschenden, vom Kaiser geförderten Glauben geworden war. Dieser Glaube war bereits gespalten in die Lehrmeinungen des Arius (ca. 260–336) und des Athanasius (295–373). Bei diesem sog. arianischen Streit spielte Papst Liberius eine zwielichtige Rolle. Zuerst weigerte er sich, wie Kaiser Constantius es verlangte, die Lehre des Athanasius zu verdammen, und wurde nach Thrakien verbannt. Als er seinen Widerstand aufgab, durfte er zurückkehren, und der Gegenpapst Felix mußte gehen. Liberius suchte nach einem Kompromiß zwischen den beiden Lehren, wobei er sich aber der «Irrlehre» des Arius weiter annäherte und sie – als diese allgemein verurteilt wurde – weiter verteidigte. Das hat ihn wohl später um den Heiligenschein gebracht, denn der Arianismus wurde 325 auf dem Konzil von Nicäa für alle Zeiten verworfen.

Über das zweijährige Pontifikat von Papst Anastasius II. gibt es wenig zu berichten. Er soll den Frankenkönig Chlodwig zum Christentum bekehrt haben und wollte die römische mit der Ostkirche wieder versöhnen. Das wurde ihm als die Haltung eines «Abtrünnigen» ausgelegt, und so wurde auch ihm der Nimbus vorenthalten.

Dazwischen eine Klarstellung für nichtkatholische Leser: Bei den Päpsten bis 530 handelte es sich um Heilige im kanonischen Sinn, das heißt, ihnen dürfen Kirchen geweiht, zu ihnen darf gebetet werden. Die Anreden «Eure Heiligkeit» oder «Heiliger Vater», früher sogar *Sanctissime Pater,* also «Allerheiligster Vater» sind Titel für jeden Papst, ob heilig oder nicht.

Heilige Päpste, wenn auch nicht allzuviele, hat es auch nach 530 gegeben, als letzter wurde Pius X. (1903–1914) heiliggesprochen. Wer seine Biographie kennt, weiß, daß er sich diese Ehre vielfach und redlich verdient hat.

Zurück zu den ersten Päpsten, den insgesamt heiligen. Auch hier taucht schon ein Phänomen auf, das die Kirche bis ins 15. Jahrhundert hinein beschäftigen sollte, nämlich die Gegenpäpste. Strenggenommen dürfte es sie überhaupt nicht geben, da nach katholischer Lehre der Heilige Geist die Papstwahl leitet, das heißt er beeinflußt die Wahlmänner nach dem Willen Gottes. Wenn ich «Wahlmänner» sage anstatt Kardinäle, so geschieht dies aus historischen Gründen. In den ersten drei Jahrhunderten wurde der Papst – damals noch als Bischof von Rom – wie jeder Bischof vom Volk und dem Klerus gemeinsam bestimmt. Später sprachen die christlichen Kaiser ein gewichtiges Wort mit – ja, Otto I. (912–973) ging sogar soweit zu befehlen, ohne seine Zustimmung dürfe kein Papst gewählt oder geweiht werden. 1059 erließ Nikolaus II. ein Dekret, das allein dem Kardinalskollegium das Recht zur Papstwahl zugestand.

Der erste Gegenpapst tauchte schon 222 auf. Bis zum Jahre 1439 gab es noch weitere 35 dieser schwarzen Schafe, aber selbst diese Zahl ist umstritten. Hatte der Heilige Geist hier versagt? In der «Geschichte der Päpste» von Seppelt/Schwaiger (mit kirchlicher Druckerlaubnis!) wird das so erklärt:

«Der Kirchenhistoriker muß darauf verzichten, die Zahl der über allen Zweifel ‹rechtmäßigen› Päpste genau festzulegen. Bei manchen Namen muß offenbleiben, ob sie den Päpsten oder Gegenpäpsten oder auch keiner der beiden Kategorien zuzurechnen sind. Diese Schwierigkeit gründet hauptsächlich in folgenden Tatsachen: Auf weite Strecken der Geschichte des Papsttums bestand keine völlig eindeutige, allgemeine Übereinstimmung darüber, unter welchen Umständen die Wahl und Weihe des Bischofs von Rom – oder auch dessen Absetzung oder Amtsverlust – gültig seien. Einsetzung und Entfernung zahlreicher Päpste sind unter schweren Wirren, im Tumult, unter harten Parteikämpfen, unter massivem Eingriff weltlicher Mächte erfolgt. Vielfach sind unsere schriftlichen Quellen hierüber sehr dürftig oder einseitig, so daß die genauen Vorgänge kaum zu fassen sind.»

Karl der Große und das Papsttum

«Politisch, geistig, seelisch wurde der Europäer, der Mann des Westens durch nichts so gehärtet wie durch den tausendjährigen Kampf zwischen Papst und Kaiser, Kirche und Staat, geistlicher und weltlicher Macht.»

Das schrieb Friedrich Heer in seinem so bemerkenswerten wie eigenwilligen Buch «Karl der Große und seine Welt».

Dazu ließe sich einiges sagen, aber ich lasse diese Behauptung so stehen und versuche, eine Verbindung zum Thema dieses Buches herzustellen. Auch die Päpste in Rom waren seit Karl dem Großen «Männer des Westens», und er erhob den Anspruch, der Papst sei dem König (oder Kaiser) in weltlichen Dingen untertan, so wie der Kaiser verpflichtet sei, Papst und Kirche gegen jedweden Feind mit dem Schwert zu schützen und zu verteidigen. Daß der Papst jemals sein Schwert gegen den Kaiser oder dieser die Waffe gegen den Papst erheben würde, war dabei nicht vorgesehen und wurde für die Jahrhunderte nach Karl doch zu einer traurigen Regel. Nicht zuletzt dieser Entwicklung haben wir einige unserer unheiligen Väter zu verdanken, die alles daran setzten, den Machtkampf zu ihren Gunsten zu entscheiden, und dabei Mittel anwandten, die man einem weltlichen Fürsten kaum verziehen hätte, geschweige denn einem Stellvertreter Christi auf Erden.

Friedrich Heer umreißt den Umbruch, der sich in der Stellung des Papstes anbahnte:

«In der Epoche Karls des Großen überwindet der römische

Papst seine zweihundertjährige Angst, ein langobardischer Hofbischof zu werden, löst sich von der Oberherrschaft des Kaisers in Konstantinopel, gerät zunächst unter Karl dem Großen in die Gefahr, ein fränkischer Hofbischof zu werden und nach Aachen verpflanzt zu werden. Wem gehört der Papst? Dem oströmischen Kaiser, dem König der Langobarden, dem König der Franken, dem neuen, ersten Kaiser des Westens? Diese Frage wurde in dieser Form nie so formuliert, sie hängt aber schwer in der Luft des 8., des 9. Jahrhunderts. Die römischen Päpste wollen nur sich selbst gehören. Sie streben danach, sich sorgfältig vom Kaiser des Ostens in Konstantinopel zu lösen und im fränkischen König, dann Kaiser, eine neue wirksame Schutzmacht zu finden.

Karl der Große hält ‹seine› Päpste in straffer Abhängigkeit. Als Bittsteller, um nicht zu sagen als Bettler, als Schutzflehende nahen sich Päpste seinem Vater Pippin und ihm selbst, dem uralten Ritual der sakralen Bitte um Schutz entsprechend, umfangen Päpste kniend die Knie der Frankenherrscher, von denen sie Hilfe, Befreiung vom Druck der Langobarden erhoffen.

Albert Hauck, der Altmeister der deutschen Kirchengeschichte, schildert Papst Hadrian I. als fränkischen Hofbischof. Wie sich dieser Papst (772–795) selbst versteht, bekundet ein Schreiben an die Kaiserin Irene in Konstantinopel vom 26. Oktober 785: Der Papst erklärt hier, daß der Frankenkönig Karl ihm als sein ‹Sohn und geistlicher Gevatter› gehorche und ‹seinen Willen in allen Dingen erfülle›. Faktisch mußte dieser Papst so ziemlich in allen Dingen den Willen Karls erfüllen, sein hoher Anspruch überlebte jedoch beide: den realpolitisch so schwachen Papst, den realpolitisch so starken Karl. (...)

Das Papsttum löst sich nach Jahrhunderten von Unglücksfällen, Demütigungen, Katastrophen von seinem ‹Herrn›, dem Kaiser Ostroms. Gregor II. (715–731), der Papst, der dem englischen Benediktiner Winfrid, dem späteren heiligen Bonifatius, den Auftrag zur Bekehrung Deutschlands erteilt, wagt den offenen Widerstand gegen Kaiser Leo III.: Er weigert sich, die Steuerbeschlüsse des Kaisers für Italien durchzuführen, zu dieser Exekution war er, der Papst, als Vizekönig des Kaisers in Italien, an sich rechtlich verpflichtet. Der Kaiser droht dem Papst mit einer Verurteilung als Hochverräter, der Kaiser will ihn ermorden lassen, der Kaiser will ihn durch einen Gegenpapst ersetzen. Der byzantinische Exarch von Ravenna besetzt Rom. Gregor II. erhebt sich in offenem Widerstand. Er verflucht in Briefen 729 den Kaiser und erklärt ihm: ‹Höre auf, Kaiser, laß davon ab, Dich gleich einem Priester zu gebärden, gehorche der geheiligten Kirche, wie es Deine Pflicht ist. Das Dogma ist keine Angelegenheit der Kaiser, sondern der Päpste, denn Wir besitzen die Urteilskraft Christi und das richtige Verständnis. Du, Kaiser, kannst nicht über das rechte Verständnis für Dogmen verfügen. Dein Gewissen ist zu grob und ungeschliffen dazu.›»

Als König Karl die Bühne der Weltgeschichte betrat, schrieb er das von Papst Gregor II. entworfene Drehbuch um, indem er sich 796 an Papst Leo III. wandte: «Unsere Aufgabe ist es, mit Gottes Hilfe die heilige Kirche Christi überall nach außen gegen den Ansturm der Heiden und gegen die Verwüstung durch die Ungläubigen mit den Waffen zu verteidigen und nach innen durch die Anerkennung des katholischen Glaubens zu festigen. Eure (des Papstes) Aufgabe ist es, wie Moses mit zu Gott erhobenen Händen Unsere Kriegsmacht zu unterstützen, damit das christliche Volk, durch Eure Gebete von Gott geführt und ausgestattet, überall und immer den Sieg über die Feinde seines Namens davontrage und damit der Name Unseres Herrn Jesus Christus auf dem ganzen Erdkreis geehrt werde.»

Leo III. (795–816) lehnte sich nicht dagegen auf, denn seine Stellung in Rom war sehr unsicher geworden, und seine Gegner erhoben schwere Anschuldigungen gegen seine Amts- und Lebensführung.

Für Karl aber wurde dieser als «Frankenknecht» verschriene Papst zu einer wichtigen politischen Figur, die er gegen die immer noch starke oströmisch-griechische Partei einsetzte. In diesem Zusammenhang darf nicht vergessen werden, daß Rom und das südliche Italien damals noch sehr von Byzanz beeinflußt waren, was sich unter anderem darin zeigte, daß in der päpstlichen Residenzstadt eine Art Polizeipräsident amtierte, und der war, wie Rudolph Wahl anmerkt, «der letzte Abglanz der Oberhoheit Ostroms und, wenn auch in politischen Fragen machtlos, so doch als Oberste Gerichtsbarkeit anerkannt. Sein Amt etwa gewaltsam zu beseitigen wäre, selbst wenn Karl oder Leo die Macht dazu gehabt hätten... eine schwere Beleidigung des griechischen Kaisers, wenn nicht gar ein Kriegsgrund gewesen.»

Noch gab es ja nur diesen einen Kaiser in der christlichen Welt...

Jedenfalls war Papst Leo vielen ein Dorn im Auge, und nicht alle Vorwürfe, seine Amts- und Lebensführung betreffend, werden aus der Luft gegriffen sein. Zudem herrschte in Rom, was den Stuhl Petri betraf, noch immer eine Art Erbhofmentalität, das heißt, bestimmte Parteien, Familien oder Gruppierungen, die einen Papst gestellt hatten, sorgten eifrig dafür, daß auch der nächste aus ihren Reihen stammte. So kam die Opposition gegen Leo auch weitgehend aus den Kreisen seines Vorgängers, Papst Hadrians I. (772–795), der aus altrömischem Adel stammte und fast 24 Jahre lang regiert hatte. Da war eine Nepotenwirtschaft entstanden, die sich unter dem neuen Papst beschnitten und vernachlässigt fühlte; und wenn viele unzufrieden sind, so ist das der Humus, auf dem Verschwörungen gedeihen. Leo hatte die von Hadrian in hohe Ämter eingesetzten Männer nicht einfach entlassen können, und so war ein Onkel seines Vorgängers Consul et Dux, ebenso wie dessen Neffe Theodor, während Paschalis, ein anderer Neffe, das Amt des Primicerius ausübte, etwa dem des späteren Kardinalstaatssekretärs vergleichbar.

Diese Männer nun gewannen einen Kreis von Unzufriedenen und bildeten eine Verschwörung, um den Papst abzusetzen, und das hieß letztlich, ihn zu töten, denn ein Papst war auf Lebenszeit gewählt, und nur zwei Ereignisse ließen den Stuhl Petri vakant werden: sein Tod oder seine Absetzung durch ein Konzil. Da letzteres nicht in Betracht kam, muß Paschalis – er führte die Verschwörung – den Tod Leos im Sinn gehabt haben.

Für den Anschlag war der 25. April 799 vorgesehen, denn auf diesen Tag fiel das Marcus-Fest, bei dem der Papst an der Spitze einer Prozession vom Lateran zur Kirche San Lorenzo zog, wo das Volk ihn zum gemeinsamen Gebet erwartete. Während Papst Leo auf seinem Pferd inmitten der Prozession ritt, kam Paschalis als einer der ersten Würdenträger an seine Seite, der zweite Hauptverschwörer, sein Bruder Campulus, folgte ihnen. Die anderen Verschwörer warteten beim Kloster St. Sylvester und stürzten sich auf den Papst, als er dort erschien. Die Prozession löste sich in Panik auf, und Papst Leo war hilflos den Attentätern ausgeliefert, die ihn – nach erprobter oströmischer Art – an Auge und Zunge verstümmeln wollten, um ihn für eine weitere geistliche Laufbahn, die einen Menschen ohne Behinderung erforderte, unfähig zu machen, wobei sein Tod – wie es so schön heißt – billigend in Kauf genommen wurde. Leo wurde dabei nur verletzt, aber weder geblendet noch seiner Zunge beraubt. Die Verschwörer sperrten ihn ins Kloster St. Erasmus, doch in den Tagen darauf erwies sich, daß das Volk mit dieser Tat keineswegs einverstanden war, und einige Wochen später verhalf ihm sein Kammerherr Albinus zur Flucht nach St. Peter, wo sich sogleich zahlreiche Anhänger um ihn scharten.

Der Anschlag war mißglückt, doch die Kunde davon verbreitete sich rasend schnell durch Italien und Europa. Was später im *Saeculum obscurum* fast zum Alltag wurde, nämlich daß man Päpste verstümmelte, tötete oder einsperrte, war damals noch ein unerhörtes Ereignis und erregte die Gemüter der ganzen Christenheit.

Natürlich erfuhr auch König Karl davon, auch daß der Papst im Begriff sei, zu ihm zu flüchten und um seine Hilfe zu bitten. König Karl, der wieder einmal dabei war, die ewig aufsässigen Sachsen zu züchtigen, hielt in Paderborn an, wo er im Juli 799 mit Papst Leo zusammentraf. In seiner Karls-Biographie hat Rudolph Wahl die Szene geschildert:

«Der König legte Waffengala an, die Kriegstrompeten wurden, als ginge es in die Schlacht, geblasen, die Ebene um Paderborn wimmelte von Reiterscharen, deren Waffen im Sonnenschein blitzten, Standarten und Fahnen wehten im Sommerwind. Am Lagereingang hat der Klerus Aufstellung genommen, in drei Chöre eingeteilt, die Kreuzfahnen hoch erhoben. Endlich naht der päpstliche Zug. Karl erkennt den Heiligen Vater an der Seite seines Sohnes Pippin, den er ihm zur feierlichen Einholung entgegengeschickt hatte. Die fränkischen Reiter werden in einen großen Halbkreis formiert, in dessen Mitte der König Aufstellung genommen hat. Als der Papst herangekommen und vom Pferde gestiegen ist, sitzen auch die Franken ab. Karl geht dem Heiligen Vater entgegen, beide umarmen sich, wie der Ritus es vorschreibt, und schreiten dann Hand in Hand die Front der in die Knie gesunkenen Soldaten ab, über die Leo segnend die Arme hebt. Der Zug begibt sich alsdann in die neuerrichtete Lagerkirche. Nach dem Kirchgang ladet der König seinen hohen Gast in sein Zelt; es ist mit gestickten Teppichen geschmückt; herrliche Sessel stehen bereit, alle Prunkgefäße, deren man habhaft werden konnte, werden aufgetischt; nach der Mahlzeit, bei der ehrende Ansprachen gewechselt werden, hält Karl dann, ohne sich weiter um seinen Gast zu kümmern, den gewohnten Mittagsschlaf, wie ausdrücklich hervorgehoben wird...»

Doch blieben auch Leos Gegner nicht untätig; ihre Abordnung traf wenig später in Paderborn ein. König Karl wollte nicht hier und jetzt eine Entscheidung treffen, das sollte in Rom geschehen, unter seinem Vorsitz.

Der Frankenkönig Karl war ein ausgesprochener Realpolitiker, deshalb ist fast mit Sicherheit anzunehmen, daß das Erscheinen des hilfesuchenden Papstes in ihm die Reaktion auslöste, dieses Ereignis politisch für seine Zwecke zu nutzen. Er war der unbestrittene Herr des Westens, des lateinisch geprägten Europa. Seine Söhne regierten als Könige in Italien und Westfranken, dem späteren Frankreich.

Das Oströmische Reich, von griechischer Kultur geprägt, war damals in keiner glücklichen Lage, denn Irene hatte den Kaiserthron in Konstantinopel usurpiert, und zwar unter Umständen, die ganz Europa empörten. Ihren Sohn Konstantin, den rechtmäßigen Herrscher, hatte die Tyrannin blenden und einkerkern lassen, und so sah man in Italien keinen Grund mehr, nach Osten zu blicken, wo ein mordlüsternes Weib mit einer Schar Eunuchen regierte – nein, man schaute nach Westen. König Karl aber wartete ab, und niemand weiß, ob er schon damals mit dem Gedanken spielte, dem lateinischen Westen wieder einen Kaiser zu geben, mit Hilfe des Papstes Leo, den er Ende November 800 in Rom aufsuchte.

Aus Klerus, Adel, Römern und Franken stellte er eine Kommission zusammen, die Leos Verfehlungen prüfen und über die Verschwörer ein Urteil fällen sollte.

Papst Leo unterwarf sich diesem Tribunal, und – seltsam genug – seine Gegner hatten keineswegs die Flucht ergriffen, sondern erwarteten in aller Ruhe den Urteilsspruch – sie fühlten sich offenbar im Recht.

Zu diesem Zeitpunkt, also etwa Mitte Dezember 800, muß Karl mit Papst Leo die weiteren Schritte schon abgesprochen haben, denn der Frankenkönig war kein Mann, der etwas so Wichtiges, von Grund auf und für die Zukunft Entscheidendes irgendwelchen Zufällen überließ.

Papst Leo III. also schwor am 23. Dezember in der Peterskirche den im römischen Recht vorgesehenen «Reinigungseid» mit den Worten:

«Es ist bekannt, o geliebte Brüder, daß Übeltäter gegen mich aufgestanden sind und daß sie mich und mein Leben mit schweren Beschuldigungen gekränkt haben. Um dies zu erkennen, ist der allergnädigste und erlauchte König Karl zugleich mit den Priestern und seinen Großen in diese Stadt gekommen. Deshalb reinige ich, Leo, Pontifex der heiligen römischen Kirche, von niemandem gerichtet noch gezwungen, sondern aus freiem Willen mich in eurer Gegenwart vor Gott, der das Gewissen kennt, vor seinen Engeln und vor dem heiligen Petrus, dem Apostelfürsten, in dessen Anblick wir stehen, daß ich weder die Verbrechen, die man mir vorwirft, verübt, noch zu verüben befohlen habe, und ich rufe Gott zum Zeugen an, vor dessen Gericht wir einst erscheinen werden, und vor dessen Augen wir hier stehen. Und dies tue ich nicht durch irgendein Gesetz genötigt, noch willens, dies als

Gebrauch oder Dekret in der heiligen Kirche meinen Nachfolgern und meinen Brüdern Mitbischöfen irgend aufzulegen, sondern um euch sicherer von ungerechtem Verdachte zu befreien.»

Damit hatte er sich vor aller Welt gerechtfertigt und konnte über seine Gegner triumphieren. Die Rädelsführer hatte man schon vorher zum Tode verurteilt, doch der Papst ließ christliche Milde walten, verzieh ihnen, und das Urteil wurde in lebenslange Verbannung umgewandelt.

Am nächsten Tag, dem 24. Dezember 800, setzte Papst Leo dem Frankenkönig die Kaiserkrone auf, und Karl nannte sich fortan im altrömischen Stil Imperator und Augustus. Angeblich war Karl von der sehr schnell und ganz unzeremoniös vollzogenen Krönung überrascht, und ein Ausspruch ist überliefert, er hätte an diesem Tag St. Peter nicht betreten, wäre ihm Leos Absicht vorher bekannt gewesen. Dazu paßt freilich schlecht die schon Tage vorher von einer Abordnung aus Römern und Franken vorgetragene Bitte, sie hätten ihn zum Kaiser gewählt und er möge die Kaiserwürde gnädig annehmen.

Wie dem auch gewesen sein mag, Papst Leo hatte in diesem Machtspiel seine Aufgabe erfüllt, und der Kaiser hielt seine schützende Hand über ihn, so lange er – Karl – lebte.

Papst Leo III. hat seinen Gönner um zwei Jahre überlebt, und als er am 12. Juni 816 starb, saß auf dem Frankenthron Karls einziger überlebender jüngster Sohn Ludwig, genannt der Fromme. Von da an änderte sich das Verhalten der deutschrömischen Kaiser zu den Päpsten. Karl hätte nicht im Traum daran gedacht, einem Papst die Hand zu küssen oder gar vor ihm niederzuknien. Sein Verständnis von den Machtverhältnissen war etwa so: Der Papst amtiert als Stellvertreter Christi auf Erden, der König aber ist von Gott erwählt, und was immer er tut, ist Gottes Wille. Daß Karl sich im Rang über dem Papst verstand, zeigt schon das unter seinem Vorsitz einberufene Gericht, und damit wäre für alle Zeiten das Verhältnis und die rechtliche Stellung zwischen Kaiser und Papst festgelegt gewesen, wenn nicht – ja, wenn nicht Karls schwächster Sohn, der von

Geistlichen erzogene Ludwig, durch den vorzeitigen Tod der zwei älteren Brüder den Thron seines Vaters bestiegen hätte.

L. Stacke schreibt in seiner «Deutschen Geschichte»: «Ohne Selbstvertrauen und Menschenkenntnis gab er sich dem Einfluß anderer hin und öffnete sein Ohr schlimmen Ratgebern... war er außerstande, den Bedrückungen des Volkes durch die Adligen zu steuern, während seine übertriebene Hingebung an die Kirche, seine verschwenderische Freigebigkeit gegen die Geistlichkeit den Klerus zu einer selbstherrlichen Stellung herausforderte und darin bestärkte. Psalmsingen und Bibellesen war ihm lieber als die Beschäftigung mit den Reichsangelegenheiten...»

Die Einstellung des neuen Kaisers blieb in Rom nicht unbemerkt, und wenn sich schon Leo III. düpiert gefühlt hatte, daß Karl seinem Sohn die Kaiserkrone in einem rein weltlichen Akt übereignet hatte, so beschloß sein Nachfolger Stephan IV., diese Scharte wieder auszuwetzen. Er vereinbarte mit Ludwig ein Treffen in Reims und war angenehm überrascht, als sich der junge Kaiser gleich dreimal vor ihm niederwarf.

Am Sonntag darauf krönte der Papst Ludwig und seine Gemahlin Irmingard und gab unwidersprochen zu erkennen, daß die Kaiser künftig vom Papst und, wenn möglich, in Rom gemacht werden.

Das war ein entscheidender Punkt, daran hielten die Päpste über Jahrhunderte hindurch fest, und Ludwig, der Pfaffenknecht, brachte damit eine höchst unheilvolle Entwicklung in Gang, die zahlreiche Kriege entfachen und Tausenden von Menschen das Leben kosten sollte.

Die Päpstin Johanna – eine Legende?

Ich weiß, daß ich mit diesem Kapitel etwas vom Thema abweiche, aber ich tue es bewußt. Gereichen schon die unheiligen Väter der Kirche nicht zur Ehre, muß da nicht eine Päpstin um so schlimmer sein? Sollte im frühen Mittelalter bereits gelungen sein, was progressive Katholiken heute noch vergeblich anstreben, nämlich daß Frauen zum Priesteramt Zugang haben? Konsequenterweise müßte die geweihte Priesterin dann auch Bischöfin, Kardinälin, ja Päpstin werden können. Daß es tatsächlich so etwas wie eine Weiberherrschaft im Lateran, wo die Päpste bis Anfang des 14. Jahrhunderts residierten, gegeben hat, werden wir später sehen, wenn Furien wie Marozia oder Theodora jahrzehntelang bestimmten, wer von ihren Geliebten oder Söhnen den Stuhl Petri besteigen durfte. Hier aber soll es eine Frau gewesen sein, die selbst Päpstin wurde?

Von dieser Legende sind mehrere Versionen überliefert. Einmal soll Johanna aus England stammen, dann wieder aus Mainz – es gibt auch eine Variante, daß ihre Eltern nach Mainz gezogen sind und sie dort zur Welt kam. Natürlich hieß sie zuerst nicht Johanna, sondern Agnes (oder Gilberta, oder Jutta) und wurde von ihren Eltern nach Athen gesandt, dem altehrwürdigen Ort gründlicher Gelehrsamkeit. Später wechselt sie nach Rom über, wird Schreiberin, Sekretärin und Notarin der Kurie – dies wohl schon der Karriere wegen im Männergewand. Sie hat viele Schüler, führt ein höchst ehrbares Leben und gilt als Leuchte der Wissenschaft, als Vorbild zur Frömmigkeit und Tugend.

Da stirbt im Sommer 855 Papst Leo IV., und man wählt den

frommen Johannes einstimmig zum Papst. Zwei Jahre regiert sie unangefochten, hochgeehrt bei Adel, Klerus und Volk. Da erscheint ihr eines Nachts der Satan und spricht: «Oh du Papst, der du sollst sein ein Vater unter allen anderen Vätern hier, du wirst offenbaren in deiner Geburt, daß du eine Päpstin bist, danach werde ich dich mit Leib und Seele zu mir nehmen und zu meiner Gesellschaft.»

Später aber erscheint ein Engel, entschärft die Drohung und rückt die Dinge zurecht. Von dem Boten Gottes wird ihr die Wahl gelassen zwischen irdischer Schmach und ewiger Verdammnis. Sie wählt erstere. Wie aber kam die fromme Päpstin zum Kind? In einer Chronik heißt es, sie habe sich während ihres Studiums in einen ihrer Lehrer verliebt und ihn heimlich mit nach Rom genommen. Die Liebe blüht weiter, Agnes/Johannes wird schwach und schließlich schwanger. Sie ist schon im neunten Monat, als sie an einer wichtigen Prozession teilnehmen muß. Unter den schweren Pontifikalgewändern verbirgt sie ihren Zustand und schreitet feierlich unter dem Baldachin, als die Wehen einsetzen. In einer schmalen Straße zwischen der Kirche San Clemente und dem Kolosseum kommt sie nieder und offenbart dadurch ihr wahres Geschlecht.

Ihr Ende ist in drei Versionen überliefert. Zum einen heißt es, sie sei während der Geburt gestorben, zum anderen, man habe sie an Ort und Stelle gesteinigt, andere sagen, sie sei einige Jahre später als fromme Dienerin in einem Kloster gestorben.

Diese Legende – und eine solche ist es natürlich – entstand im 13. Jahrhundert und wurde bis weit ins 19. Jahrhundert hinein von kaum einem Historiker angezweifelt, auch die Kirche tat nichts, sie zu widerlegen – im Gegenteil.

Als man Anfang des 15. Jahrhunderts in der Kathedrale von Siena die Büsten aller Päpste aufstellte, war die ihre darunter, mit der Aufschrift «Johannes VIII., femina ex Anglia». Seit etwa 1250 taucht die Sage vom weiblichen Papst immer wieder in Chroniken und Geschichtswerken auf, beginnt allerdings im Laufe der Jahrhunderte immer mehr zu variieren. Grundlage ist u. a. die Chronik des Martinus Polonus aus dem Beginn des 14. Jahrhunderts. Allerdings hat der Autor in den ersten Ausgaben seines

Buches Johanna nicht erwähnt, sie wurde erst nach seinem Tod untergeschoben.

Der katholische Theologe und Kirchenhistoriker Ignaz von Döllinger (1799–1890) hat den Fall genau untersucht und schreibt u. a.:

«Allmählich wird sie nun, und zwar sehr gewaltsam, in den Text eingedrängt; dies geschieht entweder so, daß Benedikt III., der Nachfolger Leos, herausgeworfen wird, und sie an dessen Stelle tritt, wie in einem Hamburger bis 1312 reichenden Codex (Archiv VI, 230), oder daß sie, meist von späterer Hand, ohne Zahlbezeichnung, als Zusatz oder bloße Sage auf den bei Leo IV. leer gelassenen Raum gesetzt ist; oder endlich so, daß, um nur die dritthalb Jahre für die Päpstin zu gewinnen, die ganze chronologische Ordnung des Verfassers verwirrt worden ist, indem man mehrere der Vorgänger Leos, sogar bis zum Jahr 800 hinauf, auf frühere Jahre besetzt, oder auch einzelnen Päpsten weniger Jahre, als ihnen zukommen, gegeben hat. Dieser Eifer, die Päpstin sozusagen um jeden Preis in dem Buch unterzubringen und selbst die willkürlichsten Änderungen in der Zeitrechnung zu diesem Zweck nicht zu scheuen, hat wirklich etwas Auffallendes. Ja gerade, was dem Buch des Martinus noch am ersten einigen Wert verlieh, die so sorgfältig durchgeführten chronologischen Bestimmungen Zeile für Zeile, das hat man in mehreren Handschriften geopfert, um nur die Päpstin einschieben zu können, oder man hat nur ein Jahr bei jedem Papst am Rand oder im Text beigesetzt, um den Widerspruch, in dem die Päpstin mit den chronologischen Angaben des Verfassers steht, zu verdecken.»

Wie ist dieses fast krankhafte Bemühen – auch und gerade von Theologen – zu verstehen, der Kirche eine Päpstin unterzuschie-

Titelblatt zu einem Buch über die «Päpstin Johanna» von 1565.

ben? Man müßte doch meinen, sie hätten eher versucht, es zu vertuschen, aber genau das Gegenteil geschah. In viele schon bestehende Papstbiographien wurde sie nachträglich eingeschoben, und immer um den Preis einer Geschichtsfälschung, denn zwischen den Päpsten Leo IV. (847–855) und Benedikt III. (855–858) sind nur gut zwei Monate Sedisvakanz (papstlose Zeit während des Konklaves) zu verzeichnen, während Johanna zweieinhalb Jahre regiert haben soll.

So warf ein späterer «Redakteur» – sprich Fälscher – in den Heidelberger Handschriften Benedikt III. einfach hinaus und setzte Johanna an seine Stelle.

Bis zum Beginn des 15. Jahrhunderts hatte Johanna ihren Platz in der Geschichtsschreibung so gründlich erobert, daß kein Historiker, der etwas auf sich hielt, an ihrer Existenz zweifelte. So hat der Reformator Johannes Hus 1415 in einer Polemik gegen die römische Kirche die Päpstin erwähnt, und nicht einer seiner Gegner hat ihm widersprochen. Sie wurde auch für Dispute innerhalb der Kirche herangezogen, etwa als der Theologe Jean Le Charlier de Gerson (1363–1429) in einer Rede vor Papst Benedikt XIII. Johanna als Beweis dafür anführte, daß die Kirche in Tatsachen irren könne.

Nun ist die Legende so sehr zum Faktum geworden, daß besonders gewissenhafte Historiker nach einer Erklärung suchen, warum Johanna in den Schriften des 9. bis 12. Jahrhunderts nicht erwähnt wurde. Man einigte sich darauf, daß es aus Absicht geschah, um – wie der Dominikaner Heinrich Korner (1402–1437) erklärte – den Laien kein Ärgernis zu geben.

Was aber glaubte das Volk von Rom? Diese Menschen waren keine Historiker, konnten weder schreiben noch lesen und hatten für spitzfindige Historikerprobleme kein Ohr. Für das Volk gab es handfeste Beweise, und keiner der vielen Fremdenführer wird es versäumt haben, seiner Kundschaft die «Beweise» genüßlich vorzuführen.

Da war zuerst einmal jene enge Straße zwischen San Clemente und dem Kolosseum, durch die seitdem – jeder Pilger konnte sich bei einem der vielen Umzüge davon überzeugen – keine Prozession mehr geleitet werden durfte. Als Mahnung und Andenken an jenes schauerliche Ereignis war dort eine Statue aufgestellt, eine weibliche Figur in weiten Gewändern mit einem Kind auf dem Arm. Dies, so erklärten die Fremdenführer, sei zur Erinnerung an die unselige Johanna geschehen.

Papst Sixtus V. (1585–1590) empfand die Figur als anstößig und ließ sie entfernen, aber da gab es ja immer noch diesen Gedenkstein mit einer kaum noch leserlichen Inschrift. Aber jeder wußte, daß diese Worte lauteten: *Parce Pater Patrum papissae prodere partum.* Das bedeute, flüsterte der Fremdenführer, hier habe die Päpstin geboren.

Ignaz von Döllinger hat überzeugend nachgewiesen, daß es sich dabei um einen der vielen Mithras-Steine gehandelt haben muß, wie sie in der Spätantike überall weit verbreitet waren und irgendwelche Weihe-Inschriften trugen. Er vermutet, daß die vielleicht noch erkennbaren drei P auf einen Mithraspriester namens Papirus hinwiesen, dessen Rang ein Pater Patrum war.

Für Pilger, denen das zu wenig war, gab es immer noch die Porphyreticae (wegen ihres rötlichen Marmors). Das waren zwei Marmorstühle mit gitterförmig durchbrochenen Sitzen, die im Oratorium San Silvestre standen. Alte Tradition gebot es, daß sich der Papst nach seiner Wahl auf diese Stühle setzen mußte. Zuerst auf den rechten, wo ihm ein Gürtel mit sieben Schlüsseln und vielen Siegeln umgelegt und ein Stab in die Hand gegeben wurde. Dann wechselte er den Sitz und gab Schlüssel wie Stab an den Prior von San Lorenzo zurück. Der Volksmund aber – und vermutlich der Fremdenführer – erklärten das so:

Die Kirche wollte sich nicht ein zweites Mal der Blamage aussetzen, eine Frau auf den Thron Petri zu erheben. Da habe man diese durchbrochenen Stühle gefertigt, damit ein dazu beauftragter Diakon sich handgreiflich vom Geschlecht des Erwählten überzeugen konnte. Hatte sein Griff den Beweis erbracht, drehte er sich um und rief: «*Habet! Habet! Habet!*» (Er hat – er hat – er hat), und das Volk jubelte seinem neuen Oberhirten zu.

Als Leo X. (1513–1521) dieses Gerücht zu Ohren kam, ließ er die Stühle entfernen. Doch das Gerücht hielt sich länger als die beiden Marmorstühle, und man drehte es so, daß man sagte, die Untersuchung finde nun im geheimen statt. Die Stühle hat es tatsächlich gegeben, und daß sie durchbrochene Sitze hatten, ist bezeugt. Diese prachtvollen Relikte aus der Römerzeit taten damals ihren Dienst in den Dampfbädern, und sie gibt es in ähnlicher Form noch heute mit einem Loch im Sitz, damit das Wasser abfließen kann. Damals hat man sie einfach umfunktioniert, und später wurden sie zu einem Teil der Johanna-Legende.

Zuletzt soll hier noch Döllingers hochinteressante Deutung von Johannas (bzw. Agnes', Gilbertas, Juttas, Isabellas u. a.) angeblichem Geburtsort Mainz zitiert werden:

«Wenn nun die andere, herrschend gewordene Sage Mainz als die Heimat der Päpstin bezeichnet, so ist dies unschwer zu erklären. Die Entstehung der Sage fällt in die Zeit der großen Kämpfe zwischen Papsttum und Kaisertum, als die Deutschen oft mit Heeresmacht vor Rom und in Rom erschienen, die Mauern der Stadt brachen, Päpste gefangennahmen oder zur Flucht nötigten. *Omne malum ab Aquilone* (Alles Übel kommt aus dem Norden), dachte man damals in Rom. Deutschland hatte keine eigentliche Hauptstadt; keine stehende Königs- oder Kaiserresidenz; als die bedeutendste Stadt des Reiches konnte nur Mainz genannt werden, der Sitz des ersten Reichsfürsten, die Kanzlei des Reiches.

In dem Karlssagenkreise, den sich auch Italien angeeignet hat, (in den) ‹Reali di Franca›, die schon im 14. Jahrhundert vorhanden waren, und andern demselben Sagenkreise angehörigen Erzeugnissen tritt die romanische Abneigung gegen Mainz, die deutsche Metropole, grell hervor. Mainz ist da der Sitz und die Heimat des tückischen, gegen Karl und sein Haus gesponnenen Verrats. Ganelo, der Erzverräter, ist Graf von Mainz. Alle seine Anhänger und Mitverräter heißen Maganzesi. Sie und Ganelo, oder die Mainzer, repräsentieren die deutsche verräterische Usurpation des Kaisertums, das von Rechts wegen den Romanen gehöre. So noch in Pulcis ‹Morgante› und in Ariosts ‹Cinque canti› oder ‹Ganelone›. Eine deutsche Entgegnung auf die romanische Polemik im karolingischen Sagenkreis ist gewissermaßen das Gedicht: ‹Doolin von Mainz›; wo Doolin, der Sohn des Grafen Guido von Mainz, als Nebenbuhler Karls auftritt, und erst mit ihm kämpft, sich dann aber nach unentschiedener Schlacht mit ihm versöhnt, mit ihm nach Vauclere, der Stadt des Sachsenkönigs Aubigeant (Wittekind), zieht, des letzteren Tochter Flandrine heiratet und endlich gemeinschaftlich mit Karl Sachsen unterwirft.»

Daß Johanna in Athen studierte, klingt zunächst recht unsinnig, wenn man weiß, daß diese Stadt im 9. Jahrhundert zu einem armseligen Dorf mit ein paar hundert Einwohnern herabgesunken war. Aber der Name Athen zehrte von seiner glänzenden Vergangenheit, und das Athen um 850 wird eben geschildert wie ein Athen in seiner Nachblüte unter den ersten römischen Kaisern.

Die Legende von Johanna, der Päpstin, existiert in zahlreichen weiteren Varianten. Ich habe hier nur ihre populärste und wohl späteste Form geschildert. Bis in die Zeit um 1800 wurde sie noch weithin geglaubt und auch in seriösen Werken verbreitet, aber Historiker von der Art eines Ignaz von Döllinger machten ihr ein Ende.

Stephan VI. – die Leichensynode

Was bei der Päpstin Johanna kaum von Belang war – weil es sich eben nur um eine Fiktion handelte –, tritt nun bei den unheiligen Vätern in den Vordergrund, nämlich die politische Geschichte Europas. Wir dürfen niemals vergessen, daß das geistliche Hirtenamt der Päpste damals hinter ihre weltliche Rolle als Fürsten eines großen Staatsgebildes zurücktreten mußte. Was wir als Kirchenstaat oder «Patrimonium Petri» bezeichnen, hat in seinen Glanzzeiten weite Teile Mittel- und Süditaliens umfaßt, wenn auch seine Anfänge reichlich dubios waren.

Es begann mit der «Donatio Constantini», der Konstantinischen Schenkung, an deren Echtheit man allerdings nicht so lange glaubte wie an die Existenz der Päpstin Johanna. Diese angebliche Schenkung Kaiser Konstantins des Großen an Silvester I. (314–335) sollte seinen Dank für verschiedene Wohltaten ausdrücken, die der Papst ihm – wieder angeblich – erwiesen hatte: wunderbare Heilung vom Aussatz, Ernennung zum obersten Richter über die Religion, schließlich die Taufe und die Herrschaft über ganz Italien. Daran stimmt natürlich nichts, abgesehen von der Taufe auf dem Sterbebett. Der Betrug wurde Mitte des 15. Jahrhunderts aufgedeckt, aber da war bereits über ein Jahrtausend vergangen, und das Patrimonium Petri gehörte unterdessen zu den größten Staaten in Italien. Wenn sich auch die Schenkungsurkunde als eine Fälschung aus dem 8. Jahrhundert erwies, so hat Konstantin für die christliche Kirche doch etwas Entscheidendes getan: Er hat ihr das Recht der Vermögensfähigkeit verliehen, und das hat sie im Laufe der Jahrhunderte, vor allem durch fromme Stiftungen, reicher und reicher gemacht. Der Frankenkönig Pippin legalisierte diesen De-facto-Besitzstand, als er den Papst nicht nur als Fürsten des römischen Dukats (Stadt Rom und Umgebung) anerkannte, sondern ihn auch zum Herrn über alle Landstriche machte, die er zuvor den Langobarden entrissen hatte, und das waren unter anderem die Adriastädte Ravenna, Rimini, Pesaro, Ancona.

Die Ereignisse während des Pontifikats von Papst Stephan VI. werden erst durch ihre Vorgeschichte verständlich, und diese beginnt jenseits der Alpen, bei Arnulf, dem illegitimen Sohn des ostfränkischen Königs Karlmann, einem Urenkel Karls des Großen.

Nicht der kühnste Prophet hätte diesem Bastard an der Wiege gesungen, daß er später die Kaiserkrone tragen würde, wo es doch von legitimen Karolingern aller Verwandtschaftsgrade nur so wimmelte. Aber das Leben im Mittelalter war eine unsichere Angelegenheit, und Krankheiten, die heute durch kleine Operationen oder die geeigneten Medikamente schnell geheilt werden können, bedeuteten damals Siechtum und Tod. Dieser aber klopfte im ausgehenden 9. Jahrhundert bei vielen Nachkommen Karls des Großen an. 880 starb König Karlmann, Arnulfs Vater, der das Ostfränkische Reich seinem einzigen rechtmäßigen Sohn Ludwig hinterließ. Dessen Sohn stürzte noch als Prinz aus einem Fenster und starb. Er selber folgte ihm 882. Sein Bruder, der deutsche König Karl der Dicke, wurde 887 wegen Unfähigkeit abgesetzt und starb ein Jahr später.

So blieb aus der direkten Linie nur noch der um 863 geborene Arnulf, und die deutschen Fürsten wählten ihn – Bastard hin oder her – zum König des Deutschen Reiches. Das geschah natürlich nicht ohne einen Hintersinn, denn legitime Karolinger hätte es zum Beispiel bei den Westfranken in der Person eines Prinzen Karl noch gegeben. Aber der war erst zehn Jahre alt, als sein Onkel, der deutsche König, starb, und er wurde dessen Nachfolger als König der Westfranken oder jetzt schon – Frankreichs. Die Teilung zwischen Ost- und Westfranken hatte sich vorher bereits sprachlich vollzogen: Aus Ostfranken war Deutschland mit germanischen Sprachgruppen geworden, und im jungen Frankreich hatte sich die ererbte *lingua romana rustica* in das Altfranzösische verwandelt.

Arnulf – nach seinem Stammerbe «von Kärnten» genannt – war nun mit vierundzwanzig Jahren deutscher König geworden, und die Reichsfürsten erhofften sich von der Wahl eines Bastards reiche Belohnungen und einen fügsamen Lehnsherrn. Wenn Arnulf die erste Erwartung halbwegs erfüllte, so war er doch alles andere als lenkbar und schwächlich. Er erwies sich als kluger und tatkräftiger Herrscher, gewann die Anhänger seines abgesetzten Onkels, besiegte die Normannen, unterwarf Böhmen und Mähren. Da erreichte ihn 894 ein Ruf von Papst Formosus, der König Arnulf um Schutz bat und ihm – in der Tradition Karls des Großen – die Kaiserkrone anbot.

Diese Krone trug seit einigen Monaten Herzog Guido II. von Spoleto, ein italienischer Kleinfürst, den offenbar der Größenwahn gepackt hatte. Papst Stephan V., der Vorgänger des Formosus, hatte den Herzog gekrönt, was sofort zu allerlei Unruhen führte, weil auch Markgraf Berengar von Friaul die Kaiserkrone anstrebte. War es überhaupt rechtens, daß italienische Kleinfürsten Imperatoren werden konnten oder besser durften? Hatte nicht Karl der Große eine Tradition begründet, die diesen Rang ausschließlich seinen Nachkommen vorbehielt? Mit seiner Krönung am Weihnachtstag des Jahres 800 zum Kaiser des Westens – im Osten gab es ja längst einen – legte Karl die Wurzeln zu einem Konflikt, der das Abendland während der nächsten Jahrhunderte in Atem halten sollte. Jedenfalls legten die Päpste die von Karl begründete Tradition anders aus, was der Historiker L. Stacke zu begründen versucht:

«Bei den steten Wirren und Zerwürfnissen im Karolingerreich, bei dem immer tieferen Sinken der weltlichen Macht unter den schwachen Herrschern erhob sich das Ansehen der römischen Päpste im gleichen Maße. Von einem kollegialen Verhältnis zwischen Staat und Kirche, zu dem bereits der Anfang gemacht worden, war keine Rede mehr; die Päpste verlangten neben der höchsten geistlichen Gewalt schon eine Art weltlicher Oberherrlichkeit und beanspruchten insbesondere das Recht der

Verleihung der Kaiserkrone. Je weniger die schwachen Nachkommen des großen Karl imstande waren, dessen Idee von einem Gottesreich auf Erden zu verwirklichen, um so eifriger ergriff die Kirche den Gedanken, den Nachfolger Petri an die Spitze einer neuen abendländischen Theokratie zu stellen, um so mehr, als die Stellung des Papstes bereits tief in die weltlichen Verhältnisse eingriff. Er hatte in Italien eine weltliche Macht gewonnen, und die ihm untergebenen Bischöfe zählten zu den Großen der Reiche. Diese Idee wurde unterstützt durch ein im 9. Jahrhundert auftauchendes kirchliches Gesetzbuch, das unter dem Namen der Pseudo-Isidorischen Dekretalen bekannt ist. Es enthält eine Sammlung von Konzilienbeschlüssen und Schreiben früherer Päpste, deren Zweck ist, dem römischen Bischof die unbeschränkte Gewalt über alle anderen Bischöfe zu verleihen ... Die Unabhängigkeit der Kirche vom Staat, die Erhabenheit und Unverletzlichkeit der priesterlichen Gewalt waren nachdrücklich hervorgehoben, um die Macht eines unabhängigen und unverletzlichen Papsttums darzutun. Ging die in den Dekretalen ausgesprochene Idee auch nicht von Rom aus, so wurde sie dort begierig aufgefaßt. Schon Gregor IV. war nur über die Alpen gekommen, um die Demütigung Ludwigs des Frommen zu fördern; Leo IV. waltete wie ein selbständiger Fürst und stellte sich selbst an die Spitze eines Heeres gegen die Araber. Nikolaus I. wagte es bereits, sich offen auf die Dekretalen zu berufen und jeden Einspruch gegen dieses Werk des Betruges zum Schweigen zu bringen.»

Wieder einmal versuchten die Päpste, ihre Machtfülle mit einer Aktenfälschung zu vergrößern, und wir werden sehen, daß ihnen dies mehr und mehr gelang.

Der schwache Papst Stephan V. (885–891) sah sich nun mitten im Streit der Fürsten Berengar von Friaul und Guido von Spoleto. Letzterer beherrschte nach langen Kämpfen weite Teile Mittel- und Norditaliens und besiegte schließlich in zwei mörderischen Schlachten seinen Konkurrenten Berengar, der über seine Mutter Gisela in direkter Linie von Karl dem Großen abstammte. Doch das zählte in Italien nicht mehr viel, und Herzog Guido ließ sich 889 in Pavia zum König von Italien krönen. Er nahm sich Zeit, seine Stellung zu festigen, und dann, am 21. Februar 891, setzte ihm Papst Stephan V. – was blieb ihm schon anderes übrig? – die Kaiserkrone aufs Haupt. Er – zumindest nominell ein Vasall der Karolinger – nannte sich nun Imperator und Augustus. War damit in Italien die alte Kaiserherrlichkeit, anknüpfend an die Cäsaren, wiederhergestellt? Vielleicht erhoffte das der frischgebackene Kaiser, aber die Realität sah anders aus.

Papst Stephan V. starb im September des Krönungsjahres, und Formosus, bisher Kardinalbischof von Porto – ein schon ziemlich alter Herr –, wurde zum Nachfolger gewählt. Der aber hielt zu Berengar von Friaul und war im übrigen der Meinung, wenn einer die Kaiserkrone tragen solle, dann der deutsche König. Aber der war noch fern, Formosus wurde unter Druck gesetzt, und da er Realist war und kein Märtyrer, anerkannte er Guido als Kaiser und krönte dessen Sohn Lambert 892 zum Mitregenten.

Kaiser Guido gewann an Macht und Ansehen, zwang schließlich sogar seinen Erzfeind Berengar zur Flucht aus Italien. Er suchte zunächst vergeblich bei Arnulf um Hilfe, aber als Papst Formosus selbst darum bat, zog der König mit großer Heeresmacht nach Italien, begleitet von Graf Berengar. Zunächst war es ein Triumphzug; Mailand und Pavia öffneten ihre Tore, aber dann gab es Schwierigkeiten mit dem Heer, das nicht über die gesetzliche Zeit hinaus Vasallendienste leisten wollte. So kehrte Arnulf um die Osterzeit nach Deutschland zurück, gab aber den Traum von der Kaiserkrone nicht auf.

Ende des Jahres 894 starb Kaiser Guido, und gleich eilte Thronfolger Lambert nach Rom, um sich zum Nachfolger krönen zu lassen. Formosus fügte sich, sandte aber sogleich Eilboten nach Bayern, wo Arnulf sich damals aufhielt. Der deutsche König brach noch im Herbst nach Süden auf und mußte in Italien feststellen, daß Graf Berengar ihn nicht mehr unterstützte, weil er selber wieder auf die Kaiserkrone hoffte. Arnulf verlor keine Zeit, und sein Zug nach Rom war diesmal ein Feldzug und sollte zum Muster für viele deutsche Könige nach ihm werden. Bei seinem Nahen floh «Kaiser» Lambert aus Rom, wo jedoch seine Mutter Angiltruda mutig aushielt.

Zum ersten Mal in der abendländischen Geschichte belagerte ein deutsches Heer Rom, weil sein Führer, der deutsche König, sich dort die Kaiserkrone holen wollte. Das sollte sich noch viele Male wiederholen. Papst Formosus, des Verrats bezichtigt, stand bereits unter Hausarrest, als Arnulf die Stadt erstürmte und als Sieger einzog.

Im April 896 krönte Papst Formosus ihn zum Kaiser – Arnulf von Kärnten, den illegitimen Karolinger. Angiltruda floh mit ihren Truppen aus der Stadt und ging zu ihrem Sohn nach Spoleto. Das römische Volk aber huldigte seinem neuen Kaiser in der Kirche San Paolo fuori le mura, also außerhalb der Stadt, und das war auch für später typisch. Nur ganz wenige deutsche Könige haben das eigentliche Stadtgebiet betreten, denn auch St. Peter, die spätere Krönungskirche, lag damals außerhalb der römischen Stadtmauern.

Ein Vertreter der Stadt Rom legte bei der Krönung den folgenden Schwur ab:

«Ich schwöre bei allen diesen Mysterien Gottes, daß ich, unbeschadet meiner Ehre, meinem Gesetz und meiner Treue gegen den Herrn und Papst Formosus, in allen meinen Lebenstagen treu bin und sein werde dem Kaiser Arnulf, daß ich mich niemals zur Treulosigkeit gegen ihn mit irgendeinem Menschen verbinden werde und daß ich dem Lambert, Angiltrudas Sohn, oder seiner Mutter selbst niemals zur Erlangung weltlicher Würde irgend Hilfe gewähren, noch daß ich Lambert selbst oder seiner Mutter Angiltruda, oder ihren Leuten je durch irgendeinen Plan oder ein Argument diese Stadt Rom übergeben werde.»

Das römische Volk hat ähnliche Schwüre in der Folgezeit noch sehr oft geleistet, um sie dann – kaum hatte der Kaiser den römischen Boden verlassen – über den Tagesgeschäften schlichtweg zu vergessen oder aus realpolitischen Gründen zu ignorieren.

Dieser Arnulf blieb nur fünfzehn Tage, nahm zwei Adlige als Geiseln mit und wollte nach Spoleto weiterziehen, um dort

Lambert und seine Mutter zu bekriegen. Da wurde er plötzlich schwer krank, und es verbreitete sich schnell das Gerücht, Angiltruda habe ihn durch einen bestochenen Koch vergiften wollen. Wenn diese Möglichkeit auch nicht völlig von der Hand zu weisen ist, so besteht doch auch der Verdacht, der zu Ausschweifungen aller Art neigende Arnulf habe sich eine venerische Krankheit zugezogen, an der er dann im Dezember 899 in Regensburg starb.

Papst Formosus (891–896) aber saß nun in Rom, alleingelassen, angefeindet und durch die Krönung eines Deutschen schwer in Mißkredit geraten. Doch er war schon ein alter Mann, und als er im Mai 896 starb, wird es wohl an einer Krankheit gewesen sein und nicht durch Gift, wie man in Rom munkelte.

Viele, allzu viele schielten nun auf den Stuhl Petri. Den Wettlauf gewann zunächst ein obskurer Bonifatius VI., der schon zwei Wochen später – vermutlich durch Gewalt – starb und während dieser kurzen Zeit mehrmals des Amtes enthoben wurde.

Ihm folgte Stephan VI., der Sohn eines römischen Presbyters – ein verbindliches Zölibat gab es damals noch nicht. Stephan erkannte Kaiser Arnulf zunächst an, doch als dieser Italien verlassen hatte, schlug er sich auf die Seite des Schattenkaisers Lambert. Um diesem seine Anhänglichkeit zu beweisen oder aus persönlicher Rachsucht – oder aus beiden Motiven – inszenierte Papst Stephan ein makabres Spektakel, das in der an Greueln nicht armen Kirchengeschichte seinesgleichen sucht. Er berief eine Synode nach Rom ein und wartete, bis sich die wichtigsten Kardinäle, Bischöfe und andere geistliche wie weltliche Würdenträger versammelt hatten. Dann wurde die Leiche seines Vorgängers aus der Gruft gerissen und im großen Konziliensaal des Laterans auf einen Thron gesetzt bzw. dort festgebunden. Man bekleidete den halbverwesten Körper mit päpstlichen Gewändern und hielt drei Tage lang Gericht über ihn.

Ein päpstlicher *advocatus* verlas die Anklagepunkte, und dann stellte der lebende den toten Papst zur Rede: «Warum hast du aus Ehrsucht den apostolischen Stuhl von Rom usurpiert, da du doch zuvor Bischof von Portus warst?»

Auf solch dumme Fragen zu antworten wäre auch einem Lebenden schwergefallen, doch der tote Papst hatte einen Anwalt, der für ihn sprach, sich aber klug zurückhielt, weil er nachher weiterleben wollte. So wurde der Tote schuldig gesprochen und verurteilt. Wie aber macht man das bei einem Verstorbenen? Die Synode unterschrieb ein Absetzungsdekret und sprach allen von Formosus erteilten Weihen, Würden und Ernennungen die Gültigkeit ab. Dann hackte ihm ein Henker die drei Segensfinger der rechten Hand ab und riß ihm die päpstlichen Gewänder vom zerfallenen Leib. Der so «Verurteilte» wurde dann unter Triumphgeheul durch die Straßen Roms geschleift und schließlich in den Tiber geworfen. Der Pöbel hatte seinen Spaß daran und brüllte kräftig mit, aber dazu genügten auch kleinere Anlässe. Ob Papst Stephan es für ein Zeichen hielt und erschrak, als wenig später die Lateranbasilika unter weithin hörbarem Krachen einstürzte? Er selber wohnte ja im Palast daneben und mag es schon für ein böses Omen angesehen haben.

Ein Wort noch zu diesem damals schon altehrwürdigen Baukomplex, dem Lateran. Kaiser Konstantin der Große hatte Palast wie Kirche auf dem ehemaligen Besitz der Plautii Laterani, einer altrömischen Familie, gegründet und sie Papst Miltiades (310–314) als Residenz und Bischofskirche übereignet. In dessen Pontifikat fiel übrigens die berühmte Schlacht an der Milvischen Brücke (28. Oktober 311), bei der Konstantin seinen abtrünnigen Mitkaiser Maxentius besiegte und die auch das künftige Schicksal des Christentums bestimmte.

Was wir heute von Kirche und Palast sehen, sind Neubauten aus dem 16. und 17. Jahrhundert, da ihre Vorgänger im Laufe der Zeit mehrmals durch Brände und Erdbeben zerstört worden waren. Der niederländische Maler Martin van Heemskerck (1498–1574) hat uns eine Zeichnung von Palast und Basilika aus der Zeit seines Romaufenthaltes 1532–1535 hinterlassen, also noch ehe 1586 der Neubau unter Sixtus V. erfolgte. Der ganze Komplex mutet eher bescheiden an, hat kein einheitliches architektonisches Gesicht und wirkt – was den Palast betrifft – eher wie eine grimmige Festung. Eine Ahnung, wie es in jener Zeit ausgesehen hat, vermittelt nur noch die gegenüber der Kirche liegende Ruine, wo – von außen sichtbar – ein Mosaikschmuck aus dem früheren *triclinium* (Speisesaal) aus der Zeit Leos III. (795–816) erhalten ist. Unter diesem Bild hat auch der grausige Stephan gespeist, vermutlich guten Gewissens und mit gutem Appetit.

Die Leiche des Formosus wurde später von Fischern gefunden und nach Stephans Tod in St. Peter bestattet. Dieser Papst aber hatte von da an keine ruhige Stunde mehr. Da er all jene verfolgte, die von Formosus ordiniert worden waren, wuchs die Schar seiner Feinde ständig; sie reichte bald bis in die namhaftesten römischen Familien. Diese mühten sich, den geschändeten Papst zum Märtyrer hochzustilisieren, und eine Reihe von anonymen Schriften ging um. In einer hieß es, Rom habe seinen Wohltäter umgebracht, was ja hier traurige Regel sei, und als Vergleich wurden Romulus und Remus – die legendären Stadtgründer – angeführt, da der eine durch Brudermord fiel, der andere durch das Schwert von Empörern. Petrus und Paulus, quasi als zweite Stadtgründer, wurden gekreuzigt und enthauptet, und nun habe sich die Stadt auch an Formosus vergriffen, diesem frommen und gerechten Mann.

Papst Stephan spürte wohl, wie sich die Schlinge um seinen Hals zusammenzog, wie immer mehr seiner Anhänger zum Gegner überwechselten. Nun erhob auch die deutschfreundliche Partei ihr Haupt, während «Kaiser» Lambert keinen Finger rührte.

Im Herbst 897 brodelte die ganze Stadt wie der sprichwörtliche Hexenkessel. Der Tag der Abrechnung war gekommen, und Stephans Feinde eröffneten eine Leichensynode auf ihre Art. Sie nahmen den Papst fest, warfen ihn ins Gefängnis, und dann muß wohl einer gekommen sein, der mit diesem unheiligen Vater eine

Lateranbasilika und -palast aus der Zeit um 1530;
war bis in die Zeit um 1300 Residenz der Päpste.
(Zeichnung von M. J. van Heemskerck)

alte Rechnung zu begleichen hatte und ihn erdrosselte. Sergius, einer seiner damaligen Anhänger, konnte es nicht lassen, als er sieben Jahre später selber Papst wurde, diesem unsäglichen Stephan ein Grabmal in St. Peter zu errichten, auf dessen Inschrift er Formosus übel beschimpfte, was nur zu gut in sein Charakterbild paßte.

Mit Sergius III. (904–911) begann das *Saeculum obscurum,* das finsterste Zeitalter der römischen Kirche.

Das *Saeculum obscurum* oder
die Epoche der Pornokratie

Diese Epoche in der ersten Hälfte des 10. Jahrhunderts gehört zu den traurigsten Kapiteln der römischen Kirchengeschichte. Hätte es sie nicht wirklich gegeben und ein erbitterter Papstfeind hätte später zur Feder gegriffen, um sie mit frei erfundenen Figuren als Bühnenstück zu gestalten – er wäre ausgelacht worden, und man hätte ihm vorgeworfen, er habe aus Haß und Fanatismus zu dick aufgetragen.

Die moderne katholische Kirchengeschichte beschönigt diese Zeit keineswegs, aber sie geht meist sehr summarisch darüber hinweg, nach dem Motto: Das ist unangenehm, das wollen wir schnell hinter uns bringen. Nun, die Quellenlage für diese Zeit ist in der Tat sehr dürftig oder – wo sie ergiebig erscheint – tendenziös verfärbt. Wenn wir heute überhaupt etwas von diesen Frauengestalten aus dem Zeitalter der «Pornokratie» wissen, dann haben wir es Bischof Liutprant von Cremona (ca. 922– nach 970) zu verdanken, dessen Hauptwerk «Antapodosis» (Vergeltung) eigentlich schon sagt, worauf es ihm ankam.

Liutprant (auch Luitprant) entstammte einer vornehmen Langobardenfamilie, genoß eine gute Ausbildung in Pavia am Hof des Königs Hugo von Italien und trat dann in die Dienste von dessen Nachfolger Berengar, mit dem er sich später verfeindete. 961 finden wir ihn in Deutschland am Hof Kaiser Ottos I., dem er nach Italien folgte. Er wurde Bischof von Cremona, ging als Gesandter Ottos nach Konstantinopel und wurde 970 letztmals erwähnt. Die «Antapodosis» scheint er gegen Ende seines Lebens geschrieben zu haben, sie behandelt den Zeitraum von 886 bis

949, schließt also das uns hier interessierende *Saeculum obscurum* zur Hälfte mit ein und umfaßt ganz das 931 mit Papst Johannes XI. beginnende Zeitalter der Pornokratie – also der Hurenherrschaft.

Mit dem Beginn des 10. Jahrhunderts schienen die beiden das Abendland beherrschenden Mächte endgültig ihrem Zerfall entgegenzugehen, denn sowohl im Deutschen Reich wie auch in der Papstresidenz herrschten Chaos und Verwirrung. Auch um die italienische Krone wurde wieder einmal heftig gestritten; im übrigen war nach dem Tod Arnulfs von Kärnten im Dezember 899 auch der Kaiserthron wieder vakant. Sein Sohn Ludwig war erst sechs Jahre alt, doch ein anderer Karolinger stand nicht mehr zur Verfügung, und so wählten die Reichsfürsten «Ludwig, das Kind» zu ihrem König. Er starb 911 schon als Achtzehnjähriger, und mit ihm erlosch knapp hundert Jahre nach dem Tod Karls des Großen (28. Januar 814) der von ihm begründete Stamm.

Einer von Salomons weisen Sprüchen lautet: «Wehe dem Land, das ein Kind zum König hat!» Aber schauen wir wieder nach Italien, nach Rom, wo jetzt die Reichspartei ihren Kopf einzog und abwartete, da es im Augenblick keinen deutschen König gab, der drohend hätte mit dem Säbel rasseln können. Um diese Zeit meldete sich in Rom ein neuer Kaiseraspirant, denn Lambert war kürzlich gestorben, und Ludwig das Kind kam nicht in Betracht. Auch der in Rom erscheinende und die Kaiserkrone erheischende Fürst hieß Ludwig, war Graf der Provence und stammte über eine weibliche Linie von Karl dem Großen ab.

In Rom war im Januar oder Februar 900 Benedikt IV. auf den Thron gekommen, ein «milder und priesterlicher Mann», wie Gregorovius anmerkt. Er krönte Ludwig von der Provence zum Kaiser, und der handelte nicht anders als seine Vorgänger: Kaum hatte er die Krone auf dem Kopf, kehrte er Rom den Rücken, um in Norditalien Berengar von Friaul zu bekämpfen, der ja ebenfalls mit der Kaiserwürde liebäugelte. Benedikts würdiger Nachfolger war Leo V. (903), der aber schon nach einem Monat von einem Kardinal Christophorus gestürzt und eingekerkert wurde.

Dieser Usurpator regierte einige Monate, wird aus unerfindlichen Gründen nicht als Gegenpapst gezählt und fiel nun selber dem Mann zum Opfer, der schon vor einigen Jahren versucht hatte, den Stuhl Petri zu erklimmen, nämlich Kardinal Sergius. Der ließ seine beiden Vorgänger – Leo saß ja noch immer im Gefängnis – kaltblütig umbringen und einige ihm feindliche Kardinäle dazu. Auch beim römischen Adel verteilten sich die Kräfte neu. Die Grafen von Tusculum verloren an Einfluß, und die Familie eines Theophylactus beherrschte die Stadt und auch den am 29. Januar 904 «gewählten» Papst Sergius III. Woher der Wind wehte, war gleich zu erkennen, denn eine seiner ersten Amtshandlungen bestand darin, den unter seinen Vorgängern rehabilitierten Papst Formosus erneut zu verdammen und alle seine Ordinationen für ungültig zu erklären. Um sich enger mit seinem Schutzherrn Theophylactus zu verbinden, nahm er sich dessen Tochter Marozia zur Geliebten. Sie war mit Alberich von Spoleto verheiratet, einem ehrgeizigen Mann, der sich nach «Kaiser» Lamberts Tod dessen Herzogtum angeeignet hatte und bald zu einem der mächtigsten italienischen Fürsten aufstieg. Daß er seine Frau mit Papst Sergius zu teilen hatte, störte ihn nicht, weil diese Verbindung seinem Machtstreben nur entgegenkam. Die vielen Morde und sein unheiliges Leben schienen Sergius doch einige Seelenqualen bereitet zu haben, wenn wir eine von ihm unterzeichnete Bulle richtig deuten. In ihr machte er einem Nonnenkloster reiche Geschenke, mit der Auflage, die frommen Frauen müßten für sein Seelenheil täglich hundert Kyrie eleison singen.

Ein unheiliger Vater, gewiß, aber einer, der seine Macht auch positiv zu nutzen wußte. Die unter dem furchtbaren Stephan VI. eingestürzte und seither von den Römern munter ausgeplünderte Lateranskirche San Giovanni ließ er neu errichten und stattete sie reich aus.

«Der Dir ergebene Papst Sergius III. hat dies alles instandgesetzt. So lange Geist in seinen Gliedern wohnt, wird er nicht aufhören, es zu unterhalten und Dir, o Herr, zu weihen.»

Der Erbauer ließ sich mehrmals in solchen Inschriften verherrlichen, die uns in den Annalen überliefert sind, während den

Prachtbau von 904 Anfang des 14. Jahrhunderts ein Brand zerstörte.

Weiter ist von Papst Sergius III. nichts mehr zu berichten, als daß er Theophylactus, dem neuen Herrn von Rom, sklavisch diente. Dieser nannte sich – um ja keinen Titel auszulassen – Feldherr, Consul und Senator von Rom sowie Schatzmeister der römischen Kirche. Seine Frau Theodora wie auch seine Tochter Marozia traten als «Senatrix» – als Senatorin – auf. Dieses unheilige Dreigespann – später kam noch Marozias Tochter Theodora die Jüngere dazu – beherrschte während der nächsten drei Jahrzehnte Rom und den Lateran.

Ehe wir uns näher damit befassen, wollen wir einen Blick auf das damalige Rom werfen, soweit dies nach jetzigem Wissen überhaupt möglich ist. Eines gleich vorweg: Wer heute mit dieser Stadt vertraut ist, würde sich in der des 10. Jahrhunderts nicht zurechtfinden – ja, sie nicht einmal wiedererkennen. Was es damals an antiken Resten noch gab, lag entweder unter dem Schutt von Jahrhunderten begraben oder war bis zur Unkenntlichkeit verbaut. Alles Brauchbare hatte man in Festungen, Wohnbauten oder Kirchen verwandelt, und letztere können uns als einzige noch eine Ahnung aus jener Zeit vermitteln. Als Beispiel nenne ich S. Maria Antiqua, im 6. Jahrhundert entstanden aus der Bibliothek des Augustustempels, mehrfach überbaut und heute wieder in den alten Zustand gebracht. Freilich – Gregorovius vermutet es – wurden viele der alten Paläste und Tempel, die in der auf einige zehntausend Einwohner geschrumpften Stadt an der Peripherie lagen, nicht umgebaut, sondern über Jahrhunderte ausgeschlachtet. Alles, was Marmor war, verbrannte man zu Kalk, die Steine wurden für Neubauten verwendet, die Fundamente spätestens in der Renaissance – als Rom seinen gewaltigsten Aufschwung seit der Antike erlebte – überbaut. Man kann davon ausgehen, daß sämtliche Häuser, Paläste und Kirchen, die wir heute sehen, auf dem Bauschutt von Jahrhunderten oder auf antiken Fundamenten stehen. Es war die Zeit von 1400 bis 1600, die uns im wesentlichen das heutige Rom bescherte und das des frühen Mittelalters völlig verwandelte. Das heißt nun nicht, daß die Stadt seit dem Untergang des Römischen Reiches unaufhörlich verfiel. So hat zum Beispiel Papst Hadrian I. (772–795) im Laufe seines langen Pontifikats einige der antiken Wasserleitungen wiederherstellen lassen, hat sich um vieles gekümmert, das damals im Argen lag, etwa um die zersplitterte und nur noch wenig ertragreiche Landwirtschaft in der Umgebung von Rom. Gregorovius hat uns dafür ein Beispiel überliefert:

«Das Gebiet von Veji, das reichste des römischen Tusciens, lag völlig öde ... Dort besaßen, in der Diöcese von Nepi, die Eltern Hadrians einen Fundus Capracorum, und aus ihm beschloß der Papst eine Kulturwirtschaft zu stiften. (...) Hadrian selbst zog mit dem Klerus und Adel Roms hinaus, seine Kolonie feierlich einzuweihen ... Nicht sollten daraus Mönche eines Klosters gespeist, noch Lampen an der Gruft eines Toten erhalten werden, sondern ihr Ertrag fiel den Armen Roms zu. Das Landgut bot Korn, Gemüse und Wein dar ... Die Eichenwälder von Capracorum ernährten eine große Zahl von Schweinen, und ihrer hundert wurden jährlich in den Gehöften geschlachtet und danach dem Lateran abgeliefert. Täglich zogen hundert Arme der Stadt nach dem bischöflichen Palast und empfingen ein jeder Mann ein Pfund Brot, eine Flasche Wein und eine Schüssel Suppe mit Fleisch.»

Nicht weniger hat Papst Hadrian für die Kirchen Roms getan – mehr jedenfalls als alle seine Nachfolger im 9. und 10. Jahrhundert. Er ließ die aus konstantinischer Zeit stammenden Hauptkirchen St. Peter, St. Paul und St. Johann restaurieren und in nie gesehener Pracht ausstatten, beschäftigte damit Hunderte von Künstlern und Handwerkern.

Wenn Sergius III. nun die Lateranskirche wieder aufbaute, dann wohl weniger, um den Römern einen Gefallen zu tun, sondern um «seine» Kirche – die Päpste residierten ja noch immer im Lateran – nicht täglich durchs Fenster in Trümmern liegen zu sehen. Er hatte dazu auch die Zeit, weil im *Saeculum obscurum* ein Pontifikat von sieben Jahren sehr lange war. Gewiß müssen wir den skrupellosen Mörder seiner Vorgänger Leo und Christophorus zu den unheiligen Vätern zählen, aber wir sollten nicht vergessen, daß sein durch Theophylactus beschirmtes Pontifikat der Stadt Rom immerhin sieben ruhige Jahre bescherte, was seit Johannes VIII. (872–882) nicht mehr der Fall war. In den zwei Jahrzehnten vor ihm hatte es dreizehn(!) Päpste gegeben, das ergibt für jeden ein durchschnittliches Pontifikat von etwa eineinhalb Jahren.

Auf Sergius III. folgten Anastasius III. (911–913) und Lando (913–914), über die so gut wie nichts bekannt ist, außer ihrer völligen Abhängigkeit von Theophylactus und Theodora, auf deren Geheiß Papst Lando einen ihrer Geliebten zum Erzbischof von Ravenna machte.

Die Herkunft dieses Presbyters Johannes ist in Dunkel gehüllt, man weiß nur, daß er ein Amt am Hof des Erzbischofs Petrus von Ravenna hatte, der ihn öfter mit Aufträgen nach Rom sandte. Dort lernte er Theodora kennen.

Nach Papst Landos Tod wollte die Senatrix Theodora ihren Liebling in Rom haben und machte ihn zum Papst. Das klingt recht einfach, aber genauso war es. Während ihr Gatte Theophylactus draußen die Feinde bekämpfte, übte Theodora in Rom diktatorische Gewalt aus, und ihr Wort genügte, um aus dem Erzbischof von Ravenna Papst Johannes X. (914–928) zu machen. Dieser Protegé war alles andere als ein Feigling, wenn er auch, wie Seppelt/Schwaiger in ihrer Papstgeschichte anmerken, «wenig geistlich gesinnt» war.

Über diese Theodora hätte man gerne mehr gewußt, aber ihre Herkunft ist dunkel, und wir können sie nur an dem messen, was wir von ihr wissen. Wie ihre Zeitgenossen sie einschätzten, wird aus einem Brief deutlich, den ein verfolgter Anhänger des früheren Papstes Formosus an sie richtete und Theodora als «Sanctissimae et deo amatae venerabili matronae» ansprach, also als «erhabenste, von Gott geliebte und ehrwürdigste Mutter», wobei «sanctissimae» auch als «allerheiligste» übersetzt werden kann. Nun, als Bittsteller trägt man etwas dicker auf, aber es verrät doch einiges über Theodoras Macht und Ansehen. Ein Teil davon ging auch auf ihre Töchter Marozia und Theodora d. J. über, von denen wir noch hören werden.

Marozia war wie erwähnt mit Alberich von Spoleto verheiratet, doch ihr Sohn stammte, so hieß es allgemein, aus ihrer Liebschaft mit Papst Sergius. Dieser Alberich gewann nun zusehends an Macht. Seine Herkunft ist dunkel, aber er war ein rechter Glücksritter, der sich schon 897 Marchio (Markgraf) nannte und sich – man weiß nicht genau wie – später in den Besitz des Herzogtums Spoleto setzte. Wann er Marozia heiratete, ist ungewiß, vielleicht hat deren Geliebter Sergius III. die Verbindung zustande gebracht.

Gregorovius, im prüden 19. Jahrhundert geboren und gestorben, versucht die etwas verächtliche Bezeichnung «Pornokratie» auf nüchterne Art zu relativieren:

«Innerhalb eines halben Jahrtausends hat uns die Geschichte der Stadt keine hervorragenden Frauengestalten gezeigt; seit Placidia und Eudoxia sahen wir nur eine Gothin, Amalasuntha, doch nicht in Rom glänzen, und wir bemerken mit Auszeichnung nur einige heilige Nonnen, wie die Freundinnen des Hieronymus, oder wie Benedicts Schwester Scholastica. Im ganzen 7., 8. und 9. Jahrhundert steht kein Weib in Rom als eine auch nur flüchtiger Bemerkung werte Gestalt da; und dies ist kein Wunder, weil Rom die absolut kirchliche Stadt war. Indem nun am Anfange des 10. Jahrhunderts plötzlich einige vornehme Frauen durch Schönheit, Macht und Schicksale hervortreten, zeigen sie einen völlig veränderten Zustand bei den Römern an: nämlich die Schwächung der kirchlichen Elemente und das Übergewicht der weltlichen Gesellschaft.»

Da hört man den leisen Respekt heraus, und wenn er diese Frauen später als «ehrgeizige Weiber von großem Verstande und Mut, voll von Genußsucht, Herrschgier und List» bezeichnet, hat er sie wohl richtig charakterisiert.

Kaum hatte Johannes X. im Frühjahr 914 den päpstlichen Thron bestiegen, rückten aus dem Süden die Sarazenen an und bedrohten unmittelbar das festummauerte Rom. Das Umland hatten sie bereits verwüstet, und sogar Farfa, die reiche und mächtige Klosterburg, war nach siebenjährigem Widerstand gefallen. Abt Petrus floh nach Rom, und die beutegierigen Muslime machten das Kloster zu ihrem Hauptstützpunkt.

Italien war damals zu schwach und politisch zu zerrüttet, um gemeinsam diesen Feind zu besiegen. Die Sarazenen hatten Sabina, Latium und Tuscien (alte Bezeichnung für Toscana) verwüstet, besetzten alle römischen Zufahrtsstraßen und raubten so lange die Pilger aus, bis es keiner mehr wagte, die Heilige Stadt zu besuchen.

In Papst Johannes X. fanden sie jetzt einen aktiven und entschlossenen Gegner. Um aber die Sarazenen entscheidend schlagen zu können, genügte die Stadtmiliz des Theophylactus nicht, da brauchte es ein Heer, ein kaiserliches Heer. Wo aber war der Kaiser, den Papst Benedikt 901 in Rom gekrönt hatte? Dem unseligen Ludwig von der Provence brachte die Reichskrone kein Glück. Nach dem Tod Guidos von Spoleto und dessen Sohn Lambert sah Berengar sich nun aufgerufen, die Kaiserkrone in Italien zu halten. Er besiegte Ludwig, nahm ihn 905 in Verona gefangen und ließ ihn blenden. Der blinde Kaiser zog sich in die Provence zurück, und niemand kümmerte sich um seine Rechte, als Papst Johannes Berengar nach Rom rief. Sein glanzvoller, umjubelter Einzug und der begeisterte Empfang durch Adel, Klerus und Volk bewies, daß der Papst richtig gehandelt hatte. Jetzt, da draußen die Sarazenen standen, mußten alle Italiener zusammenhalten.

Wir kennen Berengars Geburtsjahr nicht, können es vielleicht zwischen 850 und 860 ansetzen. Er muß also schon ein Mann in reiferen Jahren gewesen sein, als ihm Papst Johannes Anfang Dezember die Kaiserkrone aufs Haupt setzte. Mag er sich auch als Italiener gefühlt haben, so konnte er doch mit Recht auf seinen karolingischen Stammbaum verweisen, denn seine Mutter Gisela war eine Tochter Kaiser Ludwigs des Frommen und dieser der jüngste Sohn Karls des Großen. Er war der letzte noch lebende Urenkel des legendären Frankenkönigs, und einige Chronisten meinen, er habe sich wie dieser am Weihnachtstag krönen lassen. Es war geplant, daß er sich selber an die Spitze seines Heeres setzen würde, doch Dringenderes rief ihn nach Oberitalien zurück. Vorher gelang es ihm noch, mit fast allen Fürsten und Städten Italiens, ja sogar mit dem störrischen oströmischen Kaiser ein Bündnis gegen die Sarazenen zu schließen. Die vereinigten Truppen führte Papst Johannes in eigener Person, unterstützt von Alberich von Spoleto sowie dem Konsul und Senator Theophylactus.

Nach einigen kleineren, für die Italiener siegreichen Scharmützeln wurde das sarazenische Hauptheer im Juni 916 am Garigliano, dem Grenzfluß zwischen Latium und der Campania, vernichtend geschlagen. Der überlebende Rest zündete nachts sein Lager an, um in die Berge zu fliehen. Doch die Italiener hatten gut vorgesorgt, spürten die Muslime überall auf, und wer nicht fiel, geriet in Gefangenschaft.

So konnten Papst Johannes und seine Generäle als siegreiche Feldherren nach Rom zurückkehren, wo man sie gebührend feierte und den Glücksritter Alberich sogar mit Scipio verglich.

Weiter ist leider nichts überliefert, auch über Alberichs und Theophylactus' späteres Schicksal tappen wir im dunkeln. Wahrscheinlich ließ «Kaiser» Berengar, der Italien mit fester Hand regierte, die beiden nicht allzusehr hochkommen. Mit der Zeit wurden es dann die kleineren Fürsten leid, sich vor diesem «Kaiser» ducken zu müssen, und so fiel Berengar im April 924 einer Verschwörung zum Opfer – übrigens in Verona, wo er seinen Vorgänger Ludwig von der Provence geblendet hatte. Schon zuvor hatten seine Gegner den ehrgeizigen Rudolf II. von Hochburgund ins Land geholt und zum König von Italien krönen lassen, was ein politisches Chaos bewirkte.

Marozia nämlich, nach Alberichs Tod mit Guido von Tuscien verheiratet, wünschte sich Hugo von der Provence zum König Italiens. Johannes X. mußte wieder einmal umdenken, um zu überleben. Er gehorchte Marozias Befehl, und so wurde Hugo 926 in Pavia zum König von Italien gekrönt.

Johannes, der einst so strahlende Sarazenenbesieger, geriet zunehmend zwischen die Parteienkämpfe und bot Hugo die Kaiserkrone an, falls dieser ihm in Rom zu Hilfe käme. Doch auch die Kaiserkrone konnte Hugo nicht nach Rom locken, wo

Marozia dabei war, mit seinem Halbbruder Guido ein Schrekkensregiment zu errichten. Ihre Mutter Theodora muß irgendwann während Johannes' Pontifikat gestorben sein, konnte also ihrem Protegé auch nicht mehr helfen. Zwei stürmische Jahre lang konnte sich Papst Johannes noch auf dem Thron halten, bis Guidos Söldner ihn in der Engelsburg einkerkerten. Im Jahr darauf wurde er – vermutlich auf Marozias Befehl – dort umgebracht.

Johannes X. hatte erstaunliche vierzehn Jahre regiert, von einer Frau auf den Thron gehoben, von einer Frau ermordet. Das war sein Schicksal, aber er hat sein Pontifikat immerhin dazu genutzt, die Reform des Klosterwesens zu unterstützen und die Regeln von Cluny zu bestätigen.

Im 9. Jahrhundert war der immer reicher gewordene Benediktinerorden derart verkommen, daß er in ganz Europa Anstoß zu erregen begann. «Die Mönche machten statt Benedikt und Scholastica Bacchus und Venus zu ihren Helden», schreibt Gregorovius. Die Reform ging vor allem von Abt Odo von Cluny aus, der als Missionar einer strengen Klosterreform durch Europa zog und – man höre und staune – in dieser verrotteten Zeit damit ungeheuren Erfolg hatte, um so mehr als ihn Papst Johannes dabei kräftig unterstützte.

Marozia aber hatte mit ihm andere Pläne. Noch während Johannes im Kerker saß, hob sie im Mai 928 in Leo VI. eine ihrer Kreaturen auf den päpstlichen Thron, ein halbes Jahr später verschwand er wieder, vermutlich wurde er ermordet, um einem Stephan VII. Platz zu machen. Der wurde nur zwei Jahre geduldet, weil dann nämlich Marozias Sohn – gezeugt mit Papst Sergius III. – für den Stuhl Petri reif war. Jetzt war geistliche und weltliche Macht in einer Hand vereinigt, und Papst Johannes XI. – nach allem, was man weiß, ein frommer und harmloser Jüngling – wurde vorsorglich in seinem Palast unter Hausarrest gestellt. Als Guido von Tuscien starb, heiratete Marozia ein drittes Mal, und man braucht nicht lange zu raten, wer der Glückliche war. König Hugo von Italien natürlich, und Marozia gedachte ihn so schnell wie möglich zum römischen Kaiser zu machen – mit Hilfe ihres willfährigen Sohnes, der vermutlich, wäre es ihm befohlen worden, auch einen Affen gekrönt hätte!

Die Hochzeitsfeier fand, so ist es überliefert, in einem Grabmal statt, nämlich in der Engelsburg, dem früheren Mausoleum von Kaiser Hadrian, wo noch die Marmorurnen der kaiserlichen Familie standen. Die Trauung nahm vermutlich ihr Sohn, Papst Johannes XI. vor. König Hugo, vom Triumph verblendet, sprang mit den Römern sehr selbstherrlich um und behandelte seinen Stiefsohn Alberich – aus Marozias erster Ehe – wie einen Lakaien. Dieser mußte bei ihm Pagendienste versehen und wurde am Ende so gereizt, daß er seinem Stiefvater das Waschwasser über die Hände schüttete. Hugo beantwortete dies mit einer Ohrfeige, und nun war das Maß voll. Alberich rief die Römer zum Aufstand und fand schnell Gehör. Man schloß die Tore der Stadt, um Hugos Truppen nicht einzulassen, doch dem gelang in letzter Minute die Flucht. Überstürzt zog er mit seinem Heer in die Lombardei davon, während Alberich seine Mutter zusammen mit ihrem päpstlichen Sohn einsperren ließ.

Alberich II. herrschte zweiundzwanzig Jahre als «Fürst und Senator» in Rom, und die vier Päpste während seiner Regierung standen durchwegs unter seinem meist positiven Einfluß. Das Unglück begann erst, als er seinen jüngeren Sohn Octavian zum Papst bestimmen ließ.

Johannes XII. –
der Caligula auf dem Papstthron

Hugo von der Provence machte als König von Italien keine besonders gute Figur. Er zog französische Adlige ins Land und verschaffte ihnen mehr Einfluß, als den Italienern recht war.

Markgraf Berengar von Ivrea, ein Enkel des von Papst Johannes X. zum Kaiser gekrönten Berengar von Friaul, drängte 945 König Hugo aus dem Land und ließ sich und seinen Sohn Adalbert 950 von Papst Agapet II. (946–955) zum König von Italien krönen. Alberich hatte offenbar nichts dagegen, ihm genügte es, in Rom die Zügel fest in der Hand zu halten.

Nachdem der Schauplatz mit schnell wechselnden Päpsten, Kaisern und Königen mehr als ein halbes Jahrhundert lang Italien gewesen war, müssen wir hier einen Zwischenakt einschieben und wieder einen Blick nach Deutschland werfen. Als 911 mit Ludwig dem Kind der letzte Karolinger ins Grab gesunken war, bestand die Gefahr, daß die notdürftig bewahrte Einheit des Deutschen Reichs sich wieder in ihre früheren Stammesherzogtümer Franken, Sachsen, Schwaben, Bayern usw. auflösen würde. Doch der von Karl dem Großen entworfene Gedanke einer Reichseinheit war schon zu tief verankert, als daß man ihn ohne weiteres aufgegeben hätte. So einigten sich die Reichsfürsten, Otto, dem mächtigen Herzog von Sachsen und Thüringen, die deutsche Königskrone anzutragen. Der fühlte sich zwar hoch geehrt, lehnte aber wegen seines hohen Alters ab und schlug Graf Konrad von Lahngau vor, dessen Mutter eine Tochter Kaiser Arnulfs gewesen war – also kam auch er aus karolingischem Stamm.

Am 8. November 911 erhob man Konrad in Forchheim zum deutschen König, doch die sieben Jahre seiner Herrschaft waren ein einziger Kampf. Zuerst mußte er an den Grenzen die räuberischen Magyaren abweisen, dann zog er zweimal vergeblich gegen den Herzog von Lothringen, der mit Frankreich verbündet war. Nach dem Tod Ottos von Sachsen entzog Konrad dessen Nachfolger Heinrich einen Teil von Thüringen, und wieder gab es Streit, der mit einem Kompromiß endete – notgedrungen, denn nun ging es im Süden los. Das Bruderpaar Berthold und Erchanger verwaltete dort als Kammerboten – ein von Karl dem Großen geschaffenes Amt – das Land Schwaben, dessen Herzogstitel die beiden nun annahmen. In einer Fehde setzten sie Bischof Salomo von Konstanz gefangen, einen Freund und Ratgeber Konrads. Der berief eine Synode ein, ließ die Brüder verurteilen und hinrichten. Dann mußte er gegen Herzog Arnulf von Bayern ziehen, der es mit den Empörern gehalten hatte, jetzt zu den Magyaren floh und sie zu neuen Einfällen aufstachelte. Der König wurde bei den Kämpfen verwundet, resignierte schließlich und raffte sich angesichts des nahen Todes zu einer selbstlosen Tat auf: Er empfahl den Großen des Reichs seinen bisherigen Feind Heinrich von Sachsen und Thüringen als Nachfolger.

König Heinrich eröffnete die Reihe von deutschen Königen aus sächsischem Stamm, und was seinem Vorgänger nicht gelingen wollte, ging ihm leicht von der Hand. Es wirft ein bezeichnendes Licht auf ihn, daß er es ablehnte, vom Mainzer Erzbischof gesalbt und gekrönt zu werden. Vielleicht wollte er sich nicht vom Klerus leiten und bestimmen lassen – jedenfalls begründete er es mit den Worten: «Mir genügt es, daß ich zum König gewählt worden bin und diesen Namen führe... Gottes Gnade und Eurer Liebe danke ich es. Aber nun sei es genug. Salbung und Krönung sei einem Besseren vorbehalten.»

Daß man ihn «Heinrich den Vogler» nannte, weil er die Nachricht von seiner Wahl beim Vogelfang erhalten habe, ist wohl eine spätere Legende. Er einigte sich mit dem Herzog von Schwaben, und sogar Arnulf der Böse von Bayern ließ sich zur Huldigung überreden. Den Lothringer unterwarf er durch einen

Kompromiß mit dem König von Frankreich. Im Laufe der folgenden Jahre besiegte er die Slawen, Böhmen, Ungarn (auch als Magyaren bezeichnet) und Dänen – mit einem Wort, er sicherte seinem Nachfolger Otto I. ein friedliches und geordnetes Reich, als er im Juli 936 starb. Danach mußte man in Rom wieder mit starken deutschen Königen rechnen, und Johannes XII. (955–964) erkannte dies auch. Daß er Otto nach Rom rief, hatte allerdings noch einen anderen Grund.

Als Berengar von Ivrea 950 zum König von Italien gekrönt wurde, hätte er in Lothar, dem Sohn Hugos von der Provence, einen Konkurrenten gehabt. Doch Lothar starb zwei Jahre nach seinem Vater; Berengar sah in seiner Witwe Adelheid eine Gefahr und ließ sie festnehmen. Sie war es dann auch, die König Otto I. um Hilfe rief, was für ihn der gegebene Anlaß war, in Italien Ordnung zu schaffen und sich zugleich die Kaiserkrone zu holen.

Sein mächtiges Heer durchzog fast unbehelligt die Lombardei; in Pavia befreite Otto Adelheid und ließ sich von den italienischen Fürsten huldigen. Die junge, schöne Witwe gewann sein Herz, aber es wird schon auch politisches Kalkül gewesen sein, daß er eine der reichsten Erbinnen Europas heiratete, denn sie brachte als Mitgift Burgund und die Provence in die Ehe. Damals lebte Johannes' Vorgänger Papst Agapet II. noch, und an ihn wandte sich nun König Otto wegen der Kaiserkrönung. Doch der eigentliche Herr von Rom hieß immer noch Alberich, und der war dagegen. Otto mußte die Absage zunächst hinnehmen, weil die deutschen Angelegenheiten ihn dringend zurückriefen. Zwei Jahre später, anno 954, starb Herzog Alberich, und er besaß sterbend noch so viel Macht, daß der römische Adel ihm schwören mußte, nach Papst Agapets Tod seinen Sohn Octavian auf den Stuhl Petri zu heben. Ein Jahr später war es so weit, und Octavian nahm nach seiner «Wahl» den Namen Johannes XII. an, was für seine Nachfolger richtungsweisend wurde, weil sie von da an ihre früheren Namen ablegten und einen neuen wählten.

König Ottos dringende Rückkehr nach Deutschland galt einem Hauptereignis der europäischen Geschichte, auch wenn die Schlacht am Lechfeld im August 955 für die Italiener nur ein Ereignis am Rande war. Wie so oft mußten sich deutsche Könige mit den wieder und wieder einfallenden Magyaren befassen. Otto gelang es, die Reichsfürsten von dem gemeinsamen Anliegen zu überzeugen, und so fochten alle deutschen Stämme gegen ein zahlenmäßig weit überlegenes Heer. Die Magyaren verloren diese Völkerschlacht, und es soll bei ihnen nur sieben Überlebende gegeben haben. Von da an blieben sie in ihrem Land, gaben ihr Raub- und Wanderleben auf und ließen sich christianisieren.

Johannes XII., einer der erbärmlichsten, unheiligsten Väter in der Papstgeschichte, war noch fast ein Kind, als man ihm die Tiara aufsetzte. Gregorovius nennt ihn einen Sechzehnjährigen, in katholischen Kirchengeschichten wird er zum Achtzehnjährigen – wie auch immer, für einen Papst war dies ein sehr jugendliches Alter. Der Knabe muß so gut wie keine Erziehung genossen haben, konnte kaum schreiben, sprach kein Latein, hatte bisher nichts getan als das lustige Leben eines Halbwüchsigen zu führen, der alles darf. Sein Hauptinteresse – das ist mit sechzehn kein Wunder – galt den Frauen und Mädchen, woran sich nichts änderte, als das Bürschchen zum Stellvertreter Christi auf Erden gekürt worden war. So machte er den Lateranspalast zum Freudenhaus und feierte dort mit der *jeunesse dorée* von Rom rauschende Feste.

Aber irgendwie mußte ja auch regiert werden, denn nach Alberichs Tod lag die weltliche Macht ebenfalls in den Händen seines Sohnes und Nachfolgers. Nun, er wird schon seine Ratgeber gehabt haben, die ihm dies oder jenes ins Ohr flüsterten und dabei fest ihre eigenen Interessen im Auge behielten. Das von Alberich in zwei Jahrzehnten geschaffene Machtsystem funktionierte in den ersten Jahren reibungslos weiter, aber dann muß Johannes der Hafer gestochen haben. Er bekriegte Benevent und Capua, um die Macht des Patrimonium Petri zu erweitern, doch viel wurde nicht daraus. Dann gab es noch diesen Berengar, der sich König von Italien nannte und auch danach handelte, als er seine Macht nach Süden ausdehnen wollte. Die Emilia-Romagna aber gehörte zum Kirchenstaat, und so fühlte der Papst sich veranlaßt, den deutschen König um Schutz zu bitten. Jetzt hielt Otto die Zeit für gekommen, sich doch noch die Kaiserkrone zu holen. Zuerst ließ er in Worms seinen gleichnamigen Sohn zum deutschen König krönen und brach dann im Spätsommer 961 nach Italien auf. In Mailand erklärte er König Berengar für abgesetzt und ließ sich selber die altehrwürdige Lombardenkrone aufsetzen.

Das Weihnachtsfest 961 feierte Otto in Pavia, und im Januar stand er vor den Toren der Ewigen Stadt. Die Römer hielten sich mit dem Jubel zurück, denn sie gedachten der kurzen friedlichen Zeit unter Alberichs Herrschaft, und sie wußten recht gut, daß die deutschen Kaiser nach Empfang der Krone wieder abzogen und hier dann die Parteienkämpfe aufflammten.

Für Frau Adelheid muß es ein erhebendes Gefühl gewesen sein, das Land, wo sie als Geisel gefangen saß, nun als Kaiserin wieder zu betreten.

Wenn wir den zeitgenössischen Berichten trauen dürfen, die nur allzu geneigt sind, eine Herrschergestalt positiver zu zeichnen, als sie es war, so muß König Otto eine majestätische Erscheinung gewesen sein. Hochgewachsen, von kräftiger Gestalt, mit blondgelocktem Haar und langem Bart. Im Umgang soll er heiter und freundlich gewesen sein, doch es werden auch seine großen, strengblickenden Augen genannt, die mehr Furcht als Vertrauen erweckten. Widukind von Corvey (gest. um 1004), Ottos Zeitgenosse, schrieb in seiner Biographie: «...immer freundlich, im Schenken freigebig, im Schlafen sparsam und im Schlaf immer etwas sprechend, so daß es den Anschein hat, als ob er stets wache. Den Freunden schlägt er nichts ab und ist von übermenschlicher Treue...»

Wir erfahren weiter, daß er nach dem Tod seiner ersten Frau Edith schreiben und lesen lernte und daß er italienisch und slawisch sprach. «So oft er aber die Krone tragen muß, bereitet er sich stets – wie man für wahr versichert – durch Fasten darauf vor.»

Dieser Fürst, der in Deutschland schon mehr erreicht und bewirkt hatte als die meisten seiner Vorgänger – nicht ohne Grund nannte ihn die Geschichtsschreibung schon zu Lebzeiten «der Große» –, stand nun einer der jämmerlichsten Kreaturen gegenüber, die jemals den Stuhl Petri geschändet hatten. Ein

Säufer und Hurenbock, ein aufgeblasener Tyrann, der nur noch vom Ansehen seines verstorbenen Vaters lebte, heimtückisch und grausam gegen seine echten und vermeintlichen Feinde, ungebildet, vulgär, feige und lasterhaft. Was die Person des Papstes betraf, so war die Kirche auf dem Tiefstand angelangt. Aber als Institution tat sie weiterhin ihre Wirkung, und König Otto konnte sich schließlich den Papst nicht aussuchen, der ihn krönte. Vielleicht hat er den Ausspruch von Leo I. gekannt und sich damit getröstet: «Die Würde des Petrus geht auch in einem unwürdigen Erben nicht verloren.»

Am 2. Februar 962 standen sie sich gegenüber – das Königspaar Otto und Adelheid und der jetzt etwa 22jährige Papst Johannes XII. Otto sprach den altehrwürdigen Eid aller karolingischen Kaiser: «Wenn ich mit Gottes Willen nach Rom komme, will ich die Kirche und dich, ihr Oberhaupt, nach Kräften erheben; niemals sollst du mit meinem Willen oder Wissen an Leben und Gliedern, oder an deiner Würde gekränkt werden. In der Stadt Rom will ich mir keine Meinung bilden, noch bestimmen, was dir oder den Römern zusteht, ohne deine Genehmigung. Was vom Besitz St. Peters in meine Gewalt kommt, will ich dir zurückgeben. Wem immer ich das Königreich Italien übergebe – er muß schwören, dir nach bestem Vermögen bei der Verteidigung des Kirchenstaates beizustehen.»

Daß Otto den Römern nicht traute, demonstriert eine von ihm überlieferte Bemerkung an einen seiner Begleiter: «Wenn ich heute am Apostelgrab knie, so halte dein Schwert über mein Haupt, denn ich weiß wohl, wie oft meine Vorfahren die Treulosigkeit der Römer erfuhren.»

So wurden Otto und Adelheid mit großem Pomp gekrönt und erneuerten damit nach 37 Jahren das Kaisertum der deutschen Könige. Es wäre interessant zu wissen, wie der halbgebildete Papst Johannes mit der komplizierten Krönungszeremonie zu Rande kam. Daß er eigens deshalb noch Latein lernte, ist fast auszuschließen. Vielleicht hat ein Zeremonienmeister ihm das Nötige ins Ohr geflüstert, und er hat's nachgeplappert.

Der Schwur von Kaiser Otto wurde durch einen des Papstes erwidert, der da lautete, er werde niemals von ihm abfallen und zu Berengar überwechseln. Auch die Vertreter des Volkes von Rom leisteten den vorgeschriebenen Treueid. Was diese Eide wert waren, werden wir gleich sehen. Kaiser Otto müßte blind gewesen sein, hätte er nicht hinter den geistlichen Gewändern die wahre Natur dieses unheiligen Vaters gesehen.

Schon knapp zwei Wochen später kehrte er Rom den Rücken, um Berengar in Oberitalien zu bekriegen. Diesen Dorn mußte sich der Kaiser noch aus dem Fleisch ziehen, ehe er sich als König von Italien fühlen konnte. Es dauerte nicht lange, dann änderte Papst Johannes seinen Sinn, vielleicht auch von der Berengarfreundlichen Partei gedrängt. Aber in Rom gab es auch eine gar nicht so kleine kaiserliche Partei, und die benachrichtigte Otto vom Abfall des Papstes. Die Boten fanden den Kaiser in Pavia und lieferten ihm auch gleich ein Charakterbild dieser Papstkreatur.

Der Lateran sei zum Bordell geworden, der Papst verschleudere sein Vermögen an Kuppler und Huren, und keine anständige Frau wage es mehr, nach Rom zu pilgern. Unterdessen verfielen die Kirchen, und der Papst tue nichts zu ihrem Unterhalt.

Kaiser Otto, immer noch guten Willens, antwortete, der Papst sei noch ein Knabe und werde sich durch das Beispiel edler Männer mäßigen. Doch er sandte geheime Boten nach Rom, um sich über die wahren Zustände zu unterrichten. Unterdessen hatte sich Berengars Sohn Adalbert in Rom eingenistet, um gegen den Kaiser Stimmung zu machen. Das ging nun Otto zu weit, und er kehrte im Eilmarsch nach Rom zurück, während Papst Johannes rechtzeitig die Flucht ergriff. Der Partei Berengars nahm das allen Wind aus den Segeln, und sie streckten die Waffen. So konnte die kaiserliche Partei ungehindert die Tore der Stadt öffnen; Johannes' Anhänger mußten ihre Waffen abliefern und Geiseln stellen.

Otto war zornig und entschlossen, dieses unselige Treiben ein für allemal zu beenden. Daher ließ er Adel, Klerus und Volksvertreter zusammenrufen und verkündete seinen Entschluß, die Römer dürften in Zukunft keinen Papst mehr wählen ohne seine oder seines Sohnes Zustimmung. Etwas Schlimmeres hätte er den Römern nicht antun können, denn es war ihr altüberliefertes

Recht, quasi im Namen der gesamten Christenheit den neuen Papst zu bestimmen.

Kaiser Otto hörte zwar das laute Murren, ließ sich aber davon weder beirren noch beeinflussen. Am 6. November 963 berief er eine Synode nach St. Peter, um Papst Johannes seiner zahlreichen Verbrechen anzuklagen.

Liutprant von Cremona nahm daran teil und hat als Augenzeuge berichtet, daß fast alle der sogenannten Suburbicar-Bischöfe erschienen waren, das heißt jene, die in den Städten rings um Rom die Bischofssitze innehatten, also von Albano, Ostia, Porto, Velletri, Nepi, Tibur usw. Auch dreizehn Kardinäle waren zugegen, doch der überwiegende Teil hatte es vorgezogen, Papst Johannes ins Exil zu folgen. Dann zählt Liutprant die adligen Häupter der kaiserlichen Partei auf, während die meisten der vornehmen Anhänger Berengars sich in ihren Landhäusern in der Campagna versteckt hielten.

Nachdem unser Augenzeuge das Erscheinen irgendwelcher Senatoren oder Konsuln verschweigt, nimmt Gregorovius an, daß diese Ämter inzwischen abgeschafft wurden – sie waren ja auch früher nur noch ein ferner Nachhall aus Roms großen Tagen. Die Vertreter des Volkes waren durch Kapitäne der Miliz vertreten, außerdem erschienen die meisten Inhaber der päpstlichen Palastämter, also die Diakone, Notare usw.

Kaiser Otto übernahm den Vorsitz, und sein Gefolge aus deutschen Herzögen, Grafen und Bischöfen verlieh dieser Synode zusätzliches Gewicht. Dann wurde das Vorladungsschreiben an Papst Johannes verlesen:

«Dem höchsten Pontifex und allgemeinen Papst, dem Herrn Johannes, Otto von Gottes Gnaden Imperator Augustus, mit den Erzbischöfen und Bischöfen Liguriens, Tusciens, Sachsens und des Frankenlandes, im Herrn. Nach Rom gekommen im Dienste Gottes, haben wir Eure Söhne, nämlich die römischen Bischöfe, die Kardinäle und Diakone, außerdem das gesamte Volk befragt, warum Ihr abwesend seid, und warum Ihr Uns, Eure und Eurer Kirche Verteidiger, nicht sehen wollt. Sie haben uns so schändliche Dinge von Euch berichtet, daß sie uns schamrot machen würden, sagte man sie selbst einem Komödianten nach. Wir wollen Eurer Herrlichkeit nur einiges angeben, denn für die Aufzählung von allem möchte ein Tag zu kurz sein. Wisset denn, nicht wenige, sondern alle, sowohl Weltliche als Geistliche, haben Euch angeklagt des Mordes, des Meineids, der Tempelschändung, der Blutschande mit Euren eigenen Verwandten und mit zweien Schwestern. Sie erklären noch anderes, wovor das Ohr sich sträubt, daß Ihr dem Teufel zugetrunken und beim Würfeln Zeus, Venus und andere Dämonen angerufen habt. Wir bitten daher Ew. Väterlichkeit dringend, nach Rom zu kommen und Euch von all dem zu reinigen. Fürchtet Ihr aber die Exzesse des Volks, so geloben wir Euch, daß nichts wider den Kanon geschehen soll. Gegeben am 6. November.»

Johannes antwortete sehr schnell, und der kurze, etwas primitive Text konnte nur von ihm selbst verfaßt sein: «Bischof Johannes, Knecht der Knechte Gottes, an alle Bischöfe. Wir haben sagen gehört, daß Ihr einen anderen Papst machen wollt; wenn Ihr das tut, so exkommuniziere ich Euch durch den allmächtigen Gott, und Ihr sollt weder jemand ordinieren noch die Messe lesen dürfen.»

Nun war es kanonische Vorschrift, daß ein beschuldigter Bischof dreimal geladen wurde. Otto wußte es nicht oder ignorierte es, denn er lud ihn nur noch ein zweites Mal vor. Dann erfolgte, was zu erwarten stand, nämlich die Absetzung von Johannes XII. als Verbrecher und Hochverräter. Ein vornehmer Römer wurde zu seinem Nachfolger bestimmt, und es ist erstaunlich, daß sich unter solchen Umständen einer für dieses Amt fand, das wir heute als eine Art Himmelfahrtskommando bezeichnen würden.

Dieser Leo VIII. (963 – 965) hatte nur einen Schönheitsfehler: Er war Laie, so daß ihn der Kardinalbischof von Ostia – auch wieder gegen den Kanon – hintereinander zum Ostiarius, Lector, Akolythen, Subdiakon, Diakon, Presbyter und schließlich zum Papst weihte. Er muß ein gehorsamer und fügsamer Mann gewesen sein, der ohne zu zögern dem kaiserlichen Ruf folgte.

Ehrgeiz ist auszuschließen, denn in seinem Berufsleben hatte er es bisher nur zum Protonotarius der Kirche gebracht, das ist so etwas wie ein Jurist in Kirchenangelegenheiten, konnte aber auch nur ein vom Papst verliehener Ehrentitel sein, dem heutigen «Monsignore» vergleichbar, den Laien wie Priester tragen.

Um den Römern entgegenzukommen, ließ Kaiser Otto den größten Teil seiner Truppen vor der Stadt kampieren und feierte das Weihnachtsfest noch in Rom. Inzwischen aber regte sich der Widerstand. Der abgesetzte Johannes stand plötzlich in einem anderen Licht da.

«Das ist schließlich doch unser Papst», murrten die Römer, frei gewählt und ein Sohn des großen Alberich. Letzteres stimmte zwar, doch frei gewählt war er gewiß nicht, und seine Charaktermängel hatte man wohl vergessen. Schon kochte der Topf über.

Am 3. Januar 964 läuteten plötzlich die Sturmglocken, und eine aufgeputschte Menge zog zum Vatikan, wo Otto wohnte. Den aber schützte ein ritterliches Berufsheer, und das Gemetzel wurde so schrecklich, daß der Kaiser Einhalt gebot. Am nächsten Tag erschienen Vertreter des Volkes, erneuerten ihren Treueid und stellten hundert Geiseln. Otto blieb noch eine Woche in Rom, gab auf Leos Bitten die Geiseln wieder frei und reiste Mitte Januar nach Spoleto, um dort mit Herzog Adalbert abzurechnen.

Man kann sich die Stimmung in Rom vorstellen. Tief gedemütigt fanden sich Papst Johannes' Anhänger zusammen, und er selber erschien auch in der Stadt, umgeben von Freunden und Vasallen.

Leo zögerte nicht lange, sondern floh zum Kaiser nach Camerino. Der hatte inzwischen Herzog Berengar festgenommen und ließ den Gefangenen gleich nach Bamberg eskortieren.

Papst Johannes XII. aber witterte Morgenluft und berief ein Konzil nach St. Peter ein. Man hörte mit Erstaunen, daß unter den dort anwesenden Bischöfen elf Johannes' Absetzung mitunterzeichnet hatten. Sie beriefen sich auf ihre Zwangslage, doch der wutentbrannte Papst begann sein Strafgericht. Drei an der Weihe Leos beteiligte Bischöfe wurden suspendiert, dem Kardinal Johann ließ er Nase, Zunge und zwei Finger abschneiden, der Legat Azzo verlor eine Hand, andere wurden ausgepeitscht oder verbannt. Wie viele kleinere Leute dabei ihr Leben verloren, wird wohl – wie immer, wenn die Großen streiten – unbekannt bleiben.

Kaiser Otto, durch Eilboten unterrichtet, rüstete sich sofort zum Marsch auf Rom, doch unterwegs erhielt er die Nachricht, Papst Johannes sei umgekommen. Zuerst vermutete der Kaiser einen politischen Anschlag, aber als die Wahrheit ans Licht kam, paßte sie viel besser zum Charakter dieses unheiligen Vaters. Johannes besuchte außerhalb Roms eine heimliche Geliebte und wurde von deren Ehemann in flagranti ertappt. Der Betrogene erkannte vielleicht nicht gleich, wer ihm da Hörner aufsetzte, und schlug ihm den Schädel ein. Johannes lebte noch eine Woche und starb dann an der schweren Verletzung. Seine Anhänger münzten dieses jämmerliche Ende in einen Schlaganfall um, doch geglaubt hat es niemand.

Und die Römer löckten von neuem wider den Stachel. Eben hatten sie noch geschworen, keinen Papst ohne kaiserliche Zustimmung zu weihen, da setzten sie mit Benedikt V. bereits einen neuen Pontifex auf den Stuhl Petri. Das war ein integrer und würdiger Mann, doch Kaiser Otto konnte sich diesen Affront nicht bieten lassen. Wie ein Racheengel eilte er nach Rom zurück und verlangte die Wiedereinsetzung von Leo VIII. Seine Truppen schlossen die Stadt ein und hausten wie die Vandalen – wieder wird es vielen Unschuldigen und Unbeteiligten das Leben gekostet haben. Schließlich lieferten sie ihren Benedikt aus und schworen am Petrusgrab von neuem Gehorsam.

Nun berief Leo VIII. ein Konzil ein, zu dem sein Konkurrent in vollem Ornat erscheinen mußte. Warum er es gewagt habe, wurde er gefragt, die päpstlichen Insignien anzulegen, wo es doch schon einen rechtmäßigen Pontifex gebe? Man nannte ihn einen eidbrüchigen Verräter, der seinen Kaiser hintergangen und betrogen habe. Benedikt flehte um Erbarmen, doch nahm man ihm alle geistlichen Gewänder und Würdezeichen ab, degradierte ihn zum Diakon und verurteilte ihn zur ewigen Verbannung. Er wie auch König Berengar II. von Italien starben im deutschen Exil.

Am 1. Juli 964 verließ Kaiser Otto die nun «befriedete» Stadt, wo Papst Leo VIII. es schwer genug hatte, sich zu behaupten. Noch ehe man ihn stürzen konnte, starb er am 1. März 965, und man ließ sich ein halbes Jahr Zeit, den neuen Pontifex zu wählen, der am 1. Oktober den Stuhl Petri bestieg.

Johannes XIII. (965–972) war ein Sohn des Bischofs von Narni und stammte aus einer vornehmen römischen Familie. Er hatte zwar die Absetzung von Leo VIII. mit unterzeichnet, ergriff aber von Anfang an die Partei des Kaisers, was den in Rom herrschenden Faktionen – so nennt Gregorovius die verschiedenen Parteiungen – nicht gefiel. Der 16. Dezember sah ihn schon in der Engelsburg, dann wurde er auf eine Festung in der Campania gebracht. Kaiser Otto sah sich zu einem weiteren Romzug genötigt, und als er sich im Herbst 966 der Stadt näherte, schlug dort die Stimmung um. Die Kaiserlichen gewannen die Oberhand, befreiten den Papst und holten ihn am 12. November nach Rom zurück. Kurz darauf traf der Kaiser ein, und Otto war ungemein empfindlich, wenn er seine von Gott verliehene Majestät beleidigt fühlte. Zwölf seiner Gegner ließ er hängen, köpfen oder blenden, der Hauptträdelsführer – Stadtpräfekt Petrus – wurde mit seinen Haaren an der Reiterstatue des Marcus Aurelius aufgehängt. Bei dieser Gelegenheit finden wir eines der schönsten Bildwerke des alten Rom erwähnt, und es hat das Christentum nur überlebt, weil man es jahrhundertelang für ein Standbild Konstantins des Großen hielt. Später nahm man den gemarterten Präfekten wieder ab, und er mußte mit einigen anderen ins Exil.

Das kaiserliche Strafgericht tat diesmal seine Wirkung, und Papst Johannes XIII. konnte unangefochten bis zu seinem Tod am 6. September 972 regieren. Vielleicht lag es auch daran, daß der Kaiser diese ganze Zeit in Italien verbrachte, also immer in Reichweite war. Einmal noch ist Otto glanzvoll in Rom aufgetreten, als er mit seinem Sohn Otto II. am 24. Dezember 967 in der Peterskirche Zeuge wurde, wie Papst Johannes seinem Sohn und Nachfolger die Kaiserkrone aufsetzte. Fünf Jahre später, am 7. Mai 973, ist Kaiser Otto der Große in seinem sächsischen Stammland gestorben, und sein achtzehnjähriger Sohn trat die Nachfolge an.

Bonifatius VII. –
ein mörderischer Papst

Das Zeitalter der Pornokratie war längst beendet, als erneut ein Nachkomme von Theodora und Theophylactus in Rom die Macht ergriff. Mit Crescentius I., einem Sohn von Theodora der Jüngeren, gewann die kaiserfeindliche Partei wieder die Oberhand.

Noch zu Lebzeiten Ottos I. war in Benedikt VI. am 19. Januar 973 ein ihm genehmer Papst gewählt worden, doch als der Kaiser im Mai starb, wandte sich Crescentius gegen ihn. Er zettelte einen «nationalen» Aufstand an, und der Papst fand sich schnell – wie nicht wenige seiner Vorgänger – in den Verliesen der Engelsburg wieder. Dort ließ ihn der Tyrann im Juni 974 erwürgen und erhob eine seiner Kreaturen auf den päpstlichen Thron. Ein Chronist schildert das so: «Horrendum monstrum Bonifacius cunctos mortales nequitia superans, etiam prioris Pont. sanguine cruentus.» Also ein schreckliches Monstrum, das mit dem Blut seines Vorgängers bedeckt gewesen sei.

Leider sind gerade für diese Zeit die historischen Quellen sehr dürftig, doch in groben Zügen können wir den Spuren dieses Monstrums folgen.

Bonifatius VII. hielt sich knapp eineinhalb Monate auf dem Thron, dann scheint die kaiserliche Partei wieder die Oberhand gewonnen zu haben, denn dieser unheilige Vater floh nach Konstantinopel – unter Mitnahme eines beträchtlichen Teiles des Kirchenschatzes. Crescentius soll in ein Kloster gegangen und dort als reuevoller Mönch gestorben sein.

Im Oktober 974 wählten die Römer – diesmal mit dem Placet

von Kaiser Otto II. – den Bischof von Sutri zum neuen Papst. Dieser Benedikt VII. muß ein würdiger und anständiger Mann gewesen sein und ein kräftiges Regiment geführt haben. Er hielt neun Jahre im römischen Hexenkessel durch, unterstützte die Reformen von Cluny, restaurierte Kirchen und Klöster und wird es wohl mit den römischen Adelsfamilien nicht immer leicht gehabt haben. Während seiner letzten Jahre saß er fest und sicher auf dem Stuhl Petri, denn der junge Kaiser Otto II. hielt sich seit Herbst 980 in Italien auf, feierte das Osterfest 981 in Rom und bekriegte dann in Süditalien – zunächst erfolgreich – die Sarazenen, bis er in der Schlacht von Squillace am 13. Juli 982 eine schlimme Niederlage erlitt. Der Kaiser konnte sich in letzter Minute auf ein griechisches Schiff retten. Anfang 983 finden wir ihn wieder in Rom, und er war zugegen, als sein päpstlicher Freund am 10. Juli 983 starb. Der Kaiser konnte die Wahl seines Kandidaten zum Papst Johannes XIV. noch durchsetzen, erlag dann aber am 7. Dezember 983 einer fiebrigen Erkrankung. Als einziger deutscher Kaiser hat er seine letzte Ruhestätte in der Papstgruft unter dem Petersdom gefunden.

Kaum hatte sich die Nachricht von seinem Tod verbreitet, erschien Bonifatius nach über neun Jahren wieder in Rom, den finster-entschlossenen Blick auf den allerdings schon von Johannes XIV. (983–984) besetzten Papstthron gerichtet. Er hatte sich ja damals den Kirchenschatz angeeignet, und so fiel es ihm nicht schwer, kaiserfeindliche Anhänger um sich zu scharen. Ottos Witwe Theophanu – eine byzantinische Prinzessin – war mit dem dreijährigen Thronfolger nach Deutschland zurückgekehrt, zusammen mit der kaiserlichen Armee. So hatte Bonifatius freie Bahn, ließ seinen unseligen Vorgänger in die Engelsburg werfen, durch eine Synode absetzen und im Gefängnis vergiften oder Hungers sterben. Das Pontifikat dieses unheiligen Vaters wird ab August 984 gerechnet; bei seinem ersten Versuch zehn Jahre zuvor wird er als Gegenpapst gezählt.

Bonifatius VII., der Mörder von zweien seiner Vorgänger, konnte sich elf Monate auf dem Thron halten, dann reichten offenbar seine Bestechungsgelder nicht mehr aus, sich «Freunde» zu machen. Der mörderische Papst wurde auf die Straße gezerrt und vom Pöbel gelyncht.

Nun schlug in Rom die Stimmung wieder um, und der kaiserlichen Partei gelang es, die Wahl Johannes' XV. (985–996) durchzusetzen, eines Gelehrten aus unbekannter Familie. Die weltliche Herrschaft in Rom übten nach wie vor die Crescentier aus, deren jetziges Oberhaupt, ein Crescentius II. Numentanus, darauf hinarbeitete, den deutschfreundlichen Papst zu stürzen. Der hatte sich durch Habsucht und schrankenlosen Nepotismus nicht gerade beliebt gemacht und rief, als er seinen Thron wanken spürte, die Kaiserin Theophanu zu Hilfe (ihr Name wird auch in den Formen Theophano oder Theophania gebraucht). Ja, wir hören recht – Papst Johannes XV. bat eine Frau um Schutz und Hilfe. Die Frauen der deutschen Könige und römischen Kaiser führten in der Regel ein Schattendasein. Man kennt gerade ihre Namen und das Jahr ihres Todes. Mit Adelheid, Kaiser Ottos I. Gemahlin, änderte sich das, denn sie war eine tüchtige und charakterstarke Frau, die ihr Licht nicht unter den Scheffel stellte und beim Regierungsantritt ihres achtzehnjährigen Sohnes und auch danach ein Wörtchen mitzureden hatte.

Die byzantinische Prinzessin Theophanu stand ihrer Schwiegermutter in nichts nach. Gegen viele Schwierigkeiten gelang es ihr, von den deutschen Fürsten als Reichsverweserin und Vormund ihres Sohnes anerkannt zu werden. Sie und Großmutter Adelheid erzogen den jungen Otto, wobei der alte und würdige Erzbischof Willigis von Mainz als väterlicher Ratgeber noch eine kleine Rolle spielen durfte.

Die Rolle der Kaiserin Theophanu ist um so höher anzuschlagen, da sie, die oströmische Prinzessin, als Verweserin des Deutschen Reiches gleichsam die politische Gegnerin ihrer Heimat wurde. Der kaiserliche «Konkurrent» in Konstantinopel tat in der Regel alles, um den Kaiser des Westens zu schmälern. Theophanu war eine würdige Nachfolgerin ihrer byzantinischen Vorgängerinnen Theodora und Irene, die – jede auf andere Art – als machtvolle Herrscherinnen auftraten.

Theophanu, erklärte Feindin von Halbheiten, versteckte sich keineswegs hinter ihrem sechsjährigen Sohn Otto III., sondern trat selbstbewußt als Imperatrix auf, als sie durch Italien nach Rom zog. Dort feierte sie das Weihnachtsfest 989 und war klug genug, den ehrgeizigen Crescentius II. Numentanus nicht zur Rechenschaft zu ziehen, sondern – ganz im Gegenteil – ihn als Patricius und Statthalter zu bestätigen. Im Frühjahr 990 zog die Kaiserin wieder ab, und die nächsten Jahre bleiben dunkel, weil keine Chroniken erhalten sind. Doch es ist anzunehmen, daß Crescentius die Stadt wie ein Diktator beherrschte, um so mehr als ihm der Tod von Kaiserin Theophanu – sie starb erst dreißigjährig am 15. Juni 991 – einen größeren Spielraum verschaffte.

995 trieb er Johannes XV. aus der Stadt. Der Papst suchte in Tuscien bei Markgraf Hugo Schutz und rief von dort den deutschen König um Hilfe an. Das allein genügte, um die Römer versöhnlich zu stimmen. Der Papst durfte in Ehren zurückkehren, und bis zu seinem Tod im März 996 gab es keine Differenzen mehr.

Als Otto III. im Mai 996 Rom erreichte, kam er gerade recht, um die Wahl des neuen Pontifex nach seinem Willen zu gestalten. Crescentius mußte kuschen, denn hinter dem sechzehnjährigen deutschen König erhob sich der mächtige Schatten seines Großvaters Otto I., dessen harte Maßnahmen noch in guter Erinnerung waren. Vielleicht war es ein Fehler, daß Otto seinen Vetter, den vierundzwanzigjährigen Hofkaplan Bruno, zum Papst bestimmte. Er war der erste deutsche und überhaupt fremdländische Papst seit dem Griechen Zacharias (741–752). Von da an gab es unter 47 Päpsten nur zwei Nichtrömer aus anderen Teilen Italiens. Freilich existierte kein Gesetz, das einen Römer als Papst vorschrieb, aber es war zur langen Tradition geworden. So mußte, wie Gregorovius schreibt, «das Nationalgefühl der Römer ... im Tiefsten beleidigt sein; sie hätten auf dem Papstthron lieber ein Monstrum gesehen, wenn es nur römisch, als einen Heiligen, wenn er sächsisch war».

Sie nahmen diesen Gregor V. (996–999) also zunächst hin, und der krönte seinen Verwandten am 21. Mai 996 in St. Peter zum Imperator Romanorum. Es muß ein erhebender, vielleicht sogar rührender Anblick gewesen sein, als der eine Jüngling dem anderen die Kaiserkrone aufs Haupt setzte, beide voll Begeisterung, voll Zuversicht. Daß sich die Begeisterung der meisten Römer in Grenzen hielt, ist anzunehmen; einem ehemaligen deutschen Hofkaplan, der von den römischen Verhältnissen keine Ahnung besaß, traute man wenig zu.

Kaiser Otto versuchte, Rom mit Milde zu gewinnen. Einige der Rebellen wurden verbannt, Crescentius durfte sogar bleiben, als er den Vasalleneid leistete.

Ende Mai 996 verließ Kaiser Otto die Ewige Stadt, und es dauerte vier Monate, dann zettelte Crescentius eine Verschwörung zum Sturz des deutschen Papstes an. Gregor V. konnte rechtzeitig entfliehen, und Crescentius bot dem Bischof Johannes von Piacenza die Papstkrone an. Der stammte aus Griechenland, hieß ursprünglich Philagathos und war ein Günstling der Kaiserin Theophanu gewesen. Die Ottonen hatten ihn als Brautwerber für Otto III. vergeblich nach Konstantinopel gesandt, und als er auf dem Rückweg in Rom Station machte, kam das überraschende Angebot. Der Ehrgeiz siegte, Johannes verriet seine Wohltäter und griff nach der Tiara. Er hätte es nicht tun sollen, denn Ende 998 stand Kaiser Otto III. vor den Toren der Stadt, mit dem rechtmäßigen Papst im Gefolge. Johannes floh, wurde in der Campagna ergriffen und – auf wessen Befehl ist nicht ganz klar – grausam verstümmelt. Zunge, Nase und Ohren schnitt man ihm ab, er wurde geblendet und eingekerkert. Ein hoher Preis für ein paar Monate Dasein als (Gegen-)Papst.

Der mittlerweile achtzehnjährige Kaiser Otto berief im März 998 ein Konzil im Lateran ein, auf dem der falsche und schrecklich entstellte Papst erscheinen mußte. Er wurde aller Würden entkleidet und verschwand in einem Kloster, wo er noch fünfzehn Jahre lebte. Crescentius hatte sich in der Engelsburg verschanzt, aber das war nur ein Aufschub. Die Festung wurde am 29. April im Sturm genommen und Crescentius mit zwölf aufständischen Stadtkapitänen enthauptet. Er wurde später in Rom zur Helden- und Sagengestalt emporstilisiert, und auffallend viele Eltern wählten bis ins 11. Jahrhundert hinein seinen Namen für ihre Söhne.

Seine Grabschrift in der Kirche San Pancrazio ist nicht erhalten, jedoch überliefert:

«Wurm im Moder, o Mensch, was strebst du nach goldener Wohnung?
Hier wohl wohnst du dich ein, aber in engerem Schrein.
Der im Glücke so herrlich über ganz Roma gewaltet,
hier mit dem Winkel begnügt er sich jetzt dürftig und klein.
Wie war schön von Gestalt Crescentius Herrscher und Herzog ...»

Silvester II. –
der heilige unheilige Vater

Bei Silvester II. handelt es sich um einen kuriosen Fall in der Papstgeschichte. Silvester, früher Erzbischof von Ravenna, war ein hochgebildeter, integrer Mann, Gegner der Simonie und eifriger Kirchenreformer. Dem einfachen Volk war seine Gelehrsamkeit unheimlich, und später wurde um ihn eine Legende gewoben, die ihn als Zauberer und Teufelsanbeter hinstellt. Sein Fall ist auch insofern einmalig, als der junge Kaiser Otto III. mit einer fanatischen, fast süchtigen Liebe an ihm hing; für ihn, den früh Verwaisten, von Frauen Erzogenen war er die ideale Vaterfigur, und ehe wir uns mit dem nächsten unheiligen Vater befassen, will ich diese Episode kurz schildern.

Gerbert von Aurillac wurde 947 im damaligen Aquitanien, also im Südwesten von Frankreich geboren. Er wurde Mönch im Kloster von St. Géraud in Aurillac, der alten Hauptstadt der Auvergne. Er studierte dort unter anderem Mathematik, setzte seine Studien in Spanien fort, kam 970 nach Rom und wurde ab 972 Leiter der Gelehrtenschule in Reims.

Gerbert war ein umfassend gebildeter Mensch, kannte den letzten Stand von Mathematik, Physik, Astronomie und Mechanik, abgesehen von Theologie und Philosophie, ohne die seinerzeit ein Lehrer gar nicht wirken konnte. Er berechnete nach arabischer Methode den Umlauf der Erde und anderer Planeten, konstruierte Sonnenuhren, Erdgloben und vieles mehr, was nach dem damaligen, sehr bescheidenen Stand der abendländischen Wissenschaft auch gebildeten Menschen wie Zauberei erscheinen mußte.

Kaiser Otto II. wurde auf den Gelehrten aufmerksam, verlieh ihm 982 die Abtei Bobbio, doch Gerbert ging zwei Jahre später nach Reims zurück und wirkte von dort aus für die nicht unumstrittene Thronfolge des damals erst dreijährigen Otto III.

Vor allem Heinrich der Zänker, Herzog von Bayern, erhob als nächster Verwandter des jungen Königs Anspruch auf die Vormundschaft, ja auf die Krone selbst, trat in Quedlinburg sogar schon als König auf. Doch wurde nichts daraus, wohl auch deshalb, weil der hochangesehene Gerbert diesen Bestrebungen entgegenarbeitete.

Otto III. hat ihm das niemals vergessen. Er berief ihn als Lehrer und Ratgeber an seinen Hof und ernannte ihn 998 zum Erzbischof von Ravenna.

Diese beiden Menschen, der jetzt etwas über fünfzigjährige Gelehrte von europäischem Ruhm und der achtzehnjährige Erbe eines Imperiums, bildeten so etwas wie ein Symbiose, wobei es erstaunt, wie ernsthaft Gerbert auf die phantastischen Pläne seines Schülers einging, ja sie sogar förderte und anfachte. Dem schwärmerischen kaiserlichen Jüngling schwebte nämlich nichts Geringeres vor, als das Römische Weltreich in seinem hehren Glanz wiedererstehen zu lassen und Rom zur Hauptstadt dieses Imperiums zu machen. Die Ruinen sollten wiederaufgebaut werden, und Otto begann damit, sich auf dem Aventin einen Kaiserpalast errichten zu lassen. Niemals vergaß er das von seiner Mutter Theophanu vermittelte geistige Erbe, und so sollte die Sprache des Neuen Reichs auch griechisch sein. Er beherrschte sie natürlich, denn es war ja seine «Muttersprache», aber seine deutschen Höflinge – teilweise schon ältere Herren –, die nun plötzlich Griechisch lernen sollten, begannen hörbar zu murren, auch darüber, daß zunehmend Eunuchen in Hofämtern beschäftigt wurden. Otto belebte die alten Titel wieder, ernannte zum Beispiel einen Flottenadmiral (obwohl es keine Flotte gab), führte die am byzantinischen Hof üblichen Palastämter wie Protovestiar, Protoscriniar und Logothet wieder ein und umgab sich mit oströmischem Palastzeremoniell. Zu alldem gesellte sich noch eine schwärmerische Religiosität, die sich nicht genugtun konnte in Wallfahrten und Bußübungen.

Im Spätherbst 998 unternahm der junge Kaiser eine Pilgerreise auf den Monte San Michele am Gargano, besuchte das Grab des heiligen Bartholomäus in Benevent, betete in Monte Cassino, kniete vor dem heiligen Eremiten Nilus, der in Zelten mit anderen religiösen Schwärmern in der Gegend von Gaeta lebte.

Da traf plötzlich die Kunde vom Tod Gregors V., «seines» Papstes, ein. Ob man den erst Dreißigjährigen vergiftet hat oder ob er am 18. Februar 999 an Malaria starb, muß offenbleiben. Der kraftvoll und machtbewußt herrschende Deutsche hatte sich bei den Römern so unbeliebt gemacht, daß die ganze Stadt seinen Tod bejubelte. Für Kaiser Otto III. war die Frage der Nachfolge kein Diskussionspunkt. Es konnte, durfte und mußte nur einer sein: der hochverehrte Gerbert von Aurillac, der am 2. April 999 den Stuhl Petri bestieg und sich Silvester II. nannte. Diesmal war es ein Franzose – wieder kein Italiener!

Aber da war der Kaiser, der mitten in der Stadt residierte, und da waren seine Truppen, jederzeit bereit zuzuschlagen. Otto ließ durchsickern, daß er zu bleiben gedenke, und nannte sich bereits Consul Senatus Populusque Romanus, also Konsul des Römischen Senats und Volkes. Zwar gab es diesen Senat längst nicht mehr, aber Otto beabsichtigte, ihn wieder einzuführen. Eigentlich hätte es ja den Römern schmeicheln müssen, daß da einer kam und die alten glanzvollen Zeiten wiederherstellen wollte, aber es irritierte sie wohl, auf welche Weise es geschehen sollte. Plötzlich war Latein nicht mehr gut genug, alles mußte ins Griechische übersetzt werden, und Gregorovius merkte kopfschüttelnd an, daß er auf Justizakten aus dieser Zeit die Unterschriften von deutschstämmigen Richtern fand, die ihre Namen Siegfried und Walther in ungelenken griechischen Buchstaben hinsetzten.

Wenn Papst Silvester den Kaiser in allen diesen Bestrebungen unterstützte, so tat er das wohl nicht nur aus Schmeichelei, sondern sah darin eine Möglichkeit, mit diesen Reformen die völlig verwahrlosten Sitten zu erneuern, auch und gerade in bezug auf die Kirche. Da kannte er keinerlei landsmannschaftliche Rücksichten und zwang zum Beispiel König Robert von Frankreich, sich wegen zu naher Verwandtschaft von seiner

Gemahlin Berta zu trennen. An seine Bischöfe sandte Silvester Rundschreiben, daß er Simonie und Unzucht hart und schonungslos bestrafen werde. So wie er den Kaiser bei all seinen Plänen unterstützte, so gab Otto seinem früheren Lehrer in allem, was er anordnete und anstrebte, freie Hand. Dazu überschüttete er ihn geradezu mit reichen Pfründen und Besitztümern, so etwa schenkte er ihm die Grafschaften Pesaro, Fano, Ancona und fünf weitere.

War es eine Idee des Kaisers oder eine des Papstes – oder eine gemeinsame? –, als Silvester die abendländische Christenheit zur Befreiung des Heiligen Grabes in Jerusalem aufrief? Das war die Geburtsstunde der künftigen Kreuzzüge, deren erster allerdings noch fast hundert Jahre auf sich warten lassen mußte. Die Christenheit hatte sich in den letzten fünfzig Jahren um einige Völker vermehrt: Die Ungarn wurden befriedet und christianisiert, die Sarmaten bekehrt, die Polen für die römische Kirche gewonnen.

Die erwähnte schwärmerisch-mystische Religiosität Kaiser Ottos äußerte sich von Zeit zu Zeit in strengsten Bußübungen. Dann legte er die kaiserlichen Gewänder ab, warf sich eine große Mönchskutte über und schloß sich in eine Klosterzelle ein.

Ende des Jahres 999 mußte Otto Rom verlassen, was dem Papst gar nicht recht war, weil er Unruhe und Aufstände befürchtete. Von unterwegs sandte ihm Otto ein Schreiben, in dem es hieß: «Mich ergreift ehrfürchtige Liebe zu dir, aber die Notwendigkeit zwingt mich, und die Luft Italiens ist meiner körperlichen Konstitution feindlich. Ich scheide bloß mit dem Leibe, mit dem Geist bleibe ich immer bei dir ...»

Wie das? Nun vertrug Otto plötzlich die Luft Italiens nicht mehr, wo er doch künftig in Rom residieren wollte. Aus solchen Worten spricht das Unausgegorene, das Zerrissene dieses in Idealen schwelgenden jungen Mannes.

Dann zog er durch Deutschland, wo er bestaunt und bewundert wurde wie ein Exot, und es paßt zu ihm, daß er in Aachen tat, was niemand zuvor gewagt hatte: Er ließ die Gruft Karls des Großen öffnen, seines bewunderten Vorbildes. Er nahm der Leiche ein goldenes Kreuz ab, hängte es sich um und kehrte im

Juni des Jahres 1000 in die Luft zurück, die er angeblich nicht vertrug. Den Sommer verbrachte er in der Lombardei, wo ihn dann dringende Hilferufe aus Rom erreichten. Im Oktober traf er dort ein und bezog seinen geliebten Palast auf dem Aventin. Die Römer beruhigten sich sofort, ein kleiner Aufstand in Tivoli war schnell niedergeschlagen.

Während des Jahres 1001 fand ein Umschwung statt. Die römischen Adelsfamilien hatten seit Jahrhunderten abwechselnd die Stadt beherrscht und sahen nun für sich keinen Spielraum mehr. Der Kaiser wollte in Rom bleiben, überall saßen seine Vertrauensleute, und was noch blieb, beherrschte der Papst. Vielleicht hatte der Kaiser einigen dieser Adligen einen Teil des eroberten Tivoli versprochen – jedenfalls gab es einen Aufstand, und der Aventin wurde belagert. Otto sandte zwei Unterhändler hinaus, denen es gelang, die Aufrührer zu besänftigen. Am nächsten Tag kamen sie auf kaiserliche Einladung friedlich herbei, und Otto hielt von einem Turm herab eine glühende Ansprache: «Seid ihr es, die ich meine Römer nannte? Um deretwillen ich meine Heimat und meine Verwandten verließ? Aus Liebe zu euch habe ich meine Sachsen und alle Deutschen, ja mein eigenes Blut dahingeworfen ...»

Enttäuschung und Zorn verliehen Otto eine Beredsamkeit, die ihren Eindruck nicht verfehlte. Trotzdem gärte und schwelte es weiter, so daß sich der Kaiser entschloß, die Stadt mit seinen Getreuen, darunter auch Papst Silvester, zu verlassen. Er zog nach Ravenna, wo er das Osterfest 1001 feierte und neue Truppen erwartete.

Im Juni finden wir ihn mit seinem Heer vor Rom, das seine Tore fest geschlossen hielt. Otto wagte keinen Sturm, verwüstete die Campagna und schlug sein Hauptquartier in Paternó am Monte Soracte auf. Mit Anbruch des Jahres 1002 kamen aus Deutschland schlimme Botschaften. Die deutschen Fürsten, ihres italiensüchtigen Kaisers müde, waren dabei, sich ein neues Oberhaupt zu wählen. Deshalb blieben wohl auch neue Hilfstruppen aus. Diese Umstände setzten dem jungen Kaiser so zu, daß er einer fiebrigen Erkrankung keinen Widerstand mehr entgegensetzte. Papst Silvester reichte seinem Freund und Schüler die

Kommunion, und wenig später, am 23. Januar 1002, starb Kaiser Otto III., kaum zweiundzwanzig Jahre alt.

Man kann sich vorstellen, was dieser Tod für den Papst bedeutete. Otto war sein Schüler, Freund, Beschützer und Wohltäter gewesen, und Silvester wird sich von seiner Zukunft in Rom nicht mehr viel erhofft haben.

Natürlich war gleich von Gift und Anschlägen die Rede, wobei sich die romantischste Legende mit der Rache einer Frau verband. Stephania, die Witwe des hingerichteten Crescentius, soll sich Ottos Zuneigung erschlichen und ihn nach der ersten Liebesnacht vergiftet haben. Andere Legenden besagen, sie habe ihm eine vergiftete Hirschhaut übergeworfen, ihm einen vergifteten Ring über den Finger gestreift.

Der Sarg mit Ottos einbalsamierter Leiche wurde auf teilweise abenteuerlichen Wegen nach Deutschland gebracht und – nach dem Wunsch des jungen Kaisers – in Aachen an der Seite Karls des Großen beigesetzt.

Papst Silvester verbrachte noch ein trauriges, isoliertes Jahr im Lateran – vielleicht war er schon damals als Zauberer gefürchtet und wurde aus abergläubischer Furcht in Ruhe gelassen. Er starb am 12. Mai 1003; auch ihn soll – wie Kaiser Otto – die rachsüchtige Stephania vergiftet haben.

Ignaz von Döllinger merkt in seinen «Papstfabeln» an, daß Silvesters Andenken noch hundert Jahre nach seinem Tod unbefleckt geblieben sei.

Dann, gegen Ende des 11. und am Anfang des 12. Jahrhunderts setzte leise Kritik ein, wie beim Chronisten Hermann von Reichenau, der meinte, Silvester sei bei Kaiser Otto deshalb in so hohem Ansehen gestanden, weil er sich zu sehr den weltlichen Wissenschaften ergeben habe.

Hermanns Zeitgenosse Hugo von Flavigny schreibt in seiner mit dem Jahre 1102 endenden Chronik, Gerbert von Aurillac – also der spätere Papst Silvester – sei durch «quibusdam praestigiis», also durch gewisse Gaukelkünste Erzbischof von Ravenna geworden. Der Chronist legt sich also nicht fest, vermeidet die Begriffe «teuflisch» oder «dämonisch», aber man spürt doch, wie es gemeint ist.

Siegebert von Gemblours schlägt 1113 schon schärfere Töne an. Er meint, Silvester fehle deshalb in einigen Papstchroniken, weil er als Schwarzkünstler verschrieen gewesen sei und der Teufel ihn getötet habe. Ein Kardinal Beno schreibt um 1100, in Rom habe es damals eine Schule der Schwarzen Magie gegeben, die während des ganzen 11. Jahrhunderts blühte. Er zählt deren Hauptvertreter auf und nennt Gerbert den Begründer dieser Schule. Dann erzählt Beno die wohl von ihm erfundene (oder erstmals aufgeschriebene) und später von vielen übernommene Legende. Satan habe seinem Schüler Gerbert prophezeit, er werde nicht eher sterben, bis er in Jerusalem eine Messe gelesen habe. Gerbert, der niemals die Absicht hatte, nach Jerusalem zu pilgern, fühlte sich sicher im Besitz des ewigen irdischen Lebens. Aber der Teufel ist natürlich ein Erzbetrüger, und Gerbert stirbt, als er in der Jerusalemskirche zu Rom die Messe liest. Er kann noch bereuen und läßt sich zur Sühne Zunge und Hand abschneiden.

Im 14. Jahrhundert hat sich Gerbert von Aurillac bereits in ein Monster verwandelt. Er hat sich schon früh dem Teufel ergeben, gewinnt durch dessen Hilfe die Tiara und verkehrt als Papst täglich mit Satan. Er fragt ihn um Rat, führt seine Befehle aus und entgeht mit teuflischer Hilfe seinen Feinden. Als er den Tod nahen fühlt, ergreift ihn die Reue, und er läßt sich zur Buße Glied um Glied abhauen. Noch lange hält sich die Legende, daß ein Knochenrasseln aus seinem Sarg den nahen Tod des jeweiligen Papstes ankündige.

Wie konnte es dazu kommen, daß einer der wenigen ehrenwerten, hochgelehrten und asketisch lebenden Päpste seiner Zeit ein Jahrhundert später zum unheiligen Vater gemacht wurde? Vermutlich hat die Legendenbildung bereits zu seinen Lebzeiten eingesetzt und sich nach seinem Tod verstärkt. An der Wende zum Jahr 1000 hatte sich die Kirche noch nicht von ihrem Niedergang im *Saeculum obscurum* erholt. Die Römer waren es gewohnt, daß käufliche, grausame, lasterhafte oder zumindest wenig heiligmäßige Päpste sich in schneller Folge ablösten. Dann kam ein Ausländer, ein Franzose, unbeliebt von Anfang an, doch mit dem Ruf hoher Gelehrsamkeit behaftet, was im Auge des damaligen, bis in die Adelskreise hinein nicht oder sehr dürftig gebildeten Volkes etwas Unheimliches, ja Teuflisches an sich hatte. Auch daß sich der unbeliebte Fremdling bis zu seinem Tod auf dem Thron hielt, konnte nicht mit rechten Dingen geschehen sein. Diese Kette von Legenden nahmen später die Chronisten auf. Nun kann man diese Geschichtsklitterer nicht mit den Historikern des 19. und 20. Jahrhunderts vergleichen. Da galten Wahrheitsliebe, nüchterner Sinn und kritischer Zweifel als Tugenden, während die Chronisten des Mittelalters ihre blühende Phantasie einsetzten, um ihre Quellen möglichst noch zu übertreffen.

So konnte aus unleserlichen antiken Inschriften, zwei altrömischen Badesesseln und einer engen Straße die Figur der Päpstin Johanna entstehen, und aus einem der seinerzeit sehr seltenen anständigen Päpste wurde ein unheiliger Vater.

Johannes XIX. und Benedikt IX. –
zwei schamlose Wucherer

Im 11. Jahrhundert wiederholte sich ein Vorgang, der schon das 10. geprägt hatte. Kaum wandten die deutschen Könige – aus welchen Gründen auch immer – ihre Augen von Rom und Italien ab, regte sich dort nationaler Sinn, und flugs erhob ein einheimischer Fürst Anspruch auf die altehrwürdige lombardische Krone. Die damaligen Machthaber und auch die Historiker nehmen den Mund ein wenig zu voll, wenn sie mit dieser Krone die Herrschaft über Italien verbanden, war doch über die Hälfte des italienischen Stiefels nicht davon betroffen.

Apulien und Kalabrien standen noch unter oströmischer Herrschaft, dann kam das Patrimonium Petri, dazu gehörten weite Teile der Romagna. Spoleto hatte meist eigene Herrscher, von denen es einigen gelang, die «italienische» Krone zu erringen. Tuscien und die Lombardei im Nordwesten waren damals, nach Kaiser Ottos Tod, die einzigen Gebiete, die Arduin von Ivrea, der neue König von Italien, wirklich beherrschte. Über Rom gebot als alleiniger Diktator Johannes Crescentius, dessen Vater Kaiser Otto als Aufrührer hatte hinrichten lassen. Der setzte auch die beiden nächsten Päpste ein – Johannes XVII. und Johannes XVIII. Letzterer regierte über fünf Jahre und streckte, obwohl er Crescentius' Kreatur war, seine Fühler nach Deutschland aus. Dort war Herzog Heinrich von Bayern – aus sächsischem Stamm – auf den deutschen Königsthron gelangt, der nun auch plante, das deutsch-römische Imperium wiederzuerrichten. Aber da gab es diesen Arduin, der Heinrichs Truppen zuerst besiegte, dann aber zurückgedrängt wurde. Kaum aber zog sich Heinrich nach Deutschland zurück, setzte Arduin seinen Machtkampf mit wechselndem Erfolg fort.

Von Papst Johannes XVIII. (1003–1009) ist nicht viel bekannt, aber seine losen Verbindungen zu Deutschland schlugen sich darin nieder, daß er das Bistum Merseburg wiederherstellte und 1007 das von König Heinrich II. gegründete Bistum Bamberg bestätigte.

Sein Nachfolger Sergius IV. (1009–1012), ein friedliebender Mann, mußte sich mit Johannes Crescentius auseinandersetzen, der sich bei Bedarf kräftig am Kirchenschatz vergriff, andererseits aber schmeichelnde Briefe und wertvolle Geschenke an König Heinrich sandte, dessen Nahen er fürchtete, weil es sein Ende bedeuten würde. Doch dieses kam auf andere Weise: Der Patricius starb im Frühjahr 1012, und wenig später folgte ihm der Papst, von dessen Pontifikat fast nichts bekannt ist als der Aufruf zu einem Kreuzzug.

Mit Johannes Crescentius endete auch die Führungsrolle seiner Familie in Rom, während ein anderer Zweig noch lange in der Sabina Macht und Güter besaß.

In Rom begannen die Grafen von Tusculum wieder das Ruder zu übernehmen, doch auch die Crescentier regten sich noch und erklärten flugs einen Gregor zum neuen Papst, aber die Tusculaner vertrieben ihn und setzten Theophylactus, den Bischof von Porto, als Benedikt VIII. (1012–1024) auf den päpstlichen Stuhl. Der vertriebene Gegenpapst Gregor reiste nach Deutschland und beklagte sich bei König Heinrich II., doch er kam zu spät. Die Boten der Tusculaner waren vor ihm eingetroffen, und der König hatte sich bereits für Benedikt entschieden.

Zwei Jahre später standen König Heinrich und seine Gemahlin Kunigunde diesem Papst im Petersdom gegenüber und wurden von ihm am 14. Februar 1014 gekrönt. Der Bruder des Papstes, Alberich von Tusculum, wohnte als Consul et Dux der Zeremonie bei, und erstaunlicherweise tauchen in den damaligen Urkunden auch Senatoren auf. Trotz der sehr trüben Quellenlage ist anzunehmen, daß Ottos III. Plan von einem neuen römischen Senat nach seinem Tod auf eine uns nicht bekannte Art verwirklicht wurde – es sei denn, man hätte dieses Amt nur als Ehrentitel verliehen.

Eine Woche nach der Kaiserkrönung brach in Rom der Tumult los, und dieser Aufruhr war, wie Gregorovius ironisch anmerkt, schon so etwas wie eine Tradition geworden.

> «Seit Ottos I. Zeit wiederholten sich diese Tumulte fast bei jeder Krönung, so daß sie als Schlußszene der Feierlichkeit hätten betrachtet werden können. So oft die designierten Kaiser in Rom einzogen, wurden sie von offiziellen Hymnen begrüßt, aber wenn sie sich aus St. Peter oder von der lateranischen Tafel entfernten, erhob sich das wütende Römervolk, die Fremdlinge aus der Stadt zu treiben, und die Kaiser Roms verließen dieselbe oft in fluchtähnlicher Eile, nachdem sie ihren neuen Purpur durch tiefe Ströme von Blut geschleift hatten.»

Heinrich handelte nicht anders als seine Vorgänger: Er schlug den Aufstand nieder und schickte die Aufrührer nach Deutschland in die lebenslange Verbannung. Nun tritt nochmals kurz Arduin, der «König von Italien», ins Rampenlicht. Er hatte die meisten seiner Anhänger längst verloren und herrschte nur noch über ein kleines Gebiet im Piemont. Klug genug, den Verhältnissen ins Auge zu sehen, verzichtete er ein Jahr nach Heinrichs Krönung auf Amt und Würden und zog sich ins Kloster Fructuaria zurück.

Papst Benedikt VIII. herrschte kraftvoll, wenn auch parteiisch, und seine Brüder Alberich und Romanus hielten die weltliche Herrschaft in und um Rom fest in ihren Händen.

Die vor genau hundert Jahren von Papst Johannes X. so vernichtend geschlagenen Sarazenen brachen jetzt wieder zu einem großen Raubzug nach Europa auf. Sie belagerten Salerno, fielen in die Toskana ein, brannten Pisa nieder und plünderten ganze Landstriche. Papst Benedikt – wie damals sein Vorgänger Johannes X. – griff selber zum Schwert, verbündete sich mit Genua und Pisa und schlug die Sarazenen 1016 bei Luni vernichtend.

Diesem Papst war es nicht vergönnt, ein friedliches Pontifikat zu führen, denn Ostrom hatte die turbulenten Verhältnisse in Mittel- und Norditalien genützt, um sein Herrschaftsgebiet im Süden zu erweitern, und war schon dabei, die Campagna einzunehmen. Da regte sich bei der einheimischen Bevölkerung Widerstand, ein Melus aus Bari schwang sich zum Führer auf und suchte Bundesgenossen. So traten im Jahr 1017 zum erstenmal Normannen auf die Bühne der italienischen Geschichte. Es waren landlose Abenteurer, die Papst Benedikt VIII. in Rom empfangen und denen er geraten hatte, Melus im Krieg gegen Byzanz zu unterstützen. Er konnte nicht ahnen, daß er mit diesen säbelrasselnden Glücksrittern die künftigen Herren von Süditalien und Sizilien ins Land holte.

Der Aufstand mißlang, und Melus wurde samt seinen Normannen bei Cannae besiegt. Wenn der Ort heute Canne della Battaglia heißt, so bezieht sich das allerdings auf die Schlacht von 216 v. Chr., als Hannibal die Römer besiegte.

Papst Benedikt war ein Krieger und nahm diese Niederlage nicht so ohne weiteres hin, um so mehr als die Griechen sich im Süden dauerhaft einzurichten begannen. So stand zu befürchten, daß Byzanz nach und nach im Westen wieder Fuß fassen könnte, und damit war auch die römische Kirche gefährdet, die sich inzwischen de facto längst von der griechischen getrennt hatte. Kurz entschlossen reiste der Papst nach Bamberg und schilderte Kaiser Heinrich die Lage. Die Folge war ein Kriegszug nach Süditalien, wo die mit den Italienern vereinigten kaiserlichen Truppen die Byzantiner im Laufe des Jahres 1022 auf breiter Front zurückdrängten.

Das war nun, drücken wir es einmal salopp aus, Wasser auf die Mühle des Papsttums, das von da an – einige Rückschläge nicht gerechnet – seinen eigentlichen Aufstieg begann. Die Reformsynode von 1022 in Pavia verbot aufs schärfste alle Priesterehen, doch da der Klerus jener Zeit zur Mehrheit verheiratet war, gab es ziemlichen Widerstand, und es dauerte noch rund fünfzig Jahre, bis sich das Zölibat de facto durchgesetzt hatte. Eheähnliche Verhältnisse gab es trotzdem – auch unter Päpsten – und gibt es unter Priestern, wie wir wissen, bis heute.

Nach Benedikts Tod am 9. April 1024 wollten die Tusculaner weiterhin die Papstmacht in der Familie haben und bestimmten den Consul et Dux Romanus zum Nachfolger. Die Sache hatte nur den Schönheitsfehler, daß er bisher nur weltliche Ämter innegehabt hatte und so alle Weihen an einem einzigen Tag erhielt. Er nannte sich Johannes XIX. (1024–1032) und hatte offenbar von den Pflichten seines Amtes nicht die geringste Ahnung, nützte aber schlau die Möglichkeiten seiner Stellung zum Handel mit Würden, Ämtern und Titeln. Als der griechische Patriarch von ihm den Titel eines ökumenischen Bischofs kaufen wollte, gab es so scharfen Protest, daß er diesen Handel platzen ließ.

Inzwischen war Heinrich II. gestorben, und die Reichsfürsten erwählten sich in dem Salier Herzog Konrad von Franken im Herbst 1024 einen neuen König. Mit dem etwa fünfunddreißigjährigen Frankenherzog taten sie keinen schlechten Griff. Er galt als willensstark und mutig – «den Guten war er milde, den Feinden ein Schrecken», wie es hieß.

Nach Heinrichs Tod hatte sich in Italien die Hoffnung auf einen neuen Nationalkönig geregt, doch fand sich in ihren eigenen Reihen kein geeigneter oder williger Kandidat, so daß sie – wenn auch erfolglos – Hugo von Frankreich und Wilhelm von Aquitanien die Lombardenkrone anboten.

Doch alle Augen richteten sich auf König Konrad II.: Die Lombardei huldigte ihm bereits, und Papst Johannes XIX., der wohl eine neue Geldquelle witterte, rief ihn nach Rom, wo die Kaiserkrone auf ihn wartete.

Im Frühjahr 1026 brach Konrad zu seinem Italienzug auf, der sich dann leider nicht so problemlos fortsetzte, wie er in der Lombardei begonnen hatte. Pavia verschloß vor ihm seine Tore, in Ravenna empfing ihn Bischof Heribert zwar recht freundlich, aber bei den Bürgern gärte es gewaltig, und es wurde der Plan gefaßt, Ravennas Tore zu schließen, um ein Eingreifen der draußen lagernden kaiserlichen Truppen zu verhindern und den König gefangenzunehmen. Doch waren noch genug besser bewaffnete Deutsche in der Stadt, um den Anschlag schnell niederzukämpfen. Am nächsten Tag erschien eine Vergeltung hei-

schende Prozession vor König Konrad, der unerbittlich Ge⌐
hielt.

Dann wurde im Winter 1026/27 das aufsässige Pavia belage⌐
und eingenommen. Die Stadt hatte es nur der Fürsprache des
berühmten Abtes Odilo von Cluny zu verdanken, daß Konrad sie
nicht zerstören ließ. Doch für die anderen war es eine Lehre, und
so zog der grimmige deutsche König durch ein Land mit ergebe-
nen, eifrig Tribut zahlenden Vasallen nach Rom, wo er im März
1027 eintraf.

In Rom begannen diesmal die Schwierigkeiten nicht erst nach
der Krönung am 26. März 1027, sondern während der Zeremonie. Die Erzbischöfe von Mailand und Ravenna machten sich
nämlich den Vortritt streitig, und dieser Zwist setzte sich auf der
Straße zwischen dem Gefolge der kindisch-ehrgeizigen Prälaten
fort.

Die Krönung selbst verlief so pompös wie kaum eine zuvor.
Zugegen waren Knut, König von England und Dänemark,
König Rudolf III. von Burgund, Abt Odilo von Cluny und
nicht zuletzt der zehnjährige Kronprinz Heinrich, Erbe und
Nachfolger seines gerade zum Kaiser gekrönten Vaters. Auch
diesmal blieb der gewohnte Aufruhr nach der Krönung nicht aus.
Ein Deutscher und ein Römer stritten um eine Rindshaut, und
der Streit eskalierte zu einem stundenlangen Straßenkampf.

Jeder deutsche König wußte aus der Geschichte, wie schnell
Rom zum kochenden Kessel werden konnte, aber der nordische
König Knut war ahnungslos und soll seine tiefe Enttäuschung
über die Zustände in der Heiligen Stadt geäußert haben. Er war
als demütiger christlicher Pilger mit großen Erwartungen nach
Rom gekommen und fand statt einer vor Heiligkeit strahlenden
Stadt einen wüsten Haufen überbauter Ruinen, zwischen denen
die Römer ihr Lieblingsspiel trieben: blutige Straßenkämpfe.
Freilich, seinen frommen Sinn wandelten diese Zustände nicht.
Er schrieb nach Hause, in Rom habe er gelobt, seine Völker
gerecht zu regieren und die Fehltritte seiner Jugend durch die
Vernunft seiner reifen Jahre zu sühnen.

Für den habsüchtigen Papst Johannes wird wohl ein schöner
Batzen abgefallen sein – jedenfalls blieb es auch nach des Kaisers

aber das war in Rom stets ein Zeichen, daß wieder
bevorstanden.

IX. starb am 6. November 1032, und die
.en sofort einen Nachfolger in petto. Heute würde
..eilige Vater, der noch ein Kind war, konkurrenzlos ins
..ness-Buch der Rekorde einziehen. Er war laut Gregorovius
zwölf (!) Jahre alt, als man ihm Ende des Jahres 1032 die hoffent-
lich gut gepolsterte Tiara auf den Kindskopf setzte. Der Knabe
hieß vorher Theophylactus, und ich habe Chroniken gefunden,
die ihn als Zehnjährigen bezeichnen, und andere, die ihn «schon»
vierzehnjährig nennen. Jetzt aber saß er als Benedikt IX.
(1032–1048) auf dem Stuhl Petri und machte wie sein (in der
Papstgeschichte zweitjüngster) früherer Amtskollege Johannes XII. den Lateran zum Spielplatz seiner pubertären Gelüste.
Einer seiner späteren Nachfolger, Papst Victor II. (1055–1057),
also beinahe noch ein Zeitgenosse, schrieb, daß Benedikts gesam-
tes Leben aus Raub, Mord und Lastern bestand und es ihm
schaudere, davon zu berichten. Gregorovius zeichnete die Zustände nüchterner, doch nicht weniger kritisch:

«Mit Benedikt IX. erreichte das Papsttum jenen äußersten
Grad des sittlichen Verfalls, welcher nach den Gesetzen der
moralischen Natur den Umschlag zum Besseren erzeugt. Die
damalige Barbarei Roms würde wahrscheinlich selbst die Epoche Johannes' XII. mildern oder die spätere der Borgia an
Schändlichkeit überbieten, vergliche man genau eine mit der
anderen. Doch nur ein ungewisser Schimmer fällt in diese
wüste Zeit, wo ein Papst, kindischer als Caligula, lasterhaft
wie Heliogabalus, der Stellvertreter Christi war. Wir erblicken
undeutlich die Kapitäne in Rom, verschworen, den jugendli-
chen Verbrecher beim Fest der Apostel am Altar zu erwürgen,
während sich die Sonne verfinsterte, der dadurch verbreitete
Schrecken vielleicht die Tat hinderte und Benedikt Zeit zur
Flucht fand.»

Die von Gregorovius angesprochene Verschwörung ist zeitlich

schwer zu fixieren, und es wird während seines erstaunlich langen Pontifikats nicht nur eine gewesen sein. Die mit einer Sonnenfinsternis verbundene fand (laut Chamberlin) ein halbes Jahr nach Benedikts Thronbesteigung statt.

Die Verschwörer hatten es nicht leicht, denn der päpstliche Knabe war im festungsartig ausgebauten Lateranspalast durch einen Wald von Schwertern geschützt, weil die Tusculaner kein Risiko eingehen wollten. Aber das half alles nichts, es war ein hoher Festtag, und der Papst mußte in der Peterskirche eine Messe feiern. Wer einen römischen Stadtplan betrachtet, sieht sofort, daß Lateran und Vatikan am östlichen bzw. westlichen Ende der Stadt liegen. Diese Chance nutzten die Aufrührer, mischten sich auf dem langen Prozessionsweg unter die Gläubigen und führten – um nicht aufzufallen – Stricke statt Schwerter mit sich. Es war geplant, daß der ihn erwürgen solle, der ihm zufällig in der Kirche am nächsten stand. Da kam diesem unheiligen Vater ein damals noch ungedeutetes Naturphänomen zu Hilfe: Von der sechsten bis zur achten Tagesstunde verfinsterte sich die Sonne, also nach unserer Zeit von zwölf bis vierzehn Uhr. Die potentiellen Mörder gerieten bei diesem Himmelszeichen in Panik und ergriffen die Flucht.

Drei Jahre später wird von einer neuen Verschwörung berichtet, die aber weit größer und auch besser geplant gewesen sein muß. Benedikt floh aus der Stadt, doch er versteckte sich nicht in den unzugänglichen Palastburgen der Tusculaner, sondern reiste gleich nach Cremona weiter, wo sich Kaiser Konrad II. gerade aufhielt, um unter seinen Vasallen einen Streit zu schlichten. Damals empörte sich nämlich ein großer Teil der kleineren Lehnsleute gegen den fast allmächtig gewordenen Erzbischof Heribert von Mailand. Was niemand erwartet hatte, geschah: Konrad ließ Heribert einkerkern, was ungeheures Aufsehen erregte und wieder einmal den nationalen Stolz vieler Italiener beleidigte. Heribert entkam nach Mailand, und Kaiser Konrad zog wieder nach Süden, züchtigte das aufsässige Parma und feierte das Osterfest 1038 zusammen mit Papst Benedikt in Spello, einem Städtchen in der Nähe von Perugia. Wie ernst der große Kaiser diesen tiaratragenden Rotzbuben genommen hat, ist nicht überliefert, aber aus dem Kind war ja inzwischen ein etwa achtzehnjähriger Mann geworden, und da dieser nun einmal die Rolle eines gesalbten Pontifex spielte, dachte der Kaiser pragmatisch und nutzte ihn für seine Zwecke. So mußte Benedikt einen Bannstrahl zu Erzbischof Heribert nach Mailand senden, der darüber in seiner großen befestigten Stadt wohl nur nachsichtig lächelte.

Kaiser Konrad zog nach Capua weiter, um Herzog Pandulf zu bestrafen, der in dem vom Kaiser verliehenen Fürstentum wie ein Raubritter hauste. Pandulf floh nach Byzanz, Capua erhielt einen neuen Herrn, und Kaiser Konrad zog nach Mailand, um Erzbischof Heribert zu belagern. Da setzte in der Hitze des Sommers eine fürchterliche Pestepidemie ein, und Konrad mußte die Belagerung aufgeben.

Seitdem kränkelte der Kaiser, und er starb im Jahr darauf am 4. Juni 1039. Kronprinz Heinrich, zweiundzwanzig Jahre alt, schon als Neunjähriger zum deutschen König gekrönt, übernahm fugenlos die Herrschaft, von allen erwünscht und anerkannt. Freilich hatte er zunächst Dringlicheres zu tun, als die obligatorische Italienreise anzutreten, so daß in Rom ein gewisses Machtvakuum entstand.

Seit Kaiser Konrad Papst Benedikt IX. im Jahre 1038 in Rom wieder eingesetzt hatte, ging das alte Leben weiter. Die Tusculaner hielten das Ruder fest in der Hand, der Consul et Dux Gregor war Herr der Stadt und schützte seinen päpstlichen Bruder.

So spärlich die Nachrichten aus diesen Jahren auch sind, weist nichts darauf hin, daß es eine friedliche Zeit war. Einen nur halbwegs rechtlichen Zustand gab es nicht, es regierte der Stärkere, und der war Gregor von Tusculum. Raub, Mord und Vergewaltigung gab es am laufenden Band, und wer nicht die Möglichkeiten besaß, sich und seine Familie wirksam zu schützen, war diesem Faustrecht hilflos ausgeliefert. Solche Zustände können lange dauern, aber niemals zu lange; diesmal erschöpfte sich die Geduld der Unterdrückten nach sechs Jahren, und so kam es im Januar 1044 zum Aufstand. Benedikt floh aus der Stadt, der Kampf der verfeindeten Parteien dauerte noch tagelang, bis sich die Tusculaner zurückziehen mußten.

Ein obskurer Bischof Johann von Sabina nutzte diese Wirren, ließ reichlich Gold fließen und konnte sich als (Gegen-)Papst Silvester III. 49 Tage auf dem Thron halten. Dann kam Benedikt zurück, und die Tusculaner hielten blutiges Gericht über die Aufrührer.

Ob Wahrheit oder Legende: Während seines kurzen Exils soll Benedikt den Entschluß gefaßt haben zu heiraten, womit aber der Vater des Mädchens nur einverstanden war, wenn er die Papstwürde niederlegte. Dazu war er im Grunde bereit, aber er hatte durch sein Lotterleben den Schatz Petri längst vergeudet und wollte nicht als armer Bräutigam dastehen. So bot er nach seiner Rückkehr die Tiara dem Meistbietenden an – offen, schamlos und zynisch, als sei die Würde eines Stellvertreters Christi auf Erden eine beliebige Ware für gewinnträchtige Spekulationen. Sein eigener Taufpate, der Archipresbyter Johannes Gratianus, biß schließlich an und zahlte 1500 Pfund Gold. Dies geschah am 1. Mai 1045, und am fünften dieses Monats bestieg der Käufer den Stuhl Petri als Papst Gregor VI.

Glücklicherweise müssen wir nicht darüber streiten, wer der größere Halunke war – der Käufer oder der Verkäufer, denn es stellte sich schnell heraus, daß dieser Johannes Gratianus Pierleoni – so lautete sein voller Name – diesen Handel als eine Art Verzweiflungstat in Szene gesetzt hatte, um die Würde des Papsttums zu retten. Er war ein frommer, gelehrter und hochangesehener Mann, der die Reformbestrebungen von Cluny unterstützte, und – so seltsam dies klingen mag – ein geschworener Feind jeglicher Simonie. Gegen sein Gewissen hatte er gerade diese Sünde begangen, weil er fürchtete, der Stuhl Petri könne weiterhin zur Beute solcher Kreaturen wie der seines Vorgängers werden.

Benedikt zog sich nach Tusculum zurück, um dort seinen neuen Reichtum zu verprassen, während Papst Gregor sich gezwungen sah, Tag für Tag um sein Leben zu kämpfen. Rom befand sich wieder einmal im Zustand der völligen Auflösung, seit keine feste Hand die Römer durch Furcht im Zaum hielt. Jedes Viertel wurde von einer anderen Familie beherrscht, jede saß in ihrer festen Burg, trieb Raub auf den Straßen und versuchte das Nachbarviertel an sich zu bringen. Sogar in St. Peter geschah es immer häufiger, daß bewaffnete Banden die Opfergaben der Pilger einfach plünderten.

Papst Gregor mühte sich ab, diese Zustände zu mildern, und konnte durch seine Miliz einige der räuberischen Zwingburgen besetzen lassen. Doch seine Bemühungen wurden ihm durch Umstände erschwert, die geradezu unglaublich klingen: Sein Vorgänger Benedikt und dessen Gegenpapst Silvester kehrten beide nach Rom zurück und stellten Ansprüche auf den Papstthron. Rom versank in völliger Anarchie. Ein Chronist erzählt, daß alle drei Päpste gleichzeitig in der Stadt residierten – Gregor im Lateran, Benedikt in St. Peter und Silvester in Santa Maria Maggiore.

Da versammelte ein entschlossener Archidiakon – ohne einen der drei Päpste zu fragen – eine Synode, die einmütig beschloß, den jungen König Heinrich III. nach Rom zu laden. Zum einen sollte er über die drei Päpste ein Urteil fällen, zum anderen die Kaiserkrone erhalten.

König Heinrich ließ sich nicht lange bitten, brach im Herbst 1046 mit großem Gefolge auf und zog ungehindert bis Piacenza, wo ihn Papst Gregor VI. erwartete, um ihm die Sachlage zu erläutern. Heinrich ließ sich zu keiner Erklärung verleiten und sagte, er wolle den Fall nach kanonischem Recht auf einem Konzil klären. Eine kluge Entscheidung, und noch klüger war es, das Konzil nicht im chaotischen Rom zu veranstalten, sondern in Sutri, der alten Etruskerstadt zwischen Viterbo und Rom.

Gregor und Silvester waren erschienen, Benedikt jedoch erwies sich nicht nur als habgierig und lasterhaft, sondern auch als feig und versteckte sich in einer der tusculanischen Festungen. Papst Gregor führte den Vorsitz, und das Konzil verkündete als ersten Beschluß, dem obskuren Silvester die Papstwürde abzuerkennen und ihn ins Kloster zu verbannen. Dann stellte Gregor sich hin und schilderte freimütig die Vorfälle bei seiner «Wahl» und die Zustände während seines Pontifikats. Er erklärte sich reuevoll selber zum Simonisten und legte sein Amt freiwillig nieder. Die Entscheidung über Benedikt wurde auf eine römische Synode vertagt.

Kein deutscher König wurde in Rom mit ehrlicherem Jubel empfangen als Heinrich III., denn es gab kaum noch einen Bürger der Stadt, der diese tusculanischen Zustände nicht leid hatte.

Hier möchte ich innehalten, um einen längeren Blick auf diesen jetzt neunundzwanzigjährigen deutschen König zu werfen.

Wieder begegnen wir einem alten Dilemma in der Geschichtsschreibung. Die einen nennen ihn demütig, fromm, friedliebend und frei von der Härte und Leidenschaftlichkeit seines Vaters, denn er zeige Ruhe, Milde und besonnene Kraft. Andere wieder sehen ihn beherrscht von heftigen Affekten und schrankenlosem Ehrgeiz, von allen Seiten Zucht und Unterwerfung fordernd. Wie dem auch sei – er war allemal ein gewaltiger Herrscher, der von seinem Amt hoch dachte, in ihm etwas Sakrales sah. Er unterstützte leidenschaftlich die Reformen von Cluny, und wenn jemandem der Zustand der römischen Kirche tiefe Sorgen, ja Schmerz bereitete, dann ihm.

Eine sofort in Rom einberufene Synode setzte alle drei Päpste ab und erklärte den Stuhl Petri für vakant. Natürlich hatte Heinrich schon einen Kandidaten in petto, aber er kannte den Stolz der Römer, und als sich ihre Häupter am 24. Dezember 1046 in St. Peter versammelt hatten, sagte er: «Römische Signoren, wie sinnlos auch immer euer Tun bis jetzt gewesen sein mag, so gewähre ich euch doch die Papstwahl nach altem Brauch. Nehmt aus dieser Versammlung zum Papst, wen ihr wollt.»

Ein Sprecher der Stadt entgegnete: «Wo die königliche Majestät anwesend ist, steht uns die Wahl nicht zu, und wo sie abwesend ist, seid Ihr durch Euren Patricius vertreten. (...) Wir bekennen, daß wir unverständig genug waren, Schwachköpfe zu Päpsten einzusetzen. Eurer Reichsgewalt gebührt es, der Römischen Republik die Wohltat der Gesetze, den Schmuck der Sitten und der Kirche den Arm der Verteidiger zu leihen.»

Da nahm König Heinrich den Bischof Suitger von Bamberg bei der Hand und führte den deutlich Widerstrebenden zum päpstlichen Thron. Natürlich stimmte die Versammlung freudig zu – obwohl es ein Deutscher war! –, und der neue Papst

Clemens II. (1046–1047) verlieh darauf König Heinrich und seiner Gemahlin Agnes die römische Kaiserwürde.

Damit war die Reform der Kirche endgültig und wirksam eingeleitet – auch wenn es noch einige Rückschläge gab. Ende Januar begleitete Clemens den Kaiser nach Süditalien, ohne daß es dabei gelang, die Tusculaner ganz zu unterwerfen. Weiter ging es nach Monte Cassino, Benevent und Capua, dann im Frühjahr 1047 zurück nach Rom. Hier wurde dem abgesetzten Gregor VI. eröffnet, daß er zu seinem eigenen Schutz ins Exil nach Deutschland gehen müsse. Auch Papst Clemens II. folgte dem Kaiser, um in eigener Person seine Reformpläne jenseits der Alpen zu verbreiten.

Als er im Herbst 1047 nach Rom zurückkehren wollte, starb er am 9. Oktober bei Pesaro eines plötzlichen Todes. Daß der in Tusculum auf seine Chance wartende Benedikt dabei seine Hand im Spiel hatte, ist anzunehmen.

Clemens wurde als einziger Papst der Kirchengeschichte in Deutschland beigesetzt. 1942 öffnete man sein Grab im Bamberger Dom, um es wegen der Kriegsgefahr auszulagern. Die Gebeine des Papstes waren von herrlichen Pontifikatsgewändern umhüllt, an seinem Kopf fanden sich noch blonde Haare. Der ungewöhnlich hohe Bleigehalt in seinen Knochen gab der Theorie recht, Benedikt IX. habe ihn vergiften lassen. Dieser zynische Händler mit der Tiara erschien nun in Rom und beanspruchte sie aufs neue, obwohl er sie doch einstmals verkauft hatte.

Inzwischen hatte sich Markgraf Bonifatius von Tuscien zum mächtigsten Führer Italiens aufgeschwungen – ein Mann, der dies vor allem den Kaisern Konrad und Heinrich, seinen Lehnsherren, zu verdanken hatte. Und nun war er es, der sich gegen seinen obersten Lehnsherrn – den Enkel und Sohn seiner Wohltäter – wandte und einer Kreatur wie Benedikt den Weg nach Rom ebnete. Der nahm ungeniert den päpstlichen Thron wieder ein, während eine Delegation aus Rom zum Kaiser unterwegs war, um den Kandidaten für die Neuwahl zu erfahren. Heinrich bestimmte den Bischof Poppo von Brixen zum Nachfolger des vermutlich ermordeten Clemens. Ahnungslos von den neuen Ereignissen sandte er Damasus II. – diesen Namen wählte Poppo

– zum Markgrafen Bonifatius, damit dieser ihn sicher nach Rom begleite. Der aber hatte andere Pläne und schickte den Papst einfach zurück.

Kaiser Heinrich erkannte nun die Zusammenhänge, sandte Truppen nach Rom, die den unheiligen Benedikt vertrieben. Dieser Papst und zweimalige Gegenpapst hatte sich zuletzt noch über acht Monate in Rom halten können, nun aber verschwand er endgültig. Das Gerücht, er habe sich ins Kloster von Grotta Ferrata zurückgezogen und sei als frommer und reuiger Mönch gestorben, ist nur ein Gerücht. Nun konnte Damasus II. am 17. Juli 1048 endlich den Papstthron besteigen; er starb aber schon drei Wochen später. Es heißt, der frühere Bischof von Brixen habe es im sommerlichen Rom vor Hitze und Durst nicht ausgehalten und sei nach Palestrina in den Albaner Bergen geflohen. Auch er starb plötzlich, und als wieder eine Abordnung nach Deutschland zog, weigerten sich die Kaiser Heinrich nahestehenden Bischöfe, die Nachfolge eines so gefährlichen Amtes zu übernehmen. Das ist durchaus verständlich, aber der fast im Geruch der Heiligkeit stehende Bischof Bruno von Toul – aus der Familie der Grafen von Egisheim-Dagsburg – nahm das Kreuz auf sich, stellte jedoch die Bedingung, daß die Römer ihn von sich aus und freiwillig wählten.

Im Februar 1049 zog er in die Stadt ein, fast ohne Gefolge, barfuß und als Pilger gekleidet. Sein Sekretär hieß Hildebrand, Bruno hatte den klugen Benediktinermönch von seinem exilierten Vorgänger Gregor übernommen. Als Gregor VII. wurde Hildebrand später zum wohl bedeutendsten Papst des Mittelalters.

Bruno von Toul wurde von den Römern erwartungsgemäß gewählt und regierte als Leo IX. bis zum 19. April 1054, und Hans Kühner zählt ihn im «Lexikon der Päpste» «zu den reinsten Gestalten der Papst- und Weltgeschichte». Gestalten wie ihm ist aber dieses Schwarzbuch nicht gewidmet, und so müssen wir einen größeren Zeitsprung auf uns nehmen.

II. Geld und Macht

Reformen, Wirrnisse und Gegenpäpste

Ohne in dummen Nationalstolz zu verfallen – es ist eine historische Tatsache, daß ein deutscher König und deutschstämmige Päpste die Kirche aus der tiefen Schlammgrube, in der sie steckte, herausgezogen und wieder achtbar gemacht haben. Natürlich gab es in den folgenden Jahrzehnten auch Rückfälle, das heißt Bestrebungen der römischen Adelsgeschlechter, «ihren» Papst durchzusetzen, aber sie blieben bis Anfang des 12. Jahrhunderts Episode. Danach folgte eine Epoche der Wirrnis mit den meisten Gegenpäpsten der Kirchengeschichte – in einem einzigen Jahrhundert waren es nicht weniger als elf.

Am 29. März 1058 starb der letzte von fünf deutschstämmigen Päpsten, die mit Wunsch und Willen Kaiser Heinrichs III. eingesetzt worden waren. Nun war aber dieser Kaiser am 5. Oktober 1056 gestorben und hinterließ als Thronerben nur ein noch nicht sechs Jahre altes Kind, den späteren Heinrich IV. Die mit den Reichsgeschäften betraute Kaiserinwitwe Agnes hatte es nicht leicht, mit den eigensüchtigen deutschen Fürsten fertig zu werden. Es brach also wieder eine Zeit an, wo in Rom sich die deutschfeindlichen Parteien ungestraft regen durften – vorneweg die Tusculaner. Dieser noch immer sehr einflußreichen Familie gelang es, nach Stephans Tod einen der Ihren auf den Papstthron zu setzen, und die Crescentier unterstützten sie dabei noch. So wurde 1058 Johannes, der Kardinalbischof von Velletri, als Benedikt X. zum nächsten Papst bestimmt, und es schien, als sei alles Reformwerk damit zunichte gemacht.

Doch ganz so war es nicht. Kaiserin Agnes wurde durch

Eilboten informiert, und sogar ein großer Teil des römischen Adels wollte die Tusculaner nicht mehr als die Herren der Stadt sehen und bat Deutschland um Hilfe.

Die Kaiserin beauftragte Hildebrand von Soana, jenen tüchtigen Mönch aus Cluny, den Fall in ihrem Sinn zu regeln. Auf einer Synode in Siena im Dezember 1058 wählte man den Bischof Gerhard von Florenz als Nikolaus II. zum neuen, rechtmäßigen Papst.

Unter allerlei Tumulten – Hildebrand mußte einen Teil der Römer mit Geld bestechen – konnte Papst Nikolaus im Januar 1059 den Lateran beziehen. Benedikt war in eine feste Burg der Crescentier geflohen, es gelang ihm nicht mehr, in Rom Fuß zu fassen.

Papst Nikolaus II. versammelte im April 1059 ein Konzil mit 113 Bischöfen, auf dem das Verbot der Priesterehe erneuert und wieder die Simonie verdammt wurde. Doch das kannte man schon, aber es geschah noch etwas Grundlegendes: Ein neues Gesetz über die Wahl des Papstes wurde erlassen. Dieses Dekret trug die eindeutige Handschrift des eigentlichen Kopfes hinter dem Papst, nämlich die des Benediktinermönches Hildebrand.

So wurde nun das Kardinalskollegium zu einer Art kirchlichem Senat bestimmt, aus dessen Reihen der neue Papst zu wählen sei. Der übrige Klerus und das Volk habe die Wahl nur zu bestätigen. Da spürt man schon den steigenden Machtanspruch der Kirche, wie ihn später Hildebrand als Papst auf vielen Gebieten durchzusetzen wußte. Wo aber blieb jetzt das Recht des deutschen Königs, allein den Papst zu bestimmen? Um diese Frage drückte sich das Dekret in vieldeutigen Worten herum. Zwar solle die Papstwahl durch Kardinäle geschehen, «unbeschadet der schuldigen und schon zugesagten Ehrfurcht gegen unseren geliebten Sohn Heinrich, den gegenwärtigen König, und – so Gott will – künftigen Kaiser, wie gegen seine Nachfolger, die vom päpstlichen Stuhl dies Recht persönlich erhalten würden». Da wird in gewundenen Worten nichts anderes gesagt, als daß man sich mit Heinrich und seinen Nachfolgern von Fall zu Fall verständigen müsse. Der Umstand, daß dieser «geliebte Sohn Heinrich» zur Zeit dieses Konzils erst neun Jahre alt war, wurde dabei geschickt ausgenützt.

Auch ein wichtiger politischer Umschwung ist zu vermelden. Auf der Synode von Melfi im Sommer 1059 wurde den Normannen – vordem nichts als Söldner, Abenteurer und Glücksritter – die Macht, die sie de facto schon besaßen, nun de jure verbrieft. Ihr Anführer Robert Guiscard (= Schlaukopf) erhielt vom Papst Apulien, Calabrien und Sizilien zum Lehen und wurde mit dem Herzogstitel geschmückt. In Apulien und Calabrien übte der «Schlaukopf» seit Jahren ohnehin schon die Macht aus, Sizilien aber galt es noch zu erobern, weil sich dort noch Araber und Oströmer die Herrschaft teilten. Papst Nikolaus II. hatte auch gleich eine Aufgabe für seine neuen Vasallen. Sie mußten ihm Truppen stellen, mit deren Hilfe er die Tusculaner und Crescentier in Rom sogleich zum Schweigen brachte.

Die zweite Aufgabe war, den abgesetzten Benedikt X. in seiner Festung zu belagern. Dieses Kastell lag gut zwanzig Kilometer von Rom entfernt am Fluß Arrone beim Städtchen Galeria. Dort schützte den früheren Papst ein Raubritter namens Gerard, einer der kleinen Tyrannen in den Ländereien um Rom, der den unheiligen Vater jedoch auslieferte, ehe man ihm seine Burg über dem Kopf anzündete. Benedikt wurde nach Rom gebracht und in eine Art Hausarrest gesetzt, ein späteres Konzil setzte ihn noch einmal ab und verbannte ihn auf Lebenszeit in das Kloster Sant' Agnese bei Rom.

Papst Nikolaus II. starb am 27. Juli 1061 in Florenz. Daraufhin unternahmen die schon fast entmachteten Tusculaner und Crescentier einen letzten verzweifelten Versuch, «ihren» Papst zu wählen, und schlugen sich dabei geschickt auf die Seite des deutschen Königs. Sie erwählten in Peter Cadalus, dem früheren Kanzler von Kaiser Heinrich III., den neuen Papst Honorius II. Die Reformkirche unter Hildebrand bestimmte jedoch den Bischof von Lucca, der am 1. Oktober 1061 als Alexander II. gekrönt wurde. Die kaiserliche Partei hatte verloren, die Papstwahl war von da an ausschließlich eine Angelegenheit der Kardinäle, was aber – wie wir sehen werden – das Problem nicht grundlegend lösen konnte.

Kaiserin Agnes unterstützte den Gegenpapst einige Jahre, was zu blutigen Machtkämpfen führte. Zweimal gelang es ihren

Truppen, den (Gegen-)Papst in Rom zu etablieren, beim zweiten Mal sogar für über ein Jahr. Aber dieses schreckliche Jahr war erfüllt von mörderischen Parteienkämpfen – mit Schwert und Feder. Ein Pamphlet nannte Honorius den «Verwüster der Kirche, den Zerstörer der apostolischen Disziplin, den Feind der Menschheit, die Wurzel der Sünde, den Herold des Teufels, den Apostel des Antichrist, den Pfeil vom Bogen Satans, den Schiffbruch aller Keuschheit, das Futter für die Hölle...» Nun – da half alles nichts, der kaiserliche Papst mußte gehen und dem von den Kardinälen erwählten, rechtmäßigen Platz machen.

Alexander II. zog im Sommer 1064 in Rom ein und regierte dort bis zu seinem Tod am 21. April 1073 unter dem Schatten der grauen Eminenz, des Mönches Hildebrand. Kein halbwegs vernünftig denkender Mensch zweifelte daran, wer der nächste Papst sein sollte. Schon bei der Leichenfeier seines Vorgängers rief die Volksmenge: «Hildebrand soll Papst sein!», und am nächsten Tag erfolgte seine vermutlich einstimmige Wahl im Kollegium.

Es ist nicht die Aufgabe dieses Buches, Papst Gregor VII. (1073–1085) ein Loblied zu singen – das machen die Papstgeschichten mit «kirchlicher Druckerlaubnis» besser. Natürlich wäre es absurd, Gregor in die Reihe der unheiligen Väter zu stellen, aber er, der den Machtanspruch der Kirche überbetonte, hat auch die Wurzeln zu den jahrhundertelangen und zum Teil sehr blutigen Kriegen zwischen Kaiser und Papst gelegt. Kein deutscher König hat ihm Heinrichs IV. Gang nach Canossa verziehen, auch wenn es oft unausgesprochen blieb. Moralisch verhielt sich Gregor als ein über jeden Tadel erhabener Mensch, und wie ernst er Christi Wort nahm, seinen Feinden zu verzeihen, erwies sich während der Messe am Heiligen Abend 1075. Der Jubel des Volkes war längst verstummt, und viele der römischen Priester feindeten ihn wegen seiner unerbittlichen Befürwortung des Zölibats an. Die meisten von ihnen waren verheiratet und hatten große Familien, denen sie ihren Besitz weitervererbten. Sie galten nun als abgesetzt und verbanden sich mit den papstfeindlichen Parteien Roms. Nichts ist härter zu ertragen als strenge Gesetze, deren Umgehung in Rom fast schon Ehrensache war, zudem fanden sich immer wieder Kompromisse. Papst Gregor aber war alles andere als kompromißbereit, und es gab ja tatsächlich Mißstände, die zum Himmel schrien. Nur ein Beispiel: In St. Peter fungierten sechzig beamtete Laien als *mansionarii*, als Tempelwächter. Sie machten sich einen Spaß und ein Zubrot daraus, dumme Pilger zu täuschen, indem sie Kardinalsgewänder anlegten, Scheinmessen lasen und dafür kassierten. Nachts holten sie ihre Weiber in den Dom und feierten auf ihre Art Schwarze Messen.

Gregor hatte also mit einer Hydra zu kämpfen, und an diesem Heiligen Abend anno 1075 waren ihr zu viele Köpfe gewachsen. Gregorovius nennt diesen Fall «eine der grellsten Episoden aus der Geschichte Roms im Mittelalter».

Während Gregor die Messe las, stürmten die Aufrührer herein und rissen den Papst an den Haaren vom Altar, schleppten ihn aus der Kirche und sperrten den alten Mann in einen Turm. Er wurde mißhandelt, und man versuchte, ihm Zugeständnisse abzupressen, aber Gregor blieb fest. Als ihn wenig später das Volk am selben Tag wieder befreite, verzieh er den Feinden und untersagte streng jede Rachehandlung. Er kehrte nach St. Peter zurück und las dort die Messe zu Ende.

Nun noch einige Bemerkungen zum sprichwörtlichen «Gang nach Canossa». König Heinrich IV. hatte nicht das Glück der Erziehung durch zwei starke Frauen wie Adelheid und Theophano. Seine Mutter, die Kaiserin Agnes, war gewiß keine schwache Frau, aber als man ihr beim Pfingstfest 1062 den zwölfjährigen Heinrich durch eine üble List entführte, gab sie auf und zog sich nach Italien zurück.

Der Initiator war Erzbischof Hanno von Köln gewesen, der den jungen König wie eine kostbare Geisel hielt und als allmächtiger Regent und Vormund auftrat. Immer stärkerer Protest zwang ihn, Erzbischof Adalbert von Bremen als zweiten Vormund zuzuziehen, und der war das genaue Gegenteil des strengen und asketischen Kölners, nämlich ein höfischer und genußliebender Mann, prunksüchtig und verschwenderisch.

Die Vormundschaft endete mit Heinrichs Volljährigkeits-erklärung an Ostern 1065, und der jetzt fünfzehnjährige König machte gleich Gebrauch davon. Er entließ den strengen und ihm verhaßten Hanno von Köln und machte den prachtliebenden Adalbert zu seinem ersten Ratgeber.

Das psychologische Problem liegt offen zutage: Statt einer konsequenten Erziehung auf sein hohes Amt hin war Heinrich zwischen zwei Polen hin- und hergerissen gewesen. Was Hanno verbot, erlaubte Adalbert und umgekehrt. Nun hatte Heinrich das Pech, die letzten Jahre von dem nachsichtigen, milden und allen Lebensgenüssen zugeneigten Adalbert von Bremen erzogen zu werden, und das förderte die bei ihm ohnehin vorhandene Anlage zu Zügellosigkeit, mangelnder Selbstkontrolle und Dis-ziplin. Natürlich erregte Adalberts Rolle sofort den Neid der anderen, und auf dem Reichstag in Tribur 1066 zwangen sie Adalbert zum Rücktritt und bildeten einen Regentschaftsrat, der aber wegen ständiger Zwiste nur schlecht funktionierte. Einig waren die Herren sich nur, daß Heinrichs Lotterleben durch eine Ehe beendet werden mußte, und sie bestimmten ihm Berta von Savoyen zur Braut. Diese aufgezwungene Ehe wollte Heinrich 1069 beenden, doch die Fürsten und vor allem der päpstliche Legat zwangen ihn zum Nachgeben. Die Geburt eines Thronfol-gers brachte die Ehe wieder ins Lot, aber nun zeichneten sich bereits die Ereignisse ab, deren Folge zum Gang nach Canossa führen mußte.

Heinrich IV. begann etwa ab 1070 ein selbstherrliches und autokratisches Regiment zu führen. Er legte es darauf an, die Sachsen vehement zu unterdrücken, verdächtigte Herzog Otto von Bayern eines Mordkomplotts, nahm ihm sein Land weg und setzte schließlich Herzog Bertold von Kärnten unter Vorwänden ab. Herzog Magnus von Sachsen hielt er wie eine Geisel an seinem Hof, dem Land wurden unerträgliche Steuern und Fron-leistungen auferlegt.

Kein Wunder, daß die Fürsten sich schließlich gegen Heinrich empörten, ihn auf der Harzburg einschlossen und 1074 zu einem Frieden zwangen, der in seinen Augen tief demütigend war. Er rächte sich zunächst durch einen Krieg gegen die Sachsen, die er im Juni 1075 besiegte, und zeigte sich danach jähzornig und rachsüchtig. Man begann den König, dessen Justiz auch auf Geistliche keine Rücksicht nahm, zu fürchten und zu hassen.

Papst Gregor VII. hatte diese Entwicklung schon länger verfolgt und sah nun einen Grund, sich einzumischen und den immer mächtiger und auch unberechenbarer werdenden deutschen König in die Schranken zu weisen. Er forderte die Freilassung der gefangenen Priester und die Beseitigung der Laieninvestitur, das heißt das Recht des Königs, Bischöfe zu ernennen. Als Heinrich nicht reagierte, schlug Gregor schärfere Töne an, sandte im Dezember 1075 ein Anklageschreiben und forderte schroff und nachdrücklich Gehorsam gegenüber der Kirche – womit Gregor freilich sich selber, den Papst, meinte.

Der Aufforderung des päpstlichen Legaten, Buße zu tun und seinen Sünden und Lastern zu entsagen, begegnete Heinrich in jähem Zorn: Er erklärte den Papst am 24. Januar 1076 kurzerhand für abgesetzt – die Erklärung war von allen deutschen Bischöfen unterschrieben. Hätte Heinrich diesen Papst näher gekannt, er wäre wohl behutsamer vorgegangen, denn dieser ehrenwerte Mönch fürchtete außer Gott nichts auf Erden.

Das im vollen Wortlaut erhaltene königliche Schreiben ist ein Musterbeispiel an mittelalterlicher Polemik:

«Heinrich, nicht durch Anmaßung, sondern durch Gottes heiligen Willen, König, an Hildebrant, nicht Papst, sondern falscher Mönch.

Diesen Gruß hast du Unruhestifter verdient, der du jeden Stand in der Kirche statt zu segnen, verfluchst. Laß mich kurz sein: Die Erzbischöfe, Bischöfe und Priester hast du als willenlose Sklaven unter deine Füße getreten. Sie alle stellst du als unwissend, dich allein als den Wissenden dar. Wir duldeten alles, aus Ehrfurcht vor dem Apostelsitz; du hieltest Ehrfurcht für Furcht; du erhobst dich gegen die königliche Gewalt selbst, die uns Gott verlieh, und drohtest sie uns zu entziehn, als ob Herrschaft und Reich nicht in Gottes, sondern in deiner Hand stünden. Christus hat uns zum Reich, nicht dich zum Papsttum berufen. Du gewannst es durch List und Betrug; zum Hohn deiner Mönchskutte erlangtest du mit Geld Gunst, mit Gunst Waffen, mit Waffen den Friedensstuhl, von dem herab du den Frieden zerstört hast, denn die Untergebenen waffnest du gegen die Obrigkeit und predigst Verachtung gegen die von Gott berufenen Bischöfe, welche abzusetzen und zu verdammen du selbst den Laien die Befugnis erteilst. Willst du mich, einen schuldlosen König, den nur Gott richtet, absetzen, da die Bischöfe das Urteil selbst über einen Julian Apostata einzig Gott überließen? Sagt nicht Petrus, der wahre Papst: Fürchtet Gott, ehret den König? Weil du Gott nicht fürchtest, mißehrest du mich, seinen Eingesetzten. Das Anathem S. Pauls trifft dich, das Urteil aller unserer Bischöfe verdammt dich und sagt dir: Steige herab vom apostolischen Stuhl, den du usurpiert hast, daß ein anderer ihn einnehme, der nicht der Religion Gewalt antue, sondern die unverfälschte Lehre Petri lehre. Ich Heinrich, von Gottes Gnaden König, rufe dir mit allen unseren Bischöfen zu: Steige herab, steige herab!»

Und nicht nur das: König Heinrich sandte einen Boten nach Rom, der gerade zu dem Konzil am 22. Februar eintraf. Der stand als erster Redner auf, trat vor den Papst hin und sagte: «Mein Herr, der König und alle Bischöfe von jenseits der Berge befehlen dir, augenblicks vom angemaßten Stuhl herabzusteigen, denn ohne ihren und des Kaisers Willen darf niemand zu solcher Würde gelangen. Euch aber, Brüder (das war an die Kardinäle gerichtet), lade ich auf Pfingsten vor des Königs Angesicht, wo ihr aus seinen Händen einen Papst empfangen werdet; denn dieser hier ist nicht Papst, sondern ein reißender Wolf!»

Hätte Gregor nicht eingegriffen, so wäre der Gesandte wohl an Ort und Stelle erschlagen worden. Der Bannstrahl des Papstes erfolgte postwendend, er kam den Reichsfürsten gerade recht und tat seine Wirkung. Nun konnten sie sich mit päpstlicher Billigung von Heinrich abwenden, und etwa zwei Drittel stellten sich gegen ihn. Ein Reichstag in Augsburg sollte für Februar 1077 einberufen werden und – unter dem Vorsitz des Papstes – den Fall klären.

Heinrich IV. war klug genug, sich dieser Entscheidung zu

fügen und wollte – noch klüger – diesem Reichstag zuvorkommen. So reiste er im Winter 1077, von Frau Berta und Sohn Konrad begleitet, nach Italien.

Papst Gregor hielt sich gerade in der Festung Canossa auf und wird dem Besuch mit Genugtuung entgegengesehen haben. Diese Burg gehörte zum Hoheitsgebiet der Markgräfin Mathilde von der Toscana, einer erstaunlichen Frau und großen Persönlichkeit, mit der Papst Gregor – rein geistig natürlich – eng befreundet war. Schon zu ihren Lebzeiten übertrug sie ihren gesamten Besitz – die Toscana, Brescia, Modena, Mantua usw. – der Kirche, was nach ihrem Tod zu dem sich lange hinziehenden Streit um die «Mathildische Erbschaft» führte.

Gregors Aufenthalt in Canossa geschah aus Gründen der Sicherheit, denn Mathilde besaß eine schlagkräftige Truppe, die es auch mit einem kaiserlichen Heer aufnehmen konnte. Der Kaiser war aber nicht gekommen, um zu kämpfen, wenn es auch mit der da und dort noch vertretenen Meinung aufzuräumen gilt, Heinrich habe den demütigenden Bittgang aus Einsicht und Bußfertigkeit unternommen. Seine damalige Lage und sein späteres Verhalten lassen nicht nur den Schluß zu, sondern zwingen zu der Folgerung, er habe den Gang allein aus politischer Klugheit unternommen.

Gregor hatte damit nicht gerechnet, und es paßte wohl auch nicht in seine Pläne, aber Heinrich blieb störrisch. Drei Tage hintereinander erschien er barfuß und im Büßergewand vor dem Burgtor und bat den Papst um die Lösung vom Bann. Gregor hätte sich und seinen strengen Christenglauben in Frage gestellt, wäre er weiterhin abweisend geblieben. Am vierten Tag empfing ihn der Papst und hob nach langen, schwierigen Verhandlungen den Bann auf unter der Androhung, daß ein Reichstag zu klären habe, ob er weiterhin König von Deutschland bleiben könne.

Mit dem Gang nach Canossa hatte König Heinrich seinen Feinden den Wind aus den Segeln genommen, und allein darauf kam es ihm an. Die meisten Reichsfürsten aber ärgerte es, daß der Reichstag in Augsburg nun nicht stattfinden konnte. Sie beriefen eigenmächtig eine Versammlung in Forchheim ein, luden König und Papst dazu. Heinrich, der sich in Italien noch mit den

Lombarden auseinandersetzen mußte, bat um Aufschub, worauf die Fürsten ihn des Thrones für unwürdig erklärten und Herzog Rudolf von Schwaben zum Gegenkönig wählten. Dieser «Pfaffenkönig» fand – vor allem in den Reichsstädten – kaum Resonanz, und das päpstliche Vorgehen hatte in Deutschland alle Feinde Roms zu Heinrichs Bundesgenossen werden lassen.

Ein schrecklicher Bürgerkrieg war die Folge, und Papst Gregor sprach 1080 den zweiten Bann aus, um den sich aber kaum noch jemand kümmerte. Heinrich ließ Gregor auf einem Konzil in Brixen absetzen und Wibert von Ravenna als Clemens III. am 25. Juni 1080 zum neuen Papst wählen. Wenig später besiegte er den Gegenkönig Rudolf in einer Schlacht bei Merseburg. Rudolf wurde tödlich verwundet und verlor im Kampf die rechte Hand. Sterbend deutete er darauf und sagte: «Seht – das ist die Hand, mit der ich König Heinrich Treue geschworen habe! Nun lasse ich Reich und Leben. Ihr aber, die ihr mich beredet habt, den Thron meines Königs zu besteigen, fragt euch selbst, ob das der rechte Weg war.»

Die Großen des Reiches faßten dies als Gottesurteil auf, und König Heinrich stand als Sieger da – als Sieger mit Rachegelüsten.

Nach zwei vergeblichen Belagerungen drang er im Juni 1083 in Rom ein, und der einstmalige Büßer von Canossa ließ sich zu Ostern 1084 vom (Gegen-)Papst Clemens III. zum Kaiser krönen. Gregor saß unterdessen eingeschlossen in der Engelsburg, verteidigt vom letzten Häufchen Getreuer. Heinrich lud ihn vor und erklärte ihn, als er nicht kam, für abgesetzt. Die Engelsburg wurde belagert, stand kurz vor dem Fall, als ein vom Papst gerufenes Normannenheer von über 30 000 Mann Anfang Mai 1084 erschien. Da hielt es Kaiser Heinrich doch für besser, das Feld zu räumen und entschwand mit seinen weit unterlegenen Truppen in die Lombardei. Die Normannen befreiten Gregor aus dem Kastell S. Angelo und führten ihn im Triumph in den Lateran. Danach zogen sie freilich nicht wieder ab, sondern plünderten Rom auf derart bestialische Weise, daß am dritten Tag die ganze Stadt gegen sie aufstand. Doch kamen die Römer gegen die kampfgewohnten Normannen nicht auf, und es endete damit, daß sarazenische (!) Hilfstruppen nicht nur alle privaten und kirchlichen Schätze wegtrugen, sondern Tausende von Römern als Sklaven fortschleppten. Das ist nicht der einzige dunkle Flecken auf Gregors VII. weißem Papstgewand, aber doch der größte.

Nun mußte der Papst die Rache der Römer fürchten, und so zog er mit den Normannen, seinen «Befreiern», davon, und man fragt sich, wie sein christlicher Sinn die Tausende von Hingemetzelten verkraftet hat. Ganz nüchtern und wertfrei müssen wir uns fragen, was einen Gregor VII. von Halunken wie Stephan VI., Johannes XII. oder Benedikt IX. unterscheidet, gemessen am Leid beteiligter und unbeteiligter Menschen. Durch die Schuld der drei Genannten haben weit weniger Menschen das Leben verloren als durch Gregor. Er wußte, was er tat, als er die berüchtigten Normannen nach Rom rief. Gewiß, er tat es zur höheren Ehre Gottes, der Kirche und des Papsttums, während die unheiligen Väter aus Rachsucht oder Habgier handelten. Für die unschuldig Gemordeten aber, die vergewaltigten Frauen und massakrierten Kinder macht das keinen Unterschied.

So wird der gewaltige Gregor am Ende ganz klein, und als er am 25. Mai 1085 in Salerno starb, weinten ihm die Römer keine Träne nach, weil sie alle ihre Tränen schon bei der Verwüstung ihrer Stadt, der Ermordung ihrer Freunde und Verwandten vergossen hatten. Für diese unschuldigen Opfer ist von Gregor kein Wort des Bedauerns überliefert. Auf dem Sterbebett soll er gesagt haben: «Weil ich die Gerechtigkeit liebte und das Unrecht haßte, ende ich im Exil.» Große Worte – kleine Worte? Wie man's nimmt.

Auch jetzt dachte König Heinrich nicht daran, Clemens III., den Papst, der ihn gekrönt hatte, aufzugeben. Der saß auf seinem wackeligen Thron in Rom, das sich nach der furchtbaren Verwüstung wieder aufzuraffen begann.

Die Kardinäle wählten als Nachfolger den Abt von Monte Cassino zum Papst Victor III. Der weigerte sich zuerst, ein ganzes Jahr verging, dann mißlangen drei Versuche, ihn gegen Clemens III. in Rom zu etablieren. Er starb 1087 in Monte Cassino, und seinem Nachfolger Urban II. ging es nicht viel besser. Die Römer hatten sich schon an den (Gegen-)Papst gewöhnt, der dann im Herbst 1100 starb, worauf die kaiserliche Partei noch einen Theoderich und nach dessen Gefangennahme einen Albert als Päpste durchsetzen wollte.

Die Kardinäle hatten sich am 13. August 1099 für Paschalis II. (1099–1118) entschieden, der auch noch Silvester IV., einen dritten Gegenpapst, überstand.

Am 7. August 1106 war Kaiser Heinrich IV. in Lüttich gestorben, dem das Mißgeschick die letzten Jahre vergällt hatte. Sein zweiter Sohn Heinrich empörte sich gegen ihn, der Kirchenbann lastete nach wie vor auf ihm, die deutschen Fürsten hatten ihn im Dezember 1105 abgesetzt.

Sein Sohn Heinrich V. fand in ganz Deutschland Anerkennung und unternahm im Herbst 1110 die längst fällige Italienfahrt. Er schickte Boten nach Rom voraus, die wegen seiner Kaiserkrönung verhandeln sollten, aber es kam zu keiner Einigung. Heinrich bestand auf seinem Recht der Investitur, Paschalis lehnte ab. Schließlich kam es zu einem Vergleich: Der König verzichtete auf die Investitur, der Klerus auf die Krongüter.

Die Krönung war auf den 12. Februar 1111 festgesetzt, und als Papst wie König im Petersdom Platz genommen hatten, kam es zum Eklat, weil die meisten Bischöfe, als der Vertrag verlesen wurde, dagegen protestierten. Sie sollten einen Besitz zurückerstatten, der seit Jahrhunderten der Kirche gehörte! Wenn sie die Regalien der früheren Kaiser behalten wollten, mußten sie in den Laienstand treten.

Da saßen sie nun in St. Peter, König und Papst, festlich gekleidet, jeder hatte eine Abschrift des Vertrages in der Hand, hilflos inmitten eines mehr und mehr eskalierenden Streites. Die Stunden vergingen in erregten Diskussionen; schließlich sprang ein deutscher Ritter auf und schrie: «Was braucht es vieler Worte? Mein Herr, der König will gekrönt werden wie damals Karl der Große!»

Da geriet ein Teil der Kardinäle in Furcht um ihr Leben und votierte für die sofortige Krönung. Ein Tumult entstand, der mit der Festnahme des Papstes und der meisten Kardinäle endete. Erst im April kam es dann zu einem Vergleich, bei dem sechzehn

Kardinäle im Namen des Papstes schworen, das Vorgefallene zu vergessen, König Heinrich V. niemals mit dem Bann zu belegen, das Investiturrecht nicht anzutasten und ihn so schnell wie möglich zum Kaiser zu krönen. Letzteres geschah am 13. April 1111, aber in der sogenannten Città Leonina, die das gesamte Gebiet des Vatikans mit St. Peter umschloß, aber außerhalb der Stadtmauern lag. Die Krönung wurde sehr hastig vollzogen, und Heinrich reiste danach sofort in Richtung Tuscien ab.

Papst Paschalis II. mußte sich von seinen Kardinälen Schwäche vorwerfen lassen und Verrat am Werk Gregors VII. Unter diesem Druck annullierte er den Vertrag zwischen Heinrich und der Kirche, mußte vor den wieder anrückenden kaiserlichen Truppen aus der Stadt fliehen, in die er erst als Todkranker wieder zurückkehren konnte, um acht Tage später, am 21. Januar 1118, zu sterben. Doch der Investiturstreit überlebte ihn und hat noch zwei seiner Nachfolger beschäftigt, bis er am 23. September 1122 durch das Wormser Konkordat beigelegt wurde.

Der Investiturstreit hat Kaiser Heinrich V. zeit seines Lebens, dazu drei Päpste und fünf Gegenpäpste beschäftigt und Tausenden von Menschen das Leben gekostet. Am Ende mußte der Kaiser auf die Investitur verzichten und allen Kirchen des Reiches freie kanonische Wahl zusichern, wozu noch die Rückerstattung aller Regalien und Kirchengüter kam. Dem Kaiser blieb nur noch das Recht, auf die Wahlen der reichsunmittelbaren Äbte und Bischöfe einen gewissen Einfluß auszuüben.

Siebenunddreißig Jahre nach seinem Tod hatte Papst Gregor endlich gesiegt.

Gregor IX. –
der Kampf mit dem Kaiser

Der Zeitsprung in das 13. Jahrhundert soll nicht ohne einen kurzen Rückblick geschehen. Die meisten auf Paschalis II. folgenden Päpste waren ehrenwerte Männer – häufig Mönche und Gelehrte –, die sich redlich und oft vergeblich mit politischen Wirren in Rom und Italien sowie mit zahlreichen Gegenpäpsten auseinanderzusetzen hatten. Vom Tod des Papstes Paschalis II. 1118 bis zur Krönung von Innozenz IV. 1243 gab es davon nicht weniger als acht.

Mit Heinrich V. erlosch am 25. Mai 1125 das fränkische Kaiserhaus, und zum Nachfolger wurde – gegen seinen erklärten Willen – Lothar von Supplinburg gewählt, obwohl zuvor der Staufer Friedrich von Schwaben als der sicherste Kandidat gegolten hatte. Er war tief enttäuscht, denn er als naher Verwandter des kinderlos gestorbenen Heinrich V. hatte fest mit der Nachfolge gerechnet. Was ihm nicht gelang, wurde seinem Sohn Konrad zuteil, der damit Heinrich den Stolzen von Bayern ausstach, den Schwiegersohn und erwarteten Nachfolger des verstorbenen Kaisers. Damit begann der Aufstieg des staufischen Geschlechts, das in Friedrich I. Barbarossa und Friedrich II. seine Höhepunkte erreichen sollte.

Bei unserem kurzen Rückblick darf ein wichtiges Ereignis nicht fehlen, das damals die Herzen und Seelen bewegte wie kaum ein anderes. Das von verschiedenen Päpsten mehrmals zur Rückeroberung des Heiligen Grabes aufgerufene christliche Abendland setzte im Jahre 1096 diesen Gedanken erstmals in die Tat um. «Deus lo volt!» hieß der zündende Ruf – Gott will es!

Ein Heer von über 100 000 Mann brach im August 1096 nach Jerusalem auf, unter ungeheueren Strapazen und Verlusten eroberte es am 15. Juli 1099 die Stadt und «befreite» das – übrigens auch vorher für Christen zugängliche – Heilige Grab. Auf diese freudige Nachricht setzte sich 1101 ein zweites Heer von über 200 000 Mann in Bewegung, das wohl überwiegend aus Abenteurern, Glücksrittern sowie entlaufenen oder amnestierten Verbrechern bestand und fast gänzlich durch die kampferprobten Seldschuken in Kleinasien zugrunde ging.

Der zweite Kreuzzug, von Kaiser Lothar III. nur zögerlich unterstützt, setzte 1147 wieder 140 000 Menschen in Bewegung und scheiterte gründlich. Man schätzt, daß nur etwa ein Zehntel der Krieger in die Heimat zurückkehrte.

Der dritte Kreuzzug fand in Kaiser Friedrich I. Barbarossa, Lothars Sohn, einen begeisterten und gewaltigen Führer neben den Königen von Frankreich und England, Philipp II. und Richard Löwenherz.

Kaiser Friedrich ertrank am 10. Juni 1190 im Saleph, die beiden anderen Könige gerieten in Streit, und am Ende blieb Sultan Saladin der Sieger und im Besitz Jerusalems. Die Christen aber konnten weiterhin als friedliche Pilger – wenn auch unter hohen Kosten – das Heilige Grab besuchen.

Der vierte Kreuzzug war nur ein sogenannter, weil der vierundneunzigjährige Doge Enrico Dandolo das ihm in Venedig ausgelieferte Kreuzfahrerheer auf derart perfide Weise erpreßte und irreführte, daß es am Ende für ihn Konstantinopel und nicht Jerusalem eroberte. Diesem «Kreuzzug» war das 57 Jahre dauernde sogenannte Lateinische Kaisertum in Ostrom zu verdanken – von Anfang an eine Mißgeburt, die nie richtig zum Leben erwachte.

Den tragischen und bedeutungslosen «Kinderkreuzzug» (den weder Papst noch Kaiser wollten oder unterstützten) im Jahre 1212 können wir hier übergehen, während der fünfte Kreuzzug bereits wieder zu unserer Geschichte gehört.

Der Stauferkönig Heinrich VI. folgte seinem beim Kreuzzug ertrunkenen Vater 1190 als Fünfundzwanzigjähriger auf den Thron. Er war mit der Normannenprinzessin Constantia verheiratet, die ihm – als letzte ihres Stammes – Sizilien und Süditalien mit in die Ehe brachte, als ihr Neffe, König Wilhelm II., kinderlos gestorben war. Die Sizilianer aber wollten keinen deutschen König zum Herrn und wählten Tancred von Lecce – auch ein Neffe Constantias – zum Nachfolger.

Nun hatte der junge König einen Grund, nach Italien zu ziehen, und wollte sich unterwegs in Rom gleich die Kaiserkrone holen, die Papst Clemens III. ihm angeboten hatte. Doch dieser Papst starb unterdessen, und sein Nachfolger Coelestin III. stellte die Bedingung, daß Heinrich zuvor Tusculum zerstören müsse, mit dem Rom seit langem in bitterer Feindschaft lebte. Dem finsteren und zur Grausamkeit neigenden Heinrich war der Preis nicht zu hoch, und er vernichtete die Stadt so gründlich, daß man sie nie wieder aufbaute. Das Häuflein Überlebender errichtete sich in der Nähe aus Zweigen und Ästen (*frasche*) eine notdürftige Unterkunft und begründete damit das Städtchen Frascati.

Heinrich und Constantia wurden am 15. April 1191 gekrönt und zogen danach sofort weiter. Schon im Mai belagerte das kaiserliche Heer Neapel, doch dann brach eine schreckliche Seuche aus, und der Kaiser mußte abziehen. Papst Coelestin III. erkannte danach Tancred als König von Sizilien an, doch dieser starb schon 1194, und Kaiser Heinrich konnte das Erbe seiner Gemahlin ohne Widerstand besetzen. Am Weihnachtstag ließ er sich in Palermo zum König von Sizilien krönen, und am nächsten Tag gebar ihm Constantia den Sohn und Erben Friedrich Roger, den späteren Kaiser Friedrich II. Es ist faszinierend, den an Überraschungen reichen Lebenslauf dieses Kaisersprosses zu verfolgen, an dem nichts deutsch war außer der väterlichen Abstammung.

Constantia war wegen ihrer fortgeschrittenen Schwangerschaft unterwegs zurückgeblieben, so daß Friedrich in Jesi zur Welt kam, einem Städtchen in der Nähe von Ancona. Seinen

Der Stauferkaiser Friedrich II. wurde von Papst Gregor IX.
zweimal exkommuniziert.

rastlos umherziehenden Vater sah er höchst selten, die ersten Kinderjahre verbrachte er in Spoleto. Er war kaum drei Jahre alt, da starb Kaiser Heinrich in Messina, und das Gerücht, seine eigene Frau habe ihn vergiftet, ist nicht ganz von der Hand zu weisen. Er hatte sich durch barbarische Grausamkeiten in Sizilien unbeliebt gemacht, und Volk wie Adel sahen ohnehin in Constantia die rechtmäßige und angestammte Königin.

Das von Heinrich im Dezember 1194 abgehaltene Blutgericht hatte man nicht vergessen. Auf das bloße Gerücht einer Verschwörung hin hatte er nicht nur Dutzende von Verdächtigen pfählen, enthaupten, blenden und verstümmeln lassen, sondern auch Constantias Verwandte – König Tancred und seinen Sohn – aus den Gräbern reißen und ihrer Kronen berauben lassen. Einem angeblichen Thronprätendenten ließ er eine glühende eiserne Krone auf den Kopf nageln. Man ging damals grausam mit seinen Feinden um, aber Heinrichs Strafgericht war maßlos und traf viele, möglicherweise lauter Unschuldige. Niemand weinte diesem Wüterich eine Träne nach, aber in Deutschland mußte nun ein neuer König gewählt werden. Den dreijährigen Friedrich zog man kaum in Betracht, obwohl sein Vater ihn vorsorglich schon vor einem Jahr zum deutschen König hatte wählen lassen. Er war ja ein halber Sizilianer, und ob seine Mutter Constantia als Reichverweserin in Frage käme, wurde nicht einmal diskutiert. Also übernahm Philipp von Schwaben, Kaiser Heinrichs jüngerer Bruder, die Regentschaft, aber nicht unangefochten, denn die Welfen – alte Erbfeinde der Staufer – meldeten Otto von Braunschweig als Kandidaten an. Er war ein Neffe König Richards von England, den Kaiser Heinrich VI. lange als Geisel gefangengehalten und um ein ungeheures Lösegeld erpreßt hatte.

Da waren also noch alte Rechnungen zu begleichen, und es begann damit, daß Otto von Braunschweig mit Unterstützung des Papstes Innozenz III. am 12. Juli 1198 in Aachen zum deutschen König gekrönt wurde – am rechten Ort, doch mit den falschen Insignien. Die echten Reichskleinodien führte Philipp von Schwaben mit sich, und er wurde am 8. September in Mainz gekrönt – also am falschen Ort. So hatte Deutschland nun zwei Könige und war für die nächsten zehn Jahre mit Zank und Hader versorgt, woran sich verschiedene Päpste lebhaft beteiligten. Walther von der Vogelweide, Zeitgenosse dieser Ereignisse, stand damals im Dienst Philipps von Schwaben und dichtete gleich ein Spottlied:

Bei Männern und bei Frauen
Geheimes konnt ich schauen;
da sah und hört ich mannigfach,
was jeder tat und jeder sprach.
Ich hört in Rom mit Lügen
zwei Könige betrügen.
Als man sich sah entzweien
die Pfaffen und die Laien,
daraus der größte Zwist entbrannt,
der je entstehn wird und entstand.
Ja, das war Not vor aller Not,
denn Leib und Seele lagen tot.
Die Pfaffen heftig kriegten,
jedoch die Laien siegten.
Ab legten sie das Schwert sodann
und wiederum die Stola an
und bannten, wen sie wollten,
doch nur nicht, wen sie sollten.
Manch Gotteshaus ward da zerstört.
In einer fernen Klause hört
ich einen Jammer groß und schwer,
der kam von einem Klausner her:
mit Tränen klagt er Gott sein Leid:
O weh, der Papst ist noch zu jung,
hilf, Herre, Deiner Christenheit!

Das mit dem «zu jungen» Papst war natürlich Polemik, denn Innozenz war immerhin schon siebenunddreißig und Kardinal von San Sergio, als die Wahl auf ihn fiel.

Zurück nach Sizilien, wo der eigentliche und rechtmäßige Erbe der deutschen Krone aufwuchs wie Unkraut, denn seine Mutter war ein Jahr nach ihrem Mann gestorben und hatte kurz zuvor die

Vormundschaft an Papst Innozenz III. (1198 – 1216) übertragen, der einen Regentschaftsrat von vier sizilianischen Bischöfen einsetzte. Keiner von ihnen kümmerte sich so richtig um den heranwachsenden Jungen, den man nur dann und wann von der Straße holte, wenn seine Unterschrift benötigt wurde. Es ist kein Witz, sondern belegte Geschichte, daß Friedrich von mitleidigen Bürgern Palermos reihum verköstigt wurde, weil sich sonst niemand um ihn kümmerte. Von irgendwelchen Lehrern ist nichts bekannt, außer daß ihm ein Waffenmeister die notwendigen ritterlichen Übungen – Schwertkampf, Bogenschießen, Reiten usw. – beibrachte. Auf den Straßen Palermos lernte er die dort herumschwirrenden Sprachen, für die er wohl ein besonderes Talent besaß, denn es wird später von ihm berichtet, daß er – von seiner französisch-normannischen Muttersprache abgesehen – Arabisch, Lateinisch und Griechisch beherrschte. Deutsch sprach und verstand er nur notdürftig.

Wie gesagt, er war in Deutschland schon fast in Vergessenheit geraten, als König Philipp am 21. Juni 1208 von Graf Otto von Wittelsbach wegen einer Privatrache ermordet wurde. Gegenkönig Otto, der zuerst verdächtigt wurde, erwies sich als völlig unschuldig und wurde nun mit Unterstützung des Papstes in ganz Deutschland anerkannt. Gerade dieser Papst hätte aber wissen müssen, daß sein jetzt vierzehnjähriges Mündel mehr Anspruch auf den deutschen Thron hatte als Otto von Braunschweig aus dem Stamm der Welfen, der in Süddeutschland wenig beliebt war.

Otto IV. folgte der alten Tradition, zog nach Rom und erhielt von Innozenz III. die Kaiserkrone. Auch diesmal ging die Krönung nicht ohne Blutvergießen vor sich. Ich zitiere Gregorovius:

«Die Krönung fand am 4. Oktober 1209 in St. Peter statt, während das Heer in den Zelten blieb, ein Teil der Truppen aber (es waren Mailänder) die Tiberbrücke besetzt hielt, um einen Überfall der Römer zu verhindern. Der Leser dieser Geschichten wird sich eines ironischen Lächelns nicht enthalten, wenn er bemerkt, wie regelmäßig sich die Feindseligkeiten der Römer bei den Kaiserkrönungen wiederholten. Wenn die Deutschen ihrer Stadt nahten, versperrten jene deren Tore; ihr Kaiser und sein Gefolge warfen nur vom Vatikan aus neugierige Blicke auf das große Rom, dessen Wunderwelt ihnen verschlossen blieb. Es ist eine sonderbare Tatsache, daß nur die wenigsten Kaiser Rom betreten haben; auch Otto hat die Stadt nicht gesehen. Die Römer, welche ihn im Jahre 1201 proklamiert hatten, würden ihn auch jetzt willig anerkannt haben, wenn er sich herbeiließ, ihre Stimme mit Geldgeschenken zu bezahlen. Als Heinrich VI. achtzehn Jahre früher zur Krönung kam, hatte er die Wahlstimme der damals freien und mächtigen Stadt durch einen Vertrag gewinnen müssen, aber Otto IV. bedurfte dessen nicht. Dies erbitterte das Volk. Der Senat, selbst einige Kardinäle, widersprachen der Krönung; die Bürger tagten bewaffnet auf dem Kapitol.

Die Prozession nach vollendeter Krönung bewegte sich nur bis zur Engelskirche mühevoll durch die Reihen der Krieger; hier verabschiedete sich der Papst vom Kaiser, um nach dem Lateran zurückzukehren, und er forderte ihn auf, folgenden Tags das römische Gebiet zu verlassen, was eine offenbare Beschimpfung der kaiserlichen Majestät war. Den Haß der Römer setzte indes irgendein Streit in Flammen. Die althergebrachte Krönungsschlacht wurde mit Wut in der Leonina geschlagen, und nach starkem Verlust auf beiden Seiten bezog Otto IV. sein Lager am Monte Mario. Hier blieb er noch einige Tage verschanzt, während er von dem Papst und den Römern Schadenersatz oder Genugtuung forderte.»

Kaiser Otto IV. aber, sonst eher maßvoll angelegt, gelüstete es nun nach mehr. Warum sollte ihm als Kaiser und König nicht auch Sizilien gehören, wo jetzt ohnehin alles drunter und drüber ging? Innozenz III. aber nahm diesen schweren Vertrauensbruch nicht hin. Sein Mündel Friedrich war gekrönter König von Sizilien, und nur er, der Papst, konnte dieses Land als Lehen vergeben. Er bannte Kaiser Otto und sagte: «Das Schwert, das Wir Uns geschaffen, schlägt Uns schwere Wunden.»

Kaum hatte der Erzbischof von Mainz den Bann von der

Kanzel verlesen, fielen die meisten Reichsfürsten von Otto ab. So mußte der Kaiser den Feldzug abbrechen, um in Deutschland seine Krone zu retten. Friedrich, schon dabei, auf einer Galeere die Flucht zu ergreifen, war jetzt nicht nur seines sizilischen Königreichs sicher, die Reichsfürsten wählten den jetzt Siebzehnjährigen zum deutschen König und sandten sogleich zwei Eilboten nach Sizilien.

Am Hof in Palermo war man davon gar nicht begeistert; die meisten seiner Freunde und Vertrauten rieten Friedrich dringend davon ab, diese Wahl zu akzeptieren. Schließlich lebte König Otto noch, hatte im Norden Deutschlands viele Anhänger und konnte sich später auch mit dem Papst wieder einigen.

Inzwischen hatte Papst Innozenz III. sein Mündel mit der um zehn Jahre älteren Konstanze von Aragon verheiratet, also den Fünfzehnjährigen mit der Fünfundzwanzigjährigen, und sie hatte in diesen Tagen den Sohn Heinrich geboren. Doch nichts konnte den frischgebackenen Vater abhalten, seiner Sendung zu folgen, von der er zutiefst überzeugt war.

Mit nur wenigen Begleitern traf Friedrich II. im April 1212 in Rom ein, wo sie einander zum ersten und auch zum letzten Mal sahen – Papst Innozenz III. und sein früheres Mündel, jetzt erwählter deutscher König und Herr von Sizilien. Natürlich wurden bei dieser Gelegenheit gleich die Bedingungen ausgehandelt, wenn Friedrich König bleiben und Kaiser werden wollte. Es waren, so würde man heute sagen, sehr konstruktive Verhandlungen in freundschaftlicher Atmosphäre, wobei es vor allem um die Bestätigung von Sizilien als reichsunabhängiges päpstliches Lehen ging. So ließ der Papst den künftigen König und vielleicht auch Kaiser zufrieden weiterziehen, versorgte ihn sogar noch mit ausreichenden Geldmitteln.

Friedrich ging nach Genua, der traditionell stauferfreundlichen Stadt, wo ihn freilich der bombastische Empfang nicht darüber hinwegtäuschen konnte, daß ringsum der Feind lauerte. Über drei Monate blieb Friedrich in der sicheren Seerepublik, bis er – gegen alle Warnungen – in jugendlicher Ungeduld Mitte Juli nach Norden aufbrach. Prompt geriet er hinter Pavia in eine Falle der Mailänder. Gerade noch gelang die Flucht auf einem sattellosen

Pferd durch den Fluß Lambro. Der Zug durch das Etschtal in Richtung Brenner war ein einziges Hakenschlagen. Der bequemste Alpenpaß war schließlich von feindlichen Truppen versperrt. Wie Friedrich über die Alpen gelangte, wissen wir nicht, aber er hat fast zwei Monate dazu gebraucht.

Als der junge König im September mit etwa fünfzig Mann Begleitung vor Konstanz erschien, trat eine Situation ein, die – obwohl historische Tatsache – aus der Feder eines Komödienschreibers stammen könnte.

Kaiser Otto IV. hatte die Reise seines Gegners argwöhnisch verfolgt. Als ihm gemeldet wurde, daß Friedrich in Richtung Bodensee ziehe, brach Otto seinen Thüringer Feldzug ab und machte sich in Eilmärschen auf den Weg nach Süden.

Die Stadt Konstanz, vom bevorstehenden Kaiserbesuch unterrichtet, hatte sich gründlich auf den hohen Gast vorbereitet. Von Ottos vorausgereisten Köchen wurde sogar schon das Festmahl gerichtet. Otto, der keine Ahnung hatte, wie nahe sein Konkurrent schon war, erwartete in Überlingen die Bodenseefähre, während König Friedrich auf der anderen Seite des Sees vor dem Stadttor stand. Doch man ließ ihn nicht ein.

«Wir öffnen unsere Tore nur dem rechtmäßigen Kaiser», wurde ihm mitgeteilt. Der Bischof von Chur und der Abt von St. Gallen riefen verärgert, Friedrich sei doch gerade der rechtmäßige Kaiser, sonst wären sie nicht in seinem Gefolge. Dieses Argument konnte den Bischof von Konstanz nicht überzeugen. Jetzt aber erinnerte man sich daran, daß Friedrich den päpstlichen Legaten Castacca in seinem Gefolge hatte. Der trat vor und verlas die päpstliche Bannbulle gegen Otto IV. Dies war der Schlüssel, der sperrte! Das auf Otto wartende Festkomitee durfte nun zu seinem Erstaunen einen siebzehnjährigen Jüngling statt des würdigen Otto feierlich willkommen heißen.

Der unselige Otto hatte unterdessen seine Fähre bestiegen und legte eben in Konstanz an. Jetzt war er es, dem die Stadttore verschlossen blieben. Da half kein Bitten und kein Drohen. Die Entscheidung war wie so oft bereits in Rom gefallen, und die Konstanzer hatten an einem deutschen König genug.

Friedrich war der geborene Herrscher. Vom Großvater hatte er das gewinnende Wesen, die Heiterkeit – auch Herzensgüte, wenn man sich ihm fügte –, aber es fehlten auch nicht die finsteren, vom Vater ererbten Charaktereigenschaften: Jähzorn, Rachsucht und – wo man sich ihm entgegenstellte – Härte und Grausamkeit.

Damals in seinen Jugendjahren, bei dem Umritt durch Deutschland, zeigte er sich von seiner besten Seite und wurde im ganzen Land vom Volk umjubelt. Mit einem für seine Jugend erstaunlichen Sinn für feierliche Gesten ließ er gleich nach seiner Krönung die Gebeine Karls des Großen in den schon von seinem Großvater Friedrich Barbarossa gestifteten kostbaren Schrein aus Gold und Silber umbetten. Barbarossa hatte Karl durch den von ihm eingesetzten Gegenpapst Paschalis III. heiligsprechen lassen. Eigenhändig bedeckte Friedrich den Leichnam mit einem kostbaren arabischen Tuch aus Sizilien – und half dann beim Verschließen des Schreins.

Der gebannte König Otto konnte den Vormarsch seines Widersachers nicht aufhalten. Der Kirchenbann des Papstes tat damals noch seine Wirkung, und Otto mußte von seinem Stammland aus untätig zusehen, wie man den jungen Friedrich am 25. Juli 1215 in Aachen krönte.

Der neue König wußte recht gut, daß er seinen schnellen Erfolg nicht zuletzt dem Wohlwollen des Papstes zu verdanken hatte, und so zeigte auch er sich entgegenkommend, erkannte die territorialen Ansprüche der Kirche in Mittelitalien an und – ein schwerwiegender Entscheid – verzichtete auf seine Mitsprache bei der Wahl von Reichsbischöfen und -äbten.

Friedrich II. hielt sich acht Jahre in Deutschland auf, und man kann ruhig sagen, daß es ein einziger Triumphzug war. Der Gegenkönig Otto hatte resigniert und starb am 19. Mai 1218 einsam und fast vergessen auf der Harzburg. Die Weichen waren gestellt, König Friedrich durfte in eine goldene Zukunft blicken – so sah er es damals, und so sahen es viele mit ihm. Jetzt fehlte nur noch die Kaiserkrone, und Innozenz war durchaus gewillt, sie Friedrich aufzusetzen, doch der Papst stellte die harte Bedingung, daß er auf die Krone Siziliens zugunsten seines damals fünfjährigen Sohnes Heinrich verzichten müsse. Zähneknirschend unterschrieb Friedrich den Vertrag, denn Sizilien war seine geliebte

Heimat, sein Mutterland, und er muß wohl damals schon mit dem Gedanken gespielt haben, diesen Vertrag nicht zu halten. Die Kaiserkrone schwebte also quasi schon über seinem Haupt, da starb Papst Innozenz III. plötzlich in Perugia.

Kehren wir wieder nach Rom, an den Hauptschauplatz dieses Buches, zurück. Mit Papst Innozenz III. wurde eine machtvolle Persönlichkeit zu Grabe getragen. Während seines Pontifikates entstanden die von ihm gebilligten und geforderten Orden der Franziskaner und Dominikaner. Der Historiker Stacke sieht in ihm einen Papst, dessen Ideal es war, die päpstliche Weltherrschaft ebenso in weltlichen wie in geistlichen Dingen zu begründen:

«Am Firmament des Weltalls war ihm die päpstliche Hoheit das große Licht: die königliche Gewalt das kleine, welches von jenem seinen Glanz erhält.»

Hans Kühner differenziert diese Aussagen im «Papstlexikon» von 1960: «Innozenz gehört in die Reihe der weltgeschichtlichen Gestalten. So schlicht er in seiner persönlichen Lebensführung war, so alles umfassend verstand er Worte und Autorität seines Amtes... Doch die bisherige Anschauung, als habe er in Theorie und Praxis, als Papst und als Politiker nach der Weltherrschaft und der Oberlehenshoheit über alle Reiche gestrebt, muß endgültig aufgegeben werden. Seine Größe lag im Erkennen des geschichtlich Möglichen, Maßhalten bestimmte seine Handlungen.»

Gregorovius schließlich nennt ihn den «wahrhaften Augustus des Papsttums» und meint:

«Kein Papst kam dem kühnen Ziele Gregors VII. so nahe, Europa zu einem römischen Lehen, das Papsttum zur allein herrschenden Hierarchie, die Kirche zur Verfassung der Welt zu machen.»

Vielleicht sollte noch erwähnt werden, daß Innozenz III. mit dem Lateranskonzil von 1215 als eigentlicher Begründer der Inquisition anzusehen ist und die Albigenser grausam verfolgen ließ. Es war, als müsse die Kirche nach so einem Giganten erst einmal Atem holen, und man wählte den greisen Kardinal Savelli zum Papst Honorius III. (1216–1227). Vielleicht war es auch ein Kompromißkandidat, dessen Pontifikat aber dann doch elf Jahre dauerte.

Honorius III. war ein sanfter und friedliebender Mann, der sich genau an die Abmachung seines Vorgängers hielt und König Friedrich nach Rom zur Krönung lud. Ein glühendes Ideal aber bewegte seine Seele: Er wollte endlich den nächsten Kreuzzug verwirklicht sehen und hoffte dabei auf den jungen Friedrich. Der verließ Deutschland im Sommer 1220 endgültig und ernannte den Erzbischof Engelbert von Köln zum Reichsverweser.

Der deutsche König zog durch ein ausnahmsweise ruhiges und friedliches Oberitalien nach Rom, wo Papst Honorius ihn am 22. November 1220 zusammen mit Konstanze krönte, bei – wie die Annalen berichten – «vollkommener, nie zuvor erhörter Ruhe der Stadt, unter dem unermeßlichen Jubel des Volkes».

Die von Friedrich bereits Innozenz zugesagten Bedingungen wurden nun als Gesetze verkündet, und was er der Kirche da zugestand, war nicht wenig. So wurden etwa alle von Städten oder Fürsten gegen den Klerus oder das Kirchenvermögen erlassenen Verfügungen nicht nur annulliert, sondern für ketzerisch erklärt, dazu kam die völlige Steuerfreiheit der Geistlichen. Die Ketzer wurden gleichsam für vogelfrei erklärt, ihre Verfolgung zur Pflicht gemacht. Der deutsche König und römische Kaiser war von nun an in Rom rechtlos und ohne jede Macht. Die Kirche hatte auf der ganzen Linie gesiegt, aber Honorius war nicht der Mann, darüber lauthals zu triumphieren. Ihm lag der Kreuzzug am Herzen, und Kaiser Friedrich versprach, ihn im August des folgenden Jahres anzutreten. Da blieb nur noch ein gutes halbes Jahr für die umfangreichen Vorbereitungen, aber Friedrich ließ sich damit Zeit und reiste in sein geliebtes Königreich, das ja laut Vertrag seines nicht mehr war. Er führte dennoch weiterhin den Titel König von Sizilien und berief eine Adelsversammlung nach Apulien ein, um das Land neu zu ordnen. Liest man diese Gesetze aufmerksam durch, hört man ganz neue Töne, vor allem was die Judengesetze betrifft:

«Wir wünschen auch und bekräftigen, daß keines Christen Zeugenschaft gegen einen Hebräer, wie auch die keines Juden gegen einen Christen jemals zugelassen werden...»

Bisher war es in den christlichen Städten eher so gewesen, daß die Zeugenschaft eines versoffenen Landstreichers, wenn er nur ein Christ war, mehr galt als die Aussage von drei ehrenwerten Juden. Die Reste der sarazenischen Bevölkerung auf Sizilien – immer wieder Anlaß zu Krieg und Streit – siedelte der Kaiser nach Lucera in Apulien um und gewährte ihnen eine weitestgehende innere Selbstverwaltung mit einem Leben nach islamischem Brauch. Daß dort Moscheen erbaut wurden, gefiel dem Papst gar nicht, und er sandte Missionare dorthin, um diese «Söhne des Verderbens» zu bekehren.

Diese Gesetzessammlung enthält auch sonst noch erstaunliche Einzelheiten, von denen ich hier nur Stichworte anführen will, zum Beispiel das wohl erste Umweltschutzgesetz der Welt, als der Kaiser anordnete, es müsse, um die Gesundheit der Luft zu bewahren, das Wässern von Flachs oder Hanf mindestens eine Meile von einer Siedlung entfernt stattfinden. Auch die Reinheit der Gewässer lag ihm am Herzen:

«Wir verbieten auch den Fischern Taxus oder ähnliche Kräuter, durch welche die Fische getötet werden oder sterben, in die Gewässer zu werfen. Denn dadurch werden sowohl die Fische selber giftig wie auch das Wasser, von dem Menschen und Tiere trinken...»

Hätten in den darauffolgenden Jahrhunderten alle Fürsten und Machthaber so gedacht, sähe es mit unserer Umwelt heute besser aus.

Den Papst jedenfalls interessierte nur das Kreuzzugversprechen, denn die Jahre vergingen, und der Kaiser unternahm in dieser Hinsicht nicht das geringste. Bedrängt und ermahnt, erneuerte Friedrich sein Versprechen im Juli 1226 und schwor vor dem kaiserlichen Legaten in San Germano, er werde die Kreuzfahrt im August des kommenden Jahres antreten – unter Androhung des Kirchenbannes.

Kaiser Friedrich II., der – nach heutiger Einschätzung – nichts für so überflüssig hielt wie einen Kreuzzug, ließ den Termin verstreichen, um so mehr als Papst Honorius noch vorher, am 18. März 1227, gestorben war.

Mit Gregor IX. (1227–1241), der aus der gleichen Familie stammte wie Innozenz III., begann ein schärferer Wind zu wehen. Er war zuvor Kardinalbischof von Ostia gewesen und hatte den Franziskanerorden kraftvoll gefördert und unterstützt. Am 16. Juli 1228 sprach er dessen Gründer – den er noch persönlich gekannt hatte – heilig und vergaß auch nicht den Termin vom August 1227.

Friedrich wollte keinen Zwist riskieren und versammelte in Brindisi ein Kreuzfahrerheer, das mit ihm im September absegelte, begleitet von den Gebeten des Papstes und dem Glockengeläut der Kirchen. Doch die teilweise schon vorher an einer Seuche erkrankten Kreuzfahrer nahmen die Pest mit an Bord. Der ebenfalls erkrankte Kaiser mußte umkehren und ging in die Bäder von Pozzuoli, um zu genesen. Er überstand die Krankheit, an der viele der Kreuzfahrer starben, darunter auch Landgraf Ludwig von Thüringen. Solche gewichtigen Gründe kümmerten den jähzornigen Papst Gregor jedoch nicht, sofort den Bann auszusprechen. Nun war der Kampf eröffnet. Kaiser Friedrich reagierte keineswegs demütig, sondern befahl dem Klerus im Deutschen Reich bei Androhung schwerster Strafen, das Interdikt einfach nicht zur Kenntnis zu nehmen. Mit einem Rundschreiben versuchte Friedrich sich zu rechtfertigen, versprach auch für den kommenden Mai einen neuen Kreuzzug. Der achtzigjährige Papst blieb unversöhnlich, spie Gift und Galle. Friedrich ließ sich nicht provozieren, aber seine Antwort gewann an Schärfe:

«Während Wir Uns höchlichst anstrengten und von der Römischen Kirche jeden Rat erhofften, nahmen Wir wahr, daß der, den Wir als Leiter und Lenker zu haben glaubten, sich unerwartet als ein Gegner dieses Unseres Vorhabens erwiesen hat, so sehr, daß er ungerecht gegen Uns vorgehend den Bannspruch über Uns ausgesprochen hat und sich offen Unseren Versprechen und Gelübden, auf denen Wir im Dienst des Heiligen

Landes bestehen, nicht in gerechtem Eifer, sondern von Willkür getrieben, widersetzt... Außerdem hält dieser Römische Priester von dem Gelde, das er den im Dienste Christi Ausfahrenden zahlen soll, Söldner gegen Uns, um Uns auf alle mögliche Weise zu schaden. Obgleich aber dieser Römische Oberpriester sich durch dies alles Unseren Wünschen entgegenstellt und auf unverschämte Weise versucht, Unsere Sanftmut zu reizen, so hielt er Uns dennoch keineswegs vom Dienste Christi zurück.

Denn erfahret mit Gewißheit, daß Wir Uns bereits mit Unsren Galeeren und Fahrzeugen, einem rüstigen Gefolge von Rittern und einer Menge Kämpfer von Brundisium nach Syrien gewandt haben und eilends unter glückhaftem Wind mit Christus, dem Führer, reisen!

Deshalb bitten und ermahnen Wir Euch im Vertrauen auf Eure Treue inständig, zu Unserer Unterstützung und zum Dienste des Heiligen Landes nach allen Euren Kräften und Möglichkeiten bereit zu sein und es nicht leicht zu nehmen, daß der höchste Priester in alldem Uns ungerecht und unwürdig herausfordert, während er doch vielmehr in väterlichem Mitgefühl Unsere Anstrengungen fördern sollte.»

Die von Friedrich erwähnten päpstlichen Söldner wurden zum Teil aus einer Steuer finanziert, die Papst Gregor 1228 vom Klerus erhob, um den verhaßten Kaiser zu bekämpfen.

Der Kaiser trat den Kreuzzug tatsächlich an und landete am 7. September 1228 in Akkon, der Kreuzfahrerstadt, die als einzige in christlicher Hand geblieben war. Der Klerus hielt sich bei der Begrüßung zurück, denn ein Gebannter war schlimmer als ein Leprakranker, und man konnte bei seinem Anblick selber unrein werden. Friedrich nahm es gelassen hin und sandte dem Sultan El-Kamil reiche Geschenke, darunter den eigenen Helm und sein Schwert. In einem Begleitschreiben hieß es: «Wir sind nicht über das Meer gefahren, um Euer Land zu erobern, denn Länder besitzen Wir mehr als irgendein Fürst dieser Erde, sondern wir wollen die heiligen Stätten vertragsgemäß übernehmen. Ruhe sollt Ihr haben vor den Christen und nicht gezwungen sein, das Blut Eurer Untertanen gegen Uns zu vergießen.»

Für einen christlichen Kaiser waren das seltsame Töne, und er erinnerte den Sultan dabei an einen schon lange vorher entworfenen Vertrag, was heißen muß, daß Friedrich niemals daran dachte, im Heiligen Land Krieg zu führen. So kam es denn, daß eifrige Christen den Sultan inständig baten, Jerusalem keinesfalls an den gebannten Kaiser auszuliefern. El-Kamil ignorierte das und warnte Friedrich vor dem Templerorden, der seine Gefangennahme und Auslieferung an den Feind plante. Unter solchen Umständen war der Sultan im Vorteil, aber beide standen unter Druck – Friedrich, weil er hörte, daß es in Apulien gegen ihn Aufstände gab, und El-Kamil, weil sein Neffe dabei war, ihm den Thron streitig zu machen.

So kam es am 18. Februar 1229 zu einem Vertrag, der den Christen freien Zugang zu den heiligen Stätten – nicht nur in Jerusalem – sicherte und von dort eine ungehinderte Verbindung zur Küste garantierte. Dies alles war in einen zehnjährigen Waffenstillstand eingebunden. So war Jerusalem praktisch wieder in christlicher Hand, nur das Viertel um den Felsendom und die El-Aksa-Moschee blieb den Muslimen vorbehalten.

Damit hatten sich beide Vertragspartner in die Nesseln gesetzt. Papst Gregor hatte sich einen solchen «Sieg» nicht gewünscht und wies den Patriarchen von Jerusalem an, die Stadt mit einem Interdikt zu belegen und die Pilger am Besuch der heiligen Stätten zu hindern.

In Damaskus wiederum wurde öffentliche Trauer befohlen, denn der Sultan habe den Islam verraten. El-Kamil reagierte mit dem Hinweis, er habe den Christen nur alte Kirchen und verfallene Häuser zurückgegeben.

Am 27. März 1229 zog Kaiser Friedrich in Jerusalem ein, und es wurde ein sehr stiller Zug daraus. Die Christen blieben in ihren Häusern, um sich beim Anblick des gebannten «Papstfeindes» nicht zu versündigen, und die Muslime hatten sicherheitshalber ihre Stadt verlassen – durch alte Erfahrungen gewitzt. Kaiser Friedrich ließ sich die Enttäuschung nicht anmerken, ging am nächsten Tag in die festlich geschmückte Grabeskirche und setzte sich dort selber – kein Priester war zugegen – die Krone des Königreichs Jerusalem auf. Abgesehen vom fehlenden geistlichen Beistand war dies nun keineswegs ein willkürlicher Akt. Der seit 1222 verwitwete Friedrich hatte nämlich in zweiter Ehe Prinzessin Yolante (auch Isabella) geheiratet, die einzige und letzte Erbin des 1100 von Gottfried von Bouillon gegründeten Königreichs Jerusalem.

Nach seiner Selbstkrönung ließ Kaiser Friedrich ein umfangreiches Dokument verlesen, das die Ereignisse aus seiner Sicht darstellte, für den Papst versöhnliche Worte fand und sich selber als den von Gott gesandten Sieger und Befreier darstellte. Friedrich hat durch sein Verhalten und überlieferte Äußerungen gezeigt, daß ihm nicht viel am Christentum lag und wie sehr er den Islam bewunderte. Ob der Kaiser ein Atheist war (auch darauf weist manches hin), läßt sich nicht schlüssig beweisen, aber er stand geistig über den Religionen und hat sich des Christentums – wo es nötig war – nur als eines Politikums bedient. Diese Einstellung blieb auf die Dauer nicht verborgen, und Papst Gregor hat sie weidlich für seine Zwecke ausgeschlachtet und weithin – zum Teil entstellt – einer schaudernd aufhorchenden Christenheit verkündet, wenn er etwa in einer Enzyklika schrieb: «Dieser König der Pestilenz hat nach seinen eigenen Worten erklärt, der Mensch solle nichts glauben, was nicht durch die Natur und die Vernunft bewiesen werden könne.»

Während der Kaiser nach Italien zurückkehrte, hatte Papst Gregor die Nachricht ausstreuen lassen, er sei unterwegs gestorben. Nun, da er im Juni 1229 in Apulien landete, verbreitete er mit seinem deutschen Heer Angst und Schrecken. Er jagte die päpstlichen Truppen aus dem Land und sandte zugleich Friedensboten an Gregor IX. Bei diesen Kämpfen bediente er sich auch seiner sarazenischen Truppen aus Lucera, was den Papst zu einem abermaligen Bannstrahl veranlaßte.

Als der Anhang des Papstes merklich zu schrumpfen begann, bequemte sich Gregor IX. am 23. Juli 1230 zu einem Friedensschluß, und der «Papstfeind» durfte in die Arme der Kirche zurückkehren.

Dieser Friede währte zehn Jahre – bei den Naturen von Kaiser

Friedrich und Papst Gregor eine lange, eine sehr lange Zeit. Dann wurde der Streit um die Lombardei zum Anlaß für neue Konflikte. Die lombardischen Städte hatten sich mit Friedrichs abtrünnigem Sohn Heinrich verbündet, bis ihre völlige Niederlage im November 1237 und Heinrichs Gefangennahme den Zwist entschied.

Diesen gewaltigen Machtzuwachs konnte der Papst nicht hinnehmen. Am 20. März 1239 bannte er den Kaiser von neuem unter dem Vorwand, die Kirche werde in Sizilien benachteiligt. Friedrich reagierte bei günstiger Gelegenheit mit der Vernichtung einer Flotte, auf der über hundert Prälaten zum Konzil nach Rom reisen wollten. Er selber zog mit Heeresmacht in den Kirchenstaat und schloß Rom ein, aber Papst Gregors IX. Tod am 21. August 1241 unterbrach den Feldzug. Um der Welt zu zeigen, daß er nur mit diesem Papst, aber nicht mit der Kirche im Streit liege, zog Kaiser Friedrich sofort ab.

Innozenz IV. – Haß, Kampf und Mord

Nun wären die Weichen für eine bessere Zukunft, für eine Aussöhnung von Kaiser und Papst gestellt gewesen. Aber leider waren die Verhältnisse in Rom alles andere als friedlich und übersichtlich. Dort herrschte auf diktatorische Weise der Senator Matteo Rosso Orsini, mit dem der Aufstieg eines Geschlechts begann, das durch die folgenden Jahrhunderte die Geschichte Roms entscheidend mitbestimmen sollte. Er war ein geschworener Feind des Kaisers. Ihm ist sozusagen das erste Konklave zu verdanken, denn er ließ die Kardinäle – nur zehn waren damals in Rom – mit Fußtritten und Faustschlägen in eine Palastruine auf dem Palatin treiben und dort einschließen. In der mörderischen Augusthitze wurden fast alle der meist schon älteren Herren krank; drei von ihnen starben, ein vierter wurde todkrank ins Freie gebracht. Unter diesem Druck einigten sich die Kardinäle auf den Bischof von Sabina, einen kränklichen Greis, der siebzehn Tage später starb, nicht ohne Matteo Orsini wegen seines rüden Verhaltens gebannt zu haben.

Diesem Debakel folgte eine der längsten Sedisvakanzen in der römischen Kirchengeschichte. Die Kardinäle flohen aus Rom, und keiner verspürte in den folgenden neunzehn Monaten ein Bedürfnis zu wählen oder gewählt zu werden. Kaiser Friedrich II. erschien dann und wann vor den Toren Roms, allerdings ohne daß er ernsthaft versuchte, dort einzudringen. Matteo Orsini hielt mit den Truppen der guelfischen Familien, der Papstpartei, auf den Mauern der Stadt Wacht. Die ghibellinische, also die kaiserfreundliche Familie der Colonna mußte inzwischen für ihre

Parteinahme büßen – das Volk riß, von den Orsini aufgehetzt, ihre Paläste nieder und warf einen Colonnakardinal in den Kerker.

Der streitbare Orsini suchte auch außerhalb Roms Verbündete gegen Friedrich und fand eine Reihe von guelfischen Städten, darunter Perugia und Narni. Friedrich schien sich wenig darum zu kümmern, ermahnte von Zeit zu Zeit die Kardinäle, sich endlich zur Wahl einzufinden und half nach, indem er einige ihrer Burgen zerstörte, darunter Castel Albano. Danach belagerte er für einige Wochen Rom und erreichte, daß sich ein Konklave in Anagni zusammenfand und am 25. Juni 1243 den Kardinal von San Lorenzo auf den Thron Petri erhob. Er nannte sich Innozenz IV. und galt als kaiserfreundlich. Friedrich soll dazu gesagt haben: «Ich habe einen guten Freund unter den Kardinälen verloren, denn kein Papst kann Ghibelline sein.»

Das war durchaus richtig gedacht, trotzdem strebte Friedrich eine Versöhnung mit der Kirche an, denn er wollte los vom Bann, wenn auch nicht aus Herzensbedürfnis, sondern aus politischem Kalkül. Der Papst aber zögerte und schien sich – wie der Kaiser es vorhergesagt hatte – in einen Guelfen zu verwandeln.

Zunächst ging es um die Stadt Viterbo, wo im August 1243 eine Rebellion gegen Friedrich ausbrach. Die kaiserlichen Truppen mußten sich im Castel San Lorenzo einschließen und baten dringend um Hilfe. Nun gehörte Viterbo unbestritten zum Patrimonium Petri, so daß Innozenz sofort Hilfstruppen schickte und es so aussah, als würde diese Stadt zu einem Zankapfel zwischen Kaiser und Papst. Doch Friedrichs Truppen konnten Viterbo nicht erstürmen, und so hob er die Belagerung auf unter der Bedingung, daß die in San Lorenzo Eingeschlossenen unbehindert abziehen durften und die kaisertreuen Bürger nicht belästigt würden. Beides wurde zugesagt und nicht eingehalten. Der Papst triumphierte, behandelte Friedrich mit der Herablassung des Siegers und stellte demütigende Bedingungen für einen Friedensschluß, wich aber geschickt jedem von Friedrich vorgeschlagenen Treffen aus. Zuletzt war eine Begegnung im Juni 1244 bei Civita Castellana geplant. Während die Gesandten über den genauen Termin verhandelten, floh der Papst nach Genua und streute das Gerücht aus, der Kaiser habe ihn hintergehen und festnehmen wollen. Friedrich, der damals noch sehr geduldig war, sandte ihm nach Genua ein weiteres Friedensangebot, das der Papst nicht einmal beantwortete. Vielmehr verschanzte er sich in Lyon, wo er 1245 das dreizehnte Allgemeine Konzil einberief.

König Ludwig IX. (der Heilige) von Frankreich versuchte vergeblich, den Papst zur Rücknahme des Bannfluchs zu bewegen. Kaiser Friedrich II. hätte es ihm leicht gemacht, denn seine letzten Angebote waren – aus seiner Sicht – ungeheuerlich und gingen bis an den Rand der Selbstaufgabe. Er wolle alle Erbgüter räumen, in der Lombardenfrage den Papst entscheiden lassen, drei Jahre ins Heilige Land gehen und das seit August 1244 wieder für Christen gesperrte Jerusalem mit Waffengewalt zurückerobern. Es war die totale Unterwerfung, ein Kniefall vor dem Pontifex. Man hat nach Erklärungen dafür gesucht, und sie sind gewiß nicht in Friedrichs jähem, stolzem und autoritärem Charakter zu suchen. Da er die haßerfüllte Unbeugsamkeit dieses unheiligen Vaters kannte, versuchte er ihn durch sein großherziges Angebot und die zu erwartende Ablehnung ins Unrecht zu setzen. Daß Friedrich aber um diese Zeit Viterbo aus Rache plündern ließ, war für Innozenz IV. der willkommene Anlaß – geschürt durch eine polemische Flugschrift des Bischofs von Viterbo –, das Konzil von Lyon der Vernichtung seines Gegners zu widmen. Der Bischof klagte dabei den Kaiser der abscheulichsten Verbrechen an. Er habe seinen eigenen Sohn Heinrich wie auch Papst Gregor IX. ermordet, außerdem seine drei Ehefrauen. Er trachte danach, den christlichen Glauben zu vernichten und zeige eine verdächtige Vorliebe für muslimische Fürsten und deren Brauchtum. Die Hetzschrift endete mit der Aufforderung: «Habt kein Mitleid mit dem Ruchlosen! Werft ihn zu Boden vor der Könige Antlitz, daß sie ihn sehen und fürchten... Werft ihn hinaus aus dem Heiligtum Gottes, daß er nicht länger herrsche über das christliche Volk! Vernichtet Namen und Leib, Sproß und Samen dieses Babyloniers!»

Mit Freude und Genugtuung folgte der Papst diesem Rat und verkündete beim Konzil: «Ob der angeführten und vieler anderer abscheulicher Frevel... erklären Wir den besagten Fürsten, der sich des Kaisertums, der Königreiche und jeglicher Ehre und Würde unwürdig gemacht hat... für einen Menschen, der vor Gott... verdammt und aller seiner Ehren und Würden vom Herrn beraubt ist und setzen ihn ab durch Unseren Urteilsspruch.»

Hatte der Kaiser mit einer solch harten Entscheidung gerechnet? Mit einer Erneuerung des Bannes gewiß, aber mit seiner Absetzung wohl nicht. In glühendem Zorn über diese Anmaßung rief er aus: «Woher diese Frechheit? Woher ein so vermessenes Unterfangen? Noch habe ich meine Krone nicht verloren und werde sie weder durch die Anfeindung des Papstes noch durch den Beschluß der Kirchenversammlung verlieren... Bisher mußte ich ihm einigermaßen gehorchen, wenigstens die Ehre geben, jetzt aber bin ich jeglicher Verpflichtung, ihn zu lieben, zu verehren und Frieden mit ihm zu halten, ledig...»

In einem Brief an die kaisertreuen Städte schrieb er die berühmt gewordenen Worte: «Lange genug war ich Amboß, jetzt will ich Hammer sein!» Das wollte Innozenz IV. auch, und so prallten die Waffen aufeinander, daß die Funken über ganz Europa flogen. Bei diesem Papst hätte auch ein Gang nach Canossa nichts genützt. Da hätte Christus schon selber bei seinem Stellvertreter um Milde bitten müssen...

Als erstes ersetzte Innozenz, wo immer es ging, kaiserfreundliche Priester durch ihm hörige und betrieb in Deutschland die Wahl eines Gegenkönigs, der am 22. Mai 1246 – allerdings nur durch die drei geistlichen Kurfürsten – gewählt wurde. Heinrich Raspe von Thüringen, verächtlich der Pfaffenkönig genannt, hetzte sofort die Lombardei gegen den Kaiser auf.

Aber dieser unheilige Vater verließ sich nicht allein auf politische Mittel, sondern plante eiskalt, Kaiser Friedrich zusammen mit seinem Lieblingssohn Enzio (deutsch: Heinz) zu ermorden.

Dazu eine kurze Abschweifung. Friedrich von Staufen war ein Frauenfreund von hohen Graden und zeugte neben vier ehelichen eine bis heute unübersehbare Zahl illegitimer Kinder, von denen er ein gutes Dutzend anerkannte. Diesen Enzio hatte er während seines Aufenthalts in Deutschland mit Adelheid (er nannte sie

Alayta), einem «vornehmen deutschen Fräulein», gezeugt, und er liebte ihn so, daß er ihn stets bei sich haben mußte.

Die geplante Ermordung des Kaisers sollte durch den Verrat seines Freundes und engen Vertrauten Orlando di Rossi ermöglicht werden. Der gewann noch eine Reihe von Kaisergegnern wie Pandulf von Fassanella, den von Friedrich wegen Korruption abgesetzten früheren Statthalter der Toscana. Der vom Papst wenn nicht ersonnene, so doch zumindest gebilligte und unterstützte Plan sah vor, Friedrich zusammen mit seinem Sohn Enzio und dem Schwiegersohn Ezzelino beim Ostermahl in Grosseto (1246) zu ermorden.

Ebenfalls an dem Plan beteiligt war Kardinal Rainer von Viterbo, der nach erfolgtem Anschlag mit einem päpstlichen Heer ins kaiserliche Gebiet einfallen sollte. Man war sich des Erfolges so sicher, daß bereits überallhin Boten ausgesandt wurden, um den Tod des Kaisers zu verkünden. Aber Friedrich hatte gerade in Italien viele treue Freunde und Parteigänger, die den Anschlag in letzter Minute aufdeckten. Die Verschwörer flohen Hals über Kopf in ihre festen Burgen, doch Friedrich spürte sie in den folgenden Monaten fast alle auf. Sein Strafgericht war fürchterlich und machte den Methoden seines Vaters Heinrich alle Ehre. Sie wurden verstümmelt und geblendet ihren Richtern vorgeführt, um dann – in symbolhafter Grausamkeit – von allen vier Elementen bestraft zu werden, das heißt sie wurden von Pferden auf der ERDE zu Tode geschleift, im FEUER verbrannt, in die LUFT an den Galgen gehängt, andere wurden in Säcke genäht und im WASSER ertränkt.

Man muß immer wieder darauf hinweisen, daß solche Strafen damals weder ungewöhnlich noch selten waren und daß sie offenbar keineswegs abschreckend wirkten. Nicht selten empörten sich die Bürger einer solchermaßen bestraften Stadt aufs neue, kaum hatte ihnen der Kaiser den Rücken gekehrt.

Dieser niederträchtige Mordanschlag paßt ausgezeichnet in das Charakterbild dieses Papstes, der sich meist fern von Rom feige versteckte, während seine Handlanger für ihn tätig waren. Nach dem Scheitern des Planes fürchtete er Friedrichs Rache so sehr, daß er beim König von England um Aufnahme ersuchte, doch der lehnte unter einem Vorwand ab, weil ihn der Klerus seines Landes vor der Habgier dieses Papstes warnte.

Kaiser Friedrich wiederum machte den Mordanschlag in aller Welt bekannt, «denn da er Unseren Tod als unzweifelhaft bevorstehend verkündet hat, wird er seine Anstiftung nicht leugnen können». In diesem Punkt sind die Historiker sich auch heute einig. Selbst bischöflich approbierte Kirchengeschichten leugnen oder verschweigen ihn nicht.

Der Pfaffenkönig Heinrich Raspe starb schon im Februar 1247 auf der Wartburg, und der päpstliche Legat machte sich eilends davon. Kaiser Friedrich äußerte sich kaum dazu, gab nur bekannt, er wolle nach Lyon gehen, um sich beim Papst gegen die schweren Beschuldigungen zu äußern. Tatsächlich aber sammelte er ein Heer im Alpenbereich, mit dem er – je nach Bedarf – schnell in Deutschland, aber auch vor Lyon erscheinen konnte. Parma, das er belagerte, stand im Februar 1248 kurz vor der Übergabe. Doch als Friedrich am Fluß Taro auf die Falkenjagd ging, nutzten die Belagerten seine Abwesenheit zu einem Ausfall, überwältigten seine Truppe und steckten die Zelte in Brand. Friedrich entkam mit knapper Not.

Nach Heinrich Raspes Tod kürte die päpstliche Partei in Wilhelm von Holland einen neuen König, der – wie auch sein Vorgänger – im Grunde nur ein Gegenkönig war, denn die Reichsfürsten hatten schon 1237 Friedrichs Sohn, den neunjährigen Konrad, zum Nachfolger und deutschen König gewählt.

In Rom hatte sich eine gewisse Unzufriedenheit verbreitet und das Gerücht, der Papst wolle in Lyon bleiben. Das verletzte den Stolz der Römer und weckte ihren Widerstand, denn die Abwesenheit des Papstes könnte bewirken, daß «die Augenbraue der Welt, das Tribunal der Gerechtigkeit, der Sitz der Heiligkeit, der Thron des Ruhms» um Ansehen und Wohlstand komme. Die Pilger murrten, denn sie wollten den Segen des Papstes und nicht den eines seiner Kardinäle.

Innozenz vernahm den Ruf, wagte es aber aus Feigheit und Berechnung nicht, in die Heilige Stadt zurückzukehren. Obwohl Friedrich Rom weder belagerte noch irgendwie bedrohte, wollte Innozenz die Stimmung wachhalten, er sei ein armer Verfolgter, dem Friedrich, der «Papstfeind und Antichrist», nach dem Leben trachte.

Der Papst war in seinen unablässigen Angriffen tatsächlich so weit gegangen, Kaiser Friedrich als Antichrist hinzustellen und benützte dazu die schrecklichen Worte der Apokalypse:

«Es steigt aus dem Meer die Bestie voller Namen der Läste-rung, die mit der Tatze des Bären und dem Maul des Löwen, an den übrigen Gliedern wie ein Leopard gestaltet, ihren Mund zu Lästerungen des göttlichen Namens öffnet und nicht aufhört, auf Gottes Zelt und die Heiligen in den Himmeln die gleichen Speere zu schleudern. Mit eisernen Krallen und Zähnen be-gehrt sie alles zu zermalmen und mit ihren Füßen die ganze Welt zu zerstampfen. Um die Mauer des katholischen Glau-bens einzureißen, hat sie längst heimlich die Sturmböcke gerüstet, jetzt aber stellt sie offen ihre Kriegsmaschinen auf, baut sie seelenzerstörende ismaelitische Kampfmittel auf, und wider Christus, den Heiland des Menschengeschlechts, dessen Bundestafeln sie mit der Spachtel ketzerischer Verstocktheit zu verwischen sinnt, richtet sie, wie das Gerücht bezeugt, sich empor... So hört denn alle auf zu erstaunen, und damit ihr mit offener Wahrheit seinen Lügen widerstehen und seine Betrüge-reien mit dem Beweise der Reinheit widerlegen könnt, blicket Haupt, Mitte und Ende dieser Bestie Friedrich, des sogenann-ten Kaisers, an!»

Mag man heute darüber belustigt den Kopf schütteln, damals schauderten die gläubigen Christen, wenn sie solche Worte von der Kanzel hörten.

Der Kaiser zahlte mit gleicher Münze zurück: «Denn er, der Papst bloß dem Namen nach, hat da geschrieben, Wir seien die Bestie, die aus dem Meere steigt, voll Namen der Lästerung, im Kleid des Leoparden. Und Wir behaupten, er selbst sei jenes Ungetüm, von dem man liest: Es ging heraus ein anderes Pferd, ein rotes, aus dem Meere, und der darauf saß, nahm den Frieden von der Erde, daß die Lebenden sich gegenseitig erwürgten.»

Ja, dieser Papst sorgte tatsächlich für Unfrieden im Abendland

– nicht aus politischer und sei es nur eingebildeter Notwendigkeit, sondern in seinem maßlosen Machtstreben, das den Thron Petri himmelhoch über alles Irdische stellte.

Sein Streit mit Kaiser Friedrich stand im Mittelpunkt des europäischen Interesses, aber man sollte nicht vergessen, daß ein Bannstrahl auch andere Herrscher traf. So hatte König Sancho II. von Portugal nichts anderes getan, als – wie ein Historiker schreibt – «der Anmaßung des Klerus entgegenzutreten». Innozenz IV. setzte ihn 1245 per Dekret ab, und die braven christlichen Untertanen jagten ihren Herrscher außer Landes.

Besser erging es König Jakob I. von Aragonien, und ich möchte den alten «Meyers» zitieren, um nicht in den Geruch der Parteilichkeit zu geraten und man sagen könnte, da habe ein schlechter Papst einen schlechten König gebannt – ein Mistkerl den anderen sozusagen: «Jakob I., König von Aragonien (1213–1276) ... einer der ritterlichsten, schönsten und edelsten Fürsten des Mittelalters, entriß den Sarazenen, denen er dreißig Schlachten lieferte, Mallorca und Valencia und regierte mit Weisheit und Milde. Er übte Duldung gegen andersgläubige Untertanen und wahrte die Unabhängigkeit seiner Krone gegen den päpstlichen Stuhl.»

Da haben wir also den Grund: Wer vor diesem Popanz auf dem Papstthron nicht buckelte, den traf der Bannstrahl.

Daß Kaiser Friedrich mit diesem Mittel weder kleinzukriegen noch gar zu vernichten war, muß dem Papst schlaflose Nächte bereitet haben. In einer dieser Stunden faßte er vermutlich einen zweiten Mordplan, oder seine Ratgeber hetzten ihn dazu auf. Aber solche Pläne konnten, um ihre Urheber zu vertuschen, nur über viele Zwischenträger verwirklicht werden, und einer von ihnen scheint die Fronten gewechselt zu haben. Jedenfalls fiel der Verdacht auf den Leibarzt, der dem kränkelnden Kaiser täglich eine Arznei reichte. Doch Friedrich war gewarnt und forderte diesmal seinen Arzt auf, selber davon zu kosten. Der wollte sich retten, stolperte absichtlich und vergoß das meiste davon. Den Rest mußte ein zum Tode Verurteilter trinken, der qualvoll an dem vergifteten Trank starb. Der Arzt wurde sofort hingerichtet, und eine kaiserliche Botschaft ging hinaus in alle Welt: «Hört, ihr

Völker, die furchtbare, in aller Welt unerhörte Niedertracht! Öffnet die Augen und seht, wie in diesen jüngsten Tagen... die Ordnung der Dinge verkehrt, die schlichte Meinung getäuscht und der Hirten Amt entheiligt wird...

Unlängst nämlich hat dieser Priester, dieser große Hüter, der friedfertige Lenker Unseres Glaubens versucht – o Schande! –, durch geheime Anschläge Unser Leben zu vernichten, und mit Unserem Arzt unmenschlich und gottlos ausgemacht, daß er Uns Gift in Form eines Heiltrankes eingebe...»

Es ist natürlich der pure Zynismus, wenn Friedrich diesen Papst friedfertig nennt, aber wenn der Stellvertreter Christi auf Erden seinen zweiten Mordanschlag versucht, bleibt nur noch bittere Ironie.

Nie aufgedeckt wurde der Verrat seines wohl engsten Freundes und Vertrauten, des obersten Hofrichters Peter von Vinea. War er in den Giftanschlag verwickelt, oder hat man den Kaiser getäuscht? Der Fall wurde so gründlich vertuscht, daß man bis heute nur weiß, daß Peter von Vinea verhaftet und angeklagt wurde und sich vermutlich im Kerker das Leben nahm.

Ein weiterer Kummer war das Schicksal seines Lieblingssohnes Enzio, den die Bologneser nach einem Gefecht gefangennahmen und dreiundzwanzig Jahre lang, bis zu seinem Tod 1272, in ritterlicher Haft hielten, obwohl Friedrich zu seinen Lebzeiten alles tat, diesen Sohn freizukaufen.

Dieser Schicksalsschlag schien seinen Stolz, sein majestätisches Selbstbewußtsein nur noch zu erhöhen. Um zu zeigen, daß es ihn keinesfalls schwächer machte, schrieb er an die Stadtväter von Modena: «Wenn also der Unfall, sofern es Unfall genannt werden kann, was Unseren Unternehmungen keinen Abbruch tut, märchenhaft schwer und allgemein fürchterlich erscheinen mag, so erachten wir ihn doch als leicht oder gering und beugen die Erhabenheit Unseres Geistes deshalb in keiner Weise... Denn da die Geschicke des Krieges wechselhaft sind und der Schoß Unserer Erlauchtheit von der Menge der Söhne überfließt, nehmen Wir solche Neuigkeiten mit Gleichmut auf und erheben Unsere machtvolle Rechte nur um so tapferer zur Niederschlagung der Rebellen.»

Das Jahr darauf, sein Todesjahr 1250, brachte eine Reihe politischer und militärischer Erfolge. So konnte er die in die Mark Ancona einfallenden päpstlichen Truppen hinausdrängen, besiegte das ewig aufsässige Parma, gewann Spoleto und Ravenna zurück, und – noch wichtiger vielleicht – sein Sohn Konrad hatte den Gegenkönig Wilhelm von Holland besiegt und zwang die geistlichen Kurfürsten zu einem Waffenstillstand.

König Ludwig IX. von Frankreich war im April 1250 auf einem Kreuzzug in ägyptische Gefangenschaft geraten und forderte von dort den Papst auf, entweder mit dem Kaiser Frieden zu schließen oder aus Frankreich zu verschwinden. Er hatte sich schon vorher für Friedrich eingesetzt, aber diesmal tat er es auch für sich, weil die Ägypter für seine Freilassung eine sehr hohe Summe forderten.

Kaiser Friedrich wollte die Sache selber in die Hand nehmen und über Lyon nach Deutschland reisen – hier um den Papst zur Vernunft zu zwingen, dort um seinen Sohn Konrad zu unterstützen.

Noch ehe er aufbrechen konnte, warf ihn eine fiebrige Darmentzündung aufs Krankenbett, an der er am 13. Dezember 1250, kurz vor seinem 56. Geburtstag, in Castel Fiorentino starb.

Papst Innozenz IV. hätte den Toten in Frieden ruhen lassen, ihm vielleicht ein paar versöhnliche Gebete nachschicken können, nun, da er sein Lebensziel erreicht hatte. Aber dieser unheilige Vater brach in einen Jubel aus, der so schäbig wie unchristlich war.

«Es freuen sich die Himmel, und die Erde frohlockt!» ließ er verkünden und reiste aus seinem Fluchtort Lyon sofort nach Italien zurück. Andere wieder betrauerten ihn tief, nannten ihn «den größten unter den Fürsten des Erdkreises, das betroffene Staunen der Welt und ihren wundersamen Verwandler».

Das ist natürlich sehr pathetisch ausgedrückt, aber auch die seriöse Geschichtswissenschaft zählt diesen Kaiser zu den größten Fürstengestalten des Mittelalters, so wie wir Innozenz IV. zu den schäbigsten zählen dürfen. Der Papst ließ sich vorerst in Perugia nieder, um von hier aus die Vernichtung der Söhne Friedrichs zu betreiben, wie er es damals gefordert hatte: «Vernichtet Sproß und Samen!»

Was aber war noch übrig davon? Sein Erstgeborener Heinrich hatte sich als deutscher König Heinrich VII. gegen den Kaiser aufgelehnt, wurde tief gedemütigt, lehnte sich wieder auf, und als er gefangen war und den Vater um Verzeihung bat, wurde sie ihm verweigert. Friedrich verurteilte den eigenen Sohn zu lebenslanger Kerkerhaft auf der Burg Rocca San Felice in Apulien, und als der Gefangene nach sechs Jahren verlegt werden sollte, stürzte er sich mit seinem Pferd in eine Schlucht.

König Konrad IV., der Sohn Yolantes, konnte sich nach dem Tod des Vaters in Deutschland nicht mehr halten und ging nach Apulien, um dort – natürlich gegen den Willen des Papstes – das sizilianische Erbe zu übernehmen.

Manfred, der Sohn der Geliebten Bianca Lancia, regierte das Fürstentum Tarent, während Heinrich Carlotto, der Sohn von Isabella von England, Friedrichs dritter Frau, Sizilien als Statthalter verwaltete.

König Konrad brachte in kürzester Zeit Apulien und die Campania in seine Gewalt, und Papst Innozenz verfiel in seinem hilflosen Zorn auf einen seltsamen Ausweg. Er bot das Königreich Sizilien im Abendland feil wie eine Ware. Karl von Anjou, der Bruder des französischen Königs, lehnte zunächst ab, ebenso der steinreiche Richard von Cornwall. König Heinrich III. von England aber sicherte sich eine Option für seinen achtjährigen Sohn Edmund.

Im Oktober 1253 fiel das von Konrad belagerte Neapel als letztes Bollwerk. Gerade in diesem Monat war der Papst nach mehr als neunjähriger Abwesenheit in seine Residenzstadt zurückgekehrt. Der Sproß, den er nun vernichten wollte, saß jetzt als sein Nachbar in Neapel und würde demnächst den Marsch nach Rom antreten. Die schrecklichsten Gerüchte drangen aus dem Süden: Konrad habe ein Heer von 20 000 Mann zusammengezogen, aber dann kam am 20. Mai 1254 die Nachricht, der sechsundzwanzigjährige König Konrad sei plötzlich an einem Fieber gestorben, und durch den Lateran ging ein großes Aufatmen.

Im Vorjahr hatte der Tod Heinrich Carlotto, den letzten legitimen Kaisersohn geholt, und nun gab es nur noch Manfred, den illegitimen Sohn, Fürst von Tarent, und im fernen Deutschland Friedrichs Enkel Konradin, den Sohn des in Neapel verstorbenen Königs Konrad.

Manfred, der Bastard, war mutig, ehrenwert und tatkräftig und übernahm in Sizilien die Statthalterschaft für seinen Neffen Konradin, den eigentlichen Erben der Staufer, der damals erst zwei Jahre alt war.

Dann geschah ein vermeintliches Wunder, das sich freilich als kurz und flüchtig erwies und einen Schönheitsfehler hatte: Manfred und Papst Innozenz einigten sich auf einen Vasallenvertrag, das heißt er empfing vom Papst das Königreich Sizilien als Lehen für den kleinen Konradin. Dabei war es die Tücke des Papstes, daß er kein Wort von seiner Option mit England erwähnte und von dort laufend Geld erhielt.

Manfred durchschaute die List sehr schnell, trat aber zunächst als braver Vasall auf und sorgte in Neapel für einen glänzenden Empfang des päpstlichen Lehnsherrn. Er selber ritt im Eiltempo nach Lucera zu den treuen Sarazenen, und während er den päpstlichen Legaten bei Foggia besiegte, wurde Papst Innozenz in Neapel krank und starb am 7. Dezember 1254. Die weinenden Nepoten – er hatte seine Sippe schamlos bereichert – umstanden sein Sterbelager, und er fuhr sie an: «Was jammert ihr Elenden? Habe ich euch nicht reich genug gemacht?»

Das Schlußwort zum Tode dieses unheiligen Vaters überlasse ich Gregorovius:

«Innozenz den IV., den letzten hervorragenden Papst des Mittelalters aus der Schule Innozenz' III., hat sein Sieg über das staufische Reich berühmt gemacht. In diesem sehr begabten Mann, ohne Adel der Seele, ohne geistliche Tugend, war eine sehr bemerkenswerte despotische Anlage, die ihn auf jedem Thron zu einem kraftvollen, beharrlichen und geschickten Monarchen würde gemacht haben. Ein gewissenloser und habgieriger Priester, das entschiedene Parteihaupt der guelfischen Richtung seiner Zeit, listig mit Verträgen spielend, vor nichts zurückschreckend, was ihm der eigene Vorteil gebot, so erfüllte er die Welt mit Empörung und Bürgerkrieg und zog die Kirche tief in die Richtung auf weltliche Interessen herab, die er zu heiligen stempelte. Jeder Mensch von freiem Urteil kann nur mit Widerwillen auf den bloß politischen Zustand eines beständigen Feldlagers oder Diplomatenkabinetts, oder eines Geldgeschäftes blicken, in welchen Innozenz die Kirche versetzte, und er wird Mühe haben, das Urteil über ihn durch den Charakter seiner Zeit zu mildern.»

Papst Innozenz IV. mußte es seinem Nachfolger überlassen, seine gegen die Staufer gerichtete Politik fortzusetzen, was der am 12. Dezember 1254 gewählte Alexander IV. (1254–1261) auch tat, doch ohne Haß und eher auf Ausgleich bedacht. Er belehnte den achtjährigen Sohn König Heinrichs von England tatsächlich mit Sizilien, aber der Junge hat sein Land auch später niemals gesehen oder von ihm Besitz ergriffen. Das tat ein anderer, der in Palermo lebte und sich die Achtung seiner Untertanen erworben hatte – Manfred von Tarent. Er hatte sich inzwischen mit seiner Regentenrolle so identifiziert, daß er zu einer üblen List griff. Er ließ verbreiten, sein Neffe, der kleine Konradin, sei gestorben und so falle alles staufische Erbe an ihn. Im August 1258 ließ er sich zum König krönen, und weder England noch der Papst vermochten ihn daran zu hindern. Der sanfte Alexander IV. tat es auch nicht, doch er starb schon im Mai 1261, und ein sehr kleines Kollegium von nur acht Kardinälen hütete sich davor, in diesen unruhigen Zeiten einen aus ihrer Reihe zu wählen, sondern betraute den zufällig anwesenden Patriarchen von Jerusalem mit diesem ungeliebten Amt.

Dieser Urban IV. (1261 – 1264) tat etwas, das sehr fatale und weitreichende Folgen haben sollte – er rief Karl von Anjou ins Land, der sich nun bereit erklärte, Sizilien zu übernehmen, nachdem er König Manfred besiegt hatte.

Ehe ich über das Ende dieses vorletzten Staufers berichte, werfen wir einen kurzen Blick über die Alpen, wo es auch nicht zum Besten stand. Nach König Konrads Italienzug und seinem Tod hatte sich Wilhelm von Hollands Lage wesentlich verbessert, und er wurde, zumindest in Norddeutschland, voll anerkannt. Nun setzte er es sich plötzlich in den Kopf, das rauhe, freiheitsliebende Volk der Friesen zu unterjochen, doch die erschlugen ihn ohne Rücksicht auf seinen Rang und seine Lösegeldangebote im Januar 1256.

Unter dem Einfluß der fast machtlosen «Pfaffenkönige» hatte die politische Moral in Deutschland schwer gelitten. Man eiferte den seinerzeitigen römischen Verhältnissen nach und verschacherte die deutsche Königskrone an den Meistbietenden. Der steinreiche Richard von Cornwall – Sizilien hatte er damals ausgeschlagen – ließ sich am 17. Mai 1257 in Aachen krönen, «gewählt» und unterstützt von zwei der geistlichen Reichsfürsten. Die anderen aber, die Kurfürsten von Sachsen, Brandenburg und Böhmen unter Führung des Kurbischofs Arnold von Trier, verkauften für je 20 000 Mark in Silber ihre Stimme an Alfons X. von Kastilien. Und so wurde tatsächlich ein Spanier König von Deutschland, aber er hat «sein» Land niemals betreten und begnügte sich wohl mit dem Titel. Deutschland war jetzt praktisch ohne Monarch, jeder tat, was er wollte, und in dieser Zeit des Interregnums herrschte das schiere Faustrecht. Es war die «kaiserlose, die schreckliche Zeit», von der allein die Städte profitierten, die sich, wie zum Beispiel im Rheinischen Städtebund, fest zusammenschlossen.

Zurück nach Italien, wo Papst Urban IV. – er hatte Rom niemals betreten – am 2. Oktober 1264 starb. Sein Nachfolger Clemens IV. (1265–1268) führte die Unterhandlungen mit Karl von Anjou fort und krönte ihn am 6. Januar 1266 in Rom zum König von Sizilien. Der machthungrige, brutale und ehrgeizige Mann zögerte nicht lange, zwang König Manfred zur Schlacht, wo der letzte italienische Staufer am 26. Februar 1266 bei Tagliacozzo fiel.

Prinz Konradin, sein Neffe und der Enkel von Kaiser Friedrich II., war schlecht beraten, als er, der Fünfzehnjährige, mit einem Heer von 10 000 Mann nach Italien zog, gerufen von einigen traditionell kaisertreuen Städten. Der Ausgang wurde oft geschildert und ist hinreichend bekannt. Papst Urban schleuderte sofort seinen Bannstrahl, Konradin wurde durch List und Verrat gefangengenommen und auf Karl von Anjous Betreiben am 29. Oktober 1268 mit einigen Freunden in Neapel hingerichtet, was Clemens IV. – seit Februar 1265 neuer Papst – stillschweigend guthieß.

Diese Ereignisse hatten noch ein bitteres Nachspiel – *il Vespro Siciliano*. Sechzehn Jahre nach Karl von Anjous Krönung hatten die Sizilianer die Herrschaft der arrogant auftretenden Franzosen so satt, daß sie an Ostern des Jahres 1282 in Palermo vor dem Vespergottesdienst, der dem Aufstand den Namen gab, einen spontanen Aufruhr inszenierten, der im Nu das ganze Land ergriff und zwischen 8 000 und 20 000 Franzosen das Leben kostete – die Zahlen der Historiker schwanken da beträchtlich, und die Wahrheit wird, wie so oft, in der Mitte liegen. Der finstere Karl von Anjou soll aus Gram über diesen Verlust – gemeint ist die Herrschaft über Sizilien und nicht der Tod seiner Landsleute – gestorben sein.

Trotz päpstlicher Mißbilligung holte sich der kraftvolle Peter von Aragon, ein Schwiegersohn Manfreds, die sizilianische Krone, die bis ins 18. Jahrhundert hinein bei Spanien blieb.

Bonifatius VIII. –
der hochmütige Tyrann

Der Zankapfel Sizilien sollte die Päpste noch längere Zeit beschäftigen. Es war ein Fehler des bescheidenen und maßvollen Papstes Martin IV. (1281–1285), den seit dem Verlust Siziliens machtlos gewordenen Karl von Anjou weiterhin zu unterstützen. Er belegte König Peter III. von Aragon mit dem Bann, doch der galt durch seine Heirat mit einer Tochter Manfreds als halber Staufer und besaß bei Volk und Adel in Sizilien und Süditalien mehr Rückhalt, als sich der arrogante und unbeliebte Karl von Anjou jemals erworben hatte.

Martins Nachfolger, Honorius IV. (1285–1287), hielt am Bann König Peters fest, auch als dieser Karl II. von Anjou, den Sohn und Erben des 1285 verstorbenen Karl I., gefangennehmen konnte.

Der nächste Papst, Nikolaus IV. (1288–1292), setzte diese unselige, immer neue Kriege verursachende Politik fort und krönte den 1288 wieder freigelassenen Karl II. zum König von Sizilien, das ihm de facto noch nie gehört hatte.

Mit Deutschland haben sich die Päpste in jener Zeit weniger befaßt, weil die beiden «deutschen Könige» Richard von Cornwall und Alfons von Kastilien weder danach verlangten, bei ihren norditalienischen Vasallen Geld einzutreiben, noch in Rom zu Kaisern gekrönt werden wollten. Richard von Cornwall tat wenigstens so, als sei er deutscher König, kam immerhin viermal nach Deutschland und hielt in Worms einen bedeutungslosen Reichstag ab. Er hat sein ganzes immenses Vermögen bei diesem Königsspiel vertan. Die Quelle dieses Reichtums waren Blei- und Zinngruben, und Hunderte von hörigen, ausgebeuteten Halbsklaven mußten für diesen Talmiglanz unter schauerlichen Bedingungen Leben und Gesundheit opfern.

Die andere Königsattrappe, Alfons X. von Kastilien, starb 1282 und überlebte den arm gewordenen Richard um zehn Jahre, hat sich aber um Deutschland weder gekümmert noch es jemals besucht. Seinen Beinamen «el Sabio» (der Weise) verdankt er seinen astronomischen und historischen Forschungen und Schriften. Er ließ das alte Testament von Juden ins Spanische übersetzen und als Erster die öffentlichen Urkunden in der Landessprache abfassen. Er war ein interessanter und begabter Mann, aber wohl auch eitel, denn sonst hätte er sich nicht um viel Geld den deutschen Königstitel gekauft.

Als Richard von Cornwall 1272 starb, meldete Alfons aus dem fernen Spanien seine Ansprüche auf die Krone an, doch die Reichsfürsten besannen sich endlich auf Pflicht und Herkommen, ignorierten den kastilischen Titelträger und suchten nach einem Kandidaten für die Königswahl. Der reiche und mächtige Ottokar von Böhmen bot sich dafür an, aber die Fürsten fürchteten den damit verbundenen Machtzuwachs und wählten am 1. Oktober 1273 nach langem Hin und Her den relativ besitzlosen Grafen Rudolf von Habsburg zum deutschen König. Dieser kraftvolle und kluge Mann wollte von vornherein jedes Mißverständnis mit Rom ausschließen und schrieb an Papst Gregor X.: «Mein Gewissen ist Zeuge, daß ich diese Würde nicht erstrebt habe. Ich schreckte zitternden Herzens vor dieser Würde zurück und übernahm dieses Amt nur im Vertrauen auf den, der auch den Stammelnden Beredsamkeit verleiht – zur Verherrlichung Gottes und zur Stütze für Seine Kirche ... Auf Euch, dem Papst, ruht der Anker unserer Hoffnung, möge es Euch gefallen, uns mit dem Diadem kaiserlicher Hoheit zu versehen.»

Der auf Frieden und Versöhnung bedachte Papst Gregor X. (1271–1276) begrüßte in seinem Antwortschreiben Rudolf als römischen König, aber zu einer Krönung ist es nie gekommen, obwohl dieser Herrscher auch mit den darauffolgenden Päpsten im besten Einvernehmen lebte. Dies bewirkte nicht zuletzt sein Versprechen, auf alle Ansprüche der Stauferkönige und -kaiser zu verzichten, insbesondere auf Sizilien und Süditalien.

Nun allerdings ließ Alfons von Kastilien wissen, daß es ihn noch gab, und er traf sich mit dem Papst 1275 in Beaucaire an der Rhone. Da wurde Alfons der Weise von Papst Gregor darüber belehrt, daß er schwere Kirchenstrafen zu erwarten habe, falls er weiterhin das deutsche Reichssiegel benütze. Ob er sich daran gehalten hat, wissen wir nicht, jedenfalls ist er nie mehr als deutscher König aufgetreten.

Im selben Jahr hatte König Rudolf ein Treffen mit dem Papst in Basel und beschwor dort nochmals feierlich seine schon nach der Wahl geleisteten Versprechen.

König Rudolf war während seiner achtzehnjährigen Herrschaft fast nur mit innenpolitischen Themen befaßt, die keinerlei Bezug zu Rom oder Italien hatten und uns hier nicht interessieren können. Als er am 15. Juli 1291 starb, saß Nikolaus IV. auf dem päpstlichen Thron. Der frühere Ordensgeneral der Franziskaner war ein bescheidener und gelehrter Mann, gründete die Universitäten Montpellier und Lissabon, war aber so unklug, den Habenichts Karl II. von Anjou zum König von Sizilien zu krönen. Nach seinem Tod am 4. April 1292 erlebte die Welt eine Papsttragödie ganz eigener Art, die ihren Ursprung nicht zuletzt in Karl II. von Anjou hatte, der auf die Wahl entscheidenden Einfluß nahm.

Diese Geschichte beginnt mit einem Heiligen Vater, der tatsächlich schon zwanzig Jahre nach seinem Tod heiliggesprochen wurde, und sie endet mit einem Papst, der zwar ein glänzender Jurist, aber sonst höchst unheilig und so verhaßt war, daß sein Leibarzt, der ihm das Leben etwas verlängert hatte, nach seinem Tod die Flucht ergreifen mußte.

Nach dem Tod von Papst Nikolaus IV. versuchten in Rom drei Parteien Einfluß auf die Wahl zu gewinnen. Es waren dies die chronisch verfeindeten Familien Colonna und Orsini sowie Karl II., der landlose König von Sizilien, das nach wie vor vom spanischen Haus Aragon regiert wurde.

Handelten die Colonna und Orsini aus eigensüchtigen innenpolitischen Gründen, so war es Karl II. von Anjou daran gelegen, sich einen lenkbaren, ihm und den französischen Interessen geneigten Papst zu schaffen.

Zunächst aber herrschte die reinste Verwirrung. Zwölf Kardinäle befanden sich in Rom: sechs Römer, vier Italiener und zwei Franzosen, woran zu sehen ist, daß der kaiserlich-deutsche Einfluß auf Null gesunken war.

Diese zwölf teilten sich in zwei sogenannte Fraktionen pro oder contra Orsini oder Colonna. Eine Einigung kam nicht zustande, und als die gefürchtete Sommerhitze einsetzte, suchten die Purpurträger gesündere Gegenden auf.

Im September kam man in Rom wieder zusammen und verhandelte zäh, aber erfolglos bis ins Jahr 1293 hinein. Wieder kam der Sommer, und ehe sie auseinandergingen, beschlossen die Kardinäle, sich am 18. Oktober in Perugia zu versammeln. Das geschah dann auch, aber sonst geschah leider nichts, so daß der immer ungeduldiger werdende Karl II. von Anjou die geistlichen Herren zu einer Entscheidung drängte.

Da der Parteienhader nicht zu überwinden war, schlug Kardinal Latinus einen von ihm persönlich verehrten Mann vor, nämlich Pietro Angelari da Murrone, einen Benediktinereremiten, der in asketischer Einsamkeit auf dem Murrone-Berg lebte und nicht die geringste Ahnung von seiner Erhöhung hatte. Alle waren so erleichtert, daß nicht einer ihrer Gegner zum Zug kam, und wählten am 5. Juli 1294 den Eremiten einstimmig zum Papst. Aus heutiger Sicht klingt das alles wie ein schlechter Scherz, aber die Tatsachen sind erwiesen.

So machte sich eine Delegation kräftiger Männer auf den Weg, um auf schmalen und sehr steilen Hirtenpfaden den Murrone bei Sulmona zu erklimmen. Ein bleicher, hagerer Einsiedler mit verwildertem Bart und härener Kutte empfing die Herren mit Erstaunen und Zurückhaltung. Die aber fielen auf die Knie und begrüßten ihren neuen Pontifex. Als Pietro hörte, daß er Papst geworden sei, und sie ihm das unterschriebene Dokument vorhielten, ergriff er die Flucht. Der heilige Mann wird diese Szene wohl für eine Versuchung des Teufels gehalten haben. Doch man fing den Armen wieder ein und führte ihn auf einem Esel, den König Karl persönlich am Zügel hielt, nach Aquila.

Für den Benediktinerorden war es ein Triumph, und man sah in Pietro Angelari den von Joachim de Floris verkündeten «Engelspapst». König Karl ließ – symbolisch verstanden – diese Zügel nie mehr los. Die Kardinäle erwarteten freilich, daß «ihr» Papst nach Perugia kam, doch Karl zitierte sie nach Aquila, wo sie das Produkt ihrer Wahl besichtigen konnten: einen scheuen, unwissenden, ungebildeten und verschreckten Waldmenschen, der täglich seinen Schöpfer anflehte, diese Tragödie ungeschehen zu machen.

Aber es half nichts, der bärtige Eremit wurde am 24. August 1294 als Papst Coelestin V. geweiht und gekrönt. Hinter ihm aber stand Karl II. von Anjou und ließ seine Papstmarionette tanzen. Als erstes wurden zwölf neue Kardinäle ernannt, darunter sieben Franzosen. Die Bitte der anderen Kardinäle, den Papst nach Rom zu geleiten, lehnte Karl ab. Er wollte ihn in Neapel haben, wo er residierte und sich ein prachtvolles Schloß erbaut hatte. Dort ließ sich Coelestin eine karge Zelle einrichten und übertrug drei Kardinälen die Amtsgeschäfte.

Von da an beseelte ihn nur noch ein Wunsch: abzudanken und zurück in die Bergeinsamkeit zu gehen. Da er diesen Wunsch freimütig äußerte, kam der ehrgeizige und machthungrige Kardinal Benedetto Caetani (häufig auch Gaetani geschrieben) auf einen teuflischen Gedanken. Er rief nachts über ein Sprachrohr in Coelestins Zelle: «Coelestin, Coelestin, lege dein Amt nieder, denn diese Last ist dir zu schwer.»

Der Einfältige hielt das für die Stimme Gottes und gehorchte ihr freudig. Vermutlich geschah diese Aufforderung bereits mit dem Einverständnis von König Karl, dem dieser einfältige Papst zur – auch politischen – Last wurde.

Als die Rücktrittsabsicht bekannt wurde, protestierten die Benediktiner scharf, unterstützt vom neapolitanischen Volk. Doch Coelestin blieb dabei und wollte nichts Eiligeres tun, als sich wieder in den Eremiten Pietro zu verwandeln – hätte man ihn nur gelassen.

Bonifatius VIII. Dieser vom Machtwahn besessene Papst
sah sich weit über allen anderen Menschen stehen und rief aus:
«Ego sum Caesar – ego Imperator!» (Fresko von Giotto)

Wie zu erwarten, wählten die Kardinäle unter dem Druck von Karl II. Benedetto Caetani zum neuen Papst Bonifatius VIII. (1294–1303). Papst und König schienen ihre Handlungen für die nächste Zeit schon abgesprochen zu haben. Karl von Anjou verzichtete darauf, den Papst in Neapel festzuhalten, und Bonifatius versprach, ihm Sizilien – komme was da wolle – wieder zurückzugewinnen. Ein abgedankter, als heilig verehrter Papst konnte da nur ein Störenfried sein, und so sollte er gefangengenommen werden, war aber zunächst nicht aufzufinden.

Bonifatius aber zog nach Rom und wurde dort mit ungeheurem Pomp empfangen. Endlich, endlich ein Pontifex, der sich gleich nach seiner Wahl auf die Pflicht besann, in Rom und nirgends anders zu residieren. Da waren sich sogar die ewigen Streithähne Orsini und Colonna einig und zogen mit den Häuptern der anderen wichtigen Adelsfamilien, den Annibaldi, Conti und Savelli dem neuen Papst entgegen.

Bonifatius saß auf einem schneeweißen Pferd, angetan mit pontifikalen Prachtgewändern und die Krone des heiligen Silvester auf dem Haupt. Die damalige Tiara hatte eine nach oben spitz zulaufende Form und war unten von einem gezackten Kronreifen umschlossen. Papst Bonifatius hielt das für viel zu bescheiden und fügte später eine zweite Krone hinzu, und diese beiden symbolisierten die Herrschaft des Papstes über Himmel und Erde.

Karl II. von Anjou, König von Neapel, und sein Sohn Karl Martell, König von Ungarn, führten das Pferd zu beiden Seiten, und für diesen machtbesessenen Papst begann ein Pontifikat von neun Jahren, in denen er der Welt beweisen wollte, daß ein Papst hoch über allen anderen stehe, eigentlich kein Mensch mehr sei, sondern etwas wie ein Gott auf Erden.

Er ist der erste Papst des Mittelalters, von dem so etwas wie ein Porträt überliefert ist. Es handelt sich um ein Fresko von Giotto da Bordone, der – vermutlich im Herbst 1299 – den Lateranspalast für das Jubiläumsjahr 1300 ausschmückte. Der Künstler muß also den Papst häufig gesehen haben, und so ist die Annahme erlaubt, daß er dem Bildnis individuelle Züge verlieh. Das Porträt strömt eine frostige Kälte aus – ein hartes glattes Gesicht mit starren Augen und einem eher kleinen, verkniffenen Mund.

Bei der Krönung in St. Peter sprach ein Kardinal die altehrwürdigen Worte: «Nimm die Tiara und wisse, daß du der Vater der Fürsten und Könige, der Regierer der Welt, auf Erden der Stellvertreter unseres Heilands Jesus Christus bist, dessen Ehre und Ruhm dauert in alle Ewigkeit.»

Dann zog die Prozession durch die Stadt, vorbei an den Triumphbögen der römischen Kaiser, vorbei an verfallenen Palästen, den trutzigen Festungen des Stadtadels, und hielt schließlich an jenem Turm, wo seit altersher die Judengemeinde von Rom dem neugewählten Papst ihre Reverenz erwies. Der Rabbi reichte Bonifatius die Thorarolle, worauf dieser sie zurückgab und die zeremoniellen Worte sprach: «Wir anerkennen das Gesetz, aber wir verdammen das Judentum, denn das Gesetz ist durch Jesus Christus bereits erfüllt worden.»

Der Zug endete am Lateran, den Bonifatius VIII. als letzter Papst bewohnte, wie wir später sehen werden.

Inzwischen war die Jagd auf Expapst Coelestin eröffnet worden, der trotz seiner Einfalt erkannt hatte, daß für ihn Italien kein sicherer Platz mehr sei. Irgendwo am Strand Apuliens bestieg er mit wenigen Begleitern ein Schiff, um nach Dalmatien zu gelangen, aber die Vorsehung hatte offenbar beschlossen, daß er seinen Kreuzweg zu Ende gehen mußte. Die Barke geriet in einen Sturm, wurde ans Ufer zurückgetrieben, wo er sich dem Podestá des Ortes ergab. Ein Trupp des Königs von Neapel brachte ihn zuerst nach Anagni, dann auf die Festung Fumone bei Alatri in der Campania.

Zuvor hatte Bonifatius den Eremiten noch einmal empfangen, und der sprach die prophetischen Worte: «Du bist hereingekommen wie ein Fuchs, du wirst herrschen wie ein Löwe, aber sterben wie ein Hund.»

Coelestin oder doch besser der Eremit Pietro Angelari starb zehn Monate später, am 13. Dezember 1294 in seiner winzigen Zelle auf Fumone, und es wurde gesagt, Bonifatius habe ihn verhungern lassen. Daß Dante diesem später Heiliggesprochenen in seiner «Divina Commedia» einen Platz in der Hölle anwies, ohne allerdings seinen Namen zu nennen, ist wohl so zu verstehen, daß der Dichter es als Feigheit und Sünde ansah, den Platz für den ihm verhaßten Bonifatius freizumachen:

«Und hier erblickt' ich manch bekröntes Haupt,
auch jenes Schatten, der nur Angst und Zagen
Sich den Verzicht, den großen, feig erlaubt.»

Nun konnte sich Papst Bonifatius ungehindert entfalten und eröffnete den Reigen seiner Taten mit einer Verfügung, die alles für ungültig erklärte, was sein Vorgänger jemals getan oder angeordnet hatte, womit er sich schon einmal eine beträchtliche Anzahl von Feinden schuf.

Dann erließ er seine berüchtigte Bulle «Clericis laicos», in der er nicht nur – unter Androhung des Kirchenbannes – die Besteuerung oder gar Auslieferung von Kirchengütern an weltliche Fürsten verbot, sondern feststellte, daß «die Laien die Feinde des Klerus sind». Im Jahr darauf ging er auf die Colonna los, die es gewagt hatten, Coelestins Rücktritt anzufechten. Die beiden Colonna-Kardinäle Jacopo und Pietro erklärte er für abgesetzt, ihren Familienbesitz bei Palestrina ließ er gründlich verwüsten und schonte auch die Kirchen nicht.

Jakob von Aragon, derzeitiger – natürlich gebannter – König von Sizilien, resignierte vor diesem Papst und gab sein Land auf. Das Volk war aber damit nicht einverstanden und setzte dessen Bruder Friedrich im März 1296 auf den Thron. Jakobs fromme Mutter Constanza, König Manfreds Tochter, hatte diesen Umschwung bewirkt, und sie zog nun mit ihrem Sohn nach Rom, um dem Papst die Pantoffeln zu küssen. Bonifatius nahm die Unterwerfung gnädig hin und fädelte eine Ehe ein, die als ein Friedensakt und vielleicht die einzige gute Tat dieses Papstes zu begrüßen ist. Constanzas Tochter Violanta vermählte sich mit Karl II. von Anjous Sohn Robert von Kalabrien als symbolische Versöhnung der Häuser Anjou und Hohenstaufen, der Guelfen mit den Ghibellinen. Freilich – Sizilien blieb in der Hand des störrischen Friedrich, der Stütze und Rückhalt eines Volkes hatte, das nicht weiterhin von Päpsten nach Belieben verschachert werden wollte.

Diese Versöhnung hatte allerdings einen gewaltigen Schönheitsfehler: Constanzas Brüder, Manfreds Söhne und Erben, Friedrich, Enzio und Heinrich wurden nach wie vor in strenger Haft gehalten, wo sie der Reihe nach starben – als letzter der siebenundvierzigjährige Heinrich im Castel dell'Uovo in Neapel. Jetzt versuchte Karl II. mit päpstlicher Unterstützung den Zankapfel Sizilien zurückzuholen, was aber nicht gelingen wollte, weil König Friedrich in einer Art Guerillakrieg die feindlichen Truppen nach und nach aufrieb. Im August 1302 kam es zum Frieden von Caltabellotta, der Friedrich auf Lebenszeit sein Königreich Sizilien garantierte, das nach seinem Tod an seine Nachkommen fallen sollte, denn er war mit Leonore, einer Tochter Karls von Anjou, verheiratet. Friedrich erklärte sich der Kirche für tributpflichtig, hat aber nie einen *grosso* nach Rom bezahlt. So hatte der Papst diesen Kampf verloren, aber doch das Gesicht gewahrt. Freilich wurde der Sizilienzwist sekundär, ja beinahe unwichtig, als im Westen Europas ein Widersacher sein Haupt erhob, der Tod und Teufel nicht fürchtete, geschweige denn einen Papst, nämlich Philipp IV. (der Schöne) von Frankreich, ein skrupelloser, hochbegabter Machtpolitiker, dessen Denken und Auftreten schon einen Vorgeschmack der Renaissance gab.

Ehe der Kampf mit diesem König (und damit im Grunde der Hundertjährige Krieg zwischen Frankreich und England) begann, durfte Papst Bonifatius sich noch im Glanz des Jubiläumsjahres 1300 sonnen. Dieses Jahr hatte er durch Ablaßregelungen für eine Wallfahrt nach Rom besonders attraktiv gemacht, und das Geld strömte wie eine goldene Flut in die leeren päpstlichen Kassen.

Gregorovius schildert die Situation so:

«Der Zudrang war beispiellos. Rom bot Tag und Nacht das Schauspiel von heergleich hereinströmenden oder herausziehenden Pilgern dar. Ein Betrachter dieser großen Szene konnte von einer Höhe der Stadt herab von Süd, Nord, Ost und West Menschenschwärme gleich wandernden Völkern auf den alten Römerstraßen herankommen sehen, und wenn er sich unter sie mischte, Mühe haben, ihre Heimat zu erraten. Es kamen Italiener, Provençalen, Franzosen, Ungarn, Slaven, Deutsche, Spanier, selbst Engländer. Italien gab den Wandernden die Straßen frei und hielt Gottesfrieden. Sie zogen einher im Pilgermantel oder in den Nationaltrachten ihrer Länder, diese zu Fuß, jene zu Pferd, oder auf Karren, Müde und Kranke führend, beladen mit ihrem Gepäck; man sah hundertjährige Greise von ihren Enkeln geleitet, und Jünglinge, welche wie Aeneas Vater oder Mutter auf ihren Schultern nach Rom trugen. Sie redeten in vielen Landessprachen, aber sie sangen in der einen Sprache der Kirche Hymnen und Litaneien, und ihre sehnsüchtigen Vorstellungen hatten ein und dasselbe Ziel. Wenn sie in der sonnigen Ferne den finsteren Wald der Türme des heiligen Rom erscheinen sahen, so erhoben sie den Jubelruf ‹Roma! Roma!›, wie Schiffer, die nach langer Fahrt auftauchendes Land entdecken. Sie warfen sich zum Gebete nieder, und richteten sich auf mit dem inbrünstigen Geschrei: ‹S. Petrus und Paulus, Gnade!› An den Toren empfingen sie ihre Landesgenossen aus den Fremdenscholen, und Verpflegungsbeamte der Stadt, ihnen Herberge zuzuweisen, doch sie zogen erst zum S. Peter, die Treppe des Vorhofs auf Knien zu ersteigen, und warfen sich dann mit Ekstase am Apostelgrabe nieder.

Ein ganzes Jahr lang war Rom ein völkerwimmelndes Pilgerlager, und von babylonischer Sprachenverwirrung erfüllt. Man sagt, daß täglich 30 000 Pilger aus- und einzogen, und daß 200 000 Fremde sich täglich in der Stadt befanden. Der Umfang Roms wurde nach langer Zeit zum ersten Mal wieder hinreichend belebt, wenn auch nicht ausgefüllt. Eine musterhafte Verwaltung sorgte für Ordnung und für billige Preise. Das Jahr war fruchtreich; die Campagna, und die nahen Provinzen schickten Vorrat in Fülle. Ein pilgernder Chronist erzählt: ‹Brot, Wein, Fleisch, Fisch und Hafer waren reichlich und billig auf dem Markt, das Heu aber sehr teuer; die Herbergen so kostbar, daß ich für mein Bett und für die Stallung meiner Pferde, außer dem Heu und Hafer, täglich einen Torneser Groschen bezahlen mußte. Als ich am heiligen Christabend

Rom verließ, sah ich einen großen Pilgerschwarm fortziehen, den niemand berechnen konnte. Die Römer wollen im ganzen zwei Millionen an Frauen und Männern gezählt haben. Oft sah ich Männer wie Weiber unter die Füße getreten, und mit Mühe entkam ich selbst einige Male dieser Gefahr.›

Der Weg, welcher aus der Stadt über die Engelsbrücke zum S. Peter führte, war zu eng; man eröffnete daher in der Mauer, nicht weit vom alten Grabmal Meta Romuli, eine neue Straße am Fluß. Um Unglücksfälle zu verhüten, traf man die Vorrichtung, daß die Hinziehenden auf der einen, die Herkommenden auf der anderen Seite der Brücke gingen, welche damals mit Buden bedeckt, der Länge nach in zwei Hälften geteilt war. Prozessionen zogen ohne Aufhören nach S. Paul vor den Toren und nach S. Peter, wo man die schon hochberühmte Reliquie, das Schweißtuch der Veronika, zeigte. Jeder Pilger legte eine Opfergabe am Apostelaltar nieder, und derselbe Chronist von Asti versichert als Augenzeuge, daß am Altar in S. Paul Tag und Nacht zwei Kleriker standen, die mit Rechen in der Hand zahlloses Geld zusammenscharrten. Der märchenhafte Anblick von Geistlichen, welche lächelnd Geld wie Heu aufschaufelten, veranlaßte boshafte Ghibellinen zu behaupten, daß der Papst das Jubeljahr nur um des Geldgewinnes willen ausgeschrieben habe. Und Geld brauchte Bonifatius freilich viel, um seinen Krieg wider Sizilien zu bestreiten, welcher unberechenbare Summen verschlang.»

Anfang des 14. Jahrhunderts begann sich auf den europäischen Fürstenthronen ein neues Bewußtsein durchzusetzen. Zwar fühlten sich die Monarchen durchaus mit Gottes Wunsch und Willen eingesetzt, nur spielte der Papst dabei eine immer geringere Rolle. Das war auch in Deutschland spürbar.

Nach dem Tod des Habsburger Königs Rudolf gab es zwei Parteien. Die eine wollte seinen Sohn Albrecht als Nachfolger, die andere hätte Adolf von Nassau vorgezogen, einen armen Grafen, den sie dadurch nach ihrem Willen zu manipulieren hofften. So krönten sie am 24. Juni 1294 den Grafen zum deutschen König, der sich dann tapfer, aber meist vergeblich sechs Jahre lang mit innenpolitischen Problemen herumschlug, bis es seinem Hauptgegner Albrecht von Habsburg gelang, die Kurfürsten umzustimmen. Adolf wurde am 23. Juni 1298 förmlich abgesetzt, und da man dazu einen Grund brauchte, klagte man ihn verschiedener Delikte an, wie Gewalttat gegen Frauen, Beraubung der Kirche, Schändung geweihter Hostien, Störung des Landfriedens usw. Das meiste war natürlich aus der Luft gegriffen, aber um einen König absetzen zu können, mußte schon etwas Gewichtiges auf den Tisch gelegt werden.

So kam es am 2. Juli zu einer Entscheidungsschlacht bei Göllheim in der Nähe von Worms, bei der Adolf fiel. Nun hatte der ehrgeizige Habsburger sein Ziel erreicht und ließ sich, nachdem er einige schwankende Kurfürsten hoch bestochen hatte, in Frankfurt zum deutschen Kaiser wählen, ohne Papst Bonifatius VIII. um Erlaubnis zu fragen.

Darüber geriet der vom Machtwahn besessene Bonifatius in maßlosen Zorn. Er nannte Albrecht einen Hochverräter und Königsmörder und untersagte den Reichsfürsten die Gefolgschaft. Als ihn eine deutsche Gesandtschaft aufsuchte, saß Bonifatius auf dem Thron, hielt ein Schwert in der Hand und schrie wutentbrannt: «Ich – ich bin der Kaiser!»

Nun zum eigentlichen Thema, dem Streit dieses Papstes mit Philipp IV. von Frankreich, der seine Wurzeln in einem zweijährigen Krieg mit England hatte. Beim Friedensvertrag von 1299 wurde die Tochter des englischen Königs Eduard mit dem Sohn Philipps verheiratet, und Flandern fiel an Frankreich. Doch der französische Statthalter machte sich so verhaßt, daß es bald zum Aufstand kam und Philipp in einer Entscheidungsschlacht 1302 einen Teil von Flandern wieder verlor.

Zur Finanzierung des Krieges hatten sich beide Könige Geld durch hohe Besteuerung der Kirchengüter verschafft, und natürlich beschwerte sich der arg gerupfte Klerus beim Papst. Bonifatius antwortete mit der schon erwähnten Bulle «Clericis laicos», was König Philipp zu einem Ausfuhrverbot von Gold und Silber veranlaßte. Das traf den Papst besonders schwer, weil er dadurch keinerlei Abgaben mehr aus Frankreich erhielt. Man fand einen

Kompromiß, der Papst feierte 1300 sein Jubiläumsjahr, aber dann verschärfte sich der Streit wieder, nachdem der größte Teil von Flandern an England zurückfiel. Wieder trieb Philipp die Kriegskosten durch Gewalt und Betrug ein. Er verschlechterte das Münzmetall, vertrieb Juden und Lombarden, die ihr Vermögen zurücklassen mußten, und erfand neue Steuern – auch für die Geistlichkeit. Als der Geldstrom aus Frankreich zu versiegen begann, berief der Papst die Vertreter der französischen Kirche zu einer für den Herbst 1302 angesagten Synode nach Rom. König Philipp wurde mit der Bulle «Ausculta fili» bedacht und wegen Unterdrückung der Kirche und tyrannischer Herrschaft nach Rom geladen. Philipps Antwort war so frech wie kühn: «Philipp an Bonifatius keinen Gruß! Deine Dummheit möge wissen, daß wir in weltlichen Dingen niemand unterstehen … Die anders glauben, sind Narren!»

In einem hatte der Papst recht: Philipp war tatsächlich ein Tyrann und vertrug weder Zurechtweisung noch Widerspruch. Er begegnete der päpstlichen Aufforderung im April 1302 mit einer Nationalversammlung und ließ sich von seinen Vasallen die Zustimmung zu seinen Maßnahmen bestätigen. Bonifatius konterte mit seiner berüchtigten Bulle «Unam sanctam», in der seine Hybris in der Feststellung gipfelte: «Wir erklären, daß aus Notwendigkeit des Heils dem römischen Papst jede Kreatur unterworfen ist.»

Was dem Papst an politischer Klugheit fehlte, das besaß Philipp in reichlichem Maße. Der mit dem Bann bedrohte König begegnete seinem Feind nicht im Alleingang, sondern machte den Fall zu einer nationalen Angelegenheit. Er berief die Landesstände ein und erhob nun seinerseits Anklage gegen den Papst wegen Zweifeln an der Unsterblichkeit der Seele, Mord an seinem Vorgänger Coelestin, Häresie, Tyrannei, Unzucht und Beschäftigung eines privaten Hausteufels. Nichts davon stimmte, abgesehen von der Tyrannei, die sich bei Bonifatius in einem übersteigerten Caesaropapismus äußerte. Der «Hausteufel» soll eine Art dienstbarer Geist gewesen sein, den der Papst in einem Ring eingeschlossen hielt.

Nun fühlte Bonifatius sich ernsthaft bedroht und bat den von ihm als Hochverräter und Königsmörder bezeichneten Albrecht von Österreich um Beistand gegen Philipp von Frankreich. Der deutsche König erniedrigte sich dabei auf eine Weise, die sich kaum noch mit politischem Kalkül erklären läßt. Alles, was Bonifatius verlangte, gestand er ihm zu. Der Papst allein verleihe die Kaiserwürde, habe aber den Kurfürsten das Recht der Kaiserwahl übertragen, und alles, was Kaiser und Reich besitze, sei der päpstlichen Gnade zu verdanken.

Bonifatius schrieb zurück, nur aus Erbarmen verzeihe er dem flehenden Sünder, lasse Gnade vor Recht ergehen und gestehe ihm die Krone zu. Da war König Philipp von Frankreich aus anderem Holz geschnitzt. Eiskalt und wohlüberlegt plante er den Sturz dieses Papstes. Als die geeignetsten Verbündeten erwiesen sich die Colonna, deren Burgen der Papst zerstört und deren Vermögen und Besitzungen er geraubt und an seine Nepoten übertragen hatte. Sciarra Colonna, der als Exilant am französischen Hof lebte, war sofort von dem Plan begeistert. Mit Wilhelm Nogaret, einem Vertrauten Philipps, reiste er in die Toscana, warb Söldner an und gewann Feinde des Papstes für seinen Plan.

«Fast ganz Latium nahm an der Verschwörung teil», schreibt Gregorovius und führt das auf die zahlreichen Mitglieder des Hauses Caetani (auch Gaetani) zurück, das der Papst mit Pfründen überhäuft hatte – auf Kosten anderer, die er vertrieb, enteignete und sich so zu Gegnern machte. Am reichsten war Pietro Caetani, ein Neffe des Papstes, bedacht worden, dessen Herrschaft das ganze untere Latium umfaßte. So fand Sciarra Colonna genügend Verbündete, denen daran lag, den Papst zu stürzen und seinen Nepoten ihren erschwindelten Besitz wieder abzujagen.

Dieser Papst hatte sich im Laufe seines Pontifikats nur Feinde gemacht, sogar die Orsini stellten sich auf die Seite der Colonna. Bonifatius muß etwas von dem nahenden Unheil gespürt haben, denn er zog sich in seinen Palast nach Anagni zurück, einem Bergstädtchen südöstlich von Rom, wo er sich offenbar sicherer fühlte und wo er vor etwa siebzig Jahren auf die Welt gekommen war. Vielleicht war es aber auch nur die römische Sommerhitze, die ihn dorthin trieb, denn von einem Verräter ist bei dieser Verschwörung nichts bekannt. Die Bulle mit König Philipps Kirchenbann hatte er im Gepäck, sie sollte am 8. September von Anagni aus in alle Welt gehen, aber dann kam alles ganz anders.

In der Morgendämmerung des 6. September 1303 zog ein Trupp Bewaffneter in die Stadt, angeblich um den Papst vor ein Konzil zu laden. Die Stadtmiliz gab sich damit zufrieden, aber nicht die Palastwache und die versammelte Schar der Nepoten, geführt von Pietro Caetani. So stießen die Verschwörer zunächst auf erbitterten Widerstand; Bonifatius bat um die Übergabebedingungen und eine neunstündige Bedenkzeit. Man kann sich denken, wie Sciarra Colonnas Bedingungen aussahen, und der Kampf wurde so lange fortgesetzt, bis der Palast und der angebaute Dom in Flammen standen. Es gab zahlreiche Tote und Verletzte auf beiden Seiten, bis die Eindringlinge endlich vor dem Papst standen. Der hatte sich die Pontifikalgewänder anlegen lassen, saß mit der Tiara geschmückt auf einem Thron und hielt die symbolischen goldenen Schlüssel von St. Peter in Händen.

Den furchtbaren und rachedurstigen Sciarra Colonna beeindruckte diese Zurschaustellung pontifikalen Glanzes keineswegs. Er war einer jener zu früh geborenen Renaissancemenschen, die ihr Ego über alle Gesetze stellten, seien sie weltlicher oder religiöser Natur. Er packte den Papst am Arm, zerrte ihn vom Thron und wollte ihn gerade erdolchen, als ihm andere in den Arm fielen. Nogaret soll gesagt haben, er werde den Papst gefesselt nach Lyon führen, um ihn dort all seiner Würden zu entkleiden. Auch andere beschimpften und bedrohten ihn, doch Bonifatius blieb störrisch und ließ sich auf nichts ein, was manchmal in streng katholischen Historienbüchern als «Mut eines Bekenners» gepriesen wird. Ich glaube eher, man kann es nur so verstehen, daß dieser Papst die Rolle seines Lebens konsequent zu Ende spielen wollte.

Schließlich kühlten sich die Gemüter etwas ab, und man ließ Bonifatius unter strenger Bewachung in seinem halbverbrannten Palast zurück. Unterdessen plünderten die Söldner diese durch ihn reich gewordene Stadt, vor allem die mit Kostbarkeiten gefüllten Häuser der Nepoten. Nach drei Tagen – der Papst hatte aus Angst vor Gift weder getrunken noch gegessen – wußte man nicht mehr so recht, was man mit dem starrsinnigen Greis anfangen sollte. Inzwischen hatten die Anhänger der Caetani ihre Kräfte gesammelt, erschienen am 10. September in Anagni, wiegelten die Bürger auf und befreiten den Papst, ehe Colonna seine marodierenden Söldner einfangen konnte. Nun schickte auch Rom eine halbherzige und verspätete Hilfe von 400 Berittenen, die den Papst in seine Residenz zurückgeleiteten.

Die furchtbare Demütigung von Anagni hatte den Greis körperlich stark entkräftet, doch sein Geist war wach und voller Rachedurst. Er grübelte über Plänen, ein großes Konzil zu veranstalten, um König Philipp vor aller Welt anzuklagen und ihn damit zu vernichten. Doch die Zeit, da jeder sich vor ihm duckte, war vorbei. Die Orsini, durch das Schicksal der Colonna gewarnt, beobachteten sein Tun mit Argwohn und bewachten jeden seiner Schritte. Bonifatius VIII. lebte damals schon im Vatikanspalast neben der Peterskirche, während die Orsini mit ihren Bewaffneten in der Engelsburg saßen. Bonifatius bat König Karl von Neapel um Hilfe, doch sein Brief wurde abgefangen. Als er zum Lateran gebracht werden wollte, weil dort im Viertel die mit ihm befreundeten Annibaldi saßen, ignorierten die Orsini diesen Wunsch. So verbrachte Bonifatius seine letzten Wochen im Hausarrest, in hilflosem Zorn, verlassen und verachtet. Er soll dadurch tobsüchtig geworden sein und sich den Kopf an einer Mauer eingeschlagen haben. Auch andere Gerüchte über ein schreckliches Ende machten die Runde, doch die Wahrheit über seinen Tod am 11. Oktober 1303 kennen wir nicht. Ein damals in Rom lebender Chronist schrieb: «Am 35. Tag nach seiner Gefangennahme starb er; sein Geist war zerrüttet, und er glaubte, daß ihn jeder seiner Besucher festnehmen wolle.»

Es scheint, als habe dieser unheilige Vater einen Teil seiner Sünden in diesen letzten Lebenswochen abgebüßt. Das Urteil in der Geschichte jedenfalls ist – wenn auch unterschiedlich formuliert – einmütig. Das Fazit von Gregorovius lautet: «Bonifatius

VIII. war ein sehr begabter Mensch von despotischer Art. Jede wahrhaft geistliche Tugend fehlte ihm; ein jähzorniges Wesen, gewaltsam, treulos, gewissenlos, unerbittlich, nach dem Pomp und den Schätzen der Welt begierig, erfüllt von Ehrgeiz und irdischer Herrschsucht.»

Diese Sucht nach Pomp und Prachtentfaltung ging über seinen Tod hinaus. Er hatte für sich einen prunkvollen und aufwendigen Leichenzug befohlen, doch in den Oktobertagen nach seinem Ableben herrschte ein solches Unwetter, daß man darauf verzichtete.

Dante hatte den Verstorbenen als florentinischer Gesandter 1301 persönlich kennengelernt und versetzte ihn im 19. Gesang seiner «Divina Commedia» in die Hölle. Dort läßt er den schon anwesenden Papst Nikolaus III. sagen:

«Bonifaz, so kommst du doch,
kommst du schon jetzt, mich fortzusenden?
Und man versprach dir manche Jahre noch?

Schon satt des Gutes, wenn mit frechen Händen
du trügerisch die schöne Frau geraubt,
um ungescheut und frevelnd sie zu schänden?»

Mit der geschändeten schönen Frau meint der Dichter die von Bonifatius ausgebeutete Kirche.

An diesem unheiligen Vater war nichts Priesterliches, Geistliches oder Geistiges. Er steigerte sich in die Rolle eines Allherrschers hinein, dem jedes Wesen auf Erden untertan sein müsse. Eine nahezu krankhafte Habsucht ließ ihn raffen und raffen, und er hat seine Familie, die Caetani, so unermeßlich reich gemacht, daß auch sein Sturz und das Wiederaufkommen der Colonna ihren Reichtum nicht zerstören konnten.

Bleibt von diesem Papst also nichts, außer einem negativen Bild? Was hat er für Rom getan? Eines doch, und zwar etwas ganz Wesentliches: Er war der eigentliche Stifter der von Karl von Anjou angeregten, aber nie verwirklichten Universität. Die «Sapienza» bot ein Generalstudium für alle Fakultäten, und Bonifatius hat ihr in einer Bulle genaue Statuten und Rechte verliehen. Sie ist vom 6. Juni 1303 datiert.

Was aber wurde aus König Philipp IV. von Frankreich? Dieser Gegner von Papst Bonifatius VIII. sollte sich als nicht minder habgierig, skrupellos und niederträchtig erweisen.

Clemens V. – der Feige und Korrupte

Wie so häufig nach dem Abtreten von unheiligen Vätern wählten die Kardinäle, vielleicht um für eine Weile aufatmen zu können, einen in jeder Beziehung untadeligen Mann zum Papst. Niccolo Boccasini, ehemals Ordensgeneral der Dominikaner und Kardinalbischof von Ostia, erwies sich als solcher. Als Papst Benedikt XI. (1303–1304) suchte er überall den Ausgleich in Güte und Versöhnung. Er löste König Philipp IV. vom Bann und zog alle Strafmaßnahmen gegen Frankreich zurück. Die Colonna setzte er wieder in ihre Rechte ein, mit Ausnahme Sciarras, der gebannt und verbannt blieb. Manche Historiker haben diese Nachgiebigkeit und Kompromißbereitschaft als Schwäche gedeutet – mag sein, daß auch dies eine Rolle spielte, aber zumindest in Rom hat sein verständiges Handeln eine Zeitlang den Frieden bewahrt.

Leider starb dieser Papst nach kaum neunmonatigem Pontifikat am 7. Juli 1304, und es gelang dem schlauen und zielbewußten König Philipp aus dem fernen Frankreich, mit Geld und List seinen Kandidaten durchzusetzen. Es war dies Bertrand de Goth, Erzbischof von Bordeaux, eine feige und willenlose Kreatur des französischen Königs.

Alles horchte überrascht auf, als Philipp «seinen» Papst zur Krönung nach Lyon lud – besser befahl. Hätte man damals geahnt, welche Absicht dahinterstand, so wäre der römische Klerus Sturm gelaufen, aber Philipp war ein Meister im Verbergen seiner wahren Absichten. Mit Clemens V. begann das sogenannte Exil von Avignon, das 68 Jahre dauern sollte und die katholische Kirche in völlige Abhängigkeit von Frankreich brachte.

Kaum war Clemens am 5. Juni 1305 gekrönt worden, bestätigte er die Colonna in ihren alten Rechten und erlaubte den Wiederaufbau ihres von Papst Bonifatius zerstörten Familiensitzes Palestrina. Sie versöhnten sich (allerdings nur vorübergehend) mit den Orsini und regierten gemeinsam die Stadt, wenn auch nur im Namen des abwesenden Papstes. Damals dachte noch niemand daran, daß Rom für fast sieben Jahrzehnte seinen Status als Sitz des Pontifex verlieren könnte, aber die Jahre vergingen, und 1308 kam die niederschmetternde Nachricht, der Papst habe sich für immer in Avignon niedergelassen. Diese Stadt war im Besitz des Königs von Neapel in seiner Eigenschaft als Graf der Provence, der Papst lebte also dort im Schutz seines eigenen Vasallen.

In Rom sank die Stimmung auf den Nullpunkt; es wurde als böses Omen empfunden, als am 6. Mai 1308 die schöne Laterans-kirche in Flammen aufging. Der ferne Papst setzte sofort ein Gremium von Kardinälen ein, das für den Wiederaufbau zu sorgen hatte. Aber bald schlug die gedrückte Stimmung um, und üble Naturen nutzten die Abwesenheit der Macht aus, um sich nach Raubritterart zu bereichern. Die Orsini und Colonna nahmen ihre alten Fehden wieder auf, die Pilger wurden ausgeplündert und blieben schließlich ganz weg. Was früher neben den Pilgern die Stadt belebt und bereichert hatte, nämlich die nach Rom strömenden Gesandtschaften, die kleinen und großen Fürsten aus allen Ländern – auch sie blieben nun weg.

Der in Avignon sitzende französische Papst nahm die Hilferufe aus Rom nur mit halbem Ohr zur Kenntnis. Ihn beschäftigten damals in seinen Augen wichtigere Ereignisse, wovon eines den Templerorden betraf.

Dieser 1119 von Kreuzrittern gegründete Orden der *Milites templi* wollte Mönchtum und Rittertum zu einer kriegerisch-frommen, keusch lebenden Bruderschaft verschmelzen, deren vornehmste Aufgabe es war, die Pilger und das Heilige Grab zu schützen. Sie trugen einen weißen Leinenmantel mit einem achteckigen roten Kreuz. Papst Honorius II. bestätigte 1127 den

Orden, der später hierarchisch in Ritter, Priester und dienende Brüder gegliedert wurde. An seiner Spitze stand der Großmeister im Rang eines Fürsten, der von einem Generalkapitel beraten wurde. Dieser fromme Ritterorden genoß von Anfang an die Förderung und Gunst der abendländischen Fürsten und zählte um 1260 etwa 20 000 Ritter, die über einen gewaltigen, weit verstreuten Besitz verfügten.

Je reicher der Orden wurde, desto mehr verfiel er moralisch. *Bibere templariter* – «Saufen wie die Tempelritter» – wurde zu einem geflügelten Wort. Seit es im Heiligen Land nichts mehr zu bewachen gab, folgte der Orden nur noch seinen eigenen, sehr eigensüchtigen Interessen, lebte mit seinen «Konkurrenten», den Johannitern, in blutigem Streit und stand mit den Muslimen – wenn es Vorteile versprach – in geheimer Verbindung.

Der habgierige und ständig von Geldnöten geplagte König Philipp von Frankreich hatte schon länger ein scheeles Auge auf den steinreichen Orden geworfen. Aber er war ein kluger Kopf und fiel nicht mit der Tür ins Haus, außerdem wollte er die Templer nicht schröpfen, er wollte sie vernichten. Dazu brauchte er einen willfährigen Papst, der keinen fremden Einflüssen ausgesetzt und jederzeit präsent war. In Clemens V. hatte er diese Kreatur gefunden, und mit ihm zusammen begann Schritt für Schritt ein grausames und auch für jene Zeiten einmaliges Vernichtungswerk.

Der erste Schritt war das Einschleusen eines Verräters, denn es wäre unklug gewesen, den Orden gleich von außen her anzugreifen. Die Weltgeschichte hat gezeigt, daß nichts so schnell zu finden ist wie ein Denunziant. Dieser lief nun zum König und klagte den Orden der Gottlosigkeit an. Er sei bei seiner Aufnahmezeremonie gezwungen worden, Christus zu leugnen und einem Götzenbild seine Reverenz zu erweisen. Das allein jagte jedem frommen Christen schon einen teuflischen Schauder ein, es roch nach Häresie und Dämonenanbetung.

Inzwischen hatte Papst Clemens den heimatlosen Orden unter seinem Großmeister Jacques de Molay eingeladen, sich in Frankreich niederzulassen. Kaum waren diese Herren nebst ihren Reichtümern im Land, erhob König Philipp gegen sie Anklage wegen Verleugnung Christi, Götzenverehrung, Verspottung des Abendmahls, widernatürlicher Unzucht und noch einiger aus der Luft gegriffener Delikte. Ihre wahre «Sünde» kam freilich nicht zur Sprache – die Templer waren unermeßlich reich. Sogar der Name des angeblich von ihnen verehrten Götzen wurde genannt – Baphomet. Dieser wurde als Menschenkopf aus Gold oder Silber geschildert und galt als wahrer Herr der Welt und ihrer sinnlichen Freuden.

Am 13. Oktober 1307 wurden in einer gestapoartigen Blitzaktion der Großmeister und zahlreiche führende Templer verhaftet, kurz darauf ihre Güter eingezogen. Dann begann eine grausame, tage-, ja oft wochenlange Folterung der meist schon älteren Herren. Wenn auch nicht alle gestanden, so reichten die erpreßten Geständnisse dem «Gericht» doch aus, 54 Ritter zum Tode verurteilen und am 12. Mai 1310 lebendig verbrennen zu lassen. Der Großmeister Jacques de Molay hatte unter der Folter zunächst alles gestanden und wurde zu lebenslanger Haft begnadigt. Unter dem Eindruck seiner hingerichteten Ordensbrüder widerrief er alles und wurde zum Tode durch langsames Feuer verurteilt. Vom Scheiterhaufen herab bekannte er sich wegen seiner falschen Geständnisse für todeswürdig und prophezeite Papst wie König den Tod binnen Jahresfrist, was für beide zutraf.

In Deutschland neigte sich die Herrschaft Albrechts von Österreich einem vorzeitigen Ende zu. Die von ihm mit allen Mitteln angestrebte Vergrößerung seiner Hausmacht war ihm weitgehend mißglückt, auch von einer habsburgischen Nachfolge wollten die Reichsfürsten nichts wissen, und so opponierten vor allem die vier rheinischen Kurfürsten gegen ihn. Als Albrechts Bruder Rudolf starb, verlangte dessen Sohn Johann, also Albrechts Neffe, das schwäbische Erbe des Vaters. Doch der König, der es bisher verwaltet hatte, zögerte. Dieses Zögern sah der junge

Clemens V. Habgierig und korrupt residierte er als erster Papst in Avignon und brachte die Kirche für 68 Jahre in die Abhängigkeit vom franz. König. (Fresko von A. da Firenze)

heißblütige Mann als Verweigerung und zettelte eine Verschwörung an.

Als König Albrecht 1308 im schweizerischen Baden das Osterfest feierte, warnte ihn einer der Verschwörer über seinen Beichtvater, doch Albrecht unterschätzte die Drohung, behandelte Johann, um ihn zu besänftigen, besonders zuvorkommend, bot ihm Geschenke an, aber der Heißsporn ließ sich nicht umstimmen und erstach seinen Onkel während eines Ausritts. Der Mörder floh nach Italien und wurde später von König Heinrich VII., Albrechts Nachfolger, zu lebenslanger Klosterhaft begnadigt. Durch diese Tat ist der junge Mann als «Johann Parricida» (Vatermörder) in die Geschichte eingegangen.

Nun mußte ein neuer König gewählt werden. Der durch einen der größten und niederträchtigsten Justizmorde in der Geschichte steinreich gewordene Philipp von Frankreich gab zu erkennen, daß er seinen Bruder Karl von Valois dafür als sehr geeignet erachte. Er ließ bei jedem der Kurfürsten anfragen, hat aber entweder zu wenig geboten, oder man fürchtete Frankreichs Einfluß – jedenfalls stieß er auf taube Ohren.

In diesem einen Fall scheint Papst Clemens halbherzig über seinen Schatten gesprungen zu sein, denn seine Unterstützung fiel recht mager aus.

Inzwischen hatten sich auch zwei deutsche Kandidaten gemeldet, und die Eigensucht der Kurfürsten brachte es wieder einmal zustande, daß man sich auf Graf Heinrich von Luxemburg einigte, einen kleinen und ziemlich machtlosen Adeligen, von dem sie hofften, daß er leichter zu manipulieren sei.

Am 27. November 1308 wurde er in Frankfurt einstimmig gewählt, und König Philipp wird sich belustigt gedacht haben, daß nun doch ein Franzose deutscher König wurde, denn er hatte den Grafen als seinen Vasallen zum Ritter geschlagen, er war am französischen Hof erzogen worden und sprach kaum Deutsch.

Doch König Heinrich VII. war ein ehrenwerter Mann und versuchte nach Kräften, seinem schwierigen Amt gerecht zu werden. Der Papst in Avignon machte zunächst keine Schwierigkeiten und stellte in zwei Jahren die Kaiserkrönung in Aussicht.

Nun bereitete Heinrich die von seinen Vorgängern lange vernachlässigte Italienfahrt vor, um dort die alten Hoheitsrechte einzufordern. Die Stimmung dafür war nicht schlecht, zumindest die Lombarden hießen ihn willkommen und krönten ihn am 6. Januar 1311 in Mailand mit der berühmten «eisernen Krone», in die angeblich ein Nagel vom Kreuz Christi eingeschmiedet war.

Der große Dante rief ihm entgegen: «Jetzt juble auf, Italien! Bald wirst du von aller Welt beneidet sein, sogar von den Sarazenen; denn dein Bräutigam, die Freude des Jahrhunderts und der Ruhm deines Volkes, der fromme Arrigo (Heinrich), der erlauchte Augustus und Caesar schickt sich an, zu deiner Hochzeit zu kommen...»

Freilich jubelten nicht alle, und als Mailand nach erfolgter Krönung eine Sondersteuer von 100 000 Goldgulden hätte zahlen sollen, begann es zu brodeln. Heinrich schlug den Aufstand nieder, schleifte Mailands Befestigungen und kassierte die hunderttausend. So war aus dem kleinen Grafen ein recht harter König geworden.

Schließlich zog er am 7. Mai 1312 in Rom ein, aber es gelang ihm nicht, nach St. Peter in die Leostadt zu gelangen. Sein Vorschlag, ihn statt dessen in San Giovanni im Lateran zu krönen, stieß auf Ablehnung, wurde dann aber am 29. Juni 1312 doch verwirklicht, weil der gefürchtete römische Sommer vor der Tür stand.

Der Papst in Lyon erkannte die Krönung gnädig an, befahl aber Heinrich, mit Robert von Neapel sofort Frieden zu schließen. Clemens hätte gern eine Ehe zwischen dem gerade verwitweten Heinrich und einer Tochter Roberts von Neapel gestiftet. Aber daraus wurde nichts, weil Heinrich an der Meinung festhielt, dieser König sitze zu Unrecht auf dem Thron von Neapel. So schloß er auch keinen Frieden, sondern lud Robert nochmals vor, um sich zu rechtfertigen, und als er nicht kam, erklärte er ihn im April 1313 für abgesetzt. Das wiederum ärgerte König Philipp, denn Robert von Anjou war sein Verwandter, und er befahl seinem Papstlakaien, dieses Gräflein, das sich nun Kaiser nannte, zurechtzuweisen.

Heinrich blieb unbeeindruckt und rüstete weiter auf, wie übrigens auch der mit ihm verbündete König Friedrich von Sizilien, der sich offenbar recht gut an den schon lange auf ihm lastenden Kirchenbann gewöhnt hatte. Er wartete mit seiner Flotte an der Westküste Siziliens auf das Erscheinen der kaiserlichen Truppen, um Robert von beiden Seiten anzugreifen.

Am 8. August brach Heinrich von Pisa auf, doch er hätte daran denken müssen, wie vielen seiner Vorgänger der italienische Sommer die Pläne durchkreuzt hatte. Ein Angriff auf Siena mißlang, der Kaiser litt an einer fiebrigen Krankheit, mußte in einer Sänfte getragen werden und starb am 22. August 1313 in dem Städtchen Buonconvento – was übersetzt «gute Zusammenkunft» bedeutet. Natürlich glaubte man wieder einmal an Gift und verdächtigte seinen Beichtvater, der angeblich die Hostie vergiftet haben sollte.

Mit Heinrich sank ein ghibellinischer Traum ins Grab, nämlich der Plan von einer Wiederherstellung des Reiches im alten Glanz von den Alpen bis Sizilien, das hilflos eingeklemmte Patrimonium Petri dazwischen.

Das Heer löste sich überstürzt auf, die Ghibellinen verschwanden hinter den festen Mauern ihrer Städte, die Deutschen rückten fest zusammen und zogen mit den Pisanern in die unabänderlich kaisertreue Stadt, wo Heinrich im Dom beigesetzt wurde.

König Philipp, der Papst und König Robert konnten aufatmen. Clemens V. überhäufte nun den ohne sein Zutun «siegreichen» Robert von Neapel mit Ehren und Pfründen. Er belehnte ihn mit Ferrara und ernannte ihn zum römischen Senator und zum Reichsvikar für Italien. Nun konnte sich König Philipp als Herr von Europa fühlen, mit vollen Kassen und einer Macht, die im Osten weit über den Rhein und im Süden über die Alpen hinaus reichte.

Am 20. April 1314 starb Clemens V., dieser unheilige Vater. Er hat sich um nichts verdient gemacht als um König Philipp und um seine eigene Familie, die er durch schrankenlosen Nepotismus förderte und bereicherte – allein fünf seiner Verwandten machte er zu Kardinälen. Rund zwei Drittel der kirchlichen

Einkünfte verschleuderte dieser Papst für seine erfolglosen Kriege.

Überlassen wir diesmal das Nachwort der kirchlich approbierten Papstgeschichte von Seppelt/Schwaiger: «Das Urteil über seine Persönlichkeit und sein Pontifikat kann nicht günstig lauten. Schon die Zeitgenossen nahmen schweren Anstoß. Augustinus Triumphus, der extrem wie kaum ein anderer die Vorrechte des Papsttums verfocht, fällte 1308 das trostlose Urteil: Noch nie sei das Papsttum so mißachtet und verachtet gewesen wie jetzt.»

Noch zu Lebzeiten dieses Papstes versetzte ihn Dante – ohne seinen Namen zu nennen – als Simonist in die Hölle, gleich anknüpfend an den ebenfalls dorthin verdammten Bonifatius VIII.:

> «Denn nach ihm kommt, mit schlechtrem Tun befleckt,
> ein Hirt von Westen, ein gesetzlos Wesen,
> der mich und ihn hinab zur Tiefe schreckt.»

So hatte sich der erste Teil der Prophezeiung des sterbenden Jacques de Molay erfüllt. Was wird König Philipp dabei empfunden haben, wo es doch auch ihn im selben Jahr treffen sollte? Hat er jemals bereut, was er tat? Schließlich wußte er genau, daß die gegen den Templerorden vorgebrachten Anschuldigungen haltlos waren, daß der gekaufte Verräter einen Meineid geschworen hatte. Als das Jahr 1314 sich dem Ende zuneigte, wird er Jacques de Molay einen Narren und falschen Propheten gescholten haben. Aber dann traf es ihn doch – am 19. November starb er in Fontainebleau, und was er über sein mit vielfachem Mord beflecktes Leben gedacht hat, wird nur sein Beichtvater erfahren haben.

Philipps Sohn Ludwig trat in Frankreich sofort das Erbe an, was zu den Vorteilen der Erbmonarchie zählte, während bei Wahlfürsten oft blutige Thronkämpfe die Nachfolge komplizieren und verzögern konnten.

So nun auch diesmal, als es um die Wahl des nächsten Papstes ging. Daß dieser weiterhin in Avignon residieren und ein Franzose sein mußte, entzweite die Kardinäle auf das bitterste und verursachte eine Sedisvakanz von zwei Jahren und zwei Monaten.

Die französischen Kardinäle, unterstützt von Kardinal Orsini und den Königen von Neapel und Frankreich, bildeten eine starke Partei gegen die italienischen, und das artete aus bis zur brachialen Gewalt. So setzten Nepoten des verstorbenen Papstes den Palast in Brand, in dem das Konklave tagte, und bedrohten die italienischen Kardinäle mit dem Tod.

Inzwischen starb Ludwig X., und sein Bruder Philipp folgte ihm auf den französischen Thron. Dieser zwang die Kardinäle in Lyon zu einem Konklave, und der neue Papst Johannes XXII. war, laut Gregorovius «der greise Jacques Duèze aus Cohors, von bürgerlicher Abkunft, klein, unansehnlich und häßlich, aber sehr verschlagen, in allen Geschäften gewandt, ein pedantischer Scholastiker».

Hans Kühner nennt ihn hingegen «einen bedeutenden Geist und eifrigen Förderer der Wissenschaften, eine Herrschererscheinung, übersteigert in seinen Primatansprüchen, wohl unbeherrscht und rücksichtslos, doch nachsichtig gegen Feinde».

Wie dem auch sei – gegen *einen* Menschen war er niemals nachsichtig, sondern immer gehässig und stur, nämlich gegen Kaiser Ludwig den Bayern, den Nachfolger des in Italien verstorbenen Heinrich. Er lehnte den von der Mehrheit der Kurfürsten legal Gewählten kategorisch ab, ohne seinen (in der Schlacht bei Mühldorf am 28. September 1322 besiegten) Konkurrenten Friedrich den Schönen von Österreich, auf den nur zwei von sieben Stimmen fielen, ausdrücklich anzuerkennen.

Ludwig der Bayer, ein ritterlicher, eher bescheidener und persönlich sehr frommer Mann, mußte sich zeitlebens mit Papst Johannes XXII. und seinem Nachfolger herumschlagen, wurde

gebannt, exkommuniziert und auf eine Art verteufelt, die uns an den Zwist Kaiser Friedrichs II. mit Innozenz IV. erinnert. Ludwig besaß nicht dessen jähe, unerbittliche Grausamkeit, sondern suchte wieder und wieder den Ausgleich – leider vergeblich. Er hat diesen Kampf nur durchhalten können, weil die vom Papst verfolgten Minoriten (eine Abspaltung des Franziskanerordens) treu zu ihm standen.

Die Vorwürfe lauteten, Ludwig habe sich den Titel eines römischen Königs angemaßt, ohne vom Papst dazu ermächtigt zu sein und ohne dessen Entscheidung bei einer so zweifelhaften Wahl abzuwarten. Des weiteren habe sich Ludwig durch Unterstützung des vom Kirchenbann betroffenen Herzogs Matteo Visconti der Ketzerei schuldig gemacht – und so weiter und so weiter. Im übrigen entbinde er hiermit Geistliche wie Laien ihrer Treuegelöbnisse gegenüber Ludwig, dem Herzog von Bayern. Bei sämtlichen Anklagepunkten handelte es sich um Halbwahrheiten und Unterstellungen, doch sie kamen vom Papst und mußten ernstgenommen werden.

Ludwig wurde dazu aufgefordert, binnen dreier Monate die Regierung niederzulegen und sich für seine Vergehen in Avignon zu verantworten. Diese harten Forderungen fanden auch in Kirchenkreisen nicht nur Zustimmung. Die Kardinäle Orsini und Colonna zogen die Rechtmäßigkeit der Anschuldigungen in Zweifel, und Orsini fragte spöttisch, warum man sieben Jahre lang den Bürgerkrieg in Deutschland geduldet habe, und nun, da Ludwig der Sieger und der Frieden wiederhergestellt sei, spreche man ihm die Legalität ab.

Doch die Zeit von demütigen Canossagängen war vorbei: Barbarossa und sein Enkel Friedrich II. hatten die Päpste das Fürchten gelehrt und blutig dafür gesorgt, daß sich die Waage nie zu tief in Richtung Rom neigte.

Ludwig, weit davon entfernt, zu resignieren oder gar als Angeklagter in Avignon zu erscheinen, verhielt sich so, wie wir es in seinem reiferen Alter noch öfter erleben werden, nämlich diplomatisch. Die Zeit jäher Entschlüsse und spontaner Handlungen war endgültig vorbei. Er schickte eine Gesandtschaft nach Avignon und bat um eine Verlängerung des Termins. Johannes

XXII. erhielt seine Antwort, die sogenannte «Nürnberger Appellation» vom 18. Dezember 1323, noch vor Ablauf des von ihm gesetzten Termins. Sie war in ruhigem Ton abgefaßt und ohne jede Polemik. Geduldig, wie einem Schüler, wurde darin dem Papst erklärt, daß und warum Ludwig im Recht sei.

Ludwig berief sich auf das Gewohnheitsrecht, als er feststellte, ein von allen oder von der Mehrheit der Kurfürsten Gewählter sei befugt, den Titel eines römischen Königs zu führen, sobald man ihn rechtmäßig gekrönt habe, dazu bedürfe es keiner päpstlichen Erlaubnis. Außerdem treffe der Vorwurf der Ketzerei den Papst selber, der die Minoriten wegen Verletzung des Beichtgeheimnisses nicht angemessen bestraft habe.

Diese Appellation wurde jedoch nicht veröffentlicht, sondern drei Wochen später durch die «Frankfurter Appellation» – sie war nicht an den Papst, sondern an ein Konzil gerichtet – ersetzt. In ihr ist der sogenannte Minoritenexkurs weggelassen – wir werden später sehen, warum.

Ohne irgendwie auf Ludwigs Appellation zu reagieren, sprach Papst Johannes XXII. am 23. März 1324 den Bann über ihn aus. Wir wissen, daß ein solcher Bannspruch – also Exkommunikation, Verbot von Lesen der Messe, geistlicher Mitwirkung bei Geburt, Trauung, Tod und so weiter – nicht nur den Fürsten selbst, sondern seinen Hof, im Falle eines «Interdikts» sogar das ganze Land betraf.

Nun geriet auch Ludwig in Zorn. Am 22. Mai erließ er die «Sachsenhauser Appellation», in der deutlich ausgesprochen wurde, was Ludwig vom Papst hielt, nämlich, daß er nicht wie ein Stellvertreter Christi handle, sondern wie ein grausamer Tyrann, der die Reichsfürsten zu Verrat und Blutvergießen aufstachle. Anstatt das Kirchenvermögen für einen neuen Kreuzzug zu verwenden, werde es an Gegner des deutschen Königs verteilt, um das Reich zugrunde zu richten. Im übrigen sei es ketzerisch, die evangelische Lehre von der Armut Christi und seiner Apostel zu verwerfen.

Damit machte Ludwig eine Kehrtwendung und wandte sich den vom Papst verfolgten Minoriten zu, die eine strengere Auslegung der franziskanischen Lehre befürworteten und deshalb vom Papst wie Häretiker verfolgt wurden. Freilich, ihre Klöster nahmen kein Geld an, die Minoriten führten ein wirklich armes, franziskanisches Leben und waren so für den Papst keine Einnahmequelle. Das genügte, sie für Jahrhunderte zu verteufeln. 200 Jahre später gestattete ausgerechnet der prunksüchtige Prasser Papst Leo X. ihr Wiederaufleben, indem er den Franziskanerorden zweiteilte.

Zu Ludwigs Zeiten waren die Minoriten sehr volkstümlich, und er tat einen klugen Schritt, als er sich auf ihre Seite schlug. Minoritenführer wie Wilhelm von Occam, Michael von Cesena und Marsilius von Padua wurden seine geistlichen Berater und sorgten mit ihren Franziskanern in München dafür, daß der Bann des Papstes wirkungslos blieb.

Unbeirrt von der päpstlichen Haßtirade zog Ludwig nach Italien und ließ sich am 17. Januar 1328 in Rom von einem Laien (!), nämlich dem Säbelraßler und Papsthasser Sciarra Colonna, die Kaiserkrone aufsetzen. Er bestimmte einen Nikolaus V. zum Papst in Rom, der später abdanken mußte und als Gegenpapst gezählt wird.

Alles in allem hat das «Exil von Avignon» der Kirche und dem Ansehen des Papsttums nur geschadet, und es dauerte, wie erwähnt, achtundsechzig Jahre, bis es Gregor XI. (1370–1378) im Jahre 1377 gelang, sich von Avignon zu lösen und sein Pontifikat in Rom zu beenden.

In diese Zeit fällt auch der «republikanische» Aufstand des Cola di Rienzo. Dieser schwärmerische Idealist war 1343 mit einer römischen Abordnung bei Papst Clemens VI. in Avignon erschienen, um ihn zur Rückkehr zu bewegen. Der Papst ernannte ihn zum Notar und blieb in Avignon. Cola aber ging nach Rom zurück und hatte nichts Geringeres im Sinn, als seine geliebte Stadt von der Adelsherrschaft zu befreien. Für einige Monate (Mai bis Dezember 1347) konnte er tatsächlich die Macht als Volkstribun an sich reißen, mußte aber dann fliehen. 1354 kehrte er im Rang eines Senators zurück, konnte sich noch einmal kurz behaupten, wurde aber am 8. Oktober 1354 vom aufgebrachten Volk auf offener Straße gelyncht.

Nach dem «Exil von Avignon» konnte nun endlich wieder ein Papst in Rom gewählt werden, doch war der Auftakt kein guter, denn Gregors Nachfolger Urban VI. tat alles, um sein hohes Amt in den Schmutz zu ziehen.

Urban VI. – der Henker

Es dauerte nur gut eine Woche, bis sich nach Papst Gregors Tod das Konklave im Vatikan, der nunmehrigen Papstresidenz, zusammenfand. Das Volk rief dem Zug der Kardinäle zu: «Romano o Italiano lo volemo!» (Einen Römer oder Italiener wollen wir!) Das hörten die der französischen Partei verpflichteten Kardinäle gar nicht gern; sie hätten am liebsten die Zeit von Avignon weiter fortgesetzt, aber man war in Rom, und von der Straße ertönte immer dringlicher und drohender die Forderung: Einen Römer oder Italiener!

So einigte man sich schließlich auf Bartolomeo Prignano, den Erzbischof von Bari. Der war ein umsichtiger und gelehrter Mann, gegen den es kaum Bedenken gab, und mit Ausnahme der Kardinäle Orsini gaben ihm alle ihre Stimme. So weit, so gut, die Welt schien wieder im Lot, aber so schien es eben nur. Noch ehe das Votum bekanntgegeben wurde, drang das Gerücht nach draußen, der greise römische Kardinal Tibaldeschi sei erwählt, und das Volk plünderte nach altem Brauch seinen Palast und stürmte ins Konklave, um ihm seine Reverenz zu erweisen. Die Kardinäle, aus Angst, in dieser Turbulenz die Falschmeldung einzugestehen, verkleideten den zitternden Tibaldeschi als Papst, während der tatsächlich Gewählte sich versteckte. Schließlich kam der Schwindel auf, und es gab einigen Tumult, der sich bald legte, denn ein Italiener war der neue Papst ja.

Als Papst Urban VI. bestieg er am 18. April 1378 den Heiligen Stuhl, und damit änderte sich leider auch sein Charakter, was man häufig mit einer Geistestrübung zu erklären versucht hat. Er wurde unnahbar, schroff und hochmütig, sein Jähzorn verstärkte sich ins Furchterregende, und er machte sich fast alle Kardinäle zum Feind, und zwar schon deshalb, weil er gleich zu Anfang die positiv gemeinte Forderung an sie richtete, zur christlichen Einfachheit zurückzukehren. Gerade das aber wollten diese Herren nicht, denn sie lebten wie Großfürsten in prachtvoll ausgestatteten Palästen mit ihren Mätressen und Dienern, hielten sich oft Hunderte von Pferden und besaßen für die Sommerzeit Landschlösser in den Albaner oder Sabiner Bergen.

Urban, der vorher kein Kardinal gewesen war, hatte diese Herren mit seiner Forderung so beleidigt, daß der französische Kardinal Robert ihm drohte: «Wie Ihr unsere Ehre mindert, so werden wir die Eure mindern.»

Das war leider nicht nur so hingesagt, er gewann zwölf Kardinäle der französischen Partei, die sich so nach und nach aus Rom absetzten und von Avignon aus Papst Urban aufforderten, zurückzutreten, denn seine Wahl sei ja unter dem Druck des bewaffneten Volkes geschehen und somit ungültig. Sie gingen in das sichere Fondi und wählten am 13. September 1378 den Kardinal Robert von Genf zum Papst Clemens VII. (1378–1394). Damit begann das «abendländische Schisma», das zweiundfünfzig Jahre dauern sollte und der Kirche nicht weniger als sieben Gegenpäpste bescherte. Noch als Kardinal hatte sich Clemens den Beinamen «Henker von Cesena» erworben, als die Stadt sich gegen ihre französischen Besatzer erhob und er an die 4000 Bürger niedermetzeln ließ.

Papst Urban war der Situation ganz und gar nicht gewachsen, und anstatt diesen Umstand mit Klugheit, Geschick und tragbaren Kompromissen aus der Welt zu schaffen, bot er das klägliche Bild eines jähzornigen und rachedurstigen Tyrannen, den weder Ratschläge noch Bitten umstimmen konnten. Selbst streng katholische Historiker bekennen, daß vieles auch für die Rechtmäßigkeit des allgemein als Gegenpapst gezählten Clemens VII. spricht, in dessen Lager später auch alle anderen Kardinäle überliefen. So stand Urban eines Tages ohne Kardinalskollegium da, als sei er der Gegenpapst. Nun, er wußte sich zu helfen und ernannte an einem einzigen Tag mehr als zwanzig neue Purpurträger, darunter zwei Orsini und zwei Colonna. Dann schleuderte er den Bann gegen Clemens und seine Anhänger und erklärte alle, die ihn schützten, für vogelfrei. Die heilige Katharina von Siena schlug sich auf seine Seite, versuchte ihn zu Nachsicht, Milde und Zugeständnissen zu überreden, aber auch die Fürbitte einer Heiligen – der es immerhin gelungen war, Papst Gregor nach Rom zurückzubringen – vermochte diesen krankhaft sturen Mann nicht umzustimmen. Während ihrer Bemühungen starb sie, erst dreiunddreißigjährig, in Rom am 29. April 1380.

(Gegen-)Papst Clemens VII. konnte sich auf Dauer in Italien nicht halten und ging im Juni 1379 nach Avignon, wo er eine fast noch komplette Kurienverwaltung vorfand und mit Entschiedenheit in ganz Europa seine Anerkennung betrieb. Nach Frankreich, Neapel und Savoyen erklärten ihn später auch Spanien und Schottland zum rechtmäßigen Pontifex. Für Urban sprachen sich Deutschland und alle anderen europäischen Länder aus. So wurde Wenzel IV. – Sohn und Nachfolger Heinrichs IV. – vom Papst sofort und in aller Eile als neuer deutschrömischer König anerkannt, und ihm wurde die Kaiserkrönung angetragen.

Papst Urban hatte jeden Schutz dringend nötig, denn selbst in Rom behaupteten sich seine Gegner noch in der Engelsburg, befehligt von einem französischen Hauptmann, der – erstmals in der Geschichte Roms – mit Kanonen in die Stadt feuerte.

Urban warb achthundert Söldner an, und so bekriegte auf römischem Boden ein Papst den anderen, dazu flogen zwischen Avignon und Rom Bannflüche hin und her. Die Engelsburg mußte sich ergeben, und der Volkszorn rächte sich an den nur fünfundsiebzig Bretonen, die dort ausgehalten hatten. Dabei wurde die äußere Gestalt des Hadrianmausoleums zerstört, mit dem die heutige Engelsburg keine Ähnlichkeit mehr hat.

Gegenpapst Clemens lebte damals noch in Italien unter dem Schutz der Königin Johanna von Neapel, die allmählich in Schwierigkeiten geriet, weil die heißblütigen Neapolitaner den französischen Papst nicht mochten. Er ging, wie schon erwähnt, im Juni 1379 nach Avignon, während die verunsicherte Königin

Friedensboten nach Rom sandte, aber – sie war ja eine Anjou – mit Papst Clemens VII. nicht brechen mochte.

Diese machtgierige und skrupellose Frau hatte damals – als Clemens nach Avignon floh, war sie zweiundfünfzig Jahre alt – schon ein bewegtes Vorleben aufzuweisen. Ihr Vater war früh gestorben, und ihr Großvater Robert verheiratete sie mit dem ungarischen Prinzen Andreas, der, als Johanna den Thron bestieg, auch daran beteiligt werden wollte. Sie ließ ihn 1345 umbringen, und sein Bruder, König Ludwig von Ungarn, zog Ende 1347 mit einem Heer nach Italien, um Rache zu nehmen. Johanna hatte inzwischen ihren Geliebten Ludwig von Tarent geheiratet und floh mit ihm in die Provence, während die Ungarn ihr Land besetzten und alle am Mord Beteiligten umbrachten. Im Mai 1348 zogen die Magyaren wieder ab, Johanna kehrte nach Neapel zurück und wurde vom damaligen Papst Clemens VI. von der Sünde des Gattenmordes losgesprochen, was freilich nicht umsonst geschah, denn sie mußte ihm Avignon für billiges Geld verkaufen. 1362 starb ihr Gatte Ludwig von Tarent, und sie heiratete einen Jakob von Mallorca, der aber den gefährlichen Boden Neapels mied und meist in Spanien blieb. Sie überlebte auch diesen Ehemann, dazu ihre eigenen Kinder, so daß sie ihre Nichte Margareta von Durazzo zur Nachfolgerin bestimmte. Doch deren Gatte verbündete sich mit dem König von Ungarn, der weiterhin Ansprüche auf Neapel erhob. So vermählte die unerschütterliche Johanna sich 1376 ein viertes Mal, und diesmal mit einem Deutschen, dem Söldnerführer Otto von Braunschweig.

Damit sind wir im Jahr 1380 angelangt, als Papst Urban die Königin von Neapel absetzte. Sein Haß gegen diese Frau war ungeheuerlich, und er war fest entschlossen, sie auch physisch zu vernichten. Dazu brauchte er die Truppen des Königs von Ungarn, der seinen Neffen Karl von Durazzo zum Feldherrn machte und ihn mit 10 000 Mann nach Italien sandte. Er sollte, nach dem Willen des Papstes, das Königreich Neapel erobern und damit belehnt werden. Damit sollte auch der Einfluß des Gegenpapstes Clemens in Italien beendet werden. Für diesen war es schwierig, Johanna aus der Ferne beizustehen, so daß die Königin in ihrer bedrängten Lage Ludwig von Anjou, den Bruder des französischen Königs, adoptierte. Doch es war zu spät, im November 1380 erschien Karl von Durazzo mit seinem Heer in Rom, wo ihn Papst Urban zum Gesandten und Bannerträger der Kirche ernannte. In seinem Eifer opferte der Papst den Kirchenschatz, ließ sakrales Gerät einschmelzen und zu Geld münzen. Am 2. Juni 1382 krönte er ihn als Karl III. zum König von Neapel, das nun erobert werden mußte. Aus Frankreich kam keine Hilfe, weil dort der König gerade gestorben war, und so zog Karl fast kampflos Anfang Juli in Neapel ein, wo Johanna sich mit ihrem deutschen Gemahl im Castel dell'Uovo eingeschlossen hatte. Sie mußte sich am 25. August ergeben und wurde einige Tage später auf Befehl des neuen Königs und wohl auch mit Einverständnis des Papstes erwürgt – wie es heißt, mit einem seidenen Strick; auch ihr deutscher Gemahl fand den Tod, vielleicht auf weniger vornehme Art. Um jeden Zweifel an ihrem Ableben auszuräumen, stellte man ihren Leichnam eine Woche lang in der Kirche Sta. Chiara aus.

Man darf diese Königin nicht nur von ihrer sinnlichen und skrupellosen Seite sehen. Sie war auch eine geistvolle und hochgebildete Frau, eine Schülerin Petrarcas, bewandert in Dichtung und Musik.

Doch Urban VI. sollte an seinem Schützling nicht lange Freude haben, denn es gab keinen Menschen, mit dem dieser Papst länger in Frieden lebte.

Inzwischen aber näherte sich der von Johanna adoptierte und von (Gegen-)Papst Clemens VII. bereits zum König von Neapel gekrönte Ludwig von Anjou mit seinem Heer dem Süden Italiens. Er umging Rom, traf auf das Heer seines Konkurrenten Karl, aber es kam zu keiner Entscheidungsschlacht, weil die durch Seuchen dezimierten und wegen der Sommerhitze wenig kampflustigen Heere sich aufzulösen begannen.

Der Papst wurde ungeduldig, er hatte Lehensfragen zu klären, und so verließ er Rom in Richtung Süden, um sich mit Karl zu treffen – außerdem fürchtete er die in Rom gerade wütende Pest.

In Aversa trafen sich Lehnsherr und Vasall, wobei der König eine unverschämte Forderung des Papstes herunterzuhandeln versuchte. Es ging dabei um einige Gebiete, die der Papstneffe Francesco Prignano, genannt Butillo (Dickerchen), erhalten sollte. Dieser Taugenichts und Schürzenjäger ließ sich einmal von der Papstgarde beschützen, während er ein entführtes adliges Fräulein vergewaltigte. Als ihre Verwandten bei Urban Klage erhoben, wies er sie mit den Worten ab: «Er ist halt ein junger Mensch», doch dieses saubere Früchtchen war damals schon vierzig Jahre alt.

Karl ließ den Papst widerwillig in Neapel einziehen und stellte ihn dann im Castel Nuovo praktisch unter Hausarrest. Durch Vermittlung einiger Kardinäle durfte er in einen Palast neben der Kathedrale umziehen, aber sein Verhältnis zum König verschlechterte sich zusehends, während die Bürger Neapels ihn einfach ignorierten. Im Mai ging Urban nach Nocera, ein Städtchen bei Salerno, und schien sich hier auf Dauer einrichten zu wollen.

Im September 1384 starb Ludwig von Anjou in Bari, als ein in jeder Beziehung Gescheiterter, und übertrug das «Erbe» auf sein Söhnchen Ludwig. Für Karl war nun jede Gefahr gebannt, und er forderte vom Papst dringlich die Rückkehr nach Rom oder zumindest nach Neapel. Der Papst weigerte sich, ihm schien es auf der Burg in Nocera zu gefallen, wo sich meist lichtscheues Gesindel herumtrieb: Seeräuber, Bandenführer, Söldner, verkrachte Kleriker und Juristen und natürlich König Karls Spione, die jeden Schritt dieses unheiligen Vaters beobachteten. Für die verwöhnten Kardinäle wurde dieser erzwungene Aufenthalt immer unerträglicher; vermutlich haben sie das gelegentlich laut oder leise auch geäußert.

Der intrigante Kardinal Orsini flüsterte dem Papst etwas von Verschwörung ins Ohr, und der ließ am 11. Januar 1385 sechs Kardinäle festnehmen, die er nicht mochte, weil sie ihn nur ungern hierher begleitet hatten.

Der Chronist Dietrich von Nieheim (1340–1418) nennt sie «unbescholtene und gelehrte Männer». Sie wurden in eine tiefe Zisterne geworfen, wo der Papst sie tagelang schwer foltern ließ. Unterdessen las der unheilige Vater auf der Schloßterrasse sein Brevier und lachte jedesmal laut und hämisch auf, wenn die

Schmerzensschreie aus dem Kerker heraufdrangen. Diese Vernehmung leitete der Papstneffe Prignano, das Dickerchen. Der genannte Chronist erfuhr das nicht durch Hörensagen, sondern befand sich in Urbans Gefolge und war Augenzeuge der Ereignisse. Dieser grausame Wahnsinn sprach sich schnell herum, die Kurie verlangte ein Konzil, und einige Kardinäle sagten sich von Urban los. Dietrich von Nieheim, eher ein Günstling des Papstes, wagte es, ihn um Beendigung der Folter zu bitten, worauf der Papst ihn vor Wut hinauswarf. So stahl sich auch Dietrich in Richtung Neapel davon. Was immer die Gefolterten in ihrer Not gestanden hatten, mußte König Karl III. belasten. Jedenfalls bannte der Papst den früheren Schützling sofort und verkündete, er werde Butillo, seinem Dickerchen, die Krone von Neapel übertragen.

Karl schickte sofort Truppen nach Nocera und ließ vor den Mauern dieser Stadt verkünden, daß jeder 10 000 Goldgulden Belohnung erhalten solle, der ihm Urban tot oder lebendig ausliefere. Der Papst, halb wahnsinnig vor Furcht und Haß, trat mehrmals am Tag ans Burgfenster und verfluchte mit sich überschlagender Stimme die Belagerer, erschien sogar mit Glocke, Buch und Kerze, um jeden der Soldaten in kanonischer Form zu exkommunizieren.

Nocera wurde erstürmt und besetzt, aber die Burg hielt stand, und es schien, als wolle der Teufel seinem treuen irdischen Diener beispringen, denn einer der Söldnerführer verließ König Karl – vielleicht hatte man ihn hoch bestochen –, und es gelang ihm, den Papst herauszuschmuggeln und mit ihm in Richtung Neapel zu entschwinden, denn dort sollten ihn genuesische Galeeren aufnehmen und in Sicherheit bringen. Die gefolterten Kardinäle wurden halbtot mitgeschleppt, und als einer sich beklagte, ließ ihn Urban totschlagen und einfach auf der Straße liegen.

In Salerno rebellierte ein Teil der Söldner, doch Urban kaufte sich los. Inzwischen waren die Galeeren eingetroffen, aber Neapel war fest in König Karls Hand, und der Papst mußte hinüber ans andere Ufer, in der Hoffnung, die Schiffe würden einen der Adriahäfen anlaufen.

So mußte die ganze traurige Prozession Italien durchqueren,

bis sie die Adria erreichte, wo die Galeeren sie bei Trani in der Gegend von Bari aufnahmen. Am 23. September 1385 legte die Flotte in Genua an, und der Doge sollte es bald bitter bereuen, diesen unheiligen Vater aufgenommen zu haben. Er redete der freien Stadtrepublik in alles hinein, während der Doge mit Bürgern und Klerus immer wieder die Freilassung der sechs Kardinäle forderte. Der gutgemeinte Befreiungsversuch einiger Genueser schlug fehl, und Urban ließ in maßlosem Zorn fünf der Gefangenen sofort umbringen, nach Meinung der meisten Chronisten durch Ertränken im Meer. Nur der englische Kardinal Adam Easton überlebte, weil Urban es sich mit König Richard II. nicht verderben wollte.

In Genua aber konnte sich der Henker-Papst nicht mehr halten und mußte am Tag nach dem Mord die Stadt verlassen, das war am 16. Dezember 1386. Er segelte nach Lucca und ging dann nach Perugia, wo seine Agenten inzwischen ein Söldnerheer gesammelt hatten. Ein trauriger Haufen von entflohenen Gaunern und zweifelhaften Glücksrittern hatte sich da zusammengefunden, denn jeder wußte, daß dieser Papst am Ende war und seine letzten Gelder zum Anwerben dieses Gesindels verbraucht hatte. Urban kam gerade noch bis Perugia, dann liefen ihm die meisten der Männer davon, und mit ein paar hundert Verbliebenen zog er nach Neapel, kehrte aber – wohl ein letztes Aufflackern seines Verstandes – an der Grenze um und ging im September 1388 nach Rom zurück.

Der Empfang war nach so langer Abwesenheit mehr als kühl, und die Stadt befand sich in einem grauenhaften Zustand. Die leeren Paläste der Kardinäle waren längst geplündert, und nun riß man sie ab, um Baumaterial zu gewinnen. Pilger und Reisende mieden die Stadt ohne Papst, ohne Recht und ohne Sicherheit. Freilich hatte es auf dem Kapitol so etwas wie eine Regierung gegeben, aber diese Männer wechselten sich sehr schnell ab, und nun mischte sich auch noch der Papst in ihre Zwiste. Schließlich stürmten sie den Vatikan, aber dem noch immer eisenharten Tyrannen gelang es, die Aufständischen einigermaßen zu befrieden. Im Grunde war jeder froh, daß es hier wieder einen Herrn gab, aber man hätte sich halt einen anderen gewünscht.

Papst Urban lebte nach seiner Rückkehr noch ein Jahr und herrschte – mehr gefürchtet als geachtet – nicht ungeschickt mit Zuckerbrot und Peitsche. Wer sich ihm entgegenstellte, mußte im Büßergewand mit einer Kerze in der Hand barfuß nach St. Peter ziehen und Buße tun. Das Zuckerbrot war sein Entschluß, das Heilige Jahr nun alle 33 Jahre zu feiern, das nächste sollte schon 1390 sein und viel Geld in die Stadt bringen. Doch Urban starb schon am 15. Oktober 1389, und niemand weinte dem so Verhaßten wie Gefürchteten eine Träne nach, nicht in Rom und nicht anderswo, am wenigsten aber in Avignon, wo (Gegen-) Papst Clemens VII. weiterhin unangefochten regierte, anerkannt und gestützt von etwa der Hälfte des christlichen Abendlandes.

Für etwa zwei Wochen – so lange dauerte das Konklave – konnte sich Clemens in dem Bewußtsein sonnen, der einzige Papst zu sein, aber dann wählten die Römer am 2. November 1389 Pietro Tomacelli, den Kardinal von S. Anastasia, zum Nachfolger des tyrannischen Urban, und wieder hatte die christliche Welt zwei Päpste, und das Schisma dauerte fort.

Die meisten Chronisten schildern Papst Bonifatius IX. (1389–1404) als einen freundlichen und liebenswürdigen Mann, klug und redegewandt, aber leider auch phlegmatisch und sehr auf die Wohlfahrt seiner Familie bedacht; kürzer und härter ausgedrückt: er war habgierig und frönte dem Nepotismus. Als erstes suchte er den Frieden mit Neapel und belehnte Ladislaus, den Sohn des in Ungarn ermordeten Karl von Durazzo, mit dessen Krone. Um die Kirchenspaltung kümmerte sich dieser Papst so gut wie nicht, er war, würde man heute sagen, ein Mann der Innenpolitik.

Das von seinem Vorgänger angekündigte Jubeljahr 1390 bereitete er akribisch vor, wenn er auch mit den Ländern, die nach wie vor Papst Clemens in Avignon anhingen, nicht rechnen konnte.

Aber die Pilger aus Deutschland, Ungarn, Böhmen, Polen und England kamen zuhauf und füllten die Kassen der Kirche.

Bonifatius IX. war wohl der erste Papst, der ein richtiges System in den Handel mit Ämtern, Pfründen, Titeln und Ablässen brachte, das dann manche seiner Nachfolger noch perfektionierten.

Gregorovius findet dafür scharfe Worte: «Geld war die große Triebfeder der römischen Kirche geworden ... Die beklagenswertesten Mißstände nahmen überhand. Simonie und Wucher wurden mit nackter Schamlosigkeit betrieben. Die Zeitgenossen schilderten Bonifatius IX., einen Mann von höchst mangelhafter Bildung, aber von scharfem Verstand, als grenzenlos habsüchtig und gewissenlos. Während seines Pontifikates gab er jedes Kirchenamt um Geld und Geldeswert hin; für jede Bittschrift ließ er sich zahlen. Er verschmähte selbst wenige Goldgulden nicht, denn sein Spruch war, daß ein kleiner Fisch in der Hand besser sei als ein Walfisch im Meer. Seine Verwandten, seine gierige Mutter und seine zwei Brüder scharrten unablässig Geld zusammen.»

Freilich, den Simonisten gewährt man bei den Historikern keine Gnade, und Dante versetzte sie in die Hölle. Nüchtern betrachtet, haben sie dem Ansehen der Kirche weniger geschadet als größenwahnsinnige Tyrannen, die selten in Rom und immer hinter Feinden her waren, oder weltfremde Asketen wie Coelestin, die von anderen für ihre Zwecke schamlos ausgenutzt wurden.

Den damaligen Pilger störten weder der Ämter- noch der Ablaßhandel, ihm war es wichtig, sicher durch die Straßen Roms gehen zu können, seine Wallfahrtskirchen offen und den Papst im Vatikan zu finden.

Papst Bonifatius festigte auch Macht und Ansehen der Kirche in Italien; als Perugia ihn um Schlichtung eines inneren Streites bat, ließ er sich dort für ein Jahr nieder, und es gelang ihm von da aus, viele Städte wieder für die Kirche zu gewinnen – zum Beispiel Ancona, Camerino und Jesi.

Am 16. September 1394 starb (Gegen-)Papst Clemens VII. in Avignon, doch Bonifatius unternahm nicht das geringste zur Beseitigung des Schismas. Die Franzosen wählten am 3. Oktober Pedro de Luna zum neuen Pontifex Benedikt XIII. (1394–1415), und es schien, als gewöhne sich das Abendland allmählich an die Existenz zweier Päpste. Da drängt sich uns die Frage auf, warum die deutschen Könige diesen Zustand einfach hinnahmen, denn es gehörte ja auch zu ihren Aufgaben, Sicherheit, Ansehen und Würde des jeweiligen Papstes zu schützen und zu bewahren.

Wenzel, der Sohn Kaiser Karls IV., war 1378 zum deutschen König gewählt worden und wollte 1383 die Romfahrt zu Papst Urban VI. antreten, der die Kaiserkrone für ihn bereithielt. Doch dringende innenpolitische Gründe verhinderten die Reise.

König Wenzel berechtigte anfangs zu guten Hoffnungen, er war gebildet, umgänglich und guten Willens. Warum aus ihm in wenigen Jahren ein mißtrauischer und gewalttätiger Säufer wurde, wissen wir nicht, aber es ist zweifelsfrei überliefert. Er geriet mit aller Welt in Streit, legte sich mit Adel und Geistlichkeit an, was unter anderem dazu führte, daß er den etwas aufsässigen Generalvikar des Erzbischofs von Prag, Johann von Pomuk, hinrichten ließ und aus ihm den heiligen Nepomuk machte. Daß dies geschah, weil Johann sich weigerte, die Beichtgeheimnisse der Königin zu verraten, ist eine später ersonnene Legende.

Allmählich wurde es den Reichsfürsten zuviel, einige verschworen sich und nahmen Wenzel 1394 gefangen. Unter bestimmten Auflagen wieder freigelassen, geriet er später von neuem in Streit, was Papst Bonifatius IX. zu seiner Absetzung veranlaßte. 1411 verzichtete er auf Amt und Würde, zog sich zu seinen Weinfässern zurück und starb acht Jahre später vermutlich an einem Leberleiden.

Das Volk umspann diesen Säufer und Gewalttäter mit grausigen Legenden. So soll er seinen Koch, dem ein Braten mißriet, zur Strafe an den eisernen Spieß haben stecken lassen. Gegen Mensch und Tier habe er grausam gewütet, er sei der Mörder seiner ersten Frau gewesen und habe als wilder Jäger jeden Mißliebigen von seiner Meute zerreißen lassen. Bei seinen Reisen durchs Reich sei der Henker sein steter Begleiter gewesen... Seine Trunksucht entschuldigte er übrigens damit, daß ein Gift seine Leber entzündet und so seinen unstillbaren Durst erregt habe.

Wie dem auch war, Wenzel erwies sich als untragbar, und ein Teil der Kurfürsten wählte Ruprecht von der Pfalz als Gegenkönig, der, da Aachen weiter zu Wenzel stand, am 6. Januar 1401 in Köln gekrönt wurde.

Bonifatius IX. stimmte zu und stellte auch die Kaiserkrone in Aussicht, aber dazu kam es nicht, weil Ruprechts Versuch, das Herzogtum Mailand dem Reich wiederzugewinnen, in der Schlacht bei Brescia am 21. Oktober 1401 kläglich scheiterte und er wegen Geldmangels umkehren mußte. Ruprecht reiste zurück, und als er am 2. Mai 1402 in München eintraf, sang das Volk auf den Straßen Spottlieder über einen König, der ohne Heer, ohne Geld, ohne einen Sieg und ohne Krone zurückgekehrt war.

König Ruprecht geriet immer stärker in eine innenpolitische Isolierung, die Gründung des «Marbacher Bundes» suchte seine Rechte zu beschneiden, aber er konnte sich behaupten – ja, es gelang ihm sogar, die rechtmäßige Krönung im Aachener Dom am 14. November 1407 nachzuholen. Aber er blieb ein schwacher, umstrittener König und starb am 18. Mai 1410, während er einen Feldzug gegen den abtrünnigen Erzbischof von Mainz vorbereitete. Die Kurfürsten wählten König Sigismund von Ungarn zu seinem Nachfolger.

In dieser Zeit saß in Rom seit November 1406 Papst Gregor XII. auf dem Stuhl Petri. Endlich war man auf beiden Seiten ernsthaft gewillt, das Schisma zu beseitigen, und vor der Wahl war beschlossen worden, der neue Papst werde zurücktreten, wenn Benedikt XIII. in Avignon dies auch tue. Ein sehr vernünftiger Plan, der sich aber dann leider nicht verwirklichen ließ, weil die um ihre Pfründen besorgten Nepoten eine Begegnung der beiden Päpste zu verhindern wußten. Als Gregor XII. sein Versprechen nicht hielt, sagten sich sieben Kardinäle von ihm los, taten sich in Pisa mit siebzehn von Benedikt abgefallenen Kardinälen zusammen und wählten in Alexander V. einen dritten Papst. Zwar starb dieser schon ein Jahr später, aber die Pisaner gaben ihm in Johannes XXIII. (1410–1415) unverdrossen einen Nachfolger – übrigens eine ganz abenteuerliche Gestalt mit sehr dunkler Vergangenheit als Seeräuber und Condottiere. Da hatte er noch Baldassare Cossa geheißen und hatte später als völlig skrupelloser

Kardinal herumintrigiert; er soll sogar Papst Innozenz VII. (1404–1406) vergiftet haben.

Das Konklave mit achtzehn Kardinälen fand diesmal in Bologna statt, und die Wahl erfolgte aus Angst vor Cossa, der über eine Truppe verfügte, einstimmig. Als Johannes XXIII. kümmerte er sich wenig um seine Nebenbuhler in Rom und Avignon, sondern griff gleich frech und entschlossen in die Geschichte ein. Der deutsche König Ruprecht war gerade gestorben, und Cossa (es fällt schwer, diesen Gauner Papst zu nennen) erklärte sich sofort für Sigismund, den Bruder des abgesetzten Säufers Wenzel. Der wurde am 21. Juli 1411 in Frankfurt ein zweites Mal und diesmal einmütig zum deutschen König gewählt und war über die schnelle «päpstliche» Unterstützung so beglückt, daß er Johannes XXIII. als rechtmäßigen Papst anerkannte.

Kein schlechter Auftakt für den Glücksritter und Abenteurer Cossa, der gleich nach Rom zog, während Papst Gregor XII. (er allein wird heute als rechtmäßig gezählt) nach Gaeta floh in den Schutz seines Vasallen, des Königs von Neapel. Cossa wurde in Rom empfangen, als gebe es die beiden anderen Päpste nicht, und umjubelt wie ein Befreier. Offenbar sah man in ihm weniger den Abenteurer und Papstmörder, sondern den von Kardinälen gewählten Papst, der sich gegen das Schisma empört hatte. Das ist gewiß ehrenwert gedacht, doch die Hoffnungen konzentrierten sich – wie häufig in der Geschichte – auf ein ganz und gar untaugliches Objekt.

Wie die Kirchenspaltung und der unhaltbare Zustand mit drei Päpsten schließlich beseitigt wurden, möchte ich in einem eigenen kleinen Kapitel darstellen.

Das Konzil zu Konstanz
oder wie aus drei Päpsten einer wurde

Nach seinem Einzug in Rom verstärkte «Papst» Cossa seine Truppe auf 12 000 Mann und schickte sich an, Neapel zu erobern, wo König Ladislaus seit einundzwanzig Jahren unangefochten regierte, und das war für die damaligen Verhältnisse eine sehr sehr lange Zeit.

Zuerst sah es für ihn sehr schlecht aus, weil er die Schlacht bei Rocca Secca am 19. Mai 1411 verlor und nur mit knapper Not entkam. Ludwig von Anjou hatte das päpstliche Heer geführt, und er hoffte natürlich, das Erbe seiner Ahnen zurückzugewinnen. Er schickte die erbeuteten Fahnen nach Rom, wo «Papst» Johannes XXIII. sie stolz auf St. Peter hissen ließ.

Inzwischen sammelte Ladislaus, von niemandem gehindert, seine versprengten Truppen und tat den bedeutsamen Ausspruch: «Am ersten Tag nach meiner Niederlage hatten die Feinde mich selbst in der Hand, am zweiten mein Reich, am dritten weder meine Person noch mein Reich.»

Man hatte ihn offenbar unterschätzt, und während in Rom sein Untergang gefeiert wurde, hatte er neue starke Truppen gesammelt und postiert, so daß niemand einen Angriff wagte. Die Angreifer litten Mangel an Nachschub, außerdem gerieten sich Paolo Orsini und Ludwig von Anjou in die Haare. Kurz gesagt, die Unternehmung mißlang, und Ludwig kehrte enttäuscht und verbittert in die Provence, sein Stammland, zurück.

Natürlich fiel der Mißerfolg auf «Papst» Cossa zurück, und Bologna sagte sich von ihm los. Der schon fast vergessene rechtmäßige Papst Gregor XII. schöpfte in seinem Exil neuen

Mut, und Cossa versuchte die über seine unmäßigen Steuern empörten Römer mit harten Strafen zu bändigen. König Ladislaus schlug er einen Handel vor: Er würde ihn als König anerkennen, wenn er von Gregor abfiel und ihn zur Abdankung bewegte. Ladislaus schloß einen Vergleich, und Gregor XII. entfloh in ein neues Exil nach Rimini zu Carlo Malatesta, der noch als einziger zu diesem Papst stand.

«Papst» Cossa war es schließlich, der die Dinge ins Rollen brachte, weil er fest davon überzeugt war, daß er allein auf einem allgemeinen Konzil die Siegespalme davontragen werde. Er saß in Rom, hatte sich mit Neapel versöhnt und durfte sich im Schutz des deutschen Königs Sigismund sonnen. Da wird auch ein alter Pirat und Condottiere unvorsichtig und geht aufs Ganze.

Sigismund (auch Siegmund), Markgraf von Brandenburg, war dreiunddreißig Jahre alt, als man ihm 1411 die deutsche Königskrone aufsetzte. Er war ein gebildeter Mann, beherrschte sechs Sprachen, gab sich umgänglich und ritterlich, was manchmal in sorglose Kühnheit ausarten konnte. Ohne ein nennenswertes Heer hinter sich zu haben, zog er nach Italien, um Mailand zu gewinnen. Das schlug zwar fehl, aber sein majestätisches Auftreten war charmant und gewinnend, so daß er die kleineren Städte und Fürsten Norditaliens einzig durch Unterhandlungen auf seine Seite brachte.

Unterdessen bat er «Papst» Johannes XXIII. um seine Einwilligung für ein Konzil in Konstanz. Baldassare Cossa, kühn und selbstbewußt, stimmte sofort zu und schickte Gesandte nach Como, um die Details auszuhandeln. Freilich war es nicht nur die sorglose Kühnheit des ehemaligen Condottiere, dem Konzil – das ja sein eigenes Ende bedeuten konnte – zuzustimmen, sondern er war durch König Ladislaus von Neapel unter argen Druck geraten. Der brach den kürzlich geschlossenen Vertrag, weil er es dem Papst nicht verzeihen konnte, daß dieser Ludwig von Anjou gegen ihn gerufen hatte. So marschierte er jetzt auf Rom unter dem Vorwand, die Stadt schützen zu müssen, wenn der Papst durch das Konzil ins Ausland gerufen werde.

Cossa durchschaute dieses mehr als durchsichtige Manöver, aber er wahrte den Schein, ließ den Römern sagen, er werde mit ihnen eher in den Tod gehen, als sich Ladislaus auszuliefern. Dann verdrückte er sich in aller Stille, und im Juni finden wir ihn in Florenz, wo man über seinen Besuch nicht gerade begeistert war.

Inzwischen hatte König Ladislaus Rom besetzt und war dabei, das Patrimonium Petri nach und nach zu erobern. Den Hilferuf von Johannes XXIII. beantwortete König Sigismund mit der Aufforderung, beim Konzil zu erscheinen. Cossa war damals immer noch der Meinung, seine Legaten hätten eine Stadt in Italien dafür vereinbart, doch als er hörte, daß Sigismund auf Konstanz bestand, gab er murrend nach und setzte alles auf eine Karte. Natürlich hatte der König auch Gregor XII. und Benedikt XIII. geladen, aber die schickten lieber Legaten, so daß Baldassare Cossa sich am 28. Oktober 1414 als einziger der drei Päpste an Ort und Stelle befand. Aber wohin hätte er auch gehen sollen? Immerhin wurde er ehrenvoll und als Papst empfangen, was ihm neue Hoffnung gab, um so mehr als das Konzil auch noch unter seinem Vorsitz eröffnet wurde. Daß König Sigismund nicht daran teilnahm, sondern erst zu Weihnachten eintraf, hätte ihn allerdings warnen müssen.

Dieses berühmt gewordene Konzil ist eine Folge von Irrungen und Wirrungen, eine tragische Komödie, bei der viele Akteure ihre Rolle anders spielten, als man es erwartete.

Dies galt auch für Johannes Hus, den böhmischen Reformator. Er war der Beichtvater von Königin Sophia von Böhmen und griff in seinen Predigten mutig und mit Nachdruck die offen zutage liegenden Übelstände der Kirche an. Doch war er zugleich Politiker, betonte als Lehrer an der Prager Universität den nationalen Gegensatz und erreichte eine Änderung der Statuten gegen die deutschen Studenten, die daraufhin (1409) mit ihren Professoren die Stadt verließen. 1413 verhängte Johannes XXIII. über ihn den Kirchenbann. Daß Hus trotzdem einer Einladung zum Konzil folgte, ist schwer zu verstehen und vielleicht dadurch zu erklären, daß er sich im Recht wußte und außerdem einen königlichen Geleitbrief besaß. Darum kümmerten sich die geistlichen Herren aber nicht, und so saß der böhmische Reformator schon am 28. November 1414 im Konstanzer Gefängnis.

Sigismund ist es anzulasten, daß er nach seiner Ankunft nicht sofort Hus' Freiheit erwirkte, aber der König wollte zuerst die Kirchenreform verhandelt wissen. Das ging nun zügig voran, und man kam zu dem Entschluß, alle drei Päpste hätten zurückzutreten und ein neuer solle gewählt werden.

«Papst» Cossa stimmte in der nicht unberechtigten Hoffnung, er könnte dieser Neue sein, unter der Bedingung zu, daß auch die beiden anderen ihren Rücktritt erklärten. Allgemein wurde sein Entschluß gelobt, aber bald merkte er, daß über ihn der Stab längst gebrochen war. Er floh während eines Turniers verkleidet aus der Stadt, wobei Herzog Friedrich von Tirol ihn unterstützte und in Schaffhausen versteckte. Als man sein Fehlen bemerkte, entstand eine große Unruhe, und viele hielten das Konzil damit für gescheitert und beendet. Sigismund handelte sofort, stellte die Ruhe wieder her und verhängte über den Tiroler Herzog die Reichsacht. Am 15. Mai kroch Friedrich von Tirol zu Kreuze, «Papst» Cossa wurde gefangengenommen und eingekerkert. Am 29. Mai 1415 setzte ihn das Konzil ab. Wappen und Siegel wurden feierlich zerbrochen.

Gregor XII., bis dahin einzig rechtmäßiger Papst, besaß die Seelengröße und trat freiwillig zurück. Man ließ ihm die Kardinalswürde, und er starb am 18. Oktober 1417.

Pedro de Luna, als Benedikt XIII. Papst in Avignon, spielte seine Rolle auch anders als gedacht. War er damals bei Gregors Wahl noch bereit gewesen, mit ihm gemeinsam zurückzutreten, so stellte er sich jetzt stur. Er sei zum Papst gewählt worden und wolle als Papst sterben, ließ der bereits Neunzigjährige das Konzil wissen. Er zog sich auf die unzugängliche Halbinsel Peniscola an der Costa Brava zurück und spielte seine Papstrolle wacker weiter. Sein winziges Reich kann man in einer halben Stunde umrunden, und dort ist er fast hundertjährig 1423 gestorben.

Baldassare Cossa, gewesener «Papst» Johannes XXIII., verbrachte einige Jahre im Gefängnis und wurde dann – krank und gebrochen – gegen eine Zahlung von 30 000 Goldgulden freigelassen. Er starb am 22. Dezember 1419 in Florenz, wo im Baptisterium sein prachtvolles Grabmal von Donatello zu besichtigen ist. Seine stolzen Medici-Freunde setzten ihm als Grabspruch: *Ioannes quondam Papa XXIII.* – «Johannes XXIII., einst Papst».

Das wurde nie geändert, auch nicht als Angelo Roncalli gerade diesen Namen wählte, der, weil Cossa als Gegenpapst gezählt wird, die gleiche Zahl trug.

Nach der Absetzung, dem Rücktritt und der Flucht der drei Päpste wählte das Konstanzer Konzil am 11. November 1417 Oddone Colonna zum neuen Pontifex, und es gelang diesem mächtigen Geschlecht nur einmal – genauso wie ihren Gegnern Orsini –, jetzt mit Martin V. (1417–1431) den Stuhl Petri zu besetzen. Er residierte zuerst in Mantua, dann ein Jahr in Florenz, wo er übrigens den gerade freigekommenen «Papst» Cossa empfing, den, wie Hans Kühner schreibt, «zum ersten Mal in würdiger Haltung auftretenden Johannes XXIII.» – und ihm in christlicher Milde seine Sünden verzieh.

Am 29. September 1420, also drei Jahre nach seiner Wahl, zog Papst Martin V. in Rom ein, wobei die Orsini wohl leise mit den Zähnen geknirscht haben. Ihre Stunde kam mit Benedikt XIII. erst dreihundert Jahre später.

Das von Martin vorgefundene Rom bot einen schlimmen Anblick. Krieg, Hungersnot und Seuchen, dazu eine Situation von Anarchie und Faustrecht hatten die Stadt arg verkommen lassen. Papst Martin kam zur rechten Zeit und war, wie sich zeigte, auch der richtige Mann. In kurzer Zeit schaffte er Ordnung, die Straßenräuber verkrochen sich, und es begann eine rege Aufbautätigkeit. Der Papst rief große Maler der Frührenaissance nach Rom, wie etwa Pisanello, Masaccio und Ghiberti. Freilich, er kümmerte sich auch eifrig um die eigene Familie und war der eigentliche Begründer der Macht des Hauses Colonna.

Nun müssen wir uns hier zum Glück nicht auch noch mit den «guten» Päpsten befassen, bieten doch die schlechten schon ein so ergiebiges Material...

Mit Martin V. begann endgültig die Vorherrschaft der Päpste in Rom. Sie allein hatten das Sagen, und die Adelsfamilien mußten sich fügen – es sei denn, es gelang ihnen, einen der Ihren auf den Stuhl Petri zu bringen. Das brachte dann jeweils ein zeitweiliges Übergewicht, doch das regulierte sich wieder, wenn ein Wechsel stattfand.

Noch einmal zurück zum Konzil, wo wir Johannes Hus im Gefängnis zurückließen und wo König Sigismund – er wurde erst 1433 zum Kaiser gekrönt – nicht fest genug auftrat (oder auftreten wollte?), um auf den von ihm unterzeichneten Schutzbrief zu pochen. Man machte Hus nach allen Regeln einen Ketzerprozeß, der damit begann, daß die Lehren des englischen Reformators John Wiclif feierlich verdammt und verworfen wurden. Hus hatte sich ihnen weitgehend angeschlossen und wurde in drei langen Verhören am 5., 7. und 8. Juni 1415 dazu befragt. Solange ihm kein Irrtum nachgewiesen werde, bleibe er dabei, sagte Hus und redete sich damit um seinen Kopf. Am 6. Juli erfolgte der Urteilsspruch, und noch am selben Tag starb der mutige böhmische Reformator auf dem Scheiterhaufen. Er soll in der Nacht vor seiner Hinrichtung mit seinem Diamantring in die Mauern seines Kerkers die Worte geritzt haben:

«Morgen verbrennen sie eine Gans (tschechisch: Hus)
Und das bin ich, armer Hans
Doch in hundert Jahren kommt ein Schwan,
den werden sie ungebraten lahn...»

Und so war es auch: Am 31. Oktober 1517 schlug Martin Luther seine Thesen an die Schloßkirche von Wittenberg an. Daß er ungebraten blieb, hat er vor allem seinem Landesfürsten zu verdanken, dem es nicht nur ein religiöses Bedürfnis war, auf den Papst in Rom zu verzichten – es ging auch um Geld...

Sixtus IV. und Innozenz VIII. –
die Händler und Tyrannen

Beim Todesjahr von Papst Innozenz VIII. (1484–92) haben sich die Historiker darauf geeinigt, es für den Beginn der Neuzeit zu setzen. Bis dahin befinden wir uns quasi im Mittelalter, aber das sind schließlich nur ungefähre Hilfsmittel, die etwa für die Kunstgeschichte kaum zutreffen. So setzte die Frührenaissance in Italien bereits um 1420 ein, während wir das liberale und aufklärerische Denken und Handeln von «Renaissancemenschen» schon viel früher, zum Beispiel bei Kaiser Friedrich II., verwirklicht finden.

Die beiden Nachfolger von Martin V. waren ehrenwerte, persönlich untadelige Männer, wenn sie auch, vor allem Eugen IV. (1431–1447), manchmal zu Taten gezwungen wurden, die nicht in ihr Charakterbild passen. Papst Eugen, ursprünglich Augustiner-Eremit, hatte sich zuerst mit Konzilsproblemen herumzuschlagen, was er dann mit Hilfe des von ihm zum Kaiser gekrönten Sigismund beilegen konnte.

Im Mai 1434 kam es in Rom zu schweren Aufständen, und das «Volk» (oder diejenigen, welche es dazu aufhetzten) rief eine Republik aus, die dem Papst eine weltliche Regentschaft untersagte. Wider Erwarten fügte sich Eugen, bekannte, daß ihm dies ohnehin nur eine Last sei, die er gerne ablegen wolle. Er ahnte wohl, daß man ihn festsetzen wollte, und floh am 4. Juni aus Rom nach Florenz.

Nun betritt ein Mann die Bühne, der zwar kein Papst war oder wurde, aber den man einfach nicht übergehen kann. Es handelt sich um Giovanni Vitelleschi, der in vielem mit Baldassare Cossa verglichen werden kann, wenn er es auch nicht zum (Gegen-) Papst brachte, so doch zum Patriarchen von Alexandria und Kardinal-Erzbischof von Florenz.

Seine Karriere begann als Schreiber und Sekretär eines Räuberhauptmanns, der das Gebiet um Toscanella beherrschte, einem Städtchen in der Nähe von Viterbo. Später wählte er – warum auch immer – die geistliche Laufbahn, blieb aber auch im Priesterkleid zeitlebens ein Condottiere. Papst Eugen machte den klugen, energischen und rücksichtslosen Mann zum Bischof von Recanati in den Marken, die er Francesco Sforza für die Kirche wieder abjagte und dabei einen Wald von Galgen und einen Haufen abgeschlagener Köpfe hinter sich ließ.

Doch Vitelleschi konnte sich nicht halten, floh nach Venedig und ging dann nach Florenz, wohin Papst Eugen geflohen war. Der überhäufte ihn mit Ehren und sandte ihn nach Rom, um dort Ordnung zu schaffen. Klug, wie er war, band er die Familien Orsini, Colonna, Savelli und Caetani durch Verträge, was um so leichter fiel, als ihm sein schrecklicher Ruf längst vorausgeeilt war und er mit einer beachtlichen Armee auftrat. Ein paar Dumme stellten sich gegen ihn, wie der Präfekt von Vico, die es prompt mit dem Tod büßten.

Papst Eugen lohnte es seinem Günstling mit der Würde eines Erzbischofs von Florenz, ging aber erst im September 1443 nach Rom zurück. Unter seinem Pontifikat wählten ein Kardinal und elf Bischöfe in Basel einen Gegenpapst Felix V. – den letzten in der Geschichte der römisch-katholischen Kirche, der im April 1449 jedoch freiwillig zurücktrat.

In Rom schwang Vitelleschi sich zum Tyrannen auf und machte sich so viele Feinde, daß der Papst gezwungen war, ihn fallenzulassen. Es wurde eine Korrespondenz aufgedeckt, die bewies, daß Vitelleschi plante, nach und nach den Kirchenstaat zu erobern, um am Ende selber Papst zu werden. Am 19. März 1440 wurde er auf der Engelsbrücke durch eine List gefangen, verwundet und ein paar Tage später vermutlich durch Gift beseitigt.

Papst Eugen IV. starb am 23. Februar 1447, und auch er hatte – wie sein Vorgänger – bedeutende Künstler nach Rom geholt, wie etwa Fra Angelico, Pisanello und Donatello. Sogar der geniale Jean Fouquet (ca. 1418–1480) aus Tours ist zeitweilig für diesen Papst tätig gewesen und hat ein vielbewundertes Bildnis von ihm geschaffen, das leider verloren ist.

Papst Eugen hat auch das größte Genie der damaligen Kirchenmusik, den Niederländer Guillaume Dufay (um 1400–1474) nach Rom geholt und ihn acht Jahre in der päpstlichen Kapelle beschäftigt.

In Nikolaus V. (1447–1455) hatte Eugen einen würdigen und ebenbürtigen Nachfolger. Tommaso Parentucelli war der Sohn eines Arztes und hat sich durch Klugheit und Fleiß in der Kirche hochgedient; zuletzt war er Bischof von Bologna und erst seit kurzem Kardinal. Er haßte den Krieg, konnte Gegenpapst Felix V. zum Rücktritt bewegen und hat sich mit dem deutschen König Friedrich III. etwas noch nie Dagewesenes einfallen lassen. Da er offenbar Rom nicht verlassen wollte, krönte er Friedrich am 16. März 1452 mit der lombardischen Krone zum König von Italien, traute ihn mit der sechzehnjährigen Eleonora von Portugal und krönte ihn drei Tage später zum römischen Kaiser.

Friedrich III. war der am längsten regierende König und Kaiser (1440–1493), doch ist es ihm gelungen, ein halbes Jahrhundert so gut wie nichts zu tun. So ist er auch der unbekannteste geblieben, weil niemand mit ihm ein großes Ereignis oder eine bestimmte Handlung verbinden konnte.

Das ist natürlich nicht ohne Polemik gesagt, aber ungefähr stimmt es schon, auch wenn die Schweizer sich daran erinnern werden, daß sie seinen erfolglosen Kriegen u. a. die völlige Unabhängigkeit ihrer Länder zu verdanken haben. Jedenfalls hatten sich die Kurfürsten durch seine lange Regierung so an die Habsburger gewöhnt, daß ihm sein vierunddreißigjähriger Sohn Maximilian, den sie später den «letzten Ritter» nannten, ohne Schwierigkeiten folgen konnte. Zum deutschen König war er schon lange vorher gewählt worden – eine alte Maßnahme der Monarchen, um ihren Nachfolgern den Thron zu sichern.

Doch wir sind dem Geschehen etwas vorausgeeilt, denn zwei Ereignisse aus dem Leben des großen Papstes Nikolaus V. sollten noch kurz erwähnt werden, darunter eines von weltgeschichtlicher Bedeutung.

Am 19. Mai 1453 fiel Konstantinopel, die Hauptstadt des einst großen und mächtigen, jetzt aber zum Stadtstaat geschrumpften Oströmischen Reiches – bis heute kürzer, aber falsch als «Byzanz» bezeichnet. Byzanz war ein altgriechisches Städtchen am Bosporus, das Kaiser Konstantin zu seiner neuen Residenz ausbaute, der er seinen Namen gab. Das Volk von Ostrom sprach zwar griechisch, bezeichnete sich aber als «romai», als Römer.

Die Kirchenspaltung in oströmische und weströmische Christen habe ich kurz dargestellt. Der von den Osmanen mehr und mehr bedrohte Kaiser Johannes VIII. Paläologos versuchte verzweifelt, den Westen für sein untergehendes Reich zu interessieren, und wollte als Preis für schnelle Waffenhilfe die Union seiner Kirche mit der römisch-katholischen bezahlen. Er reiste deshalb 1439 zum Konzil nach Florenz, aber der dort abgeschlossene Vertrag blieb Papier, weil Volk und Klerus von Ostrom nicht mitspielten.

Sein Nachfolger, der junge Kaiser Konstantin XI. Dragases Paläologos fiel im Kampf um das von den Osmanen vierzig Tage lang belagerte Konstantinopel. Sultan Mehmet II., schon dabei zu resignieren, konnte die Stadt in einem letzten gewaltigen Ansturm doch noch erobern. Hätte der Westen die mächtige Kaiserstadt nicht völlig im Stich gelassen, so gäbe es heute vermutlich keine «europäische Türkei».

Schon vorher setzten sich zahlreiche oströmische Dichter, Gelehrte und Wissenschaftler nach Italien ab, beladen mit wertvollen Manuskripten altgriechischer Dichtkunst und Gelehrsamkeit. Nicht zuletzt ihnen ist es zu verdanken, daß die westliche Welt die geistigen Schätze der Antike wiederentdeckte und so die Renaissance (= Wiedergeburt) einleitete.

Damit in einem traurigen Zusammenhang steht das zweite wichtige Ereignis, der Mordanschlag auf Papst Nikolaus V.

Stefano Porcaro, einem römischen Ritter, stiegen diese Ideen zu Kopf. Er wollte Rom in eine Republik nach antikem Muster zurückverwandeln und suchte dafür andere zu begeistern, trat als Demagoge auf und sah in sich den künftigen «Retter» Italiens.

Der Papst verbannte ihn ehrenvoll nach Bologna, zahlte ihm sogar eine Monatsrente von 25 Goldgulden. Porcaro aber ließ nicht locker, scharte Unzufriedene und Exilierte um sich und ging heimlich nach Rom. Ruhmessüchtig und laut redete er von einer Stadt unter dem Pfaffenjoch, von dem man sie befreien müsse. Seine Mitverschwörer lockte er mit den goldenen Bergen, die im Vatikan und in den Palästen der Kardinäle nur darauf warteten, abgeholt zu werden. Sein Plan war es, am 6. Januar 1453 den Vatikan in Brand zu stecken, um dann den vor dem Feuer flüchtenden Papst und die Kardinäle festzunehmen. Zum Dreikönigsfest, so hoffte man, würden die meisten davon beim Gottesdienst zugegen sein. Doch zu viele wußten von dem Plan, und einige Vorsichtige verrieten ihn dem Papst. Porcaros Haus wurde umstellt, er floh durch eine Hintertür, wurde aber bei seiner Schwester in einer hölzernen Truhe aufgestöbert. Drei Tage später wurde er mit neun seiner Mitverschworenen auf dem Kapitol erhängt. Dieses eine Mal verhielt Papst Nikolaus sich gnadenlos und konsequent und hat damit vielleicht Schlimmeres verhindert.

Nach Nikolaus' Tod am 24. März 1455 kam mit Calixtus III. der erste Borgia auf den päpstlichen Thron. Sein ursprünglich spanisches Geschlecht de Borja stammte aus Jativa bei Valencia, und ihn hat noch der störrische und langlebige Gegenpapst Pedro de Luna, also Benedikt XIII., zum Canonicus gemacht. Der tüchtige Jurist war Professor in Lerida gewesen, wurde vom König von Aragon sehr geschätzt und ist Bischof von Valencia und 1444 ' Kardinal geworden.

Bei seiner Wahl war er schon 77 Jahre alt – also nur ein Kompromißkandidat, dem man kein langes Pontifikat zutraute. Doch hielt er es immerhin über drei Jahre auf dem Stuhl Petri aus, und Gregorovius nennt seine kurze Regierung «bedeutungslos». «Der Vatikan wurde alsbald ein zugesperrtes Krankenhaus, wo der gichtbrüchige Papst hinter verschlossenen Fenstern und Türen bei Lampenlicht fast immer auf seinem Bett ruhte, von Bettelmönchen oder von Nepoten umringt. Die glänzenden Neigungen seines Vorgängers widerten ihn an: er sah mit Verachtung auf die begonnenen Prachtbauten ...» Gregorovius zeichnet da ein lebendiges Bild, aber beim Stichwort Nepoten sollte doch erwähnt werden, daß unter den zwei von ihm ernannten Borgia-Kardinälen auch Rodrigo (Rodrigo Borgia, später Alexander VI.) war, ein Jüngling von zweiundzwanzig Jahren – ein fröhlicher, charmanter und blitzgescheiter Frauenheld, dem wir im nächsten Kapitel als Papst wiederbegegnen werden. Seinen Bruder Pedro Luis machte Calixtus zum Bannerträger (also obersten Feldherrn) der Kirche, zum Präfekten von Rom und zum Herzog von Spoleto.

Massenweise strömten nun spanische Abenteurer und Glücksritter in die Stadt und bildeten schließlich die Partei der Katalanen, die schon bald die Militär- und Polizeigewalt fest in Händen hielt. Doch die spanische Speziwirtschaft löste sich am 6. August 1458 beim Tod des Papstes in nichts auf, und die meisten dieser Parasiten flohen aus der Stadt. Freilich, den beiden spanischen Kardinälen konnte man nichts anhaben, als ihre Paläste zu plündern.

Beim Konklave folgte auch der Heilige Geist dem Geist der Zeit und ließ den Purpurträger Enea Silvio de Piccolomini küren, einen geistvollen Humanisten, der – wie Hans Kühner meint – den Namen Pius II. (1458–1464) nicht wählte, weil er fromm war oder an den heiligen Papst Pius des 2. Jahrhunderts dachte, sondern an den «Pius Aeneas» des Vergil. Seine Laufbahn war zuerst weltlich, er bereiste aus purer Neugierde weite Teile Europas, wurde von Kaiser Friedrich III. in Frankfurt zum Dichter (Poeta laureatus) gekrönt und diente dem Monarchen als Sekretär und Diplomat. Als Gesandter reiste er zu Papst Eugen IV. nach Rom, blieb gleich dort und wurde Sekretär Seiner Heiligkeit. 1447 ließ er sich zum Subdiakon weihen, Papst Nikolaus V. gab ihm das Bistum Triest. Nun ging in dem freigeistigen Humanisten eine Wandlung vor: Er distanzierte sich von den Schriften seiner Jugend, wurde 1450 Bischof von Siena und sechs Jahre später durch Papst Calixtus III. Kardinal.

Beim Konklave am 16. August 1458 war er zunächst kein ernstzunehmender Kandidat, denn die Kardinäle Barbo und der ungeheuer reiche Franzose d'Estouteville schielten sichtbar nach der Tiara. Keiner von ihnen konnte eine Stimmenmehrheit erringen, und so dachten diese Herren: Wählen wir einfach den harmlosesten, und sie einigten sich auf den maßlos überraschten dreiundfünfzigjährigen Kardinal Enea Silvio de Piccolomini.

Nun, da er Papst war, hatten sich seine freigeistigen humanistischen Ideale ziemlich verflüchtigt, und er tat, was auch die meisten seiner Vorgänger für ihre Pflicht gehalten hatten: Er rief die Welt zum Kreuzzug auf, indem er ein Manifest an die europäischen Fürsten richtete, wo es hieß, ihn habe Gott zum Papst erhoben, um die Kirche aus ihren Drangsalen zu retten.

Der geplante Kreuzzug sollte zunächst gegen das Osmanische Reich gerichtet sein, um Konstantinopel wiederzugewinnen. Führer dieser Kreuzfahrt sollte Kaiser Friedrich III. sein, aber Pius hätte seinen früheren Brotherrn eigentlich besser kennen müssen, um da irgendeine Hoffnung zu hegen. Wie sich bald herausstellte, hatten weder der Kaiser noch seine Reichsfürsten derartiges im Sinn. Die Kreuzzugsidee zündete nicht mehr, der Geist des Mittelalters war dahin. Mit seiner Bulle «Execrabilis» tat Pius einen weiteren Schritt zurück, als er, der sich vormals in Basel für die Autorität von Konzilen vehement eingesetzt hatte, es jetzt als Ketzerei erklärte, überhaupt an ein Konzil zu appellieren.

Ein Teil der Kardinäle folgte dem Papst auf seinen Reisen durch Oberitalien. Länger hielt sich Pius in Siena auf, weil er dort seinen Geburtsort Corsignano durch den Baumeister Bernardo Rosselino in ein geometrisch angeordnetes Idealstädtchen umwandeln ließ, das von nun an Pienza heißen sollte.

Rodrigo Borgia, inzwischen zum Vizekanzler der Kirche aufgestiegen, erregte damals den Unwillen des Papstes, weil er in Siena mit schönen Frauen Tanz- und Freudenfeste feierte. Indessen versank das seit zwei Jahren papstlose Rom wieder einmal in den Zustand völliger Anarchie. Als Pius im Oktober 1460 dorthin zurückreiste, kehrte langsam wieder Ordnung ein.

Der Kreuzzugsgedanke aber ließ ihn nicht mehr los. Da niemand bereit war, dafür Truppen zu stellen, mobilisierte er die kleine Armee des Kirchenstaates; nur Venedig sandte aus eigensüchtigen Interessen etwas Verstärkung, denn der Verlust von

Konstantinopel hatte den Handel der Serenissima schwer getroffen.

Ehe dieser gütige und völlig unkriegerische Papst zu den Waffen griff, versuchte er es mit geistigen Mitteln. Er schrieb an Sultan Mehmet II. einen Brief, er möge sich doch zum Christentum bekehren, und strich auch die Vorteile heraus. Wenn er, der Sultan, Christ geworden sei, wäre er der mächtigste Fürst auf Erden und könnte das griechische Reich als legitimer Kaiser anstatt als Usurpator regieren. Dieser Brief war eher eine theologische Abhandlung, und Pius ließ kein Argument aus, um den Sultan zu überzeugen. Doch der blieb verstockt, und Pius versuchte nun, seinen Kreuzzug durch eine Kriegssteuer zu finanzieren. Als diese verweigert wurde, entdeckte ein Giovanni de Castro bei Tolfa Alaungruben und verkündete dem Papst begeistert: «Heute verkünde ich Euch den Sieg über die Türken, nämlich 300 000 Dukaten jährlicher Einkünfte.»

Soviel wurden es zwar nicht, aber das damals so beliebte Färbemittel brachte schöne Summen in die päpstliche Kasse, und Papst Pius III. erließ im Oktober 1463 eine Kreuzzugsbulle, stieß aber überall auf Ablehnung. So machte sich dieser Don Quijote im Papstornat auf den Weg nach Ancona, um dort seine «Flotte» zu erwarten. Unterwegs erkrankte er an einem Fieber, dem er am 15. August 1464 in Ancona erlag. Ein Idealist war er schon als Dichter und Gelehrter gewesen, er ist es auch als Papst bis in den Tod hinein geblieben.

Mit Sixtus IV., Francesco della Rovere (1471–1484) begann der moralische Niedergang des Papsttums, das, wie es bei Seppelt/Schwaiger heißt, «Zeitalter des Verderbens».

Buchstäblich vom ersten Tag seines Pontifikates an betrieb Sixtus den schamlosesten Nepotismus und machte in kurzer Zeit fünf seiner Neffen zu Kardinälen, darunter Pietro Riario, einen

Sixtus IV. Initiator des Mordanschlages auf Lorenzo und Giuliano de Medici. (Gemälde von Tizian)

Schürzenjäger, Säufer und Prasser, dem er vier Bistümer und damit ein Jahreseinkommen von 2 400 000 Dukaten verschaffte. Als dieser Tagedieb sich mit achtundzwanzig Jahren totgesoffen und -gehurt hatte, wurde dessen Bruder Girolamo Riario der Favorit des Papstes. Er machte den früheren Gemüsehändler zum Grafen und verheiratete ihn mit Caterina Sforza, der Tochter des Herzogs von Mailand.

Wie weit Sixtus in die sogenannte Pazzi-Verschwörung verwickelt war, wird sich kaum noch herausfinden lassen. Wenn er nicht ihr Urheber war, so hat er doch von ihr gewußt und sie gebilligt. Deren Plan sah vor, die damals Florenz beherrschende, beim Volk sehr beliebte Familie Medici auszurotten, worauf die Familie Pazzi die Macht in der Stadt übernehmen sollte.

Dieses blutrünstige Bubenstück war der Auftakt zu einer Kette von Verschwörungen und Mordanschlägen, die das Italien der Renaissance zwar kaum erschüttern, aber doch begleiten und kennzeichnen sollten.

Anfangs scheint Sixtus IV. Lorenzo de Medici (1449–1492), den Herrn von Florenz, eher geschätzt und unterstützt zu haben, doch bald wurde ein Interessenkonflikt sichtbar, der sich – zumindest auf der Seite des Papstes – bis zur Todfeindschaft steigerte. Denn der Papst war darauf aus, den Kirchenstaat zu stärken und seine Familie zu bereichern, während Lorenzo eine gewisse politische Einheit in Italien anstrebte, um den drohenden äußeren Gefahren – zum Beispiel den Türken – besser begegnen zu können. Als Lorenzo für seinen Bruder Giuliano den Kardinalshut begehrte, war die Ablehnung des Papstes so schroff, daß sie einer Kriegserklärung gleichkam. Sixtus arbeitete nun mit allen Mitteln darauf hin, Florenz politisch zu isolieren, hetzte und paktierte mit den Gegnern der Medici, und das waren in Florenz vor allem die Pazzi. Girolamo Riario, der zum Grafen gewordene Gemüsehändler, gewann Francesco Salviati, den Erzbischof von Pisa, für den Anschlag, mit dem die Pazzi durch den Doppelmord an Lorenzo und seinem Bruder Giuliano in Florenz die Macht an sich reißen wollten. Ein anderer Papstneffe, Kardinal Raffaello Riario, sollte auch mit von der Partie sein, war aber in den eigentlichen Plan nicht eingeweiht.

Zuerst war der Anschlag bei einem Bankett am 25. April 1478 geplant, doch Giuliano erschien nicht, und so wurde das Verbrechen auf den folgenden Tag verschoben, wo beide Brüder am Sonntag im Dom der Messe beiwohnten. Da schlug einem der Mörder das Gewissen, weil er nicht in der Kirche töten wollte. Sinnigerweise fanden sich dann zwei Priester bereit, für ihn einzuspringen, vielleicht hatte ihnen der Papst schon im voraus die Absolution erteilt.

Auf dem Weg zur Kirche legte Francesco Pazzi in einer Judasgeste den Arm um seinen Freund Giuliano de Medici, weil er feststellen wollte, ob dieser ein Panzerhemd trug. Die Mörder wollten im Augenblick der Wandlung zustoßen, wenn alle Köpfe sich vor der Hostie beugten. Giuliano empfing den Todesstoß, doch der geistesgegenwärtige Lorenzo floh mit einigen Freunden in die Sakristei und verbarrikadierte sich dort.

Draußen zog Erzbischof Salviati mit anderen Verschwörern zum Palazzo Vecchio, rief den Tod der Medici aus und forderte die Übergabe der Macht an die Pazzi. Doch er hatte die Bürger von Florenz falsch eingeschätzt. Alle Wut richtete sich gegen die Pazzi, an denen das Volk nun den Anschlag auf die populären Brüder Medici rächen wollte.

Fast alle Verschwörer nahmen ein schreckliches Ende. Erzbischof Salviati wurde am Turmfenster des Palazzo Vecchio für die ganze Stadt sichtbar erhängt, Francesco Pazzi konnte in die Berge fliehen, doch Bauern brachten ihn gefangen zurück, und er durfte den luftigen Platz neben dem Erzbischof teilen. Die meisten anderen am Anschlag Beteiligten fielen der Volkswut zum Opfer. Einer der Hauptverschwörer, Bernardo Bandini, floh bis nach Konstantinopel, wurde vom Sultan ausgeliefert und ebenfalls erhängt. Den Kardinal Riario sperrte man ein, und als sich herausstellte, daß der Achtzehnjährige nicht in den Mordplan eingeweiht war, schickte man ihn zurück nach Rom, wo der päpstliche Onkel aus lauter Wut über das Mißlingen den Florentiner Gesandten verhaften und einsperren ließ. Dann schleuderte er den Kirchenbann auf Lorenzo und die Signorie (Stadtrat) wegen der Hinrichtung des Erzbischofs von Pisa und bedrohte die ganze Stadt mit dem Interdikt, falls sie die Medici nicht binnen drei Monaten davonjagte. Dieses einst so wirksame päpstliche Strafmittel wirkte allerdings nicht mehr, und kein Mensch in Florenz kümmerte sich darum. Der Papst schuf sich dadurch nur weitere Feinde, und Venedig, Mailand, ja sogar der König von Frankreich boten Florenz ihre Unterstützung an. Selbst Kaiser Friedrich III. wurde aus seinem Phlegma aufgeschreckt und ließ Sixtus IV. durch eine Gesandtschaft abmahnen.

Sixtus blieb störrisch, verbündete sich mit König Ferrante von Neapel und zog gegen Florenz in den Krieg. Da zeigte Lorenzo de Medici «il Magnifico» sein wahres Gesicht. Er bat den schlauen und brutalen Ferrante um eine Unterredung und reiste nach Neapel. Dem Geist dieses Renaissancegenies war der sonst so skrupellose Säbelraßler nicht gewachsen. Er kündigte sein Bündnis mit dem Papst auf und brach den Krieg ab.

Sixtus IV. war politisch auf der ganzen Linie gescheitert, aber dieser Papst besaß auch andere Seiten. Er zog Gelehrte und Künstler aus ganz Italien nach Rom, überhäufte sie mit Aufträgen und hatte für Kunst- und Kulturangelegenheiten stets eine offene Hand. Er baute oder restaurierte die Kirchen Santa Maria del Popolo, S. Maria della Pace und die Capella Sistina, die er durch Botticelli, Ghirlandaio, Perugino, Pinturicchio und andere großartig ausschmücken ließ, wenn auch das, was sie weltberühmt machte, erst später dazukam: die Fresken von Michelangelo Buonarroti.

Die von seinem Vorgänger angelegte Antikensammlung machte Sixtus der Öffentlichkeit zugänglich, die Römische Akademie ließ er wieder eröffnen und rief die vertriebenen Humanisten nach Rom zurück. Er war einer der ersten Päpste, die Rom geprägt und verschönert haben, deren Spuren bis heute zu sehen und deren Namen verewigt sind, zum Beispiel die Sixtinische Brücke und die Sixtinische Kapelle.

Auf diesen Widerspruch werden wir in der Renaissance noch öfter treffen: Ein bedenklicher, Mord nicht scheuender Charakter, dazu schrankenloser Nepotismus, Habgier, Tücke – also skrupellos in jeder Beziehung. Auf der anderen Seite wieder – auch dies oft hemmungslos – förderte er Wissenschaft und

Künste nachhaltig, und man kann nicht sagen, daß dies immer aus persönlicher Eitelkeit geschah.

Schon damals nannten viele Zeitgenossen Sixtus IV. «einen Papst ohne Gewissen und ohne Religion» und forderten ein Konzil zu seiner Absetzung.

Gregorovius nennt ihn eine «unpriesterliche Gestalt», eine «kraftvolle und rücksichtslose Tyrannennatur» und bezeichnet ihn als «den ersten wahren Papstkönig Roms». Sein berühmter Ausspruch: «Der Papst braucht nichts als Tinte und Feder, um jede beliebige Summe zu erlangen» wird oft zitiert, und wir wissen, daß Sixtus zeit seines Pontifikats danach gehandelt hat. Ein unheiliger Vater – gewiß, aber einer, der für Rom mehr getan hat als Dutzende seiner Vorgänger.

Sein Tod am 12. August 1484 löste in Rom große Unruhen aus. Die Nepoten setzten sich eilig ab, und wieder ertönten die alten feindlichen Schlachtrufe durch die Straßen: «Orsini! Colonna!»

Letztere hetzten gegen die verhaßte Riario-Sippe, die sich nun nach Sixtus' Tod verkroch. Girolamo, Gemüsehändler und Graf, hielt zwar noch die Engelsburg, gab sie aber um 4000 Dukaten heraus, unter der Bedingung, daß Colonna und Orsini sich friedlich verhielten.

Dies geschah, und am 25. August begann das Konklave, bei dem sich die Hauptkandidaten Rodrigo Borgia und Giuliano della Rovere haßerfüllt gegenüberstanden.

Der aus Deutschland stammende Zeremonienmeister Johannes Burchard (in Rom Burcardus genannt) hat detailliert beschrieben, wie diese Purpurträger bei einem Konklave ausgestattet waren:

«Ein Tisch, ein Sessel, ein Schemel. Ein Stuhl für die Entleerung des Darmes. Zwei Urinflaschen, zwei kleine Mundtücher für den Tisch des Herrn (Kardinals). Zwölf kleine Tischservietten für denselben Herrn und vier Handtücher. Zwei kleine Tücher zum Abwischen der Becher. Ein Teppich. Eine Truhe oder Kiste für die Gewänder des Herrn, seine Hemden, seine

Tochetts, Tücher zum Abwischen des Gesichts und ein Taschentuch. Vier Schachteln Süßigkeiten als Proviant. Ein Gefäß mit gezuckerten Piniensamen. Marzipan. Rohrzucker. Gebäck. Ein Stück Zucker. Eine kleine Waage. Ein Hammer. Schlüssel. Ein Spießchen. Eine Nadelbüchse. Eine Schreibmappe mit Federmesser, Feder, Pinzette, Rohrfeder und Federgestell. Vierundzwanzig Bogen Schreibpapier. Roter Siegellack. Ein Wasserkrug. Ein Salzfäßchen. Messer. Löffel. Gabeln ...»

Jeder bestach, intrigierte und machte Versprechungen, aber die Parteien blieben etwa gleich stark, und so einigte man sich am 29. August 1484 zähneknirschend auf Giovanni Battista Cibo, den Kardinal von Sta. Cecilia, einen gutmütigen, wenig gebildeten 52jährigen, der sich als Papst Innozenz VIII. nannte. Er mußte seine Gunst nicht auf Neffen verteilen, weil er aus früheren Zeiten eine, wie es heißt, sehr zahlreiche Nachkommenschaft besaß.

Den Sohn Franceschetto, ein verkommenes Subjekt, machte er zu seinem erklärten Favoriten und verschaffte ihm Maddalena de Medici, eine Tochter Lorenzos, als Frau. Als Gegenleistung wurde Giovanni, der vierzehnjährige Sohn Lorenzos, zum Kardinal ernannt. Man sieht, daß auch der charakterlich sonst so einwandfreie Lorenzo korrupten Regungen nachgab.

Die Colonna hielten sich nicht lange an ihr Friedensversprechen und attackierten schon im März 1485 die von Sixtus IV. bevorzugten Orsini. Papst Innozenz VIII. versuchte zu vermitteln und erzielte einen faulen Frieden, ein vorläufiges Stillhalten. Dafür verschärfte sich der Konflikt mit Ferrante von Neapel, der mit seinem Sohn Alonso dabei war, seine aufbegehrenden Barone brutal in ihre Schranken zu weisen.

So kam es zu der «Verschwörung der Barone», die sich an den Papst um Hilfe wandten. Giuliano della Rovere – diesmal nicht Papst geworden, aber graue Eminenz – riet dem Papst zu, denn Neapel müsse ein Lehen der Kirche bleiben. In René von Lothringen (er stammte von den Anjou ab) fand man einen Verbündeten und Thronprätendenten. Der zeigte sich wenig geneigt, in dieser unsicheren Sache viel zu riskieren, aber er tat zumindest so, fand auch die Unterstützung seines Vetters, des französischen Königs, so daß sich der vorsichtige Ferrante zum Einlenken bereit erklärte. Beim Friedensschluß vom 11. August 1486 versprach er einen jährlichen Tribut von 8000 Dukaten an die Kirche und eine Amnestie der aufständischen Barone. Natürlich hielt sich Ferrante nicht daran und ließ die Häupter der abtrünnigen Adelsfamilien zu Dutzenden jagen und grausam hinrichten. Der schwache und hilflose Papst ignorierte diesen Vertragsbruch, weil die Zustände in Rom sich unter seiner kraft- und entschlußlosen Herrschaft von Tag zu Tag verschlimmerten.

Gregorovius zitiert Stefano Infessura, einen Historiker, Chronisten und wohl auch Augenzeugen, von dessen Leben allerdings so gut wie nichts bekannt ist.

«Rom war voll von Banditen und Frevlern; jeder Morgen enthüllte die Schauder der Nacht, die Erdolchten, welche auf den Straßen lagen. Man plünderte Pilger, selbst Gesandte vor den Toren Roms aus. Die Gerichte waren machtlos oder feil. Die Nepoten verkauften schamlos das Recht, um Geld zu machen. Als einst der Vicecamerlengo gefragt wurde, weshalb die Übeltäter nicht bestraft würden, sagte er in des Geschichtsschreibers Gegenwart lachend: ‹Gott will nicht den Tod des Sünders, sondern daß er leben und zahlen soll.› Verbrecher henkte man in der Torre di Nona, wenn sie insolvent waren, aber man ließ sie frei, sobald sie der richterlichen Kurie eine Summe erlegten. Mörder erlangten für Geld ohne Mühe einen Salvaconduct vom Papst, der sie vor der Justiz schützte und ihnen erlaubte, mit Bewaffneten in der Stadt umherzugehen, um sich gegen Bluträcher zu verteidigen. Franceschetto Cibò hatte einen förmlichen Vertrag mit dem Vizekämmerer gemacht, wonach jedes Strafgeld über 150 Dukaten ihm selbst, das geringere der Kammer zufiel. Jedermann spottete der Justiz, und jeder half sich selbst mit Bewaffneten. Als Bernardo Sanguigni im Hause einer damals berühmten Kurtisane Grechetta von einem Franzosen erstochen wurde, sprangen aus dem Palast Crescenzi mehr als vierzig Jünglinge hervor, seinen Tod zu rächen. Sie verbrannten jenes Haus. Mehr als 2000 Menschen nahmen an diesem Tumulte teil.

Jeder Palast bildete damals ein verschanztes Lager; jede Wohnung eines Kardinals mit ihrem ganzen Bezirk ein Asyl. Diese hohen und breiten Häuser waren noch burgartig und mit kleinen Türmen versehen. Das gewaltige Portal schloß eine mit Eisen bekleidete Türe, die, wenn sie verrammelt war, nicht leicht gesprengt werden konnte. Sie führte durch ein gewölbtes Vorhaus in große Säulenhöfe mit steilen Steintreppen und Logen in den Obergeschoßen; und dort wie in den weiten Gemächern konnte der Kardinal viele hundert mit Archibusen bewaffnete Söldner aufstellen und verteilen; ja selbst an Artillerie fehlte es in solchem Palaste nicht. Wenn Frevler die Protektion eines Kardinals erlangten, so verteidigte sie dessen ‹Familie› mit den Waffen in der Hand gegen die Justiz. Als eines Tages junge Römer Leute des Kardinals Alcanio verwundeten, zog dessen Familie mit Wurfgeschossen öffentlich aus, und sie verwundete mehr als zwanzig Personen auf der Straße. Der Kapitän der Kurie Savelli nahm eine Exekution in der Nähe des Palastes des Kardinals Balue vor; aus dem Fenster verbot dies der Kardinal, weil hier sein Bezirk sei. Da der Exekutor nicht gehorchte, befahl er seinen Leuten, den Gerichtshof zu stürmen. Sie taten dies sofort, verwüsteten ihn, zerstörten die Akten und befreiten alle Gefangenen. Hierauf schickten die Kardinäle Savelli und Colonna nachts Truppen gegen ihren Kollegen aus. Der Papst zitierte die Streitenden in seinen Palast, wo sie einander mit Beleidigungen überhäuften.»

Man nahm ihn nicht mehr ernst, diesen Papst, und handelte nicht einmal hinter seinem Rücken, sondern vor seinen Augen nach Belieben.

Eine traurige Berühmtheit hat Papst Innozenz VIII. mit seiner unseligen Hexenbulle von 1484 erlangt. Sie war der eigentliche Auslöser für die Hexen- und Ketzerverfolgungen der künftigen Jahrhunderte und hat Millionen von unschuldigen Menschen das Leben gekostet.

Innozenz hat den *Malleus maleficarum,* auch «Hexenhammer» genannt, durch seine Bulle sanktioniert und gutgeheißen. Zwei deutsche Mönche, Jakob Sprenger und Heinrich Institoris, haben ihm das Machwerk in Rom vorgelegt, und Innozenz dachte in seiner Einfalt vielleicht noch, er habe mit seinem Placet ein gutes Werk getan.

Hier ist ansonsten kein Raum, den Text einer Bulle zu zitieren, weil man ihre Inhalte in der Regel in wenige Sätze fassen kann, aber bei der Hexenbulle will ich – weil sie so weitreichende Folgen für ganz Europa hatte – eine Ausnahme machen und sie leicht gekürzt wiedergeben. Ich folge dabei der altertümlichen Übersetzung aus dem Lateinischen in das Deutsch der Barockzeit.

«Innocentz Bischoff, ein Knecht der Knechte Gottes. Zu künftigen, der Sache Gedächtniß. Indeme wir mit der höchsten Begierde verlangen, wie es die Sorge unsers Hirten Amtes erfordert, daß der Catholische Glaube fürnehmlich zu unseren Zeiten allen thalben verehret werden und blühen möge, und alle Ketzerische Bosheit von denen Gräntzen der Gläubigen weit hinweg getrieben werde, so erklären wir gerne, dasjenige und setzen es auch von neuem, wordurch solches Unser Gottseliges Verlangen die erwünschte Würkung erlangen mag. Und dannenhero in deme, durch den Dienst unserer Arbeit, als durch die Reuthaue eines vorsichtigen Arbeiters alle Irrthümer gäntzlich ausgerottet werden, der Eyffer und die Beobachtung eben desselben Glaubens in die Hertzen der Gläubigen um so starker eingetrucket werde. Gewißlich ist es neulich nicht ohne grosse Beschwehrung zu unsern Ohren gekommen, wie daß in einigen theilen des Oberteutschlands, wie auch in denen Meyntzischen, Cölnischen, Trierischen, Saltzburgischen und Bremer Ertzbistümern, Städten, Ländern, Orten und Bistümern sehr viele Personen byderley Geschlechts, ihrer eigenen Seligkeit vergessend, und von dem Catholischen Glauben abfallend, mit denen Teufeln, die sich als Männer oder Weiber mit ihnen vermischten, Mißbrauch machen, und mit ihren Bezauberungen,

Liedern und Beschwehrungen, und anderen abscheulichen Aberglauben und zauberischen Übertretungen, Lastern und Verbrechen, die Geburten der Weiber, die Jungen der Thiere, die Früchten der Erde, die Weintrauben und die Baumfrüchte, wie auch die Menschen, die Frauen, die Thiere, das Vieh, und andre unterschiedener Arten Thiere, auch die Weinberge, Obstgarten, Wiesen, Weyden, Getreide, Korn und andern Erdfrüchten, verderben, ersticken und umkommen machen und verursachen, und selbst die Menschen, die Weiber, allerhand groß und klein Vieh und Thiere mit grausamen sowohl innerlichen als äusserlichen Schmertzen und Plagen belegen und peinigen, und eben dieselbe Menschen, daß sie nicht zeugen, und die Frauen, daß sie nicht empfangen, und die Männer, daß sie denen Weibern, und die Weiber, daß sie denen Männern, die eheliche Werke nicht leisten können, verhindern. Über dieses den Glauben selbst, welchen sie bey Empfangung der heiligen Tauffe angenommen haben, mit Eydbrüchigen Munde verläugnen. Und andere überaus viele Leichtfertigkeiten, Sünden und Lastern, durch Anstifftung des Feindes des menschlichen Geschlechts zu begehen und zu vollbringen, sich nicht förchten, zu der Gefahr ihrer Seelen, der Beleidigung Göttlicher Majestät, und sehr vieler schädlicher Exempel und Ärgerniß (...)

Derohalben Wir, indem wir alle und jede Hinternüsse, durch welche die Verrichtung des Amts derer Inquisitoren auf irgend eine Weise verzögert werden könnte, aus dem Wege räumen, und damit nicht die Seuche des Ketzerischen Unwesens und anderer solcher Verbrechen ihr Gifft zu dem Verderben anderer Unschuldigen ausbreiten möge, durch taugliche Hülffsmittel, wie solches unsern Amt obliget, versorgen wollen, da der Eyffer des Glaubens uns fürnemlich hierzu antreibet, damit nicht dahero geschehen möge, daß die Ertzbistümer, Städte, Bistümer, Länder, und obgenennte Orte in denselben Theilen des Oberteutschlandes, ohne das nöhtige Amt der Inquisition seyn, so setzen wir aus Apostolischer Hoheit, daß denen Inquisitoren das Amt solcher Inquisition darinnen zu verrichten erlaubt seyn, und sie zu der Besserung, Inhafftnehmung und Bestraffung solcher Personen über den vorgenannten Verbrechen und Lastern hinzu gelassen werden sollen (...)

Und befehlen nicht weniger Unserm Ehrwürdigen Bruder dem Bischoff zu Straßburg durch Apostolische Brieffe, daß Er, durch sich selbst, oder durch einen andern, oder etliche andere, das vorgemeldete, wo, wann und so oft er es vor nützlich erkennen wird, und er von seiten solcher Inquisitoren, oder eines derselben gebürend wird ersuchet seyn, offentlich kund thun, und nicht gestatten solle, daß sie oder einer derselben über diesem, wider den Inhalt derer gedachten und derer gegenwärtigen Brieffe, durch keinerley Gewalt beeinträchtiget oder sonst auf irgend eine Weise gehindert werden, alle diejenige, so ihnen Eintracht thun, und sie verhindern, und wiedersprechen, und rebelliren werden, von was vor Würden, Aemtern, Ehren, Vorzügen, Adel und Hoheit oder Standes, und mit was für Privilegien, der Befreyung sie versehen seyn mögen, durch den Bann, die Aufhebung und Verbott, und andere noch schröcklichere Urtheile, Ahndungen und Straffen, welche ihm belieben werden, mit Hindansetzung aller appellation, bezaumen, und nach denen von ihme zu haltenden rechtlichen Processen, die Urtheile, so offt es nöhtig seyn wird, durch unser Ansehen ein und abermal schärffen lasse, und darzu, wann es vonnöthen seyn wird, die Hülffe des weltlichen Arms anruffe. Ohngeachtet aller und jeder vorigen und diesem zuwiederseyenden Apostolischen Rechtschlüssen und Verordnungen. Oder wann einigen insgemein oder insonderheit von dem Apostolischen Stuhl nachgegeben worden, daß wider sie kein Verbote, Aufhebung oder Bann solle ergehen können, durch Apostolische Brieffe, in welchen solcher Nachgebung nicht völlige und austruckliche Meldung geschiehet, desgleichen alle andere oder besondere Indulgentzien des bemelten Stuhls von was vor Inhalt sie seyen, durch welchen und wann sie in diesen Gegenwärtigen nicht ausgetrucket, oder nicht ganz einverleibet werden, die Würckung dieser Gnade auf unsere Weise verhindert oder aufgeschoben werden möchte, und von einer jeglichen, darvon geschiehet nach dem gantzen Inhalt in unserem Brieff besondere Meldung. Es solle also gar keinem Menschen erlaubt sein, dieses Blatt Unserer Verordnung, Ausdehnung, Bewilligung und Befehls zu übertreten, oder derselben aus verwegener Kühnheit entgegen zu handeln. Wann aber jemand sich dieses zu erkühnen unternehmen würde, der soll wissen, daß er den Zorn des allmächtigen Gottes und Seiner Heiligen Apostels Petri und Pauli auf sich laden werde.

Gegeben in Rom zu St. Peter, im Jahr der Menschwerdung des Herrn Tausend vierhundert und vier und achtzig, den 5. December, im ersten Jahr unserer Päbstlichen Regierung.»

Der Text spricht für sich, er bedarf keines weiteren Kommentars.

Nun wäre noch über den osmanischen Prinzen Dschem (auch Djem) zu berichten, der bis in die Zeit Alexanders VI. hinein in Rom eine tragikomische Rolle spielte.

Dieser muslimische Prinz war der Sohn von Sultan Mehmet II., dem Eroberer von Ostrom. Er wie auch sein älterer Bruder Bajazet strebten die Nachfolge an, doch Dschem zog den kürzeren und floh nach Ägypten, wo man ihn nach Rhodos zu den Johannitern (später auch Malteserritter genannt) abschob. Der Großmeister, Pierre d'Aubusson, drohte Bajazet, den Konkurrenten zu unterstützen, es sei denn, er zahle eine Abstandssumme. Sultan Bajazet erklärte sich sofort bereit, dem Orden jährlich 35 000 Dukaten für die sichere Verwahrung des Bruders zu bezahlen und außerdem mit dem christlichen Abendland einen dauernden Frieden zu halten.

Sicherheitshalber sandte d'Aubusson den muslimischen «Goldesel» nach Frankreich, und dann begann reihum ein Bieten und Feilschen, denn dieser Prinz stellte so etwas wie eine sichere Rente dar. Papst Innozenz VIII. erhielt den Zuschlag, und Dschem zog am 13. März 1489 in Rom ein. Die halbe Stadt stand Spalier, denn die Römer hatten schon viel gesehen, aber noch keinen leibhaftigen muslimischen Prinzen. Man begrüßte ihn ehrenvoll wie einen exotischen König, doch Dschem blieb regungslos auf seinem Schimmel sitzen, das Gesicht verschleiert, den fülligen Körper in weite arabische Gewänder gehüllt.

König Karl von Frankreich hatte sich standhaft geweigert, den

Muslimen zu empfangen – vielleicht um keine Sünde zu begehen –, aber der Papst und die Kardinäle waren weniger heikel. Sie empfingen Dschem im Konsistorium (Kardinalversammlung unter Vorsitz des Papstes), doch als der Zeremonienmeister ihm sagen ließ, er müsse sich vor dem Papst niederwerfen, besann der Prinz sich auf seine Würde, ging aufrecht auf Innozenz zu und küßte ihn flüchtig auf die rechte Schulter. Jeden der Kardinäle umarmte er, um sich dann in die für ihn im Vatikan eingerichtete Wohnung zurückzuziehen. Er wußte, daß sein Bruder alles daransetzte, ihn – wie auch immer – aus dem Leben zu schaffen, und hatte sich mit einigen Freunden umgeben, die für ihn durchs Feuer gingen. Er war im Grunde ein einsamer und melancholischer Mensch, liebte es aber, von Zeit zu Zeit lärmende Gastmähler oder pompöse Jagdausflüge zu veranstalten.

Sein Handelswert war inzwischen gestiegen, und Bajazet zahlte dem Papst Jahr für Jahr 40 000 Dukaten. Nur wenigen kam die absurde Situation zu Bewußtsein, daß der Papst Tür an Tür mit dem Sohn jenes Mannes lebte, der das christliche Kaiserreich des Ostens zerstört und zeitlebens nichts anderes getan hatte, als den Islam nach Westen zu tragen, wobei er über Bosnien bis in die Walachei vorgedrungen war.

Innozenz konnte am 2. Januar 1492 noch den Fall von Granada, der letzten Bastion des Islam in Spanien, erleben und die Demutsgeste von Sultan Bajazet, der – in ständiger Furcht vor seinem gefangenen Bruder – dem Papst eine sehr wertvolle Reliquie übersandte, nämlich die Lanzenspitze, die Christus am Kreuz die Brust geöffnet hatte. Daß man eine solche bereits in Paris und in Nürnberg verehrte, tat dem Geschenk keinen Abbruch.

Im Sommer 1492 erkrankte der Papst, und sofort wollte sein Sohn Franceschetto Dschem entführen. Doch die Kardinäle zogen Truppen zusammen, die Dschem im Vatikan bewachten, während der Papst mit dem Tod rang. Seine Nepoten saßen wie aufgescheuchte Hühner um sein Bett, und sein jüdischer Leibarzt verfiel auf den Gedanken, dem Sterbenden das Blut von Knaben einzuflößen, wozu sich drei Zehnjährige gegen Geld bereit erklärten. Innozenz aber lehnte eine solche Behandlung ab – die drei Jungen sollen an dem Experiment gestorben sein.

Innozenz VIII. starb am 25. Juli 1492, wenige Tage ehe Kolumbus – von dem die Welt damals noch nichts wußte – zu neuen Ufern aufbrach.

Papst Innozenz VIII., persönlich gewiß kein schlechter Mensch, hat durch seine Schwäche viel Schlechtes bewirkt. Ämterhandel und Korruption nahmen gigantische Ausmaße an, seine Nepoten waren einzig und allein auf persönliche Bereicherung bedacht. Sogar falsche Bullen (vielleicht mit erkauften echten Unterschriften?) kamen in Umlauf, was zwei Fälscher auf dem Scheiterhaufen büßen mußten. Auch hat dieser Papst den Boden bereitet für Nachfolger, die Simonie und Ämterhandel für legitime Maßnahmen der Kirche hielten, die aber – im Gegensatz zu Innozenz – keine schwachen Naturen waren und durchaus wußten, was sie taten.

John N. D. Kelly schreibt dazu: «Als Papst war er nicht in der Lage, sichere Kontrolle über Rom auszuüben, er hinterließ den Kirchenstaat in Anarchie, und sein Tod gab das Signal zum Ausbruch beispielloser Gewalt und Verwirrung.»

III. Der blutige Glanz
der Renaissance

Alexander VI. –
der geile Stier von Rom

Als es Anfang August zum Konklave kam, hatten, wie sich schnell zeigte, weder Giuliano della Rovere noch Rodrigo Borgia ihre Papstträume aufgegeben – ganz im Gegenteil. Nur war der Borgia so klug, es nicht zu zeigen, während der grimmige, rauschebärtige della Rovere, ein ehemaliger Franziskanermönch, sozusagen als der Kandidat ins Konklave ging. Da gibt es allerdings in Rom einen alten Spruch: Wer als Papst ins Konklave geht, kommt als Kardinal wieder heraus. Das hatte sich oft erwiesen und sollte sich auch diesmal zeigen.

Rodrigo Borgia, inzwischen zweiundsechzig geworden, setzte alles an Geld- und Machtmitteln ein, was ihm zur Verfügung stand, und das war nicht wenig. Als Vizekanzler der Kirche und abgebrühter Händler mit Ämtern und Ablässen hatte er ein schönes Vermögen zusammengetragen. Daß er auch sonst ein kluger und tüchtiger Mann war, dürfen wir seinem Sekretär glauben, wenn er schreibt: «Es sind jetzt siebenunddreißig Jahre, seit sein Onkel Calixtus III. ihn zum Kardinal ernannte, und während dieser Zeit hat er nie ein Konsistorium versäumt – außer bei Krankheit, was übrigens sehr selten der Fall war. Bei Pius II., Paul II., Sixtus IV. und Innozenz VIII. galt er viel: er war Legat in Spanien und Italien. Wenige verstanden die Etikette so gut wie er. Er wußte eine beherrschende Stellung einzunehmen, glänzte in der Unterhaltung und trat würdevoll auf. Infolge seiner majestätischen Gestalt war er kleineren Menschen gegenüber im Vorteil. Er stand genau in dem Alter, in welchem nach Aristoteles die Menschen am klügsten sind: er zählte sechzig Jahre. Er war körperlich rüstig und geistig frisch; so war er für seine neue Stellung vollkommen geeignet.»

Ein wichtiges Faktum mußte der loyale Sekretär natürlich verschweigen, nämlich daß Kardinal Borgia schon seit einigen Jahren ein intaktes und behagliches Familienleben führte. Seine Geliebte Vanozza de Cattanei hatte ihm im Laufe der Jahre vier Kinder geboren: Giovanni, Cesare, Lucrezia und Gioffré. Auch von anderen Geliebten gab es mindestens drei Kinder, die er versorgte, aber die der Vanozza waren quasi seine «legitimen» und durften alle den Namen Borgia tragen. Auch als Papst gab er – wie wir sehen werden – dieses Familienleben nicht auf, ganz im Gegenteil.

Nun, er ging am 6. August als Kardinal ins Konklave, das erstmals in der Sixtinischen Kapelle stattfand. Aber auch della Rovere, der andere Bewerber, stand nicht ohne Geldmittel da, denn Frankreich unterstützte ihn mit 200 000 Dukaten, Genua mit 100 000. Doch Borgia hatte, wie es schien, direkter und praktischer gehandelt, Geld und Ämter schon im voraus an die Betreffenden verteilt, und es heißt, daß sich von den fünfundzwanzig Kardinälen nur fünf als unbestechlich erwiesen.

In der Nacht zum 11. August 1492 geschah das «Wunder»: Rodrigo Borgia war einstimmig gewählt! Sogar sein schärfster Gegner Giuliano della Rovere hatte ihm, als es für ihn aussichtslos wurde, seine Stimme gegeben, um sich nicht die Feindschaft des neuen Papstes zuzuziehen.

Neben der Bestechung dürfte für diese Entscheidung der Gedanke ausschlaggebend gewesen sein, daß ein Spanier ohne Hausmacht das schwierige Gleichgewicht der Kräfte in Rom weniger ins Wanken brachte als ein della Rovere, dessen Familie seit Sixtus IV. in Rom und Italien Macht und Einfluß besaß. Nur Kardinal Giuliano de Medici schien zu ahnen, was ihnen bevorstand, als er seinem Kollegen Cibo nach der Wahl ins Ohr flüsterte: «Wir sind im Rachen des Wolfs, der uns verschlingen wird, wenn wir nicht entfliehen.»

Nun, Kardinal della Rovere redete nicht nur, sondern handelte schnell. Er ging nach Frankreich und schlug dem jungen König Karl VIII. vor, den simonistisch gewählten Alexander VI. durch ein Konzil abzusetzen und statt dessen ihn zu wählen. Im übrigen sei er jetzt aufgerufen, in Neapel die rechtmäßige Dynastie der d'Anjou wieder einzusetzen; auch gelte es, die Türken endlich zu besiegen. Der einfältige, wenig gebildete und körperlich krüppelhaft häßliche König ließ sich beschwatzen und zog ein für damalige Verhältnisse gewaltiges Heer zusammen. Der so bedrohte Papst wandte sich sofort an Sultan Bajazet und schilderte ihm die Lage. Sollte der Kirchenstaat überrannt und Dschem befreit werden, könnten ihn die Franzosen als willfährigen Vasallen auf den osmanischen Thron bringen. Alexander forderte vom Sultan Geld und die Zusage, er möge seine Freunde, die Venezianer, zur Unterstützung gegen Frankreich überreden. Der Sultan wollte reinen Tisch machen und schrieb zurück, er biete für die Leiche des Prinzen Dschem 300 000 Dukaten. Doch der Antwortbrief fiel den Franzosen in die Hände, und König Karl plante unter anderem, diesen Goldesel aus Rom zu entführen und für seine Zwecke zu verwenden. So mußte Dschem vorerst noch nicht sterben, und Alexander VI. bildete eine Liga aus Kirchenstaat, Venedig, Mailand, Siena, Ferrara und Mantua und verheiratete seine Tochter Lucrezia mit Giovanni Sforza von Pesaro, einem Verwandten der Mailänder Sforza.

Wenn andere Päpste nach ihrer Wahl die Geliebte versteckt und etwaige Kinder zu Neffen erklärt hatten, zeigte Alexander ungeniert Flagge. Er traute die heißgeliebte Tochter Lucrezia selbst, am Festmahl nahmen seine ganze Familie und die hübschesten Frauen von Rom teil, die er zur Auflockerung mitten unter die Kardinäle setzte. Alle Chronisten haben diesen Papst als stets gutgelaunt, charmant und höflich geschildert. In Vanozza ehrte er nur noch die Mutter seiner Kinder, seine Geliebte wurde die blutjunge Giulia Farnese, genannt Giuliabella. Zum Dank für ihre Gunst erhielt ihr Bruder Francesco den Kardinalshut, worauf ihn ganz Rom den «Schürzenkardinal» nannte, Giulia aber respektlos als «Braut Christi» bezeichnete. Die war zwar mit einem Orsini verheiratet, aber dem stopfte man das Maul mit Geld.

Seine Familie überschüttete er mit Ehren und Pfründen. Der achtzehnjährige Sohn Cesare wurde – wenn auch gegen seinen

Willen – zum Kardinal erhoben, der vierzehnjährige Giovanni wurde zum Herzog von Gandia ernannt.

In dieser Situation näherte sich nun das französische Heer, aber es sollte sich bald herausstellen, daß der Einfaltspinsel Karl VIII. von Frankreich der Tücke und Schlauheit dieser Borgiasippe nicht gewachsen war. Der französische König zog mit seinen Truppen durch Italien, ohne auf Widerstand zu stoßen. In Florenz, wo der fanatische Savonarola nach Lorenzos Tod praktisch die Herrschaft übernommen hatte, wurden sie von ihm als das «Schwert Gottes» begrüßt. In Rom waren schon früher die Colonna und jetzt auch die Orsini auf die Seite der Franzosen getreten, während 6000 Mann neapolitanischer Truppen in der Stadt lagen – angefeindet vom Volk, das keinen Kampf wollte.

Papst Alexander überlegte sich lange eine Strategie, ließ schließlich die Neapolitaner abziehen und nahm Verbindung zu König Karl auf. Der ließ den Papst wissen, er fordere nichts als Verpflegung seines Heeres und freien Durchzug nach Neapel. Der Papst gab nach, und am 31. Dezember 1494 zog Karl mit seinen Truppen in die Stadt. Cesare Borgia empfing den König mit einigen anderen Kardinälen, es soll ein wenig steif zugegangen sein, denn Cesare wußte sehr wohl, daß Karls Sekretäre bereits das Absetzungsdekret seines Vaters verfaßt hatten. Der fünfundzwanzigjährige König von Frankreich und der zwanzigjährige Kardinal Borgia standen sich gegenüber, und das muß ausgesehen haben wie eine Krüppelkiefer neben einer schlanken, hochgewachsenen Palme. Es gibt einige Porträts von Cesare Borgia, die ein männlich schönes Gesicht zeigen, und daß sich diese Anmut auch auf seine ganze Erscheinung bezog, ist durch Augenzeugen überliefert.

Die Franzosen plünderten tagelang die Stadt, und so floh der Papst in die Engelsburg. Karl forderte die Übergabe, doch Alexander ließ ihm sagen, sollte man diese Festung angreifen, so stelle er sich mit den heiligsten Reliquien auf ihre Mauern. Zweimal ließ Karl Kanonen in Stellung bringen, wagte aber dennoch keine Beschießung.

Am 15. Januar 1495 kam es zur Einigung. Alexander lieferte den Franzosen einige Städte im Kirchenstaat aus und überließ ihnen den Prinzen Dschem sowie seinen Sohn Cesare, der den König als päpstlicher Legat vier Monate lang begleiten sollte, gewissermaßen als Geisel.

Endlich kam es auch zur Begegnung zwischen Papst und König, wobei Karl brav die Worte sprach: «Ich bin gekommen, um Eurer Heiligkeit Gehorsam und Ehrfurcht zu leisten, wie dies meine Vorgänger, die Könige Frankreichs, immer getan haben.»

Wenn König Karl VIII. es auch noch nicht merkte, im Grunde war er schon besiegt, denn Alexander hatte sich standhaft geweigert, ihn mit der Krone Neapels zu belehnen.

Wie wir noch sehen werden, läßt sich am Ende viel gegen diesen unheiligen Vater sagen, aber nach außen hat er immer seine Würde und die Ehre der Kirche bewahrt, da ließ er sich um keinen Preis etwas abhandeln.

Doch König Karl sah sich als Sieger und zog mit Kardinal Cesare und Prinz Dschem im Gefolge nach Süden. Während einer Rast in Velletri verkleidete sich Cesare als Stallknecht und entkam nach Rom. Sein umfangreiches, auf neunzehn Maultiere verteiltes Gepäck erwies sich als Attrappe – die Truhen waren leer. Dann ging es Schlag auf Schlag: Am 25. Februar starb Prinz Dschem ganz plötzlich und offensichtlich an Gift. Dahin waren die jährlichen 40 000 Golddukaten, aber Cesare hatte ihn vermutlich mit Einwilligung seines Vaters vergiften lassen, und der dankbare Sultan Bajazet zahlte dem Papst noch das versprochene «Sterbegeld».

Zwar konnte Karl Neapel besetzen und sich für einige Wochen als Sieger fühlen, doch dann sammelte sich die antifranzösische «Heilige Liga» und marschierte nach Süden. Karl tat in diesem Fall das einzig Kluge: er zog ab, und sein Heer schleppte eine gewaltige Beute aus Neapel davon. Am 1. Juni 1495 waren die Franzosen wieder in Rom, und Karl bat um eine Audienz beim Papst, doch der hatte es vorgezogen, nach Perugia zu reisen. Karl zog weiter nach Norden, es kam zu Kämpfen, bei denen er seine ganze Beute wieder verlor und ruhmlos nach Frankreich zurückkehren mußte. Von dort drohte er noch einige Male mit einem erneuten Feldzug, doch sein früher Tod am 7. April 1498 verhinderte dies.

Die Borgia kehrten im Triumph nach Rom zurück, und Rom begann in den folgenden Jahren zu spüren, daß die Familienpolitik der Borgia die der einheimischen Geschlechter um vieles an Konsequenz und Skrupellosigkeit übertraf.

Zuerst einmal ging es gegen die Orsini, und es dauerte nur zwei Monate, dann waren zehn ihrer Festungen erobert. Doch dann gab es Rückschläge, und Alexander mußte im Januar 1497 Frieden schließen. Zunächst aber mußten die Borgia interfamiliäre Probleme beseitigen. Lucrezias Mann Giovanni Sforza war politisch wertlos geworden, und als er spürte, daß ihm Cesare nach dem Leben trachtete, floh er nach Pesaro. Im Dezember erklärte der Papst die Ehe für ungültig, und seine Tochter war wieder frei für neue Pläne. Man mutete Giovanni Sforza zu, seine eigene Impotenz durch einen Schwur zu bestätigen, aber der wurde sehr wütend und soll gesagt haben, der Papst wolle ihm nur seine Frau wegnehmen, um selber mit ihr zu schlafen. Schließlich bestätigte er, die Ehe nicht vollzogen zu haben, und durfte dafür Lucrezias Mitgift in Höhe von 31 000 Dukaten behalten. Lucrezia war zu dieser Zeit gerade sechzehn Jahre alt. Ein neuer Gemahl in der Gestalt des Herzogs von Bisceglie, ein illegitimer Sohn König Federigos von Neapel, wartete schon im Hintergrund.

Dann gab es da den alten Konflikt zwischen den Borgiabrüdern. Cesare, der geborene Krieger, haßte sein Kardinalsgewand und neidete seinem Bruder Giovanni (oder spanisch Juan) vor allem den Rang eines Generalkapitäns der Kirche. Er löste das Problem auf seine Weise, der Bruder verschwand am 14. Juli und wurde zwei Tage später als Leiche aus dem Tiber gefischt – mit neun Stichwunden im Körper. Da verlor sogar Alexander seine chronisch gute Laune, schloß sich in ein Zimmer ein, klagte, weinte und fastete. Obwohl er ahnte oder vielleicht sogar wußte, wer der Urheber dieser schrecklichen Tat war, gab er sich keine Blöße und sagte vor den versammelten Kardinälen: «Der Herzog

Zeitgenössische Federzeichnung mit Spottschrift
auf Papst Alexander VI.

Alexander xi.

Dure fatiche sustinirà
del corpo

Piglia supplantatore gli electi honori Arbore inutile et infruttuosa
esce pensi tu di essere per far cose grande essendo di corpo et di
mente debole, non potrai adempir quello ese tu pensi de fare
perche poco tempo veglierai et presto dormirai et non te levarai ma
ne viverai in tribulatione benede poi:

von Gandia ist tot. Sein Tod hat Uns den größten Kummer bereitet, und keinen größeren Schmerz als diesen konnten Wir erleiden, denn Wir liebten ihn über alles und schätzen die Papstkrone, noch anderes sonst nicht höher als ihn. Vielmehr würden Wir, wenn Wir sieben Papsttümer hätten, alle hergeben, um den Herzog wieder lebendig zu machen. Gott hat dies vielleicht um einer Unserer Sünden willen getan und nicht, weil er einen so grausamen Tod verdiente, und Wir wissen nicht, wer ihn getötet und in den Tiber geworfen hat.»

Jedenfalls erreichte Cesare damit, was er wollte. Am 17. August 1498 durfte er den verhaßten Purpur ablegen, und Alexander handelte für ihn eine Ehe mit Charlotte d'Albret aus, einer Verwandten des französischen Königs. Dazu wurde er zum Herzog von Valence und Diois ernannt, mit Einkünften und Apanagen von insgesamt 40 000 Dukaten jährlich. Von da an wurde Cesare nach seinem Herzogtum italianisiert «Il Valentino» genannt.

Aber die Pläne des Papstes gingen weiter. Machiavelli schrieb später darüber:

«Alexander hatte bei der Absicht, seinen Sohn, den Herzog, zur Macht zu bringen, in der Gegenwart wie in der Zukunft viele Schwierigkeiten. Zuerst sah er keinen anderen Weg, ihn zum Herrn irgendeines Staates zu machen, als ihm Land des Kirchenstaates zu geben. Beabsichtigte er aber, der Kirche Land zu nehmen, so wußte er, daß der Herzog von Mailand und die Venezianer ihre Zustimmung hierzu nicht erteilen würden. Überdies sah er, daß die Heere Italiens und besonders diejenigen, deren er sich hätte bedienen können, unter dem Kommando von Männern standen, die die Vermehrung der päpstlichen Macht fürchten mußten. Er konnte sich also nicht auf sie verlassen, da sie alle in den Händen der Orsini, der Colonna und ihrer Parteigänger waren. Der Papst mußte also die Ordnung der italienischen Staaten stören und Verwirrung unter ihnen stiften, um sich ungestört eines Teils derselben bemächtigen zu können.»

Im Oktober 1499 eröffnete Cesare den Feldzug gegen die Romagna, um die dortigen alten Kirchenlehen wieder zurückzugewinnen. In diesen Adriastädten herrschten meist unbeliebte blutrünstige Tyrannen wie die Malatesta, Manfredi, Montefeltre, Sforza, die sich oft schon davonmachten, wenn Cesares Truppen im Anzug waren.

Innenpolitisch verteilte Alexander Rundumschläge auf Kosten der Caetani, Colonna und Savelli. Giacomo, das Oberhaupt der Caetani, wurde nach Rom gelockt, eingekerkert und vergiftet.

Damit machte er sich viele Feinde, und aus diesem Kreis stammt wohl auch die Verdammungsschrift zu der auf Seite 231 abgebildeten Karikatur. Der etwas holprige Text lautet frei übersetzt:

«Du wirst schwere Leiden ertragen müssen: Genieße deine himmlischen Ehren, Betrüger! Du nutzloser und unfruchtbarer Baum – glaubst du wohl, dir ist alles erlaubt, dabei bist du lasterhaft und wirr im Kopf. So wirst du nicht weitermachen können, denn deine Zeit ist um! Schon bald wirst du dich hinlegen und nicht mehr aufstehen können, um dann nach langem, schweren Leiden zu verrecken!»

Das Jubeljahr 1500 wurde festlich begangen, und für die Pilger war Papst Alexander nicht ein blutbefleckter Lüstling, sondern Christi Stellvertreter auf Erden. Seine öffentlichen Auftritte waren immer würdig und glanzvoll, doch bei den exklusiven Papstmessen in der Sixtina ließ er sich manchmal gehen, mischte spanische Brocken in das nur dürftig beherrschte Latein und warf seiner Giuliabella oder anderen schönen Römerinnen Kußhände zu. In Rom sprach sich das herum, und es kursierten freche Pamphlete, von denen der Papst kaum Notiz nahm. «Ich lasse das auf sich beruhen», soll er lächelnd gesagt haben.

Wer ihn persönlich kennenlernte, war bezaubert vom Charme, Witz und der stets guten Laune des Siebzigjährigen, der von Giuliabella Farnese nun auch schon zwei Kinder hatte, aber zusätzlich noch häufig mit jungen frischen Mädchen versorgt wurde, die man nachts in den Vatikan schmuggelte.

Cesare hatte unterdessen Imola, Cesena und Forli besetzt, und Alexander belohnte seinen schrecklichen Sohn mit dem Titel des ermordeten Bruders – eines Bannerträgers der Kirche. Doch die weiteren Feldzüge kosteten Geld – viel Geld, und nicht einmal die Pilgerscharen des Heiligen Jahres reichten aus, die Kriegskasse der Borgia zu füllen. So griff der Papst zu dem altbewährten Mittel, das die Goldstücke am schnellsten ins Rollen brachte: Er ernannte neue Kardinäle, und zwar gleich neun auf einmal.

Antonio Giustinian, der venezianische Gesandte, bemerkte dazu trocken: «Die meisten der Ernannten sind Männer von keineswegs gutem Ruf; alle haben für ihre Erhebung schöne Summen Geldes bezahlt, einige 20 000 Dukaten und mehr... Auf diese Weise hat Alexander VI. der Welt gezeigt, daß die Steigerung der Einkünfte eines Papstes ganz von dessen Belieben abhängt.»

Auf der Suche nach Geldquellen fiel Cesares Blick auf den neuen Gatten seiner Schwester, denn seiner Ansicht nach war die Mitgift an diesen inzwischen unwichtig gewordenen Herzog von Bisceglie vergeudet, und das ließ er ihn spüren. Don Alfonso traute dieser mörderisch-heiteren Familie schon lange nicht mehr und ergriff die Flucht, doch als sein päpstlicher Schwiegervater ihm beruhigende und ermahnende Botschaften sandte, kehrte er nach Rom zurück. Beinahe hätte er dies gefahrlos tun können, denn am 27. Juni 1500 hatte ein Orkan einen Kamin zum Einsturz gebracht, dessen Wucht ins Schlafzimmer des Papstes durchschlug. Schon hallte der Ruf «Der Papst ist tot!» durch die Stadt, doch als Cesare in den Palast stürzte, hatte man Alexander schon fast unversehrt aus den Trümmern herausgeholt.

Solche Bagatellen waren nicht geeignet, die mörderischen Absichten der Borgia einzudämmen, und so wurde Don Alfonso auf den Stufen von St. Peter durch Meuchelmörder schwer verletzt. Er schleppte sich noch in den Palast zum Papst, der große Betroffenheit heuchelte und Alfonso seiner Gemahlin überließ. Lucrezia wußte nichts von den Absichten ihres Bruders, ließ den Verwundeten scharf bewachen, aber der verlor, als Alfonso zu genesen versprach, nach drei Tagen die Geduld. Mit seinem Privathenker, dem finsteren Michelotto, drang er ins

Krankenzimmer ein, jagte Lucrezia und die Wächter davon und erwürgte den unliebsamen Schwager eigenhändig oder beauftragte Michelotto damit. Cesare leugnete die Tat keineswegs, sagte nur, er habe es getan, weil ihm Alfonso nach dem Leben trachtete. Nun war das Schwesterchen wieder frei, und Don Alfonsos Vermögen floß in die Borgia-Kassen.

Jetzt konnte Cesare wieder ein Heer von 10 000 Mann aufstellen und zog mit dem Segen des (seines) unheiligen Vaters in die Romagna. Wieder fielen ihm die Adriastädte in den Schoß wie reife Früchte: Faenza, Cesena, Senigallia, Camerino, Rimini, Pesaro und das reiche, wunderschöne Urbino.

Der Papst ließ Dankmessen lesen und nannte stolz Cesares neue und alte Titel: «Cesare Borgia von Frankreich, von Gottes Gnaden Herzog der Romagna, von Valentino und Urbino, Fürst von Andria, Herr von Piombino, Bannerträger und Generalkapitän der Kirche.» Aus gewissen Anzeichen läßt sich schließen, daß die nächste Rangerhöhung lauten sollte: Cesare Borgia, König von Italien.

Da sein neues Reich, die Romagna, unmittelbar an das Fürstentum Ferrara grenzte, sollte Lucrezia in dritter Ehe mit dem jungen Alfonso d'Este verheiratet werden, um dann als Fürstin von Ferrara, zusammen mit Vater und Bruder, weite Teile Italiens kontrollieren zu können. Alfonso d'Este war allerdings nicht begeistert, quasi das dritte Opfer dieser mörderischen Familie zu werden, und lehnte ab. Doch man beschwatzte ihn von allen Seiten, sogar der französische König riet ihm zu, und natürlich umgarnten ihn Papst Alexander und Cesare mit Geldangeboten, abwechselnd mit versteckten Drohungen. Schließlich gab der Bedrängte nach, und er hat es nie bereuen müssen. Die in der Geschichte oft falsch und ungerecht dargestellte Lucrezia war im Grunde ein Opfer ihrer Familie. Wir verabschieden uns von ihr, die nun Fürstin von Ferrara wurde, dort ein frommes und tadelfreies Leben führte und vom Volk wegen ihrer Mildtätigkeit wie eine Heilige verehrt wurde. Sie gebar ihrem Gatten drei Söhne, führte einen Musenhof mit namhaften Dichtern und Gelehrten und ist – lange vor ihrem Mann – am 24. Juni 1519, erst 39jährig, gestorben.

Cesares Eroberungsstrategie war etwas ins Stocken geraten, vor allem als er sich im Frühjahr 1501 an größere Brocken wagte. Er wollte Bologna zur Hauptstadt seines künftigen Königreiches machen, aber die dort herrschende Familie sah sich vor und suchte Rückhalt in Frankreich, dem dieser städteverschlingende Tyrann längst suspekt geworden war. Nun wandte sich Cesare Florenz zu, das in einen kräftezehrenden Krieg mit Pisa verwikkelt war und eine leichtere Beute zu werden versprach.

Im Mai rückte Cesare wohlgerüstet gegen die Stadt vor, aber hier, in der italienischen Bankenmetropole, war man es gewöhnt, bei anstehenden Gefahren zuerst einmal den wohlgefüllten Beutel hinzustrecken. Cesare ließ sich kaufen und wurde für bare 36 000 Dukaten nominell zum Feldherrn der Republik Florenz ernannt.

Daß eines der größten Universalgenies aller Zeiten damals als Militäringenieur im Dienste Cesare Borgias stand, soll nicht verschwiegen werden. Ich zitiere Leonardo da Vincis Biographen Kenneth Clark:

«Wie bei Leonardo verbanden sich in Cesare ein extremer Realismus in der Kalkulation mit Zielen, die so ehrgeizig waren, daß sie aus der sicheren Distanz der Zeit nur mehr als Wachträume erscheinen. Aber anders als Leonardo hatte er auch den Willen, die Dinge zur Entscheidung zu treiben. Diese neue Bindung forderte alle Kräfte Leonardos. Ende Mai war er in Piombino und machte Pläne, den Sumpf trockenzulegen; im Juni wurde er von einem der Hauptleute Cesares, Vitellozzo Vitelli, angefordert, um bei dem Aufstand von Arezzo gegen seine Geburtsstadt Florenz zu helfen. Zu diesem Zweck fertigte er einige der schönen Landkarten an, die sich jetzt in Windsor befinden. Am 20. Juni begleitete er Cesare bei seinem heimtückischen Angriff auf Urbino; und dort blieb er für einen Monat, wie es scheint, in engem Kontakt mit Vitellozzo und seinem geheimnisvollen Führer. Während dieses Monats traf er zum ersten Mal eine andere große Persönlichkeit der Renaissance, mit der ihm noch vertrauter Umgang bestimmt war, Niccolò Machiavelli, der als Florentiner Abgesandter Urbino im Juni besuchte. Im August war Leonardo in Cesena, wo er wahrscheinlich den Kanal nach Porto Cesenatico entwarf und zahllose Pläne zur Befestigung der Stadt hinterließ, von denen sich einige erhalten haben. Zu dieser Zeit erhält er ein Patent von Cesare, das ihm absolute Macht gibt, zu befehlen und anzufordern, was er für sein Werk benötigt. Im Oktober wurden er und sein Führer für mehrere Wochen in Imola eingeschlossen, und es mag wohl in dieser Zeit erzwungener Untätigkeit gewesen sein, daß Leonardo die rote Kreidestudie in Turin mit Cesares Kopf in drei verschiedenen Ansichten zeichnen konnte. Sie zeigt seinen fein gekräuselten blonden Bart, der Leonardo erfreut haben muß, und das merkwürdig nordische – wir können sagen: Dürerische – Aussehen, das alle Borgias auszeichnete. Leonardo hatte immer nach dem tätigen Leben gestrebt, und nie zuvor hatte es so vielversprechend und mit solcher Freizügigkeit ausgebreitet vor ihm gelegen. Aber das tätige Leben hat seine Schattenseiten: Am 31. Dezember wird Leonardos Freund Vitellozzo Vitelli auf Cesares Befehl erdrosselt, und zwei Monate später ist Leonardo wieder in Florenz.»

Cesare zog von Florenz ab und wandte sich gegen die Hafenstadt Piombino, wo sich Elba und Pianosa sogleich freiwillig unterwarfen. Der französische König protestierte, und Papst Alexander VI. rief seinen stürmischen Sohn nach Rom zurück, vielleicht auch, um ihn bei den künftigen bedeutsamen Ereignissen an seiner Seite zu haben.

Seine katholische Majestät König Ferdinand von Spanien (eigentlich Aragon-Kastilien) und Seine allerchristlichste Majestät König Ludwig XII. von Frankreich hatten sich – mit Billigung und Unterstützung des Papstes – ein Bubenstück sondergleichen ausgedacht. Die angeführten Ehrentitel waren übrigens in Konkurrenz entstanden. Nachdem Papst Paul II. 1469 König Ludwig XI. von Frankreich das Attribut «allerchristlich» verliehen hatte, fand das fromme spanische Königspaar Ferdinand und Isabella keine Ruhe mehr, bis Alexander VI. es mit dem Titel «die katholischen Könige» schmückte. Später kam noch Portugal dazu, dessen König sich «allergläubigste Majestät» nennen durfte. Die Habsburger kamen 1758 als letzte daran und wurden von Clemens XIII. zu «Apostolischen Majestäten» erhoben.

Die beiden genannten Majestäten waren abgefeimte, landhungrige Machtpolitiker und teilten das Königreich Neapel – mit Billigung des Papstes – unter sich auf. Nun mußte es nur noch erobert werden, nachdem Alexander den derzeitigen König Federigo als «Verräter» per Dekret abgesetzt hatte. Die meisten Historiker glauben, daß dahinter der Gedanke stand, Spanien und Frankreich könnten sich in diesem Krieg so sehr schwächen, um dann Cesare den Zugriff nach Süden zu ermöglichen. Er schloß sich jedenfalls den Franzosen mit eigenen Truppen an, Neapel wurde schnell erobert, Capua am 24. Juli 1501 erstürmt. König Federigo hatte sich im Castel Nuovo verschanzt und übergab König Ludwig sein Reich im Tausch gegen das Herzogtum Anjou.

Der schlaue Ferdinand von Aragon aber begnügte sich nicht mit dem vertraglich zugesicherten Apulien und Kalabrien, sondern holte sich zwei Jahre später das gesamte Königreich Neapel, indem er die Franzosen besiegte und hinauswarf. Doch da war Cesare Borgia am Machtkampf schon nicht mehr beteiligt...

Zurück ins Jahr 1501, als es für die Borgia noch recht hoffnungsvoll aussah. Nach dem Fall Neapels hatte Alexander freie Hand, die aufsässigen Barone im Latium zu züchtigen. Sie hatten früher zum deutsch-römischen Kaiser gehalten, und nach dem Schwinden der Reichsgewalt hielten sie sich an Neapel wie die Colonna oder an Frankreich wie die Orsini.

Nun griff Papst Alexander zu, ließ sämtliche Burgen der Colonna besetzen und reiste nach Sermoneta ins Latium, um den Ereignissen näher zu sein. Für seine Abwesenheit hatte er wie üblich einen päpstlichen Vikar ernannt, in Person seiner Tochter Lucrezia, und das war durchaus unüblich. Ein Kardinal durfte sie immerhin bei den Amtsgeschäften beraten. Alexander traute eben seiner geliebten Tochter mehr als dem ganzen Kardinalskollegium.

Am 20. August erklärte Alexander durch eine Bulle die Familien Colonna und Savelli für geächtet und ihrer Güter verlustig, einen Monat später traf es noch die Caetani und etliche kleinere

Barone. Die zusammengeraubten Besitzungen teilte Alexander auf unter Rodrigo, Lucrezias zweijährigem Sohn aus der Ehe mit dem ermordeten Alfonso, und dem kleinen Giovanni Borgia (vom Papst mit Giulia Farnese gezeugt). So wurden die Kleinen über Nacht zu Herzögen mit ausgedehnten Ländereien. Der zweijährige Rodrigo zum Beispiel erhielt Sermoneta, Ninfa, Norma, Albano, Nettuno und noch etliches dazu.

Die Bullen wurden von neunzehn anwesenden Kardinälen mitunterzeichnet, und keiner wagte zu widersprechen. Jetzt war nicht nur fast der gesamte Kirchenstaat in den Händen der Familie Borgia, sondern auch weite Teile des Latium, das ehemals im Besitz ghibellinischer Barone war. Ein völlig neuer Zustand, der alle Aktivitäten zu lähmen schien. Nachdem einige Kardinäle in der Engelsburg dem «weißen Gift der Borgia» (Arsen) zum Opfer gefallen waren, duckten sich die anderen angstvoll oder gingen ins Exil.

Auf dem Stuhl Petri aber saß der freundliche, fröhliche und immer mordbereite Pontifex Alexander, den man nicht weniger fürchtete als Cesare Borgia, den Renaissancefürsten par excellence, der von Machiavelli in seinem Buch «Il Principe» (der Fürst) gefeiert und gepriesen wurde.

Alexander war jetzt zweiundsiebzig Jahre alt, kerngesund und wurde nach wie vor und gar nicht so heimlich mit jungen Mädchen versorgt.

Nachdem Donna Lucrezia ihrem neuen Gatten nach Ferrara gefolgt war, riß Cesare auch in Rom die Macht an sich. Dem Ausspruch Alexanders, Rom sei eine freie Stadt, da könne jeder schreiben und reden, wie er wolle, setzte er das Wort «Majestätsverbrechen» entgegen, und wer als Urheber eines Pamphlets erwischt wurde, verlor seine Zunge, seine Hand oder gar das Leben. In der Engelsburg saßen noch viele Dutzende von Gefangenen aus Cesars Romagna-Feldzügen, meist Söhne und Verwandte der früheren Stadtherren. Cesare ließ sie nach und nach vergiften oder erwürgen, ihre Leichen wurden dann meist aus dem Tiber gefischt. Natürlich wußte Papst Alexander davon und tat nichts, seinen schrecklichen Sohn daran zu hindern. Die

Wohlfahrt der «Familie» besaß den Vorrang, die Morde entsprangen nicht persönlicher Rache, sondern waren notwendig fürs «Geschäft». Ich habe bewußt die heute noch von der Mafia gebrauchten Begriffe in Anführungszeichen gesetzt, denn wenn eine Familie nach diesen Methoden verfuhr, dann waren es die Borgia.

Die Furcht vor dieser Familie war in Italien jetzt so groß geworden, daß die Bedrohten sich endlich zusammenfanden. Die Orsini mußten befürchten, bald das Schicksal der Colonna zu teilen, Cesares Condottieri (bezahlte Heerführer) sahen sich um den Lohn ihrer Kämpfe betrogen. Kleine, von Cesare noch nicht besiegte Stadtherren, wie der blutrünstige Oliverotto von Fermo, wollten ihrer Vernichtung nicht untätig entgegensehen, und so brachten diese Unzufriedenen ein Heer von 10 000 Mann zusammen und erhoben sich gegen Cesare Borgia, den sie nach einigem Hin und Her in Imola einschließen konnten. Der Papst war entsetzt und rief den König von Frankreich zu Hilfe. Der wiederum hoffte auf Cesare beim Kampf gegen die Spanier um Neapel und sandte Truppen nach Italien. Jetzt schwenkten die Condottieri um, weil sie Angst hatten zu unterliegen, und versuchten in Einzelverträgen mit Cesare das Ihre zu retten. Cesare zeigte sich verständnisvoll, unterzeichnete die Verträge und lockte die Condottieri wenig später in einen Hinterhalt, wo er sie erdolchen, erschlagen und erwürgen ließ: Vitellozzo, Paolo Orsini, Oliverotto – um nur die wichtigsten zu nennen.

Ein Eilbote informierte Alexander von diesem «Sieg», und der ließ sofort alle erreichbaren Mitglieder der Familie Orsini ins Gefängnis werfen.

Cesare wurde überall als der neue Cäsar gepriesen, die Mordtaten sah seine Zeit als eine «schöne List». Nun nahm er sich Umbrien vor, dessen Hauptstadt Perugia sich ihm sofort kampflos ergab.

Eigenhändig geschriebener Brief von Papst Alexander VI.
an seine Tochter Lucrezia Borgia.

Duchessa figliola carissima. La tua lra
Ne estata gratissima per havere Inteso
El tuo benestare. Noy per gratia de dio
E de la sua gloriosa matre e stamo molto
bene. pla presente te avisamo como
havemo reputato bona la tua nueva
propria le cose de cento E demplire la
qual ponno convenirse ah tuy Embaxata
de ferrara haprali de novo esser certi
que noy pensamo di co...e En el
benefitio E Augmento de quello ofin.
De Gaeta Castellana Inltimo de
tembre. Alexander ... Vimmara

«Man fürchtete seine List», schreibt Gregorovius, «nicht sein Schwert, denn dieser Mensch, welcher halb Italien bezwang, hatte wohl Städte belagern lassen, aber nie eine Schlacht geschlagen.»

Unterwegs erhielt er aus Rom die Nachricht von der Einkerkerung der Orsini, und so ließ er den als Gefangenen mitgeschleppten Paolo Orsini sofort erwürgen.

Jetzt zog er gegen Siena, dessen Tyrann Pandolfo gleich freiwillig ins Exil ging. Noch ehe Cesare weiteres unternehmen konnte, rief der Papst ihn dringend nach Rom zurück, weil ein Rest Verzweifelter den Aufstand probte. Als Cesare im Februar 1503 mit seinen Truppen nahte, ergriffen einige die Flucht, doch der Valentino wartete ab, denn Frankreich intervenierte zugunsten der in Verstecken noch lebenden Orsini.

Er fand ein anderes Betätigungsfeld, denn er mußte seine Kriegskasse dringend auffüllen, um seine Eroberungszüge in Mittelitalien fortsetzen zu können. Sein Blick fiel auf den steinreichen Kardinal Giovanni Michiel, der am 10. April in der Engelsburg vergiftet wurde. Weiteres Geld kam in die Kassen, als Papst Alexander am 31. Mai 1503 elf neue Kardinäle ernannte, darunter zwei Verwandte und drei andere Spanier.

Ende Juni ging Cesare in die Romagna, um die Maßnahmen von ihm eingesetzter Regenten zu kontrollieren. Es stellte sich heraus, daß sich sein Generalstatthalter Ramiro beim Volk durch harte Maßnahmen unbeliebt gemacht hatte. Cesare fackelte nicht lange, ließ den Schuldigen nachts hinrichten, vierteilen und am nächsten Morgen dem Volk präsentieren.

Es ist eine müßige Frage, wie weit es Cesare Borgia, Herzog von Valence und der Romagna, in seinem Leben noch gebracht hätte, wäre nicht die Panne mit dem Kardinal Castellesi passiert.

Papst Alexander wartete in Rom auf die Rückkehr seines Sohnes, anstatt wie gewöhnlich um diese Zeit – es war Anfang August – eines seiner Landschlösser in den Albaner Bergen aufzusuchen.

«Dieser Monat ist tödlich für dicke Männer», bemerkte er ungewohnt ernst, als plage ihn eine Ahnung.

Über das Ende des Papstes gibt es einige Versionen, von der die eines plötzlichen Malariatodes – um diese Zeit nicht ungewöhnlich – halbwegs glaubhaft wäre, hätten sich nicht bei Cesare zur gleichen Zeit die gleichen Symptome gezeigt.

Kardinal Adriano Corneto da Castellesi besaß ein schönes Landgut im Süden von Rom, und dahin lud er den Papst und Cesare zu einem Abendessen (oder luden sie sich selber ein?). Es ist wenig wahrscheinlich, daß Alexander und sein Sohn bei der Vergiftung des steinreichen Kardinals zugegen zu sein wünschten – wesentlich glaubhafter scheint mir, daß der gewarnte und bedrohte Kardinal seinen potentiellen Mördern zuvorkommen wollte. Er konnte aber sein Leben nur retten, wenn beide den Tod fanden, und beide tranken an diesem Abend von dem vergifteten Wein, beide brachen zusammen und wurden in aller Eile in den Vatikan gebracht. Der Papst hielt noch eine Woche durch, erbrach sich dauernd, erholte sich kurz und verschied am Abend des 18. August 1503, nachdem er einige Stunden vorher dem Bischof von Culm seine Sünden gebeichtet hatte. Der Unglückliche brach danach zusammen und mußte weggetragen werden.

Cesare Borgia, jung und kraftvoll, wenn auch äußerlich schwer von der Syphilis gezeichnet, erholte sich nach einigen ärztlichen Gewaltkuren ganz langsam. Sein weiteres Schicksal lenkt uns zu weit vom Thema dieses Buches ab, deshalb hier nur ein paar Sätze.

Cesare Borgia konnte sich in Rom nicht mehr halten, obwohl Alexanders Nachfolger, der greise Pius III., ihn nicht direkt verfolgte, doch dieser Papst starb nach einem Monat. Ihm folgte – wie konnte es auch anders sein – der alte Feind und Konkurrent der Borgia, der jetzt sechzigjährige grimmige Giuliano della Rovere als Julius II. (1503–1513). Er ließ Cesare festnehmen und in Rom einkerkern, was die spanischen Kardinäle veranlaßte, mit Julius um seine Freilassung zu feilschen. Nach langen Verhandlungen durfte er gegen Übergabe einer Anzahl von Festungen in der Romagna Rom verlassen. Er ging nach Neapel und stolperte prompt in die von Julius gelegte Falle, wurde eingesperrt und später an den spanischen König ausgeliefert. Julius hoffte, Ferdinand werde ihn wegen Mordes an seinem Bruder Giovanni Borgia vor Gericht stellen. Der war ja als Herzog von Gandia aragonesischer Untertan gewesen, und seine Witwe lebte noch dort. Doch Ferdinand hatte andere Sorgen; denn seine Gemahlin Isabella war schwer krank, und sie war bei diesem spanischen Herrscherpaar der Kopf gewesen und er das Schwert.

Cesare wurde in Medina del Campo auf die Festung La Mota gebracht, konnte dort unter abenteuerlichen Umständen entfliehen und wollte sich nach Navarra, dem kleinen Königreich seines Schwagers Jean d'Albret, durchschlagen. Das gelang ihm auch, und am 3. Dezember 1506 erschien er zur großen Überraschung Johanns von Navarra in Pamplona. Der König hatte große Mühe, sein kleines Bergland aus dem ewigen Zwist zwischen Frankreich und Spanien herauszuhalten, denn es lag ja genau dazwischen, und seine stolzen Basken waren nicht geneigt, ihre Freiheit aufzugeben.

Von hier aus wollte Cesare nach Valence, dessen Herzog er gewesen war, aufbrechen, doch dazu bedurfte es der Zustimmung des ihm feindlich gesinnten Königs Ludwig XII. Cesare besaß nichts mehr, war ganz auf sich gestellt, doch seine Flucht flößte, wie der spanische Historiker Zurita schreibt, «dem Papst großen Schrecken ein, denn der Herzog war ein solcher Mann, daß seine bloße Anwesenheit genügte, um neue Unruhe in ganz Italien zu stiften...»

Unruhe gab es auch bei König Johanns Vasallen, von denen ein Teil nach Spanien schielte und deren Anführer, der Graf von Lerina, sich aufführte wie ein kleiner Feudalherr. Er sollte sich vor Gericht verantworten, erschien aber nicht, und so übernahm Cesare die Leitung einer Strafexpedition zur Festung Viana, wo sich der Graf verschanzt hatte. Beim Sturm auf die Burg preschte Cesare allen voran, verlor dadurch seine Bedeckung und wurde nach verbissenem Kampf von einigen Fußsoldaten getötet – später zählte man an seinem Körper fünfundzwanzig Wunden.

Welcher Nachruf taugt nun für den in vielen Augen unheiligsten aller Heiligen Väter, diesen Alexander VI.? Was hat man ihm alles nachgesagt, diesem fröhlichen Lebemann, der seine Familie über alles liebte und ihrem Wohlergehen und Fortkommen leichten Herzens Menschen opferte, die Geld hatten oder im Wege waren.

Mit seiner Tochter Lucrezia soll er geschlafen und ein Kind gezeugt haben, auch Cesare legte man zu ihr ins Bett. So absurd und wenig wahrscheinlich dies klingt, so sehr ist man geneigt zu glauben, daß Papst Alexander VI. einige seiner Feinde mit vergifteten Hostien aus dem Weg schaffte, die er den Eingekerkerten zur scheinbaren Versöhnung durch einen Priester reichen ließ. So sehr er seine und die Würde der Kirche außenpolitisch wahrte – sein listiges Taktieren mit König Karl VIII. von Frankreich war so mutig wie geschickt –, so sehr mißbrauchte er sein Amt innenpolitisch, wo es ihm nur um die Bereicherung und Machtausdehnung der Borgia ging, die er mit kalter Skrupellosigkeit betrieb, so wie er seine Erotomanie keineswegs verleugnete – ja ganz Rom an ihr teilhaben ließ, auch als Giuliabella (Giulia Farnese) von den gegen Rom ziehenden Franzosen gefangengenommen und erst durch ein Lösegeld von 3000 Dukaten wieder freigelassen wurde. Freudig empfing Alexander die Geliebte auf den Stufen des Vatikans in eleganter schwarzer Kavalierskleidung. Er hatte zu ihrem Empfang gleichsam den Papst abgelegt und spielte nur noch den Liebhaber.

Burcardus, sein deutscher Haushofmeister, hat in seinem Tagebuch viel vom Intimleben der Borgia überliefert; seine Aufzeichnungen gelten als zuverlässig, und so müssen wir auch glauben, was er für den Allerheiligentag 1501 notierte:

«Zuerst wurde auf dem Zimmer des Herzogs von Valence (= Cesare Borgia) im apostolischen Palast eine Abendmahlzeit gegeben, bei welcher auch fünfzig vornehme Kurtisanen gegenwärtig waren, die nach Tisch mit den Dienern und anderen Anwesenden tanzen mußten, zuerst in ihren Kleidern, dann nackt. Darauf wurden Leuchter mit brennenden Kerzen auf den Boden gestellt und dazwischen Kastanien gestreut, welche die nackten Weiber, auf allen vieren zwischen den Leuchtern durchkriechend, auflasen, wobei Seine Heiligkeit, Cesare und Lucrezia zusahen. Danach wurden Kleidungsstücke für diejenigen hingelegt, die mit den Lustdirnen ohne Scheu Unzucht treiben wollten, und dann die Preise ausgeteilt.»

Auf gut Deutsch: Gruppensex um die Wette im Palast des Stellvertreters Christi auf Erden. Kein Wunder, daß dieser Papst Roman- und Stückeschreiber aller Zeiten und Länder ebenso inspiriert hat wie Filmregisseure. Der Name dieser Familie ist sprichwörtlich geworden für Mord, Unzucht, Gewalt und Tücke.

In Rom hat Alexander VI. – verglichen mit seinen Nachfolgern – nur wenig hinterlassen, weil jeder Groschen für die vielköpfige Familie und später für Cesares Kriegszüge gebraucht wurde. Alle unter ihm entstandenen Bauten finden wir im Stadtteil Borgo. Er hat das Hadrianmausoleum zur heutigen Engelsburg ausgebaut und dort fünf unterirdische Kerker anlegen lassen. Von ihm stammt der Palazzo Borgia (jetzt Sforza-Cesarini) und ein später wieder umgebautes Universitätsgebäude. Die vier damals gebauten Kirchen hatte nicht er zu verantworten, denn S. Trinita dei Monti stiftete König Karl VIII. von Frankreich, S. Maria in Monserrato die Spanier, die Hospitalkirche S. Rocco ein privater Stifter, und S. Maria del Anima entstand auf Initiative von Kaiser Maximilian I. Im Vatikan aber hat sich Alexander eine kleine feine Acht-Zimmer-Wohnung errichten lassen, die wohl – wie so vieles andere dort – irgendwelchen Umbauten zum Opfer gefallen wäre, hätte man sie nicht vergessen. Die Räume wurden nämlich unter Julius II. zugemauert und gerieten tatsächlich in Vergessenheit, da die darauffolgenden Päpste ihre Privaträume in ganz anderen Teilen des gewaltigen Palastes anlegen ließen. Erst Leo XIII. (1878–1903) machte die «Borgiasäle» wieder zugänglich.

Von Pinturicchio (1454–1513) mit Fresken geschmückt, sind sie ein vorzüglich erhaltenes Beispiel für die Wohnkultur der Hochrenaissance – und für den Charakter dieses Papstes. Unter den Fresken finden sich kaum christliche Motive, dafür aber viel Heidnisches wie Szenen aus der ägyptischen und griechischen Mythologie, wobei der Wappenstier der Borgia zum heiligen Apis erhoben wird. Wo die Szenerie christlich gefärbt ist, wie auf dem Bild «Die hl. Katharina diskutiert mit Philosophen vor Kaiser Maximinus», da handelt es sich um Darstellungen der Borgiafamilie. Katharina ist Lucrezia, die Edelleute sind die drei

Borgiasöhne aus der Verbindung mit Vanozza de Cattanei. Das Rundbild der Madonna über der Tür ist ein Porträt der Papstgeliebten Giulia Farnese. In der Sala dei Misteri della Fede finden wir den Papst auf einer Lünette im vollen Ornat dargestellt, wie er zu dem Auferstandenen betet. Das fleischige Gesicht mit der kraftvollen Nase und den dicken Genießerlippen ist wohl das beste Porträt, das wir von Alexander VI. besitzen.

Wenn dieser Papst mit einer einzigen Handlung – ohne deren Ausmaß auch nur zu ahnen – Weltgeschichte gemacht hat, dann war es seine Aufteilung der «Neuen Welt» in eine spanische und eine portugiesische Sphäre durch die «Raya», eine von ihm auf Wunsch des portugiesischen Königs gezogene Demarkationslinie. Diese fiel natürlich eher zugunsten Spaniens aus und mußte auf Portugals Protest hin zweimal verändert werden. Wenn man heute in Brasilien portugiesisch und im übrigen Lateinamerika spanisch spricht, so ist dies eine Folge der Raya.

In Alexanders Politik hatte das damalige Deutsche Reich keinen Platz, weil Kaiser Maximilian I., «der letzte Ritter», erst unter Julius II. mit Italien befaßt war, auch niemals dort zum Kaiser gekrönt wurde, denn der Titel wurde ihm quasi per Dekret von diesem Papst verliehen.

Alexanders vielgerühmte Toleranz gegenüber giftigen Schmähschriften sowie verbalen Angriffen endete vor den haßerfüllten Bußpredigten des Dominikanermönches Girolamo Savonarola. Als dieser Eiferer Prior von San Marco in Florenz wurde und nicht aufhörte, Alexanders Lotterleben anzuprangern, soll ihm der Papst sogar einen Kardinalshut angeboten haben, wenn er sich aus Florenz zurückziehe und seine Hetzpredigten beende. Das war freilich kein geeignetes Mittel, um diesen eifernden Asketen zum Schweigen zu bringen. 1495 verbot Alexander ihm das Predigen, Savonarola gehorchte zunächst, und Alexander nahm das Verbot wieder zurück. Als der Papst aber im November 1496 die Dominikanerklöster im Latium und in der Toscana in eine neuerrichtete Ordensprovinz eingliedern wollte, flammte Savonarolas Zorn von neuem auf, und er wurde am 13. Mai 1497 exkommuniziert und vor ein Gericht gestellt. Zwar widerrief er die durch Folter erpreßten Geständnisse, aber der nach Florenz entsandte päpstliche Kommissar gab gleich bekannt: «Sterben muß er, und wäre er ein zweiter Johannes der Täufer – ich habe das Todesurteil schon in der Tasche.»

In dieser Hinsicht waren die Borgia immer sehr konsequent.

Rom um 1500 – ein Zwischenbericht

Versetzen wir uns in die Rolle eines Pilgers, der Rom im Jubeljahr 1500 besucht und nun vom Kapitol aus auf die Stadt herunterblickt. Ist es schon ganz das Rom der Renaissance mit prachtvollen Kirchen, deren mächtige Kuppeln zwischen den Arkaden weiträumiger Paläste aufragen? Zwar bezeichnet die Kunstgeschichte die Zeit um 1500 in Italien als die Epoche der Hochrenaissance, dennoch fällt der Blick unseres Pilgers auf ein noch weitgehend mittelalterliches Rom mit den schmucklosen, hochtürmigen Festungsbauten der Adelssitze und den eher kleinen, meist schon aus dem Frühmittelalter stammenden Kirchen, auch wenn da und dort schon solche im «neuen Stil» dazwischengestreut sind.

Noch immer wirkt Rom ländlich, zwischen den von Macchia überwucherten antiken Trümmern; an den Hängen der sieben Hügel grasen Ziegen und Schafe oder weiden Muli- und Eseltreiber ihre genügsamen Lasttiere.

Freilich, dazwischen haben sich Häusermassen eingenistet, labyrinthisch, ohne Baulinie, einfach hingesetzt, wo Platz war, und noch recht bescheiden mit höchstens drei oder vier Stockwerken, schmalbrüstig, mit kleinen Gärten dahinter, wo sich die meist armen Bewohner etwas Gemüse und Gewürzkräuter ziehen.

Aber das Rom der Renaissance gibt es auch. Auf dem Monte Giordano haben sich die Orsini einen prächtigen Palast erbaut, und einige Paläste säumen schon die Piazza Navona. Paläste haben sich auch wohlhabende Geschlechter wie die Caffarelli,

Cesarini, Colonna, Massimi und Nardini erbaut, ganz abgesehen von der prachtvollen Cancelleria, die Rodrigo Borgia als Kardinal bewohnte, oder dem Palast von San Marco, jetzt als Palazzo di Venezia bezeichnet.

Man schätzt das damalige Rom auf etwa 70 000 Einwohner, doch was alle anderen Städte, etwa Florenz, Siena, Perugia oder Pisa längst haben, fehlt in Rom, nämlich ein Mittelpunkt. In der Antike waren es Kapitol und Forum, ein neues Zentrum hat sich nicht gebildet – bis heute nicht. Die einzelnen Stadtviertel schufen sich ihren eigenen Mittelpunkt, meist an der Pfarrkirche, später waren es die schönen, weiträumigen Piazze. Das mag auch daran liegen, daß beide Kathedralen Roms – die des Laterans und die des Vatikans – abseits lagen und kaum geeignet waren, ein Zentrum für alle zu bilden.

Was es im damaligen Rom schon reichlich gab, das waren die Herbergen und Gastwirte; denn die vielen Pilger mußten ja irgendwo unterkommen und verpflegt werden. Die meisten dieser höchst bescheidenen Unterkünfte lagen im Borgo, also auf dem Gebiet zwischen Vatikan und Engelsburg. Das Gastgewerbe befand sich seinerzeit meist in den Händen von Deutschen oder Schweizern, ein Register aus der Zeit Eugens IV. (1431–1447) zählt etwa sechzig von ihnen auf. Sie führten Namen wie «Zur Sonne», «Zum Engel», «Zum Spiegel», «Zum Helm», «Zum Pilgerstab».

Das belebteste Viertel – schon von altersher – war Trastevere, das antike Transtiberium – also «jenseits des Tiber». Die Lungaretta – damals wie heute Hauptverkehrsader – führte zur Palatinischen Brücke und zu dem Uferstreifen Ripa Grande, wo die Schiffer und Fischer ihr Gewerbe betrieben.

Trastevere hatte den Vorteil der noch funktionierenden sabatinischen Wasserleitung, und so hatten sich hier Gerber, Wollwäscher, Müller, Töpfer, Färber und andere von viel Wasser abhängige Gewerbe angesiedelt.

Auch sehr belebt und nicht weniger gewerbefleißig, wenn auch weit vornehmer, war das Ponte-Viertel, das sich von der Engelsbrücke dem Tiber entlang bis zur Kirche S. Anna erstreckte. Hier wohnten meist päpstliche Hofbeamte und Geldwechsler, die auch frühe Formen des Bankwesens verkörperten. Sie konzentrierten sich an der Via Canal del Ponte, die heute Via del Banco di S. Spirito heißt und wo die weithin berühmten Banken aus Florenz, Siena und Genua ihre Filialen hatten. Hier, an der Piazza Pizzo di Merlo, stand auch der Borgiapalast.

Schließen wir unseren flüchtigen Rundgang durch Rom am Campo dei Fiori (Blumenfeld), der lange eine seltsame Doppelfunktion besaß. Hier befanden sich die ältesten und wohl auch besten Gasthäuser, und hier war die öffentliche Hinrichtungsstätte von Rom: Dort wurde fast täglich gehängt, verbrannt, enthauptet. Es scheint die Menschen damals nicht gestört zu haben, daß sie auf im Wind schaukelnde Gehängte blickten, wenn sie ihre Augen vom Mittagstisch erhoben.

Das prunkende Rom der Hochrenaissance erstand in den Jahrzehnten nach Papst Alexander, der noch seine fehlerhaften und wie beiläufig zelebrierten Messen in der alten Konstantinsbasilika von St. Peter las.

Julius II. – der Schreckliche

Nach Papst Alexander VI. Tod gab es keinen Borgia mehr, der Macht, Vermögen und Ansehen der Familie hätte retten können. Cesare hatte fliehen müssen, Gioffré, der jüngste Bruder, lebte im Süden Italiens als Fürst von Squillace. Er blieb weitgehend unbehelligt und pflanzte Alexanders direkten Stamm als einziger über die Jahrhunderte fort.

Nun kehrten die von den Borgia verfolgten Kardinäle aus ihrem Exil zurück, während man für Alexander eine um zwei Wochen verspätete Totenfeier hielt, nolens volens, denn gerne hätte man den ungeliebten Tyrannen sang- und klanglos verscharrt.

Am 16. September 1503 versammelten sich achtunddreißig Purpurträger und wählten sechs Tage später den uralten Kardinaldiakon Francesco Todeschini-Piccolomini zu Papst Pius III. Dem aus dem Exil zurückgekehrten Giuliano della Rovere gelang es in dieser kurzen Zeit nicht, die meisten Stimmen auf sich zu vereinen, vielleicht wollten die Kardinäle auch erst einmal Luft holen, ehe sie wieder einem Tyrannen auf den Stuhl Petri halfen.

Pius III. war ein würdiger, zurückgezogen lebender Mann und gehörte zu den wenigen, die Alexander bei seiner Wahl nicht kaufen konnte. Er verabscheute jede Art von Nepotismus und verbot sogar einem Neffen, während seiner Amtszeit nach Rom zu kommen. Leider war ihm nur ein vierwöchiges Pontifikat vergönnt, und dann kam, was kommen mußte.

Dreimal war die Tiara an Giuliano della Rovere vorübergegangen – jetzt, beim vierten Mal, verließ er sich nicht allein auf die freiwilligen Stimmen, sondern kaufte die spanischen Kardinäle durch das Versprechen, den eingekerkerten Cesare Borgia freizulassen und ihm wieder das Amt eines Bannerträgers der Kirche zu übertragen. Gregorovius kommentiert das mit den Worten: «So verhalf Cesare Borgia demjenigen Kardinal, welchen sein Vater am tiefsten gehaßt hatte, zum Papsttum – in Wahrheit eine Ironie der Verhältnisse, über welche beide erröten müßten.»

Gregorovius war ein unverwüstlich redlicher Mensch, und so ist es ihm manchmal nicht gelungen, die Zeit, die er so ausführlich und großartig beschrieb, immer auch nachzuvollziehen. Weder Papst Julius noch Cesare Borgia waren imstande, jemals zu erröten oder sich für eine Handlung zu schämen. Vielleicht bereuen, wenn sie sich als falsch erwies, aber sich dafür schämen? – nein, das lag außerhalb der Charaktere dieser Renaissancemenschen.

Da hätte Julius II. ja auch erröten müssen, als er 1506 eine strenge Bulle gegen die Simonie erließ und sie – wo auch immer und in jeder Form – mit schweren Kirchenstrafen bedrohte – er, der seine Papstwürde selber mit Zugeständnissen erkauft hatte, die er später nicht hielt. Gemeint ist Cesare Borgias Ernennung zum Gonfaloniere (Bannerträger) der Kirche, aber als er fest auf dem Papstthron saß, landete der Mohr, der seine Schuldigkeit getan hatte, im Kerker. Von Julius II. sagt Gregorovius: «In ihm lag der Stoff zu einem großen König, keiner zu einem Priester. Von theologischen Trieben war nicht mehr in ihm als in den Borgia oder Medici. Sein Leben war gleich weltlich und nicht weniger lasterhaft gewesen als das der meisten Prälaten seiner Zeit.»

Gregorovius spielt dabei wohl auf die drei Töchter an, die aus den Jugendjahren des Papstes stammten. Allerdings war Julius da sehr konsequent (und wohl auch zu alt dazu): Als Papst führte er nicht das Lotterleben seines Vorgängers, und wenn er später seine Tochter Felice mit einem Orsini verheiratete, blieb er unter einem Vorwand der Hochzeitsfeier fern, und die Mitgift von 15 000 Dukaten war verhältnismäßig bescheiden. Seine Ziele setzte er rücksichtslos und mit allen Mitteln durch. In Rom ließ er

Tausende von Dieben und Landstreichern kurzerhand aufhängen. Die Römer nannten ihn deshalb respektvoll «Il terribile» (der Schreckliche).

Wie wir sehen werden, gab es nur zwei Dinge, die diesen Papst zeitlebens leidenschaftlich beschäftigten – Kunst und Krieg. Seine wahre und einzige Geliebte war die Kunst, sein mit Fleiß und Beharrlichkeit betriebenes Gewerbe der Krieg. Für die Theologie blieb da wenig Raum. Man darf überhaupt davon ausgehen, daß ein echtes Bedürfnis nach Religion in Menschen wie Alexander, Cesare und Julius – und das war bei vielen ihrer Zeitgenossen so – nur sehr rudimentär oder gar nicht vorhanden war.

Auf Papst Julius II. trifft jedenfalls Goethes Wort zu: «Wer Wissenschaft und Kunst besitzt, der hat auch Religion – wer diese beiden nicht besitzt, der habe Religion.»

Zunächst aber mußte Papst Julius sich um ein anderes Problem kümmern, nämlich um Venedig. Die Seerepublik hatte nach gewohnter und bewährter Aasgeierpolitik erkannt, daß die Kirche nach Alexanders Tod zu schwach war, die Lehen in der Romagna zu halten, weshalb sie sich nun darauf stürzte. In den großen Städten wie Perugia und Bologna übernahmen die alten Tyrannen – die Baglioni und Bentivoglio – wieder das Regiment, aber Papst Julius war nicht der Mann, dies ungestraft hinzunehmen. So trat er 1509 einer von Deutschland, Spanien und Frankreich gebildeten Liga bei, um Venedig in seine Schranken zu weisen. Bei der Entscheidungsschlacht am 14. Mai 1509 in der Nähe von Cremona besiegte die Liga die Serenissima, über die Papst Julius vorher noch den großen Bann gesprochen hatte. So war er wieder Herr in der Romagna, und am 15. Februar 1510 wurde Venedig vom Bann befreit und ein Friede vereinbart.

Richard Friedenthal hat in seinem Buch über Luther eine Szene aus diesen Feldzügen geschildert:

«Milde war nicht das Zeichen des gewaltigen Julius. Nachdem Venedig gedemütigt war, führte er weiter Krieg: nun gegen den bisherigen Bundesgenossen Frankreich. Er wollte Ferrara erobern, Parma, Piacenza, die Grafschaft Mirandola. Die verwitwete Gräfin Mirandola verteidigte die Burg ihres alten

Hauses für ihre Kinder. Rücksichtslos ging der 68jährige Greis in einen Winterfeldzug, den seine Generäle für unmöglich erklärt hatten; er ritt selbst bis in die vordersten Linien; zwei Stallknechte wurden an seiner Seite durch eine Kanonenkugel niedergestreckt, die Julius zur Erinnerung an seine Rettung in der Wallfahrtskirche Loreto an der Decke aufhängen ließ. Er trieb die Soldaten an, drohte die Besatzung bis zum letzten Mann niedermachen zu lassen; die Gräfin kapitulierte, als Bresche geschossen war. Doch ehe die verbarrikadierten Tore geöffnet werden konnten, ließ Julius sich in einer Holzkiste über die zerschossene Mauer hinaufziehen, um als erster die eroberte Burg zu betreten. Mit einer seiner jähen Wendungen von Jähzorn zu Versöhnlichkeit oder listiger Diplomatie behandelte er die tapfere Frau gnädig; er begnügte sich damit, sie aus ihrem Erbe zu verjagen, und begleitete sie persönlich durch das Tor hinaus.»

Jetzt blieben noch die Städte, die sich zum Teil mit Frankreich verbündet hatten, um dem Papst die Stirn zu bieten. Julius zog gegen Ferrara, wo Alfonso d'Este mit seiner fromm und häuslich gewordenen Gemahlin Lucrezia regierte. Der Herzog wurde gebannt, was seinen Verbündeten Ludwig XII. von Frankreich derart empörte, daß er 1510 in Tours eine Nationalsynode einberief, um den Papst zurechtzuweisen, vielleicht sogar abzusetzen. Neun abtrünnige Kardinäle schlossen sich diesem Plan an, und für den 1. September 1511 wurde ein Allgemeines Konzil in Pisa angekündigt. Ludwig wurde dabei unterstützt von Kaiser Maximilian I., der den Friedensschluß mit Venedig – im Alleingang! – nicht guthieß.

Wenden wir uns für eine Weile diesem Kaiser zu, dem «letzten Ritter», der um diese Zeit einen abenteuerlichen Plan entwarf, der – wäre er nicht eindeutig und vielfach belegt überliefert – etwas noch nie Dagewesenes verwirklicht hätte. Der verwitwete, jetzt 52jährige Kaiser Maximilian hegte den offen geäußerten und ernsthaften Plan, sich zum Papst wählen zu lassen. Die Sache hat natürlich eine Vorgeschichte, denn einen solchen Entschluß faßte auch der bisweilen von hochfliegenden, etwas phantastischen Gedanken heimgesuchte Maximilian nicht spontan. Dieser Herrscher war im Grunde seiner Seele ein Idealist, seine Vorstellungen wurzelten im Denken des Mittelalters. Der Renaissancekaiser des Heiligen Römischen Reiches Deutscher Nation war vom Geist seiner Zeit nicht erfaßt worden.

Aus seinen Äußerungen und Briefen der Jahre 1507–1511 ist deutlich herauszuhören, wie sehr ihn der Zustand der Kirche schmerzte und empörte und wie wenig er den harten kriegerischen Julius II. für das Papstamt geeignet hielt. Als römischer Kaiser fühlte er sich traditionell dazu aufgerufen, diesen Zustand zu beenden und einen würdigen priesterlichen Papst unter Schutz und Gewalt des Deutschen Reiches zu stellen. Dieser Gedanke war um 1510 der reinste Anachronismus, aber nicht umsonst gab man diesem Kaiser den Beinamen «der letzte Ritter».

Mit König Ludwig XII. von Frankreich wußte Maximilian sich in seiner Abneigung gegen Julius einig, denn der französische König hatte alles darangesetzt, seinen Verwandten, den Kardinal Louis d'Amboise, auf den Stuhl Petri zu bringen. Der war nun kürzlich gestorben, nicht aber Ludwigs Haß. Der Papst spürte diese Gegnerschaft und versuchte mit einem für April 1512 geplanten Lateranischen Konzil seinen Gegnern zuvorzukommen. Die allerdings hofften auf seinen Tod, denn im Juni 1511 war Julius schwer erkrankt und mußte sich im August – wie alle meinten – aufs Sterbebett legen. Er wurde schon totgesagt und sein Palast geplündert, und die Kardinäle wurden zum Konklave gerufen.

Plötzlich war zu sehen, wie verhaßt Julius beim Adel war, und sogar Roms ewig zerstrittene Geschlechter Colonna, Orsini, Cesarini und Savelli einigte nun ihre Gegnerschaft.

Ihr Führer und Sprecher war Pompeo Colonna, ein Krieger und Rhetor, den seine Familie in das geistliche Gewand eines Bischofs gezwungen hatte. Da er nun Bischof war, empörte es ihn maßlos, daß Julius ihn nicht zum Kardinal machte – ihn nicht und kein Mitglied der großen römischen Geschlechter. Vom Kapitol sprach dieser junge Hitzkopf nun zum Volk: «Es ist eine Schmach für die Römer, daß Hab und Gut der Bürger der Gier von einigen Pfaffen zum Opfer gefallen ist! Unsere Senatoren sind nur noch Dekoration für pompöse Aufzüge! Wenn früher die Heiligkeit der Päpste ihre Herrschaft erträglich machte, welche Tugend oder Würde könnte aber heute die Schande der Sklaverei verdecken? Etwa die Unbescholtenheit oder das heilige Beispiel der Priester? Gibt es eine verderbtere und sittenlosere Menschenklasse? An ihr ist nur wunderbar, daß Gottes Geduld sie so lange erträgt.»

In diesem Ton ging es weiter, und die Rede machte einen solchen Eindruck, daß einige spontan den Antrag stellten, die Republik zu erneuern. Doch man hatte die Rechnung ohne den Wirt gemacht, und dieser hieß Scipio Lancelotti und war der überaus tüchtige jüdische Leibarzt des Papstes. Er holte den fast Siebzigjährigen ins Leben zurück, und einige Kardinäle traf vor Schreck fast der Schlag.

Allein die Nachricht von der Genesung des Papstes glättete in Rom die Wogen, um so mehr als die Häupter des Aufruhrs nach Frankreich entflohen. Papst Julius II. handelte schnell. Frankreich war der Hauptfeind, sein Bündnis mit Deutschland mußte gebrochen werden. Julius verband sich mit Ferdinand von Spanien, später noch mit Venedig zu einer neuen «Heiligen Liga». Heinrich VIII. von England und Kaiser Maximilian wurden freundlich zum Beitritt eingeladen. Doch dieser wäre nicht der «letzte Ritter» gewesen, hätte er sich so leicht und in seinen Augen ehrlos von dem Bündnis mit Frankreich gelöst. So hielt er zunächst an dem vereinbarten Konzil von Pisa fest, aber als Julius die daran teilnehmenden abtrünnigen Kardinäle absetzte und alle Teilnehmer mit dem Interdikt belegte, machte er einen Rückzieher und verbot seinen Bischöfen die Mitwirkung. Das spärlich besuchte und völlig mißglückte Konzil fand unter dem Schutz französischer Waffen statt, wurde später nach Mailand verlegt – und vergessen.

Nun war Julius in seinem Element, und der Krieg konnte beginnen. Er hatte seine Truppen noch durch 12 000 Schweizer Soldaten verstärkt, verlor aber die Schlacht um Bologna im Februar 1512 gegen den genialen französischen Feldherrn Gaston de Foix, der dann auch noch Brescia und Bergamo eroberte und schon im März in die Romagna einfiel. Doch begann der Stern der Franzosen zu sinken, als ihnen auch England und Deutschland den Krieg erklärten.

Am Ostersonntag, dem 11. April des Jahres 1512 kam es vor Ravenna zur Entscheidungsschlacht zwischen dem Allerchristlichsten König von Frankreich und dem Stellvertreter Christi auf Erden. Ganz ohne Ironie weise ich dann und wann auf diese ernstgemeinten Attribute hin, damit uns bewußt wird, welches Schindluder durch die Jahrhunderte mit dem Namen Christi getrieben wurde. Natürlich wurden auf beiden Seiten Feldmessen für die «gerechte Sache» gelesen, und dann ging's los, und dieser Kampf war teilweise schon eine reine Artillerieschlacht mit einem mörderischen Sperrfeuer, das die Soldaten reihenweise niedermähte. Die Schlacht wogte lange unentschieden hin und her, doch auch als Gaston de Foix tödlich getroffen vom Pferd stürzte, war der französische Sieg nicht mehr aufzuhalten. Christus hatte offenbar die Hand von seinem blutrünstigen «Stellvertreter» abgezogen.

Ravenna wurde grauenhaft geplündert, wobei sich die Deutschen besonders hervortaten, bis die Franzosen sie davonjagten. Der Verlauf dieser Schlacht machte in Norditalien schnell die Runde, und so ergaben sich Rimini, Forli, Cesena, Imola, Faenza und andere Orte freiwillig. Das Ziel des Papstes, die Romagna zurückzugewinnen, wurde durch diese eine Schlacht zunichte gemacht.

In Rom riet man Julius zur Flucht, doch der war nicht der Mensch, sich von einer Niederlage entmutigen zu lassen. Er zitierte die Gesandten Spaniens und Venedigs zu sich und forderte 100 000 Dukaten, um die Franzosen zu vertreiben, denen er nach außen den Friedenswilligen vorspielte. Insgeheim warb er wieder 20 000 Schweizer Söldner an, und während dieses Heer über die Alpen nach Süden marschierte, eröffnete Papst Julius am 3. Mai

Julius II. «Il Terribile» führte mörderische Kriege und legte den Grundstein zur neuen Peterskirche. (Gemälde von Raffael)

das Lateranische Konzil. Er zog mit einer Prozession vom Vatikan zum Lateran, die seinen Charakter spiegelte, denn sie war eher militärisch als geistlich und nicht nur von der schweren Reiterei, sondern auch von neun mächtigen Kanonen begleitet. Ob Julius dabei seine Rüstung angelegt hat, weiß ich nicht, er hat sie jedenfalls öfter getragen als sein geistliches Gewand.

Raffael hat uns ein schönes Altersporträt von diesem kriegerischen Papst überliefert, das uns den rauschebärtigen Julius mit einem harten, ernsten Gesicht zeigt, auch wenn eine Spur von Nachdenklichkeit zu finden ist.

Bei der Eröffnungsrede wagte der Bischof von Viterbo, ein unerschrockener Augustinergeneral, den Hinweis, der Untergang der päpstlichen Armee sei als Warnung Gottes zu verstehen, damit die Kirche sich nicht auf Waffen stütze, die nicht die ihren seien; denn diese könnten nur bestehen aus Religion, Wahrhaftigkeit und Gebeten – dem Panzer des Glaubens, dem Schwert des Lichts. Durch Taten der Liebe, nicht durch Eisen und Blut habe sie am Anfang die Welt bezwungen.

Papst Julius hörte sich die Rede an, sagte nichts, lächelte vielleicht über diesen weltfernen Idealisten und sann weiterhin auf die Vernichtung seiner Feinde. Dazu bildete er eine neue Liga mit Spanien, England, Venedig – und Kaiser Maximilian. Aber der wollte doch selber einmal Papst werden? Ja, dieser Plan hatte bestanden und war damals vor zwei Jahren schon so weit gediehen, daß er die Höhe des zu zahlenden Bestechungsgeldes für die Kardinäle ausrechnen ließ und einen Brief an seine Tochter Margarete mit «Maximilianus futur Pape» (Maximilian, künftiger Papst) unterzeichnete. Nun, die nötige Geldsumme konnte nicht aufgebracht werden, und der Kaiser hatte seinen kühnen Plan inzwischen aufgegeben.

Nun schlug auch den Franzosen die Stunde, denn eine Schlacht zu gewinnen ist das eine, und das Eroberte zu bewahren ein anderes. Den Franzosen ging es nicht anders als in den Jahrhunderten zuvor vielen deutschen Kaisern und Königen: Aus dem Sieg wurde eine Niederlage. Die französische Armee mußte sich Schritt für Schritt zurückziehen, die oberitalienischen Städte warfen ihre Besatzer hinaus. Die französischen Truppen wurden außerdem dringend in Frankreich gebraucht, wo England und Spanien von Westen und Süden heranrückten.

Ende des Jahres hatten sich alle Romagnastädte dem Papst unterworfen, in Florenz ließ er die Soderini davonjagen, und die Medici übernahmen nach 18jährigem Exil wieder das Ruder in Person von Giuliano de Medici, unterstützt von Giovanni, den Innozenz VIII. mit vierzehn Jahren zum Kardinal gemacht hatte und dem wir später als Papst wieder begegnen werden.

So hatte Papst Julius II. doch noch erreicht, was er wollte, und wenn wir einen Blick auf das damalige Patrimonium Petri werfen, so reichte es im Süden von Terracina bis zum nördlichsten Punkt in Piacenza und schloß so wichtige Städte wie Perugia, Urbino, Bologna, Modena und Parma mit ein.

Anfang Februar 1513 erkrankte der Papst schwer, und in diesen Tagen und Wochen vor seinem Tod hatte er Muße, sich auf sein vergangenes Leben, seine Taten und Untaten zu besinnen. Er beklagte, Papst gewesen zu sein, schalt sich einen großen Sünder, der die Kirche schlecht regiert habe. War diese Reue gespielt, sollte es ein Handel mit Gott sein? Wir wissen es nicht.

Als seine Tochter Felice an sein Sterbebett eilte und nichts besseres wußte, als dem Todkranken für einen Halbbruder einen Kardinalshut abzupressen, warf er sie hinaus.

In der Nacht vom 20. zum 21. Februar 1513 ist dieser als Papst verkleidete Feldherr gestorben, doch es gibt keinen besseren Nachruf, als seiner zweiten Leidenschaft zu gedenken, der Kunst.

Kein Geschichtsbuch versäumt es, Papst Julius als den größten Mäzen der Kirchengeschichte hinzustellen, ungeachtet der Tatsache, daß vieles davon zu seinem eigenen Ruhm gedacht war, wie das von ihm in Auftrag gegebene, aber nie verwirklichte gewaltige Grabmonument. Michelangelo hatte es begonnen, und es wäre wohl auch vollendet worden, hätte Julius dieses Genie nicht dazu gezwungen, Wände und Decke der Sixtina auszumalen. Es wäre schon viel gewesen – mehr jedenfalls als bei den Päpsten vorher –, hätte nur der gewaltige Michelangelo für Julius II. gearbeitet, aber er beschäftigte auch Künstler wie Raffael und

Bramante, der ihn als künstlerischer Berater überallhin begleiten mußte und die Pläne für einen Neubau von St. Peter entwarf.

Donato Bramante wurde um 1444 in Urbino geboren, hatte in der Romagna und später in Mailand gearbeitet, wo er unter anderem einige Kirchen erbaute. Als die Sforza 1499 stürzten, verlor er seine Auftraggeber und ging nach Rom, wo er die antiken Reste aufs gründlichste studierte. Mit Alexander VI., den alles eher interessierte als Kunst und Architektur, gab es kaum Berührungspunkte, aber die Kardinäle Caraffa, Castelleri und Riario überhäuften ihn mit Aufträgen für Paläste und Kirchen.

Papst Julius II. erkannte sofort das Genie dieses Architekten, und Bramante hat von da an nur noch für ihn gearbeitet. Ihm entwarf er eine Art Generalplan für die Anlage von ganzen Stadtvierteln, den Aus- und Umbau des Vatikans und schließlich für den Neubau des Petersdoms, der in nie dagewesener Pracht und Größe erstehen sollte. Der Papst war ungeduldig, alles sollte sehr schnell gehen, denn die Zeit lief ihm davon – nämlich seine Lebenszeit, von der er zuviel draußen auf den Feldzügen verbringen mußte.

Es ist unmöglich, hier alles zu schildern, was Bramante in Rom verwirklicht, angeregt oder inspiriert hat. Beschränken wir uns also auf sein gewaltigstes Werk: den Neubau von St. Peter.

Zunächst stieß der Plan des Papstes auf Ablehnung und Widerspruch, gerade bei den Kardinälen. Was – die altehrwürdige, über dem Grab des heiligen Petrus errichtete Kirche sollte abgerissen werden? Blasphemie! Lästerung! Und dann die hohen Kosten!

Papst Julius war nun nicht der Mann, sich von einer einmal gefaßten Idee abbringen zu lassen. Er ließ die Purpurträger kläffen und legte am 18. April 1506 den Grundstein, wozu er tief in eine Baugrube hinabsteigen mußte. Allein die Fundamente verschlangen so viel Baumaterial, daß – so wird gesagt – unter der Erde mehr davon gebraucht wurde als darüber.

Dieser Grundstein ist symbolisch als Anfang einer neuen Zeit zu sehen, als Aufbruch in eine neue Ära der Kirche, die unter Konstantin und Jahrhunderte danach noch dem Kaiser untertan war. Karl der Große hatte diesen Anspruch erneuert, seine Nachfolger suchten ihn zu bewahren. Damit war es nun vorbei, die Kirche hatte sich von der Reichsvormundschaft befreit, war mächtig geworden, geistlich wie weltlich, war nur einem untertan, von einem geleitet und geführt: dem Knecht der Knechte Gottes, dem Stellvertreter Christi auf Erden, dem Pontifex maximus – Seiner Heiligkeit, dem Papst. Daß der Neubau von St. Peter indirekt auch zur Reformation beigetragen hat, begründet ein Chronist des Konzils von Trient (1545–1563) mit den Worten: «So verschuldete der materielle Bau S. Peters den Einsturz eines großen Teils seines geistlichen Gebäudes; denn um all die Millionen zusammenzubringen, die das kolossale Werk verschlang, mußte der Nachfolger von Julius das tun, woraus die Häresie Luthers entsprang, und diese hat die Kirche um viel mehr Millionen ärmer gemacht.»

Da steckt mehr als ein Körnchen Wahrheit darin, aber ein so gewaltiger religiöser Umbruch hat freilich eine ganze Reihe von Ursachen; der vom Chronisten gemeinte Ablaßhandel war nur eine davon.

Während der alte Bau abgetragen wurde (was da an spätantiken Werken verlorenging, ist kaum abzuschätzen), wuchs die neue Kirche empor. Michelangelo empörte sich darüber, daß Bramante nicht nur die alten Säulen, Mosaiken und Fresken auf den Schutt warf, sondern auch Werke der Frührenaissance – zum Beispiel das Grabmal Papst Nikolaus' V. – einfach in Stücke schlug. Natürlich wird es nicht nur das gewesen sein, denn die meisten der verstorbenen Päpste waren hier bestattet worden, und von vielen gab es – auch wenn ihre Särge in der Krypta standen – Grabmäler im Inneren der Kirche.

Der Architekt und sein Auftraggeber lebten nicht lange genug, um auch nur eine Ahnung des Rohbaues zu erleben. Unter Bramante entstanden die vier Trägerpfeiler der Kuppel, die Tribünen des Mittel- und des südlichen Querschiffes. Als er am 11. März 1514 starb, wurde er in der von ihm konzipierten Kathedrale bestattet. Der Bau schritt so langsam voran, daß er weitere zwanzig Päpste erlebte, bis ihn Urban VIII. am 18. November 1626 einweihen konnte.

War Bramante nur ein treuer Diener seines Herrn, so treffen wir in dem Bildhauer Michelangelo Buonarroti (1475–1564) auf einen anderen Charakter. Dieses Jahrtausendgenie war nicht weniger stur und eigenwillig als sein Auftraggeber, und es ist überliefert, daß bei ihren Auseinandersetzungen mehr als einmal die Funken flogen.

Nachdem er sein ergreifendes, wenn auch noch traditionelles Frühwerk, die «Pietà», für St. Peter geschaffen hatte, ging er zurück nach Florenz, wo ihn verschiedene Aufträge erwarteten und wo er 1504 seinen «David» vollendete. Der Ruhm dieses Werkes drang bis nach Rom, und dorthin rief ihn Julius im Herbst 1505 und beauftragte ihn mit einem Grabmal für sich selber. Es muß wohl so gewesen sein, daß sie gemeinsam über einem Plan brüteten, der dann immer gewaltiger und phantastischer wurde. Das freistehende Werk sollte mit etwa vierzig zum Teil kolossalen Figuren geschmückt werden und eine ganze Geschichte von Himmel und Erde, Kunst und Genius erzählen – verbrämt mit biblischer Geschichte.

Es wird behauptet, daß dieser Entwurf den Papst dazu veranlaßte, St. Peter anders zu gestalten, um für das Monumentalwerk Platz zu finden. Als der Künstler sich ans Werk machte, ging das für Julius viel zu langsam. Schon daß Michelangelo sich in Carrara acht Monate Zeit nahm, um die richtigen Marmorblöcke auszuwählen, brachte ihn zur Weißglut.

Der Künstler hatte in der Nähe von St. Peter seine Werkstatt, und wenn der Papst in Rom war, suchte er ihn häufig dort auf, um ihn anzutreiben. Dem stolzen und selbstbewußten Michelangelo ging das so auf die Nerven, daß er 1506 nach Florenz entfloh, was den Papst vor Zorn fast umbrachte. Die Florentiner Signorie vermittelte behutsam und diplomatisch, und so fand im November 1506 zu Bologna die Versöhnung statt. Giorgio Vasari, der uns zwar mehr Kunstgeschichten als Kunstgeschichte überliefert hat, ist aber für die meisten Renaissancekünstler die einzige ausführliche Quelle. Über die Begegnung in Bologna schreibt er:

«In Bologna angelangt, hatte er kaum die Stiefel gewechselt, als er von Vertrauten des Papstes zu Seiner Heiligkeit nach dem Palaste der Sechzehner abgeholt wurde, von einem Bischof des

Kardinals Soderini begleitet, da der Kardinal krank war und nicht mitgehen konnte. Eingetreten bei dem Papst, ließ Michelangelo sich aufs Knie nieder; Seine Heiligkeit sah ihn von der Seite an, gleich als ob er erzürnt wäre und sagte: ‹Anstatt zu gehen, uns aufzusuchen, hast du gewartet, daß wir kommen und dich aufsuchen!› Womit er andeuten wollte, daß Bologna näher an Florenz als an Rom sei. Michelangelo bat mit höflicher Handbewegung und lauter Stimme untertänig um Vergebung, entschuldigte sich damit, daß das, was er getan, im Zorn geschehen sei, indem er es nicht hätte ertragen können, so fortgejagt zu werden, und daß, wenn er im Irrtum gewesen, Seine Heiligkeit ihm diesen wiederum vergeben möge. Der Bischof, der Michelangelo vor den Papst geführt, sagte, um ihn weiter zu entschuldigen, zu Seiner Heiligkeit, solche Leute wären unwissend und außer ihrer Kunst zu nichts zu brauchen, und er möge ihm willig vergeben. Das brachte den Papst in Wut; er schlug mit einem Stabe, den er in der Hand hatte, nach dem Bischof und rief: ‹Der Unwissende bist du, daß du dem Manne Grobheiten sagst, wie wir ihm nicht sagen›, und ließ den Bischof vom Türsteher mit Faustschlägen fortjagen. Als er fort war und die Wut des Papstes ausgetobt hatte, segnete er Michelangelo, der sodann durch Geschenke und Versprechungen so lange in Bologna gehalten wurde, bis Seine Heiligkeit ihm den Auftrag erteilte, eine fünf Ellen hohe Bildnisstatue von Papst Julius aus Bronze zu arbeiten; bei welcher Figur er die höchste Kunst zeigte in betreff der Stellung, in der er Größe und Hoheit ausdrückte, in den Gewändern, denen er Reichtum und Pracht, in den Zügen des Angesichts, denen er Mut, Kraft, Entschlossenheit und etwas Gewaltiges verlieh. Diese Statue wurde in einer Nische über der Türe von S. Petronio aufgestellt.»

Die Statue ist leider nicht erhalten, weil sie die über Julius empörten Bologneser im Dezember 1511 in Stücke schlugen.

Inzwischen hatte der Papst wohl die Gigantomanie seines Grabmals erkannt und ließ kleinere Entwürfe anfertigen, doch wenig kam davon zur Ausführung, weil Michelangelo seit dem

Frühjahr 1508 für die Ausschmückung der Sixtina gebraucht wurde.

Was aber wurde am Ende aus dem einst so gigantisch geplanten Grabmal? Im Grunde nichts. Papst Julius wurde in St. Peter beigesetzt, und sein arg verkleinertes Grabmonument finden wir heute in der Kirche S. Pietro in Vincoli (St. Peter in Ketten), wo der gewaltige Moses sein Zentrum darstellt, auch die Figuren von Lea und Rachel sollen von der Hand Michelangelos stammen, vielleicht sind es von ihm überarbeitete Schülerarbeiten. Die Papststatue, die Madonna, die Propheten – dies alles stammt von anderen, gewiß auch tüchtigen Bildhauern, müßte man nicht immer den Vergleich mit dem Moses anstellen. Aber das Werk konnte nicht voranschreiten, weil Michelangelo nach Julius II. noch unter acht Päpsten lebte und arbeiten mußte, und keiner von ihnen war gesonnen, den Auftrag eines Vorgängers zu finanzieren.

Zurück zur Sixtina, um deren Ausmalung sich zahlreiche Geschichten und Anekdoten ranken. Lassen wir sie wieder von Vasari erzählen:

«So fand Michelangelo die Dinge, als er nach Rom zurückkam, und der Papst, der für jetzt sein Grabmal nicht vollenden wollte, machte ihm den Vorschlag, die Decke der Kapelle zu malen. Michelangelo, der das Grabmal zu vollenden wünschte und dem die Decke der Kapelle eine große und schwierige Arbeit schien, zumal bei seiner geringen Übung in Behandlung der Farben, suchte auf alle Weise dieses Auftrags sich zu entheben und schlug dafür statt seiner Raffael vor. Je mehr er sich indes weigerte, desto mehr stieg des Papstes Verlangen, der in allen seinen Unternehmungen ungestüm war und hier noch durch Michelangelos Nebenbuhler, vornehmlich durch Bramante, gereizt und angetrieben wurde, so daß er sich, heftig wie er war, fast wieder mit Michelangelo erzürnt hätte. Als dieser daher sah, der Papst beharre auf seinem Willen, so entschloß er sich, die Arbeit zu übernehmen, und Bramante erhielt den Auftrag, das Malgerüst aufzurichten. Dieses Gerüst ließ Bramante ganz in Seilen hängen und schlug dazu Löcher in die Wölbung, so daß Michelangelo, als er es sah, ihn fragte, wie man denn, wenn er mit Malen fertig sei, die Löcher ausfüllen wolle, worauf jener erwiderte: ‹Das wird sich finden, anders kann es nicht gemacht werden!› Hieraus entnahm Michelangelo, daß Bramante entweder wenig Einsicht in diese Dinge oder wenig Freundschaft für ihn habe, ging zum Papst und sagte, das Gerüst sei schlecht und Bramante verstehe dies nicht, worauf Seine Heiligkeit in Gegenwart Bramantes entgegnete, er solle es nach seiner Weise aufrichten. Demnach ließ Michelangelo sein Gerüst auf Stützen aufrichten, welche die Mauer nicht berührten – ein Verfahren, wodurch er nachmals Bramante und andere lehrte, wie man Wölbungen verkleiden und gute Werke ausführen könne. Die so erübrigten Seile schenkte er einem armen Zimmermann, der das Gerüst aufstellte und der sie verkaufte, und aus dem Erlös die Ausstattung seiner Tochter bestreiten konnte.»

Natürlich suchte Michelangelo sich zuerst Gehilfen, wie es jeder Freskenmaler bei großen Aufträgen tat, aber er war mit ihren Leistungen nicht zufrieden, schlug die Malereien wieder ab und warf die Herren – darunter namhafte Maler – allesamt hinaus. So schuf er dieses gewaltige Werk allein und benötigte dazu etwa vier Jahre härtester Arbeit, die er zum Teil im Liegen ausführen mußte.

Im November 1512, also drei Monate vor seinem Tod, konnte Papst Julius der staunenden Welt vorführen, was dieser Bildhauer auch als Maler zu leisten imstande war. Das Werk, so zeitlos es war, paßt doch genau in seine Epoche, denn – von der Thematik abgesehen – wirkt nichts an ihm religiös oder christlich, es gibt weder Heiligenscheine noch fromm gen Himmel gerichtete Gesichter. Da ist ein Getümmel von Leibern in heidnischer Nacktheit, die einer späteren Epoche so anstößig war, daß man ihre Blöße nachträglich kaschierte.

Doch die Sixtina war noch längst nicht vollendet, denn erst 1541 schloß Michelangelo die Arbeit mit dem «Jüngsten Gericht» ab.

Der dritte im Bunde der von Julius mit Aufträgen bedachten

Genies war Raffael – ein Antipode zu Michelangelo. Was der Bildhauer sich an Malerei mühevoll abringen mußte, das floß diesem Götterjüngling nur so aus dem Pinsel. Ein apollinischer Künstler, dem Ruhe und stille Gesten mehr lagen als dramatisch-kühne Bewegung. Man hat in den beiden Künstlern immer Konkurrenten sehen wollen, aber in Wirklichkeit waren sie das nicht, weil sie sich – künstlerisch und charakterlich – viel zu sehr unterschieden.

Raffael war ein Schlemmer, lebte und arbeitete in einem Palast, betreut und umsorgt von einer zärtlichen Geliebten, der Fornarina, einer Bäckerstochter. Michelangelo vegetierte in einer schmutzigen Werkstatt dahin, die zugleich seine Wohnung war, und mußte als Homosexueller seine Neigung vor aller Welt verbergen.

Im Herbst 1508 kam der fünfundzwanzigjährige Raffaello Santi auf Empfehlung Bramantes nach Rom, und als Papst Julius seine Arbeiten sah, beauftragte er den jungen Künstler sogleich mit der Ausschmückung seiner Privaträume. Seinen Gestalten fehlte noch eine «gewisse Größe und Majestät», schreibt Vasari, doch als Michelangelo im Streit mit dem Papst Rom verlassen hatte, schaute Raffael sich die Malereien in der Sixtina an. Daraufhin soll er ein schon vollendetes Fresko in der Kirche S. Agostino abgeschlagen und völlig neu gemalt haben. Nun, der junge Künstler machte in Rom eine Blitzkarriere und konnte die Aufträge nur noch mit Hilfe einer Schar von Gehilfen bewältigen, womit er Generationen von Kunsthistorikern eine dankbare Aufgabe vermacht hatte. Was ist ganz von der Hand des Meisters? Hat diese Figur nur ein Gehilfe gemalt, oder hat Raffael sie noch überarbeitet? Wie groß ist sein Anteil daran?

Nur so war es ihm möglich, in den noch folgenden zwölf Lebensjahren eine so ungeheure Menge von Werken zu hinterlassen, denn auch Papst Leo X. war ein spendabler Mäzen, liebte die Kunst und bezahlte Raffael mehr als fürstlich – und nicht nur ihn, wie wir gleich sehen werden.

Auch diese Seite des grimmigen Papstes Julius II. mußte dargestellt werden, denn was «seine» Künstler für ihn schufen, hat in der Geschichte am Ende mehr Bestand als alle Schlachten, die er verlor oder gewann. Sollen wir ihn deshalb in die Reihe der unheiligen Väter stellen? Freilich, auch er verkaufte Ämter und Würden, aber nur um die von den Borgia geplünderte Kirchenkasse wieder aufzufüllen und um seine Truppen bezahlen zu können. Sein Nepotismus hielt sich in bescheidenen Schranken, für Arme und Flüchtlinge hatte er immer eine offene Hand. Sein Jähzorn, aber auch seine Wahrheitsliebe waren gefürchtet, doch an ihm war nichts von Tücke oder Grausamkeit. Daß dieser Papst, wie etliche seiner Vorgänger, im geheimen Mordpläne geschmiedet hat, ist undenkbar. Er hat in Rom mit eiserner Hand Ordnung geschaffen; das Volk war ihm dafür dankbar. Die Trauer bei seinem Tod war groß und echt. Also war er doch kein unheiliger Vater? Aber gewiß auch kein Heiliger.

Leo X. – der maßlose Verschwender

So sehr das Volk den strengen Papst Julius betrauerte, so sehr
atmeten der römische Adel und die meisten Kardinäle bei seinem
Tod auf. Sein Jähzorn, seine Schroffheit, seine Art, allen die
unangenehmsten Dinge – die Wahrheit eben – ins Gesicht zu
sagen, hatten ihn im Kollegium nicht gerade beliebt gemacht.

Als das Konklave sich am 25. März 1513 zusammenfand, galt
Raffaello Riario als einer der Kandidaten. Er war quasi der Erbe
des Hauses della Rovere, aber das war zugleich auch sein Makel.
Erstens wollte sich diesmal niemand irgendeine Form von Simonie nachsagen lassen, und zweitens – wer konnte wissen, ob
dieser Verwandte des verstorbenen Julius nicht auch sein Tempe-
rament geerbt hatte? Nein, diesmal wollte man einen milden
Papst, der weder Krieg führte noch die Herren Kardinäle herun-
terkanzelte wie ein Pfarrer seine Ministranten. Viele dachten
dabei an den heiteren, hochgebildeten und sehr einflußreichen
Kardinal Giovanni de Medici.

Der erschien mit zweitägiger Verspätung beim Konklave und
litt so sehr an einer Fistel, daß er seinen Arzt ständig dabeihaben
mußte. Mit Papst Julius hatte er sich prächtig verstanden, er galt
weder als intrigant noch als besonders ehrgeizig, so daß man ihm
seine bekannten Laster – Genußsucht und Eitelkeit – gerne
verzieh, war er doch zugleich von einer sorglosen, fast sträflichen
Freigebigkeit. Mit einem Wort, er schien der rechte Mann für ein
behagliches, unbeschwertes Pontifikat. Schön war er allerdings
nicht, die gewiß schmeichelhaften Porträts zeigen einen großen
Kopf mit schlaffen Wangen, Doppelkinn und froschartig hervor-

quellenden Augen, Zeichen einer extremen Fehlsichtigkeit, die Raffael auf seinem berühmten Porträt durch eine Lupe unterstreicht, die der Papst in der Hand hält. Doch beim Gespräch vergaß man seinen plumpen Körper, denn Leo war charmant und gewinnend, lachte gern und interessierte sich aufrichtig für jeden Menschen, wenn er nur auf irgendeine Weise interessant oder kurzweilig war.

Riario und die anderen Kandidaten resignierten, und so wurde Giovanni de Medici am 9. März fast einstimmig gewählt. Die ersten Worte des Siebenunddreißigjährigen nach der Wahl sollen gewesen sein: «Laßt Uns das Papsttum genießen, da Gott es Uns verliehen hat!» (Im Italienischen reimt es sich sogar: »Godiamoci il papato, poiche Dio ci l'ha dato».) Ob er das gesagt hat, ist nicht sicher, geschrieben hat er es jedenfalls nach Florenz an seinen Bruder Giuliano.

Der kaiserliche Botschafter in Rom schrieb an seinen Herrn – noch immer war es Maximilian, der «letzte Ritter»: «Dieser Papst wird eher sanft sein wie ein Lamm als wild wie ein Löwe und ein Mann des Friedens.»

Leos Krönung mußte in einem Provisorium stattfinden, denn die alte Basilika war zu etwa drei Vierteln abgerissen, und von der neuen standen erst ein paar Mauern. So blieb nichts anderes übrig, als vor diesen Bauruinen ein Zelt zu errichten, und hier wurde dem früheren Kardinal de Medici die nun seit etwa einem Jahrhundert mit drei Kronreifen geschmückte Tiara aufgesetzt. Danach hielt ihm der Zeremonienmeister nach altem Brauch ein Bündel Werg vors Gesicht, das er mit den Worten verbrannte: «So vergeht der Ruhm der Welt!»

Dieser noch aus der Antike stammende Brauch sollte den hoch Emporgestiegenen an seine Vergänglichkeit erinnern, aber Leo wird das nur zerstreut zur Kenntnis genommen haben, denn vor dem Vergehen stand erst einmal der Genuß ...

Ganz Italien war stolz auf diesen Papst, denn schließlich war er der Sohn eines der klügsten und edelsten Männer, die das Land jemals geboren hatte – Lorenzos des Prächtigen. Schon stellten sich die Panegyriker (Lobsänger) ein und verglichen Leo X. mit dem Sonnengott oder mit Augustus, dem Nachfolger Caesars, womit Papst Julius gemeint war. Die Lobhudler mehrten sich, als bekannt wurde, wie fürstlich Leo alles honorierte, was ihn feierte, sich reimte und gedruckt oder schön geschrieben war.

Wie viele Kardinäle war Leo noch nicht einmal zum Priester geweiht worden, doch das holte man schnell nach, und am 19. März erfolgte die Krönung. Die Prozession zum Lateran sollte ein glanzvolles Ereignis werden, und der Papst ließ sich zu ihrer Planung fast vier Wochen Zeit, denn ein solches Schauspiel brauchte die entsprechende Vorbereitung. Hier finden wir schon fast ein barockes Streben am Werk, dieses Spektakel mit Pomp und allerlei Theatralik aufzuziehen. Auf die Kosten nahm Leo zeit seines Pontifikats keine Rücksicht, in diesem Fall waren es etwa 100 000 Dukaten, denn um die tausend Handwerker waren beschäftigt; sie zimmerten, schnitzten, leimten, sägten, malten an Hunderten von Ehrenpforten, Statuen, Allegorien, Wappen, Altären, Triumphbögen und Prunkwagen. Außerdem mußte der ruinöse Lateranspalast für das Festmahl wieder hergerichtet werden.

Keiner hat diesen Umzug genauer geschildert als unser bewährter Gregorovius:

«Den Zug eröffneten 200 Lanzenreiter und Stradioten, dann folgten die Dienstleute der Kardinäle in ihren Livreen und das niedere Hofgesinde. Ein weißes Pferd mit einer kleinen Leiter, rosenrot bedeckt. Sodann die zwölf Banderarii mit roten Fahnen, jetzt päpstliche Kursoren, zu Pferd. Die dreizehn Regionenkapitäne mit ihren Bannern. Zwei Reiter mit den Cherubim in roten Fahnen. Der Reiterzug der fünf großen Bannerträger: der Gonfaloniere des römischen Volks, Johann Georg Cesarini, Sohn Gabriels, ganz gewaffnet, im rotseidenen Mantel, das Banner Roms tragend; der Prokurator des Deutschordens von Preußen mit seiner Ordensfahne; der Bannerträger von Rhodus, Fra Giulio Medici, noch Prior von Capua, schon folgenden Tags Erzbischof von Florenz; die päpstliche Wappenfahne; das Banner der Kirche. Zwölf weiße Pferde und Maultiere, kostbar behängt und gezäumt, der Marstall des Papstes. Ehrenstallmeister, junge römische Edle.

Sechsundfünfzig Paare von Kammerdienern, in Rosaseide mit Hermelin; hinter ihnen vier andere, die funkelnden Mitren und Kronen des Papstes in Händen. Nun der glänzende Reiterzug weltlicher Herren: mehr als hundert Barone Roms, die Colonna, Orsini, Conti, Caffarelli, Santa Croce, Savelli, Gaetani und andere, scheinbar einträchtig beisammen, mit den Wappen ihrer Häuser. Musiker in des Papstes Devise, weiß, rot und grün, den Farben des heutigen Italiens. Zweihundert Signoren, Lehnsmannen der Kirche, darunter Baglioni von Perugia, Ritter von Ferrara und Urbino, der Varano von Camerino, alle in reichstem Kostüm mit großem Gefolge, sodann viele Verwandte von Kardinälen. Ein farbenglänzender Zug Florentiner Adels, wie Tornabuoni, Soderini, Salviati, Ricasoli, de Medici, Strozzi, Pucci und andere. Die Kavalkaden der Botschafter, in fürstlicher Pracht der Nationalkostüme, ihrem Rang gemäß geordnet: erst die Oratoren aus dem Kirchenstaat, von Bologna, Ravenna, Spoleto, vom Patrimonium; dann die fremde Diplomatie, die Gesandten der Schweizer, die von Florenz, Francesco Vettori und Matteo Strozzi; die von Venedig, Spanien, Frankreich; der Botschafter des Kaisers, Graf Alberto Pio von Carpi, reitend zwischen Jacopo Salviati und dem Senator Roms Giulio Scorciati. Der Zug des Herzogs von Urbino; er reitet daher in schwarzem Samt mit schwarzgekleidetem Gefolge, denn er trauert um den Tod seines Oheims Julius II., ahnungslos, daß der neben ihm reitende Nepot Lorenzo Medici ihn in wenigen Jahren aus seinem Land vertreiben werde.

Sodann die Scharen der Geistlichkeit: erst die Ostiarii in rotem Samt, die Subdiakonen mit silbernen Stäben, die Sakristane, zu Fuß. Ein weißes Pferd mit dem Sakramentstabernakel; römische Bürger halten über ihm einen Baldachin, und Palafrenieri mit brennenden Kerzen umgeben es. Die zwei Seepräfekten, altertümliche Erscheinungen, wie schon zur Zeit Innozenz III. Der Zug der Konsistorialadvokaten und Schreiber, der Sängerschule, alle zu Pferd, in roten oder schwarzen Roben. Die Kleriker der Kammer, die Auditoren der Rota; dann der nicht römische und der städtische Klerus, etwa 250 Äbte, Bischöfe,

Erzbischöfe, Prälaten, Patriarchen, Kardinäle; ihre Pferde mit langen weißen Decken überhängt. Jeder der Kardinäle hat ein Gefolge von acht Kämmerern. Ihren Zug eröffnen Gismondo Gonzaga und der junge Alfonso Petrucci von Siena. Nach nur vier Jahren wird ihn der Papst Leo in der Engelsburg erwürgen lassen, an welcher Petrucci jetzt hoch und stolz vorüberzieht. Neben dem letzten Kardinaldiakonus reitet der Herzog von Ferrara im goldbrokatenen Fürstenmantel; alle Blicke sind auf diesen berühmten Helden von Ravenna gerichtet, den Gemahl von Lucrezia Borgia, den Flüchtling vor dem Grimm Julius' II. Er ist in Rom zugelassen nur als Figurant dieser päpstlichen Huldigungsszene. Der von seinem Haupt genommene Bannfluch wird bald wieder auf ihn niederfallen. Die Konservatoren, Puppen der vergangenen Freiheit Roms, bescheiden zu Fuß einhergehend, wie die Senatoren in der letzten Kaiserzeit. Die Schweizergarde, zweihundert Mann großer schöner Leute, in gelb, grün und weißer Devise, mit Hellebarden auf den breiten Schultern. Dahinter endlich der Papst! Er reitet auf dem weißen türkischen Pferd von Ravenna.

Das Pferd hat, ehe es der Papst bestieg, Alfonso von Este ein paar Schritte weit geritten, dann ihm zugeführt. Den Zügel halten bis zur Fontäne des Petersplatzes der Herzog von Urbino als Stadtpräfekt, der Nepot Lorenzo, der Dynast Giammaria Varano, dann römische Edle. Je acht Bürger tragen den gestickten Thronhimmel. Der Papst ist erdrückt von der Last der Tiara und der Gewänder; sein gerötetes Gesicht von Schweiß triefend, aber strahlend vom Gefühl seiner Herrlichkeit.

So zieht er segnend durch das ihn umjauchzende Rom. Hinter ihm ein einzelner Kammerherr, dann ein anderer, der aus mächtigen Börsen Gold und Silber unter das Volk wirft: Kämmerer, Sekretäre, Protonotare folgen; zuletzt der gewaff-

Leo X. Verpraßte das Kirchenvermögen und hinterließ rund eine Million Dukaten Schulden. (Gemälde von Raffael)

nete Macerius mit dem Schirm des Papstes, und der abschlie-
ßende Zug von Fußvolk und Reiterei.»

Nach dem Festmahl zog die Prozession in den Vatikan zurück.
Da brach die Nacht schon herein, und die Straßen waren festlich
illuminiert.

Das Pontifikat Leos X. begann sehr verheißungsvoll. Die
abtrünnigen, vor Julius' Zorn geflohenen Kardinäle kehrten
zurück, ihnen wurde verziehen. Leo forderte die Herrscher
Europas zu Eintracht und Zusammenhalt auf, was nur bei Frankreich auf taube Ohren stieß, denn da hatte sich seit Julius einiges
an politischem Ballast angesammelt. Dieser hatte in bezug auf die
Franzosen nur ein Rezept gekannt: «Hinaus – hinaus mit den
Barbaren!»

Das paßte freilich nicht zu Leos vornehm-heiterer Art, und für
Kriege war ihm das Geld zu schade, außerdem gab es da zarte
verwandtschaftliche Bande, denn sein Bruder Giuliano war mit
einer Tante des jungen französischen Königs Franz I. verheiratet.
So verhandelte er lieber hin und her, wollte sich mit allen gut
stellen, um ja keinen Konflikt heraufzubeschwören. Von seiner
Familie wurde ja ohnehin gesagt: Das Haus Medici habe schon
immer eine besondere Neigung zum Verhandeln gehabt. Man
erzählt sich, daß Papst Leo zu sagen pflegte, wenn man mit der
einen Partei einen Vertrag geschlossen habe, so sei das kein
Grund, sich nicht auch mit der Gegenpartei zu verständigen.

Wie immer man darüber denken mag, eine solche Handlungs-
weise kann vielen unschuldigen Menschen das Leben retten,
während die Politik des Dreinschlagens von Papst Julius sehr viel
Blut gekostet hat. Leo wartete in diesem Fall einfach ab, wer sich
als der Stärkere erwies, und das waren 1516 nach der Schlacht bei
Marignano, als König Franz eine vereinte spanisch-schweizeri-
sche Armee vernichtete, ganz eindeutig die Franzosen. Als die
dann auch noch das Herzogtum Mailand kassierten, schloß Leo
sofort mit ihnen Frieden.

Der spanische König schrieb empört an seinen Botschafter:
«Sein ganzer Eifer, die Franzosen aus Italien zu vertreiben, ist nur
eine Maske!»

Was das Deutsche Reich betrifft, so war Kaiser Maximilians Interesse an Italien mäßig, und so geschah nicht viel. Nach dem gescheiterten Konzil von Pisa begann sein Engagement zu erlahmen. Zwar unterstützte er im Frühjahr 1512 noch die Franzosen bei Ravenna, verbündete sich aber dann mit Julius II. gegen Venedig. Doch als der Papst starb, zog sich der Kaiser zurück, weil er für ein solches unschlüssiges Hin und Her kein Geld mehr übrig hatte.

Nach dem französischen Sieg bei Marignano aber mußte Maximilian irgendwie Stellung beziehen. England und Spanien gaben ihm Geld für Söldner, einige Städte auf dem Weg nach Mailand – wo jetzt die Franzosen saßen – waren im Sturm erobert. Aber als sich dann herausstellte, daß die in deutschem Sold stehenden Schweizer nicht gegen ihre von Frankreich bezahlten Landsleute kämpfen wollten, zog Maximilian sich nach Tirol zurück.

Drei Jahre später, am 11. Januar 1519, ist der «letzte Ritter» gestorben, ohne jemals über Oberitalien hinausgekommen zu sein, geschweige denn Rom gesehen zu haben.

Papst Leo hatte also jetzt Frieden mit Frankreich geschlossen, der später durch ein für ihn allerdings sehr nachteiliges Konkordat befestigt wurde. Frankreich wurde künftig das volle Ernennungsrecht für Bischöfe und Äbte zugestanden, auch die geistliche Gerichtsbarkeit bis auf *Causae maiores* (schlimme Fälle) mußte in Frankreich tätig werden.

So erreichte König Franz im Grunde fast alles, was sein Vorgänger Philipp IV. schon verwirklicht hatte, was aber später wieder rückgängig gemacht worden war.

Ehe wir uns Papst Leo X., dem Prasser, Genußmenschen und maßlosen Mäzen zuwenden, noch etwas zu seinem recht lebhaft betriebenen Nepotismus und seiner so skrupellosen wie konsequenten Innenpolitik. Papst Julius hatte das schöne, ertragreiche und vielbegehrte Herzogtum Urbino seinem Neffen Francesco della Rovere übereignet. Auch Cesare Borgia hatte es schon besessen und dort am Herzogspalast noch heute sichtbare Spuren hinterlassen. Nun wollte Leo es seinem Vetter Lorenzo verleihen – wahrscheinlich auch genötigt und bedrängt von der eigenen

Familie. De jure war der Papst übrigens im Recht, denn Urbino war Kirchenlehen, und er konnte jeden Vasallen nach Belieben auswechseln. Leo erklärte also Francesco für abgesetzt, was diesen maßlos empörte. Vermittlungsversuche halfen nichts, Leo exkommunizierte den störrischen Herzog, der sich nicht unterwerfen wollte. Sein potentieller Nachfolger Lorenzo de Medici erhielt eine Truppe, Urbino fiel und wurde ihm am 18. August 1516 verliehen. Zähneknirschend unterschrieben die Kardinäle diese Urkunde, nur der Bischof von Urbino nicht, aber er floh rechtzeitig aus Rom. So umgänglich der Lebemann und Kunstfreund Leo war, so konnte doch auch er eine politische Idee beharrlich und ohne Skrupel verfolgen. Das zeigte sich beim folgenden.

Herzog Francesco della Rovere nahm den Verlust nicht einfach hin, sondern streute das Gerücht aus, Leo wolle diesen Neffen nicht nur zum Herzog von Urbino, sondern zum König von Italien machen. Da spitzten sich viele Ohren, denn Cesare Borgias Eroberung war noch in bester Erinnerung, und Francesco gewann Helfer, wurde sogar von einem Teil der Kardinäle unterstützt.

Francesco, ein ritterlicher Typ, forderte Lorenzo zum Duell, was dieser freilich ignorierte. Frühjahr und Sommer 1517 vergingen im Kampf um Urbino, den Leo schließlich gewann, den er aber mit viel Geld und Verlust an Ansehen bezahlen mußte. Zudem bewirkte sein stures unkluges Verhalten eine Verschwörung der Kardinäle, die einen heiteren Genießer, aber keine Neuauflage eines Borgia erwartet hatten.

Der junge unbekannte Kardinal Alfonso Petrucci war das Haupt der Verschwörung, und sein Ziel war nichts weniger, als Leo zu vergiften und Kardinal Raffaello Riario zum Nachfolger zu wählen. Eine persönliche Rache spielte da freilich auch eine Rolle, denn sein Bruder Pandolfo war als Stadtherr von Siena von den Medici vertrieben, sein Besitz konfisziert worden.

Der junge Petrucci sah sich in der idealistisch verklärten Rolle eines Caesarmörders und wollte Papst Leo vor aller Augen erdolchen. Doch in einer nüchternen Stunde faßte er einen anderen Plan.

Leo wurde von seinem Arzt ständig, und zwar ziemlich erfolglos, wegen einer Fistel am After behandelt. Nun wollte Petrucci einen berühmten Chirurgen, Battista von Vercelli, anheuern, der den Papst angeblich heilen könne, ihn aber in Wirklichkeit vergiften sollte. In seinem Eifer und Zorn wurde Petrucci so unvorsichtig, daß er in Briefen und Gesprächen seinen Plan offenbarte und schließlich aus Rom fliehen mußte. Durch Geleitbriefe dorthin zurückgebracht, wurde er sofort festgenommen und im Gefängnis tagelang peinlich verhört. In seiner Qual nannte er mehr und mehr Namen – ob echt oder nicht –, so daß ein halbes Dutzend Kardinäle, darunter Leos geplanter Nachfolger Riario, mit hineingezogen wurde.

Papst Leo war entsetzt. Daß man ihn nicht mochte, ja sogar seinen Tod plante, traf seine selbstverliebte Eitelkeit zutiefst. Er schloß sich gekränkt und wohl auch verängstigt in der Engelsburg ein und berief zum 8. Juni 1517 ein Konsistorium.

«Warum?» rief Leo seinen Kardinälen zu. «Haben Wir euch nicht jede Freundlichkeit, jede denkbare Gunst erwiesen? Warum ernten Wir einen solchen Dank?»

Die Herren waren eingeschüchtert und protestierten nicht, als sie einer nach dem anderen vortreten und ihre Schuld oder Unschuld bekennen mußten. Einigen verzieh er, die Kardinäle Petrucci, Riario und de Saulis wurden ihrer Würden entkleidet und dem weltlichen Gericht zur Bestrafung übergeben. Die beiden letzteren wurden begnadigt, Petrucci und seine in den Mordplan verwickelten Untergebenen grausam hingerichtet.

Dafür kann man Leo nicht schelten, der Mordplan war offensichtlich, und von den beteiligten Kardinälen mußte nur der Hauptschuldige mit dem Tod büßen, während alle anderen mit Geldstrafen davonkamen.

Geld! Ja, das war nun ein Hauptthema in Leos weiterem Pontifikat. Um künftig eine solche Panne zu vermeiden und um zugleich die Kassen zu füllen, ernannte er am 1. Juli 1517 auf einen Schlag einunddreißig (!) Kardinäle, was ihm nach vorsichtiger Schätzung eine runde halbe Million Dukaten eintrug und zugleich das Kollegium mit medicitreuen Kardinälen überschwemmte, weil er seine Gegner – gab es da noch welche? – in eine hoffnungslose Minderheit versetzte. Unter den Ernannten war auch Prinz Alfonso von Portugal, und der war erst sieben Jahre alt ... Freilich war Leo so klug – später stellte sich heraus, daß es unklug war –, auch die großen römischen Geschlechter dabei zu bedenken, etwa die Colonna, Conti und Orsini.

Wie bitter nötig Papst Leo dieses Geld brauchte, wird klar, wenn man bedenkt, daß man die Kosten des Krieges um Urbino auf 800 000 Dukaten berechnete. Ein Teil davon wurde übrigens den Florentiner Verwandten abgepreßt, von denen mancher nun die Ehre bereute, einen Papst in der Familie zu haben.

Innenpolitisch verhielt sich Leo nicht ungeschickt, setzte Steuern herab, förderte Handel und Wandel, wohl wissend, daß ein Teil davon wieder in seine Kassen zurückfloß. Der Ämterhandel kam unter ihm wieder auf eine Höhe wie bei den Borgia, aber was Leo mit der einen Hand einnahm, gab die andere gleich wieder aus, wobei es sich schnell herumsprach, daß Rom zum Eldorado für all jene wurde, die irgend etwas von Unterhaltung verstanden, ob sie nun Stückeschreiber waren, Sänger, Musiker, Schauspieler oder ganz einfach halbwegs geistreiche Spaßmacher.

«Er wollte um sich her nur Geist, Glück und Glanz verbreitet sehen. Er verschwendete für seine Günstlinge unglaubliche Summen», schreibt Gregorovius und nennt 8000 Gulden im Monat allein für Geschenke und Spielverluste. Gastmähler liebte dieser Sybarit im Papstgewand über alles, ließ für seine zahlreichen «Freunde» nur das Beste auftischen und würzte die nächtelangen Gelage mit Einlagen von Musik, Gesang, Stegreifspielen, Dichterlesungen sowie Auftritten von Gauklern und Akrobaten.

Natürlich färbte sein Lebensstil auf den päpstlichen Hof ab. «Wie der Herr, so's Gscherr ...» lautet ein alter Spruch.

So wetteiferten die Kardinäle und Prälaten miteinander um die besten Köche, die tüchtigste Musikkapelle, die schönsten Wandteppiche, die hübschesten Kurtisanen.

Die Bankiersfamilie Chigi machte bei einer Taufe von sich reden, als es Papageienzungen gab und aus Ostrom eingeführte lebende Fische, dazu fremdländische, bislang unerhörte Gerichte. Nach jedem Gang mußten die Diener das goldene Tafelgeschirr in den Tiber werfen, wovon die Gäste allerdings weniger beeindruckt gewesen wären, hätten sie die unter Wasser gespannten Netze gesehen ...

Es scheint weniger in Leos Charakterbild zu passen, daß er von einer maßlosen Jagdleidenschaft besessen war. Nun verbot aber das Kirchenrecht den Päpsten das Jagen, und Leo bemühte sich in den ersten Monaten seines Pontifikats redlich, dem Rechnung zu tragen. Aber schließlich konnte er doch nicht davon lassen, und es spricht für ihn, daß er sich nicht heimlich und mit wenigen Begleitern davonstahl, sondern seine Jagdausflüge wie ein Riesenspektakel aufzog. Das wurde mit großem Gefolge in Szene gesetzt und dauerte oft wochenlang, wie jene Herbstjagd in Mittelitalien, die in Viterbo mit Vogeljagd begann, am Bolsenasee mit Fischen fortgesetzt wurde und bei Civitavecchia mit der Hatz auf Hirsch und Wildschwein endete.

Paris de Grassis, der päpstliche Zeremonienmeister erinnerte sich daran mit Entsetzen: «Er verließ Rom ohne Stola, und was schlimmer ist, ohne Chorhemd – und was am allerschlimmsten ist, er trug lange Reitstiefel, was höchst unschicklich ist. Wie können die Leute ihm die Füße küssen, wenn diese in lange Stiefel gehüllt sind?»

Großgeschrieben war auch die Bühnenkunst, in jeder Ecke Roms spielte zu jeder Tages- und Nachtzeit irgendein Theater. Papst Leo bemühte sich freilich nicht dorthin, sondern lud die Schauspieler zu sich in den Vatikan, wobei er besonders Komödien mit schamlos obszöner Sprache liebte – eigentlich seltsam, denn über ein Liebesleben ist von Leo nicht das geringste bekannt. Er unterhielt weder Mätressen, noch gab es eigene Kinder. Vielleicht füllten ihn seine anderen Vorlieben restlos aus.

Und diese Vorlieben kosteten stets mehr, als Ämterhandel, Peterspfennig, Ablaßbriefe, Rompilger und Spenden der Kirche einbrachten. Julius II. hatte seinem Nachfolger etwa 750 000 Dukaten hinterlassen, dazu kamen regelmäßige Einkünfte von 400 000 Dukaten, aber es reichte einfach nicht. Allein sein Hofstaat umfaßte etwa 700 Personen – viermal so viel wie unter Papst Julius II. Ohne den Geldstrom aus Florenz, der freilich wieder die Schulden mehrte, hätte dieser Verschwenderpapst sich beträchtlich einschränken müssen.

Daneben fühlte Leo sich verpflichtet, die von Julius begonnenen Bauarbeiten an St. Peter fortzuführen, halbherzig zwar, aber er tat es. Dafür erfand er einen eigenen St. Peters-Ablaß und verkündete einen neuen «heiligen Krieg» gegen die Türken. Solche Kriege wurden nicht geführt, sondern es wurde nur dazu aufgerufen, und man galt als fromm und gottesfürchtig, wenn man sich durch eine Spende von der Teilnahme loskaufte.

Papst Leo X. beschäftigte ganze Scharen von Beratern, die nichts taten, als neue Geldquellen zu erschließen. Mit dem Ablaßhandel wurde für Deutschland übrigens der berüchtigte Dominikanermönch Johann Tetzel betraut, dessen Umtriebe wesentlich zu Luthers Thesenanschlag beitrugen. «Sobald das Geld im Kasten klingt, die Seele aus dem Fegfeuer springt!» So lautete Tetzels Motto, und er muß damit ungeheuere Summen eingenommen haben. Er zog durch ganz Deutschland und inszenierte seine Auftritte theatralisch und wohlüberlegt.

Die «Historia Reformationis» schildert das so: «Von ihm wurde auf einem Kissen von rotem und goldenem Samt die Bulle des Papstes getragen. Die Bevölkerung, die Priester, die Mönche, die Gelehrten, alle Männer und Frauen zogen ihm in einer Prozession mit brennenden Kerzen und wehenden Fahnen entgegen, während alle Kirchenglocken in der Stadt ein frohes Geläut anstimmten. Im Mittelschiff der Hauptkirche errichtete man ein riesiges rotes Kreuz, an dem die päpstliche Fahne befestigt wurde. Dem Herrgott selbst hätte man keinen großartigeren Empfang bereiten können.»

Leos Pontifikat kann nicht geschildert werden, ohne Martin Luthers erstem Auftritt in der Kirchengeschichte zu gedenken. Das war der Thesenanschlag vom 31. Oktober 1517, doch der erfolgte nicht spontan, sondern hatte eine Vorgeschichte. In manchen Luther-Biographien ist zu lesen, daß der damalige Augustinermönch bei seiner Romreise 1511/12 schon entsetzt war über den Verfall der Kirche und das Lotterleben des Papstes. Nichts davon ist zu belegen. Luther hat wie jeder fromme Pilger die vorgeschriebenen Kirchen besucht, die vorgeschriebenen Gebete gesprochen und sich den Segen des Papstes geholt, falls der damals mitten im lombardischen Krieg steckende Julius II. überhaupt in der Stadt war.

Später sagte Luther über diesen Besuch: «Gleich wie mir geschah zu Rom, daß ich auch so ein toller Heiliger wäre, lieff durch alle Kirchen und Klufften, glaubt alles, was daselbst erlogen und erstunken ist. Ich hab auch wohl eine Messe oder zehnen zu Rom gehalten, und war nur dazumal schier leid, daß mein Vater und Mutter noch lebeten, denn ich hette sie gern aus dem Fegfeuer erlöset.»

Daraus geht doch eindeutig hervor, daß ihn damals noch keine Zweifel an der alleinseligmachenden Kirche plagten. Es ist ein wunderlicher Gedanke, sich vorzustellen, wie da ein kleines unbekanntes Mönchlein durch Rom pilgerte, dessen Thesenanschlag sechs Jahre später langfristig bewirken sollte, daß ein Drittel der Christenheit auf Dauer von Rom abfiel.

Daß Luther auch das antike Rom zur Kenntnis nahm, klingt aus einer seiner «Tischreden» heraus: «Alten Roms Fußstapfen kann man kaum noch erkennen ... das Theatrum (= Colosseum) sihet man, und die Thermae Diocletians ... Rom wie jetzund ist und gesehen wird, ist's wie ein todt Aß (= Sandhaufen) gegen den vorigen Gebäuwen. Denn da jetzt Häuser stehen, sind zuvor die Dächer gewest ...»

Wieder zu Hause in Wittenberg verfolgte Luther mit steigender Anteilnahme den Streit um den Ablaßhandel und nahm schließlich durch seinen Thesenanschlag eindeutig dazu Stellung. Dieser Anschlag erregte in kürzester Zeit ungeheueres Aufsehen, auch wenn Luther übertreibt, als er sagt, «es lief in vierzehn Tagen schier durch ganz Deutschland».

Das dauerte allerdings etwas länger. Die Thesen wurden abgeschrieben, verteilt, diskutiert, und schließlich drang etwas von ihnen und ihrem Urheber nach Rom, gerade als Papst Leo X. die Verschwörung aufgedeckt und ihre Häupter unschädlich gemacht hatte. Verglichen mit dieser Gefahr schien ihm die aus Deutschland drohende klein. Er sprach wegwerfend von einem «Mönchsgezänk» und setzte hinzu: «Die Axt ist von der Wurzel genommen und an die Zweige gelegt worden.»

Doch die Sache schwelte weiter, und als man den Papst davor

warnte, weil es zum Brand werden könne, reagierte er diplomatisch. Von ihm, dem Hochgebildeten, dürfen wir ruhig annehmen, daß er an die primitive Logik der Ablässe selber nicht glaubte, sondern nur dem Beispiel seiner Vorgänger folgte. Nun aber versuchte er zu relativieren, nannte die Ablaßlehre eine grobe Vereinfachung und wies seinen Nuntius in Deutschland an, dem berüchtigten Ablaßhändler Tetzel das Handwerk zu legen.

Martin Luther aber empfing am 7. August 1518 die Vorladung nach Rom. Wäre er ihr gefolgt, so gäbe es heute vielleicht Protestanten, aber keine evangelisch-lutherische Kirche. Er tat es klugerweise nicht, erbat sich von dem ihm gewogenen Kurfürsten Friedrich von Sachsen einen kaiserlichen Geleitbrief und reiste nach Augsburg, wo er sich vor dem päpstlichen Legaten verantworten sollte. Er tat dies mit Mut, Geschick und seiner bekannten Beredsamkeit, verweigerte auch einen Widerruf. Das vertiefte natürlich die Kluft, und Luther ging seinen Weg konsequent weiter, was wir hier freilich nicht im Detail verfolgen können. Doch scheint ihm auch später noch ein gewisser Respekt für Leo geblieben zu sein, dem außer seiner Verschwendung keine besonderen Laster nachzusagen waren. In einem Brief an den Papst lesen wir:

«Indes sitzt du, Heiliger Vater Leo, wie ein Schaf unter den Wölfen und gleich wie Daniel unter den Löwen und mit Ezechiel unter den Skorpionen. Was kannst du einziger wider so viel wilder Wunder? Und ob dir schon drei oder vier gelehrte, fromme Kardinäle zufielen, was wäre das unter solchem Haufen? Ihr müßtet eher durch Gift untergehen, ehe ihr vornähmt, der Sache zu helfen. Es ist aus mit dem römischen Stuhl, Gottes Zorn hat ihn überfallen ohn Aufhören, er will sich nicht unterweisen noch reformieren lassen . . ., damit er erfüllet, was gesagt ist von seiner Mutter, der alten Babylon: ‹Wir haben viel geheilet an der Babylon, noch ist sie nicht gesund geworden; wir wollen sie fahren lassen.› Das ist die Ursache, warum es mir allzeit ist leid gewesen, du frommer Leo, daß du ein Papst geworden bist in dieser Zeit, der du wohl würdig wärest, zu bessern Zeiten Papst zu sein.»

Vielleicht war es auch nur pure Ironie, die Luther jederzeit reichlich zu Gebote stand.

Doch nicht um seinetwegen mußte Papst Leo seinen zerstreuten Blick weiterhin nach Deutschland richten – am 12. Januar 1519 starb Kaiser Maximilian I. in Wels, und nun schien einigen Fürsten Europas der vakante Thron so erstrebenswert, daß sie ihre Ansprüche anmeldeten. Es waren dies Heinrich VIII. von England (noch ehe er sich von der römischen Kirche trennte), Franz I. von Frankreich und Karl I., der Habsburger, dem über seine Mutter, Johanna die Wahnsinnige, Spanien in den Schoß gefallen war.

Obwohl Macht und Einfluß des Papstes bei der Wahl des deutschen Königs inzwischen beträchtlich geschwunden waren, verlieh es doch noch ein gewisses Prestige, und so gaben sich am Vatikan die Botschafter der in Frage kommenden Fürstenhöfe die Klinke in die Hand.

Papst Leo handelte in diesem Fall wie ein Schüler Machiavellis, hielt sich bedeckt, unterstützte offiziell Frankreich, wollte aber dadurch nur Franz und Karl entzweien, weil ihm ein kleiner deutscher Fürst auf dem Reichsthron lieber gewesen wäre. Als er sah, wohin fast alle deutschen Fürsten sich neigten, ergriff er sofort für Karl von Habsburg Partei, wenn es auch nur – und das war ihm viel wichtiger – gegen das mächtige Frankreich ging. Noch ehe seine Wahl am 28. Juni 1519 erfolgte, hatte der Papst mit König Karl schon im Januar ein geheimes Bündnis gegen Frankreich geschlossen.

Daß dieser frischgebackene deutsche König vorher Herzog von Burgund und König von Spanien gewesen war und die Landessprache kaum beherrschte, fiel dabei nicht ins Gewicht. Er war ein Habsburger und setzte eine altgewohnte Tradition fort. Doch Deutschland machte sich damit Frankreich zum Feind – eine «Erbfeindschaft», die mit Unterbrechungen bis zum Zweiten Weltkrieg dauern sollte.

Flandern und Spanien, des neuen Kaisers Erbländer, umschlossen Frankreich nach Süden und Norden, während sich im Osten die Rheingrenze des Deutschen Reiches erstreckte.

Karl war bei seiner Krönung neunzehn Jahre alt und sieht auf einem Jugendporträt mit halboffenem Mund und dicker Unterlippe (stolzes Kennzeichen echter Habsburger!) so unglaublich töricht aus, daß man sofort an die Folgen der Inzucht denkt, denen die Fürstlichkeiten durch ewiges Herumheiraten innerhalb der eigenen Sippe besonders ausgesetzt waren. Nun, wir wissen es, das Bildnis täuscht, und alles in allem genommen wurde aus dem so unbedarft dreinblickenden Jüngling der wohl bedeutendste Herrscher des Hauses Habsburg.

Seine Wahl brachte in Rom die alte Ghibellinenfamilie Colonna auf die Beine, die zusammen mit der spanischen Kolonie Freudenfeste feierte.

Papst Leo X., im Bündnis mit dem Kaiser, machte das eher nachdenklich. Er fürchtete eine Rückkehr der alten Kaiserherrlichkeit und den damit verbundenen Druck auf Italien und Rom. Auch seine Familie machte ihm Sorgen. In diesen Tagen, am 4. Mai 1519, starb in Florenz sein Neffe Lorenzo, letzter Sproß im direkten Stamm der Medici, von denen jetzt nur noch ein verkommener Bastard namens Alessandro lebte, Frucht einer flüchtigen Beziehung Lorenzos zu – so sagt man – einer maurischen Sklavin.

Papst Leo schickte zwei Kardinäle als Regenten in die Stadt; das so mühsam für Lorenzo erkämpfte Herzogtum Urbino schlug er dem Kirchenbesitz zu.

Ein schlechtes Licht wirft die Geschichte auf Leos Versuch, sich Ende 1519 Ferraras zu bemächtigen, als Herzog Alfonso – Lucrezia war vor einem halben Jahr gestorben – schwer krank darniederlag. Einige Historiker sehen in Leo auch den Urheber mehrerer Mordanschläge auf den Herzog, die Alfonso ebenso überstand wie seine Krankheit.

Mehr Glück hatte der Papst bei der Beseitigung der Tyrannenfamilie von Perugia, die nach Julius' II. Tod mit Gianpaolo Baglione wieder ans Ruder gekommen war. Obwohl die päpstlichen Truppen schon anrückten, ließ sich dieser alte tückische Fuchs durch einen Geleitbrief Leos «zu Verhandlungen» nach Rom locken. Dort sagte man ihm, der Papst weile gerade in der Engelsburg – Baglione ging hin und ward nicht mehr lebend gesehen. Der vielfach mit Blut befleckte Tyrann soll dort unter der Folter gräßliche Geständnisse gemacht haben; am 11. Juni wurde er stillschweigend hingerichtet.

Da lernt man den Genießer und Schöngeist Leo von einer anderen Seite kennen; wenn es darauf ankam, konnte er im Sinne Machiavellis genauso konsequent handeln wie ein Borgia.

In Deutschland hatte sich die lutherische Bewegung ausgebreitet wie ein Steppenfeuer, ungeachtet des Kirchenbannes, den Leo am 15. Juni 1520 über Luther verhängte. Dort hatte sich eine vom Geist des Humanismus umwehte geistige Schicht gebildet, die durch alle Stände ging, und da erregte der päpstliche Bannstrahl nur noch Heiterkeit. Viel neugieriger war man darauf, was dieser Teufelsmönch noch alles unternehmen würde. Luther enttäuschte seine Anhänger nicht und veröffentlichte seine berühmten Flugschriften «An den christlichen Adel deutscher Nation» und «Von der babylonischen Gefangenschaft der Kirche». Bei letzterer trat Luther schon eindeutig als Reformator auf, denn er griff Grunddogmen der Kirche an, als er die Lehre von den sieben Sakramenten in Frage stellte. Was nicht in der Bibel stehe, stellte er lakonisch fest, könne nur Menschenwerk, also späterer Zusatz sein. Er fand in der Bibel nur ein Sakrament: das Wort Gottes, und drei «sakramentale Zeichen»: Taufe, Buße und Abendmahl. Von der Kirche später erfunden seien Firmung, Ehe, Priesterweihe und Krankensalbung (Letzte Ölung).

Das machte ihn zum Ketzer, zum Häretiker der schlimmsten Art, und für ihn konnte es nur eine Strafe geben, die auch seinen Vorgänger Hus getroffen hatte: den Scheiterhaufen. Eine päpstliche Bulle vom 15. Juni 1520 erklärte 41 Sätze aus Luthers Schriften für ketzerisch und gab ihm eine Frist von sechzig Tagen, sie zu widerrufen.

Da er nicht reagierte, folgte am 3. Januar 1521 die Vorladung vor Kaiser und Reich. Luther machte denselben Fehler wie Hus, er traute dem zugesicherten freien Geleit und erschien am 17. und 18. April vor dem Reichstag in Worms, um seine Thesen zu verteidigen. «Ihn wird man ungebraten lahn ...», hatte Hus vor hundert Jahren prophezeit, denn sein Schutzherr und Gönner, Kurfürst Friedrich der Weise von Sachsen, traute dem Versprechen nicht, er ließ Luther am 4. Mai von seinen Leuten «entführen» und brachte ihn auf der Wartburg in Sicherheit. Das vom Kaiser am 26. Mai unterschriebene, aber auf den 8. Mai zurückdatierte «Wormser Edikt» erklärte Luther praktisch für vogelfrei – jeder hätte ihn jederzeit straflos umbringen können. Wohl um dem Papst – Karl war gerade dabei, sich mit ihm gegen die Franzosen zu verbinden – einen Gefallen zu tun, machte das Edikt aus dem Reformator einen Höllendrachen. Friedenthal, der Luther-Biograph, hatte einige Stellen herausgezogen: «In eine ‹stinkende Pfütze› hat Luther seine ganze verdammte Lehre versammelt; der ‹böse Feind in angenommener Mönchsgestalt›. Ein ‹frei eigenwillig Leben› predigt er, ‹von allen Gesetzen ausgeschlossen und ganz viehisch›. Die ‹unzerstörlichen Gesetze der Ehe› werden von ihm ‹schändlich befleckt›. Mehr an die Adresse der Fürsten gerichtet heißt es, daß die ganze Lehre des satanischen Sendboten darauf ausgeht, ‹Aufruhr, Zertrennung, Krieg, Totschlag, Räuberei und Brand› zu predigen. Nicht nur die Dekreta und geistlichen Gesetze der Kirche hat er frech dem Feuer übergeben, das Volk aufgereizt, seine Hände ‹in der Priester Blut zu waschen›.»

Manche Historiker neigen zu der Auffassung, der Kaiser habe ruhig geschehen lassen, was Kurfürst Friedrich tat, weil er in Luther eine Waffe sah, die er vielleicht eines Tages gegen Rom brauchen könnte. Daß Luther auch in liberalen Kreisen Italiens heimliche Zustimmung fand, verrät ein Ausspruch des Florentiner Geschichtsschreibers Francesco Guicciardini (1483–1540), Zeitgenosse dieser Ereignisse und päpstlicher Regionsverwalter unter Leo X.: «Ich habe aus Natur der Dinge den Untergang des Kirchenstaates gewünscht, doch das Schicksal zwang mich, für die Größe zweier Päpste mich zu bemühen; ohne diese Absicht würde ich Luther mehr lieben als mich selbst, denn ich würde hoffen, daß seine Sekte diese gottlose Priestertyrannei stürzen oder ihr doch die Flügel lähmen könnte.»

Dieser Mann war kein eifernder Theoretiker, er wußte genau, wovon er sprach.

Der Bündnisvertrag zwischen Leo X. und Karl V. sah vor, Mailand und Genua von Frankreich zurückzuerobern und unter die Herrschaft des Deutschen Reiches zu stellen. Dazu sollten 10 000 Schweizer Söldner für 200 000 Dukaten angeworben werden, zahlbar je zur Hälfte von beiden Partnern. Der Vertrag enthielt noch weitere Punkte; der wichtigste verpflichtete den Kaiser, die Rückgewinnung abtrünniger Städte wie Parma und Piacenza durch Truppen zu unterstützen. Florenz aber wollte Leo in seinen persönlichen Schutz nehmen, auf die Stadt seiner Ahnen hatte er immer ein besonderes Auge.

Als der Schweizer Kardinal von Sitten für seinen Herrn Söldner anwarb, schimpfte der Zürcher Reformator Ulrich Zwingli: «Wohl billig ... tragen auch die römischen Kardinäle weite Mäntel und rote Hüte; schüttle sie und es fallen Dukaten heraus, winde sie, so rinnt der Deinigen Blut herunter.»

Der Krieg begann recht verheißungsvoll mit der Einnahme Mailands am 19. November 1521, doch seine Fortsetzung sollte Papst Leo X. nicht mehr erleben.

«Dies ist mir mehr als mein Papsttum», soll er bei der Nachricht vom Fall Mailands gesagt haben, und nicht nur dieser Ausspruch stellt Leo in die Reihe der unheiligen Väter, denn es gab vieles – zu vieles –, was ihm wichtiger war als sein hohes, verpflichtendes Amt.

Auch Piacenza fiel, und Ferrara wurde hart bedrängt. Am 1. Dezember 1513 erfuhr Leo schließlich von der Kapitulation Parmas, dann starb er am selben Tag, erst sechsundvierzigjährig, ganz plötzlich. Namhafte Zeitgenossen glaubten an eine Vergiftung – sollte es keine gewesen sein, so wird den feisten Prasser der Schlag getroffen haben. Er hinterließ einen Schuldenberg unvorstellbaren Ausmaßes, und ihn beweinten nur Tausende von Parasiten, die er um poetischer und musikalischer Nichtigkeiten unterstützt oder mit Pfründen bedacht hatte.

Als man seine Leiche aufbahren wollte, fehlte das Geld für die Kerzen, doch Leo war tot, und das Bankhaus Medici in Florenz gab keine neuen Kredite.

Man muß sich fragen, ob dieser Mensch wirklich so heiter und glücklich war, wie er in den meisten Schilderungen dasteht. Sein Porträt von Raffael verrät eher eine skeptische Nachdenklichkeit, eine Spur von Tristesse. Aus heutiger psychologischer Sicht ließe sich sagen, dieser Mann habe Tag und Nacht gefeiert, um seine Melancholie zu verdrängen, habe eine pathologische Sucht nach

Ablenkung und Unterhaltung gehabt, um nicht seinen Gedanken ausgeliefert zu sein. Daß er auch positive Seiten hatte, beweist seine Hilfsbereitschaft für die Armen – auch da gab er oft ganz schrankenlos – und seine betonte Toleranz gegenüber den Juden, was durchaus nicht für jeden Papst selbstverständlich war.

«Die Kirchengeschichte», schreibt Josef Gelmi, «(ist) mit Leo X. hart ins Gericht gegangen. Wegen Nepotismus, luxuriöser Hofhaltung und Verantwortungslosigkeit fiel das Urteil über ihn sehr negativ aus.»

Mit den Päpsten Alexander VI., Julius II. und Leo X. war ein Heidentum wieder erwacht, das den römischen Katholizismus immer latent durchdrungen hatte; Gregorovius äußert sich dazu wie folgt:

«Das Heidentum sickerte durch alle Poren des Katholizismus, als Kunst und Kultus, als platonische Philosophie und ciceronische Beredsamkeit. Selbst die päpstlichen Bullen nahmen unter den Händen Bembos und Sadoletos Stil und Phrase des Heidentums an. Die christliche Religion war unter den Lateinern zu einem paganen Sinnen- und Formeldienst erstarrt. Der Mangel an tiefer philosophischer Kraft im italienischen Nationalgeist blieb zugleich ein Schutzmittel für die römische Kirche, welche ihre Verweltlichung überdauern konnte, wenn sie ihre Vergeistigung nicht würde überdauert haben. Aus der platonischen Schule zu Florenz, die sich im Anfang des 16. Jahrhunderts auflöste, gingen theistische und pantheistische Ideen, aber kein beweisender Nationalismus hervor. Die italienische Kunst schöpfte aus diesem Platonismus eine ideale Begeisterung für das Schöne, und dies war seine lebendigste Wirkung; er vertrat in der Renaissance die Stelle der Religion; Platon wurde zum Apostel des Schönen. Patriotische Denker wie Machiavelli konnte der Anblick des grenzenlos verderbten Priestertums oder die Erkenntnis, daß die Papstgewalt die Größe Italiens unmöglich mache, zum Unglauben treiben, während der Einfluß der alten Philosophie andere mit Verachtung gegen die Kirchenlehrer erfüllte, oder die Bewunderung des Heidentums eine ästhetisch-skeptische Toleranz erzeugte. Man hob damals die Grenzen des Danteschen Paradieses auf; man versetzte die geliebten Heiden in den Glorienhimmel der Seligen, wo sie ihre christlichen Nachfolger in Herrlichkeit begrüßten.

In den liberalen Schulen von Bologna und Padua traten Skeptiker auf, welche den jenseitigen Himmel leugneten, während die Astrologie den Glauben an die Freiheit des Willens durch das Fatum der Nativität zerstörte. Der Mantuaner Pietro Pomponazzo war das gefeierte Haupt der italienischen Skeptiker, und durch seine Schule gingen die berühmtesten Gelehrten der Zeit. Obwohl das Lateranische Konzil im Jahre 1513 es nötig fand, die Unsterblichkeit der Seele als Glaubensartikel zu erklären, wagte es Pomponazzo dennoch in einer Schrift zu sagen, daß diese Lehre rationell nicht zu erweisen sei, und von Aristoteles nirgends behauptet werde. Dreißig Jahre später hätte man ihn verbrannt, aber zu seiner Zeit wurde er nur mit einigen Zensuren bedrängt. Bembo schützte seine Schrift vor der Verdammung, und Pomponazzo starb zu Bologna hochgeehrt im Jahre 1524. Leo X. war in seiner Jugend in Desputationen über die Seelenlehre Platos eingeweiht worden; man sagt, daß er eines Tages als Papst die scharfsinnigsten Gründe eines Gegners der Unsterblichkeit belobt habe, und wenn dies, wie andere, ihm und seinen Freunden in den Mund gelegte Spöttereien über die ‹einträgliche Fabel des Christentums› unwahr sein sollte, so bezeichnet es doch die Luft, die im Vatikan wehte.»

Dazu paßte es natürlich, daß unter Leos Pontifikat der Kirchenbau nicht besonders voranging. Allerdings gebot ihm der Nationalstolz, im Zentrum des florentinischen Viertels an der Via Julia eine Kirche San Giovanni – zu beginnen, denn mehr war es nicht. Der Bau wurde erst im 18. Jahrhundert fertiggestellt.

Was aber geschah mit St. Peter? Als Bramante kurz nach Julius II. gestorben war, beauftragte Papst Leo X. Giuliano da Sangallo mit der Oberaufsicht, doch der zog sich schon ein Jahr später krankheitshalber zurück, und Raffael übernahm den Auftrag. Dieser hat sich nun bekanntermaßen als Architekt wenig bewährt, auch starb er schon kurz darauf, und Antonio da Sangallo, Giulianos Neffe, machte bis 1546 weiter. Doch geschehen ist unter Leos Pontifikat nicht viel; es wäre schon übertrieben, nur von einem Fortgang der Bauarbeiten zu reden.

Wenn unter Leo X. heftig gebaut wurde, dann ging es um Weltliches, um Paläste. So entstand in dieser Zeit der imposante Palazzo Farnese, Raffael soll den Palazzo Vidoni errichtet haben, andere schreiben ihn Lorenzetto zu. Was Raffael sonst im Borgo erbaut hatte, ist abgerissen worden oder Umbauten zum Opfer gefallen.

Wenigstens in den Zentren – daß es ein eigentliches Zentrum nicht gibt, habe ich schon dargestellt – wurde das Mittelalter mehr und mehr zurückgedrängt, und die finsteren, burgenartigen Geschlechterhäuser machten prachtvollen Renaissancepalästen mit schön gegliederten Fassaden Platz. Aber schließlich lebten in Rom nicht nur Prälaten und Adlige – wo also baute das Volk? – denn die Einwohnerzahl wuchs ab Mitte des 15. Jahrhunderts stetig an.

Ein beliebtes Siedlungsgebiet war das weite Marsfeld, wo es noch immer genügend antike Bauten gab, deren Steine man neu verwenden konnte; die Marmorbruchstücke wurden zu Kalk gebrannt.

Papst Leo X. hatte ein Auge auf dieses Viertel; die heutige Hauptverkehrsader Via di Ripetta hieß damals nach ihm Via Leonina.

Die ausländische Zuwanderung der letzten Jahrzehnte war enorm und kann nur mit der heutigen Entwicklung – etwa in München – verglichen werden, wobei damals alles außerhalb des Latiums als Ausland angesehen wurde. Es kamen Lombarden, Genuesen, Florentiner, aber auch in Scharen Deutsche, Spanier, Flamen, Burgunder und Lothringer, die das Trastevere bis tief hinein ins Marsfeld besiedelten. In der Antike war der Campus Martius vor allem Exerzier- und Sportgelände gewesen, mit Pferderennbahn, Thermen, Tempeln usw.

Das Anwachsen der Bevölkerung Roms unter Papst Leo X. wird etwa auf ein Drittel geschätzt, also insgesamt etwa auf

85–90 000 Einwohner. Trotz dieser Prosperität zählte das römische Volk zu den ärmsten von Italien. Der Mittelstand – kleine Hofbeamte, Händler und Handwerker – war sehr gering vertreten, der Unterschied zwischen Arm und Reich enorm. Auf der einen Seite gab es die dünne Schicht der Höflinge, Prälaten und wer immer sich am päpstlichen Haushalt mästete, dann den Adel und durch Handel reich gewordene Bürger. Alles andere schlug sich knapp durch, und das waren die Taglöhner, Arbeiter, Diener, Söldner und die zahllosen, meist von den Pilgern lebenden Bettler.

Verabschieden wir uns von der Epoche des Prassers und Mäzens Leo X. mit einem Blick auf die Zunft, die er am meisten schätzte, am stärksten begünstigte, nämlich die Poeten, Stückeschreiber und – leider Gottes – auch wenig begabte Gelegenheitsdichter. Gregorovius dämpft jede zu große Hoffnung auf große Dichtung unter einem großen Mäzen: «Wenn die Lyrik überall ein Spiegel der Zeiten ist, so muß man sagen, daß die Epoche Leos X. eine grenzenlose Trivialität des Empfindens und Denkens offenbart.»

Tatsächlich begegnet uns unter Leos Hofdichtern keiner, dessen Name bis heute Bestand gehabt hätte, Poeten wie Molza, Bembo, Accolti und Beazzano sind vermutlich zu Recht vergessen. Der schamlose, geistvolle und zynische Pietro Aretino (1492–1556) – ihn müßte man schon nennen – hatte in Rom niemals Fuß fassen können. Er hatte vor nichts und niemandem Respekt, was ihm später unter Clemens VII. die Verbannung eintrug. Auch der hochtalentierte Ariosto verließ Rom sehr schnell und erklärte später, daß ihm die Freiheit bei mäßigem Auskommen mehr wert sei als die goldene Sklaverei des römischen Hofdienstes. Das läßt den Verdacht zu, Papst Leo habe sich vor allem mit Lobhudlern und Schmeichlern umgeben.

Genau betrachtet war er trübe, dieser Glanz, der Leos Pontifikat umgab, und geblieben ist nichts davon, denn dieser Papst hatte Unsummen für Dinge vertan, die vergänglich sind, und was ist schneller vergessen als ein schlechter Dichter?

Clemens VII. –
das Unglück von Rom

Es ist bezeichnend, daß die Kardinäle nach Leos Tod nicht dessen Vetter Giulio de Medici zum Papst wählten – der sich als «Kronprinz» die größten Hoffnungen machte, sondern sich nach einigem Hin und Her und nach fast zweiwöchigem Konklave auf den in Rom nahezu unbekannten Hadrian Florisz oder Florensz, den Kardinal von Tortosa, einigten.

Der 1459 in Utrecht Geborene war das Kind armer Eltern und hatte es durch Fleiß und Gelehrsamkeit zum Erzieher Kaiser Karls V. gebracht. Dieser letzte deutschstämmige Papst (bis jetzt wenigstens ...) auf dem Thron Petri behielt seinen Namen bei und trat als Hadrian VI. am 9. Januar 1522 sein schwieriges Pontifikat an. Schwierig schon deshalb, weil ihm sein Vorgänger einen Berg Schulden hinterlassen hatte, schwierig aber auch, weil die Römer vor Wut schäumten, daß nun doch wieder ein Ausländer, ein «Barbar» gewählt worden war. Selbst die Kardinäle wunderten sich über das Ergebnis und sprachen von einer wahrhaftigen Eingebung des Heiligen Geistes. Ein kaiserlicher Dienstmann, den keiner kannte, von dem nichts kam, der auch keinem verpflichtet war – ein unheimlicher, ungewohnter, höchst merkwürdiger Zustand.

Die kaiserliche Partei freilich erhob nun stolz ihr Haupt, das war eine Sternstunde der Ghibellinen – eine Sternstunde auch für Karl V., der gerade in Brüssel weilte und dem heiligen Kollegium gleich seinen Dank für diese «Wohltat» aussprach.

Der Erwählte selber war übrigens auch nicht in Rom und

erschrak maßlos, als er in Spanien die Nachricht erhielt. Schon aus der Ferne bestürmten ihn die Kardinäle mit Briefen, jeder stellte sich als Urheber und Initiator seiner Wahl hin, doch Hadrian mußte seine Romreise aufschieben, weil ihn zuvor der Kaiser sprechen wollte.

Inzwischen begann es im herrenlosen Rom zu brodeln, während ein Triumvirat von drei Kardinälen provisorisch regierte und vergeblich Ordnung zu schaffen versuchte. Die Orsini und Colonna fielen wieder übereinander her, eine neapolitanische Räuberbande in Truppenstärke tyrannisierte die Stadt, beschützt und unterstützt von den Orsini. Dann brach im Juni 1522 auch noch die Pest aus – Tausende starben, wer konnte, ergriff die Flucht. Die Zustände waren so chaotisch, daß es einen Rückfall ins Heidentum gab. Ein Grieche namens Demetrios durchzog die Stadt mit einem Stier, den er auf dem Kolosseum nach altem Brauch den Göttern opferte. Das erschreckte wiederum die Geistlichkeit so sehr, daß sie Bußprozessionen veranstaltete, um Gott wieder zu versöhnen.

Die flehentlichen Bitten aus Rom veranlaßten Hadrian am 7. August zur Abreise aus Tortosa, ohne daß er vorher den Kaiser getroffen hätte – vielleicht wollte er auch nicht in den Ruf zu großer Parteilichkeit geraten.

Am 29. August traf der Papst in Rom ein, verbot sich einen «heidnischen» Triumphbogen und beeindruckte das Volk, weil er trotz der noch immer wütenden Pest erschien. Nach einer prunklosen Krönung trat Hadrian das schwierige Erbe seiner zügellosen und verschwenderischen Vorgänger Alexander VI., Julius II. und Leo X. an. Als erstes befreite er seinen Hofstaat von allen Parasiten und warf das ganze Künstler- und Poetenvolk hinaus, reduzierte auch die Zahl der Stallknechte von hundert auf vier. Dieser gelehrte Mann hatte für Poesie und Kunst nichts übrig, außerdem lebte er fromm und bescheiden wie ein Mönch. Lange vor Tagesanbruch stand er auf, betete, schlief bis zum Sonnenaufgang weiter und besuchte dann die von seinem Kaplan zelebrierte Morgenmesse.

Ein Venezianer schrieb nach Hause: «Er ist einsilbig. Bei jeder großen und kleinen Angelegenheit antwortet er zuerst ‹videbimus› (wir werden sehen). Er will jeden Tag viel studieren, nicht bloß lesen, sondern schreiben und verfassen.»

Nein, man kann nicht sagen, Hadrian habe sich in Rom beliebt gemacht. Er versuchte, die Forderungen seines Vorgängers einzutreiben, lebte selber, um zu sparen, mit einem Minimum an Aufwand, gab zum Beispiel für seine Tafel täglich nur einen Dukaten aus.

Vor diesem Papst türmte sich ein Berg fast unlösbarer Aufgaben, deren wichtigste waren: Die Großmächte zu versöhnen, in Italien Frieden zu schaffen, sich mit der lutherischen Ketzerei in Deutschland und der Schweiz auseinanderzusetzen, die Kirche zu reformieren und das christliche Europa für einen Kreuzzug gegen die Türken zu begeistern, die schon wieder nach Westen vordrangen. Letzteres setzte allerdings eine Einigung der christlichen Staaten voraus, und das war eine kaum zu verwirklichende Wunschvorstellung. Im Gegenteil, alle versuchten den Papst für ihre Zwecke einzuspannen, so etwa Kaiser Karl V. und Heinrich VIII. von England, die ihn für ein Bündnis gegen Frankreich gewinnen wollten.

Ebensowenig gelang es ihm, die Kurie zu reformieren. Ämterverkauf, Ablaßhandel, Protektion und Korruption hatten so feste Wurzeln geschlagen, daß es Hadrian nicht gelang, sie auszureißen. Seine Bemühungen brachten ihm nur Haß und Abneigung ein, einer der Betroffenen versuchte sogar, den Papst zu ermorden. Die reichen Kardinäle kümmerten sich keinen Deut um die moralischen Appelle, führten ihr Lotterleben weiter und servierten – wie etwa Kardinal Cornaro – ihren Gästen 75 Gänge von Speisen auf goldenem und silbernem Geschirr.

Papst Hadrian wurde allmählich zur Witzfigur, und man überbot sich darin, Satiren auf ihn zu verfassen. Dieser bescheidene, moralisch integre und gutmeinende Papst kämpfte einen vergeblichen Kampf gegen eine Hydra und war gezwungen, dauernd Kompromisse zu machen.

Um Geld für seinen Türkenfeldzug einzutreiben, verkaufte nun auch er Ämter; um es sich nicht mit allen zu verderben, trat er einer Defensivliga gegen Frankreich bei. Sein Tod am 14. September 1523 nach einem nur zwanzig Monate währenden Pontifikat ersparte ihm weitere Demütigungen und Zugeständnisse. Rom jubelte. An der Haustüre seines Leibarztes fand man einen Zettel mit der Inschrift: «Dem Befreier des Vaterlandes – der Senat und das Volk von Rom.»

Bald sollten sich die Römer jedoch nach den friedlichen Zeiten von Hadrians Pontifikat zurücksehnen.

Den Fehler, dem Heiligen Geist einen zu großen Einfluß auf das Konklave zu gestatten, wollten die Kardinäle nun vermeiden; diesmal sollte der Papst ein Römer und einer aus erlauchter und einflußreicher Familie sein. Als Hauptkandidat galt wieder Giulio de Medici, der Erzbischof von Florenz, der natürliche Sohn von Giuliano, dem Bruder von Lorenzo dem Prächtigen. Das kanonische Recht versagte zwar dem unehelich Geborenen die Priesterlaufbahn, für einen Medici galt das freilich nicht. Im Gegensatz zu seinem Cousin Leo X. war Giulio ein ernster, arbeitsamer Mensch, etwas trocken und kleinlich zwar, aber er stand im Ruf politischer Klugheit und Begabung und weckte so die schönsten Hoffnungen.

Trotzdem verlief das Konklave langwierig und hitzig, zog sich über fünfzig Tage hin mit Feilschen, Zusagen, Versprechungen und Intrigen. Daß der Medici letztlich seinen «Wahlmännern» am meisten zu bieten hatte, mag den Ausschlag gegeben haben – jedenfalls fiel die notwendige Stimmenmehrheit in der Nacht vom 18. auf den 19. November 1523 auf ihn.

Er galt wie seine Familie als Ghibelline, als kaiserlich, Karl V. konnte also mit der Wahl zufrieden sein. Die Römer jubelten, die Italiener freuten sich, alles war eitel Sonnenschein, als Clemens VII. am 26. November gekrönt wurde. Im Gegensatz zu Leo X. sah der neue Papst sehr vornehm aus mit seiner schlanken, hochgewachsenen Gestalt, wenn auch sein Gesicht ständig etwas düster und verdrießlich wirkte.

Der italienische Geschichtsschreiber Francesco Guicciardini – der ihn übrigens mochte – schildert ihn als mürrisch und übellaunig und von einem ständigen Argwohn befangen.

Doch, wie gesagt, die Erwartungen waren hoch, und der Papst bemühte sich, sie zu erfüllen. Die glanzlose Zeit seines Vorgängers Hadrian beendete er mit der Rückberufung der Künstler, die nun ihre Arbeiten im Vatikan fortsetzen durften, doch ein echtes überzeugtes Mäzenatentum ging ihm ab. Seine Leidenschaft galt der Goldschmiedekunst, von ihr und seinem Verhältnis zu Benvenuto Cellini wird noch die Rede sein.

Anfangs bemühte sich Clemens um Ausgleich, gab sich betont neutral und versuchte die Großmächte zu versöhnen. Doch er war der geborene Zauderer, suchte für jede Entscheidung auf nahezu krankhafte Art Gegenargumente und führte so sein Pontifikat in eines der größten Debakel der römischen Kirchengeschichte, abgesehen davon, daß durch sein Zaudern ganz England der Kirche verlorenging.

König Heinrich VIII. wollte sich wegen «Blutschande» von seiner ersten Gemahlin Katharina trennen, denn sie sei vorher mit seinem Bruder verheiratet gewesen. Der wahre Grund war freilich seine Verliebtheit in Anna Boleyn, die er zur legitimen Gattin machen wollte. Solche Gefallen hatten die Päpste den Königen immer getan, und Heinrich – als glühender Antilutheraner von Leo X. mit dem Titel «defensor fidei» (Verteidiger des Glaubens) geehrt – konnte mit Recht auf Verständnis hoffen. Der Papst wollte ihm auch entgegenkommen, aber dann fiel ihm ein, daß Katharina eine Tante Kaiser Karls V. war und er sich so die Habsburger zu Gegnern machen würde. Zunächst sandte Clemens ein Geheimschreiben an Heinrich und erklärte sich prinzipiell einverstanden – falls Katharinas erste Ehe tatsächlich vollzogen sei, was sie bestritt. Dann widerrief er dieses Schreiben, verlangte neue Gutachten und zögerte seine Entscheidung so lange hinaus, bis König Heinrich die Geduld verlor, durch einen englischen Gerichtshof seine Ehe annullieren ließ und 1533 Anna Boleyn heiratete. Daraufhin erklärte der Papst die neue Ehe für ungültig und belegte Heinrich mit dem Bann. Daß der englische König sich und sein Land später von der römischen Kirche trennte, hat Clemens nicht mehr erlebt.

Zurück zu den Anfängen, zu denen Chamberlin bemerkt: «Im Jahr 1523 hatten die beiden Männer, die das Schicksal von Papst Clemens VII. entscheiden sollten, noch nicht einmal das dreißigste Lebensjahr erreicht. Kaiser Karl war gerade dreiundzwanzig, König Franz (von Frankreich, A. d. V.) sechs Jahre älter. Ihre Jugend war so ziemlich das einzige, was sie miteinander gemeinsam hatten, aber selbst das war eine Täuschung: Karl war niemals jung gewesen, Franz hingegen wurde niemals erwachsen.»

Schon die ersten Regierungsjahre von Kaiser Karl waren vom Konflikt mit Frankreich geprägt. Sein erstes Ziel war es, die Franzosenherrschaft in Mailand zu zerschlagen. Fast ganz Europa – natürlich auch der Papst – unterstützte ihn dabei. 1522 mußte Frankreich seine sämtlichen italienischen Besitzungen aufgeben, und Karl, von den Siegen angestachelt, wollte nun den Feind gänzlich vernichten und ganz Frankreich erobern. Das kaiserliche Heer belagerte schon Marseille, mußte aber abziehen, weil König Franz seine italienischen Niederlagen nicht hinnehmen wollte und erneut in Italien eingefallen war. Bei Pavia verlor Franz am 24. März 1525 die Schlacht und seine Freiheit. Der Gefangene wurde nach Spanien gebracht und mußte im Januar 1526 den «Frieden von Madrid» unterzeichnen, was bedeutete: keine Ansprüche in Italien mehr und Verlust von Burgund.

Papst Clemens VII. hatte sich, wie es seiner Natur entsprach, bei diesem Konflikt sehr wetterwendisch verhalten. Gregorovius nannte ihn deshalb «das kläglichste Gegenbild Julius' II.».

Bisher eher neutral, hatte sich Clemens nach der Flucht der Franzosen aus Italien dem Kaiser zugewandt, natürlich nicht ohne einige Bedingungen, so verlangte er unter anderem das Salzmonopol für Mailand. Karl aber lehnte ab. Als nun die Franzosen wieder in Italien eindrangen, schlug der Papst sich auf ihre Seite und gewann sogar Venedig noch als Bundesgenossen dazu. Kaiser Karl beklagte sich darüber bitter und erwähnte nachdrücklich, daß er, der Papst, seine Würde im Grunde seiner kaisertreuen Einstellung zu verdanken gehabt hatte.

Dann kam der Sieg von Pavia, und König Franz I. geriet in Gefangenschaft. Das französische Heer war weitgehend vernichtet. Als Clemens VII. diese Hiobsbotschaft erhielt, wollte er sie zuerst nicht glauben. Doch als in Rom die Colonna mit dem Triumphruf: «Imperio! Imperio!» durch die Straßen zogen, wußte er, was es geschlagen hatte.

Dieses Jahr 1525 hätte ein glanzvolles Jubiläumsjahr werden sollen, statt dessen brach die Pest aus, und eine Teuerung beutelte die Stadt. Frankreich schob alle Schuld dem Papst zu, dessen Zaudern letztlich zum Untergang geführt habe.

Kaiser Karl konnte nun triumphieren, und nicht wenige rieten ihm, das Glück beim Schopf zu packen, den Kirchenstaat zu zerschlagen und dem Papst seine Bedingungen zu diktieren. Georg von Frundsberg, ein kaiserlicher Feldherr und Landsknechtführer, tat sich dabei besonders hervor. Er riet dazu, sofort und ohne Umwege auf Rom vorzurücken. Daß er goldene Ketten mit sich führte, um den Papst gefangenzunehmen, ist wohl eine Legende.

Deutsche Heerhaufen fielen in Italien ein, und Clemens geriet zunehmend unter Druck. Der Papst machte wieder eine Kehrtwendung und schlug sich auf die Seite des Kaisers, wobei er sich unter anderem verpflichtete, ihn bei der Verteidigung Mailands zu unterstützen; Karl hingegen garantierte dem Patrimonium Petri kaiserlichen Schutz. Der sollte auch Florenz gewährt werden gegen eine «Gebühr» von 200 000 Goldgulden. Kaiser Karl, zeitlebens in Geldnot, nutzte die gute Gelegenheit, das reiche Florenz der Medici anzuzapfen.

Am 1. Mai 1525 wurde das Bündnis verkündet und im Colonnapalast durch ein glänzendes Bankett gefeiert. Papst Clemens soll dabei ein besonders mürrisches Gesicht gezeigt haben... Dieser aufgezwungene Vertrag saß ihm wie ein schwärender Dorn im Fleisch, weshalb er eine Geheimdiplomatie wider den Kaiser in Gang setzte und im stillen Bundesgenossen für die nächste Kehrtwendung zu finden suchte. Da bot sich fürs erste Frankreich an, denn König Heinrich VIII. war verschnupft, weil Kaiser Karl es ablehnte, ihn dort nach der Gefangennahme von Franz I. zum König zu machen oder ihm zumindest die früheren englischen Besitzungen in Nordfrankreich zurückzugeben. Schon begann sich zwischen Rom, Frankreich und England eine Liga zu formieren. Daneben bildete sich unter Führung des Mailänders Girolamo Morone eine Verschwörung vieler freiheitsliebender Italiener mit dem Plan, alle Fremdherrschaft abzuschütteln. Auch ihr schloß sich der Papst unter strenger Geheimhaltung an. Doch es waren zu viele beteiligt, und schon bald wurde der Plan dem Kaiser verraten.

Morone wurde zu einer «Geheimbesprechung» nach Novara gelockt und verhaftet. Morone gestand alles, aber das Ganze war zu dilettantisch aufgezogen, um Kaiser Karls größeres Interesse zu wecken. Er hatte die Liga im Auge, von deren Entstehung ihm seine Spitzel fortwährend berichteten.

Am 22. Mai 1526 war es dann soweit, und dieser «Heiligen Liga» traten bei: Papst Clemens VII., der König von Frankreich, Florenz, Venedig und Mailand, während Heinrich VIII. von England sich zum Protektor erklärte, doch alle hofften, daß auch er sich anschließen werde.

Inzwischen formierte sich die nationale italienische Verschwörung, es wurden Aufmarschpläne entwickelt. Überall wo die fremden Herren saßen, wurden Pläne für einen Aufstand geschmiedet, vor allem in Mailand, Pavia und Cremona; die Truppen der Venezianer waren abmarschbereit, 10 000 Schweizer Söldner warteten vergeblich auf ihren Einsatz.

Kaiser Karl, der überrascht war vom schnellen Zustandekommen der Heiligen Liga, versuchte vergeblich, Clemens abtrünnig zu machen, um Zeit zu gewinnen. Er sandte den spanischen Abenteurer Hugo Moncada nach Rom, weil der sich schon vielfältig bewährt hatte, doch der Papst stellte sich taub. Nur wenn der Kaiser ganz Italien die Freiheit gebe und die Söhne des französischen Königs – die noch als Geiseln gehalten wurden – freilasse, könne er in Verhandlungen eintreten, ohne die Zustimmung seiner Verbündeten wolle er aber nichts unternehmen. Moncada konnte nichts ausrichten und verließ Rom unter Drohungen.

Wieder einmal versagte die Diplomatie, und nun sollte ein Krieg die Entscheidung erzwingen. Für die Heilige Liga begann er mit schlechten Vorzeichen. Die Venezianer schickten keine Truppen, die Schweizer Söldner blieben fern, ein Aufstand in Mailand mißlang kläglich, der Herzog von Urbino als Heerführer der Liga erwies sich als unfähiger Zauderer. Mißtrauen keimte auf, keiner der Bündnispartner traute noch dem anderen.

Dafür erhoben die Ghibellinen, die Kaisertreuen, in Rom ihr

Haupt. Sie scharten sich um die Colonna, und es wurde sogar der Plan gefaßt, den Papst gefangenzunehmen. Solche Pläne gab es oft, aber diesmal ging die Sache zügig voran. Am 20. September 1526 besetzten die Aufständischen drei Stadttore und drangen durch die Porta San Giovanni ein. Der erschreckte Papst berief sofort ein Konsistorium ein; es wurde viel hin und her geredet, aber am Ende stellte sich heraus, daß sich das Volk eindeutig auf die Seite der Colonna, der Aufständischen geschlagen hatte. Der Papst war überall unbeliebt; das zeigte sich jetzt, in der Stunde der Not, sehr deutlich. Clemens war im Grunde habgierig; seine Zölle, Steuern und Abgaben drückten vor allem die kleinen Leute; das Kornmonopol der Kirche verursachte immer wieder Inflation und Engpässe. Der Papst und sein Regiment waren so verhaßt, daß die Colonna dem Volk wie langersehnte Befreier erschienen.

Dies war bereits der Auftakt zum «Sacco di Roma», der größten Katastrophe, die Rom jemals in der Neuzeit heimsuchte und die im Grunde dieser Papst mit seinem zögerlichen Schwanken verursacht hatte.

Nach und nach besetzten die Aufständischen – von niemandem gehindert – die Stadt, drangen schließlich in das dem Vatikan benachbarte Viertel Borgo ein. Papst Clemens VII. entwich mit seiner Schweizergarde über den schon von Alexander VI. erbauten, noch heute fast intakten Wehrgang, in die relativ sichere Engelsburg. So blieb der Vatikan unbewacht und wurde bald vom Pöbel geplündert. Auch päpstliche Söldner nützten die Situation, schrien laut: «Freiheit!» oder «Für Colonna!» und griffen selber zu. Das dauerte nur wenige Stunden, und es sollen Werte in Höhe von 300 000 Dukaten abhanden gekommen sein.

Nun saß Clemens in der festen Engelsburg, doch niemand hatte in der Eile an ausreichende Vorräte gedacht. Das Schlitzohr Hugo Moncada bot Hilfe und Vermittlung an, obwohl er noch immer im Dienste des Kaisers stand. Theatralisch warf er sich dem Papst zu Füßen, bedauerte die Plünderung und bat Clemens um der Liebe Christi willen, sich mit dem Kaiser zu versöhnen. Gleichsam als Geschenk überreichte er dem Papst Bischofsstab und Tiara, die er zuvor den Räubern abgehandelt hatte. Um Zeit zu gewinnen, gab Clemens sich friedfertig und vertragsbereit.

Am 21. September vermittelte Moncada die folgende Übereinkunft: Zwischen Papst und Kaiser wird eine Waffenruhe von vier Monaten vereinbart, der Papst zieht seine Truppen aus der Lombardei und seine Flotte aus Genua ab. Den Colonna wird Amnestie erteilt, sie müssen sich aber nach Neapel zurückziehen. Einer seiner Vertrauten gab später zu, daß der Papst gesagt hatte, er schließe den Vertrag mit der Absicht, ihn nicht zu halten, denn er sei unter Not und Zwang geschlossen worden. Die Colonna waren empört. Sie hatten davon geträumt, den Papst als Gefangenen fortzuführen, und nun sollten sie selber aus Rom verschwinden!

Noch ehe Kaiser Karl von dem eigenmächtigen Vertrag erfuhr, sandte er ein Schreiben an Clemens VII., in dem er ihm ein Konzil androhte, ihn der Kriegstreiberei bezichtigte und auf die drohende Gefahr des Luthertums hinwies, das sich in Deutschland mehr und mehr ausbreitete.

Auch ein alter Feind nützte die wirre Situation im christlichen Abendland: Die Türken machten sich wieder einmal nach Europa auf und hatten bereits Ungarn in ihre Gewalt gebracht.

Der Papst erfüllte zwar einen Teil des Vertrages und zog seine Truppen aus der Lombardei ab, teilte aber zugleich König Franz von Frankreich mit, daß er diese Vereinbarungen als null und nichtig betrachte. Gleichzeitig sammelte er in Rom Truppen, um für einen Überfall gerüstet zu sein.

Kaiser Karl war im gleichen Sinne tätig, warb Landsknechte an, um Mailand den Franzosen zu entreißen, und machte den grimmigen Georg von Frundsberg zum Heerführer. Seine Landsknechte, meist Bayern, Schwaben, Franken und Tiroler, waren jung, rauflustig und beutegierig – und überwiegend Protestanten. Auch Frundsberg neigte der neuen Lehre zu, ohne sich jemals voll zu ihr zu bekennen. Sein Sekretär bekannte später, daß Frundsberg sagte: «... wenn er gen Rom komme, so wolle er den Papst henken.»

Am 12. November 1526 brach er mit seinen etwa 12 000 Mann auf, überstieg die Alpenpässe und war vier Tage später schon in der Lombardei. Dort stießen sie auf die päpstlichen Söldnertruppen des Condottiere Giovanni de Medici, besser bekannt unter dem Namen «Giovanni delle Bande Nere» – also «der schwarzen Banden». Diese Truppen hätten die von der schwierigen Alpenüberquerung erschöpften Söldner aufhalten, vielleicht sogar vernichten können, doch Giovanni fiel beim ersten Scharmützel, und seine schwarze Bande löste sich auf.

Am 7. Februar 1527 vereinigten sich die spanischen und die deutschen Truppen. Kaiser Karl war ja damals für seine regierungsunfähige Mutter Johanna die Wahnsinnige auch noch König von Spanien. Das verbündete Heer von 25 000 Mann marschierte geradewegs auf Rom. Papst Clemens verfiel in hektische Aktivitäten, wollte sich mit den Colonna versöhnen und bot den heranrückenden Landsknechten 60 000 Dukaten, wenn sie aus Italien abzogen. Als sich das in der Truppe herumsprach, meuterten die Söldner. 60 000 Dukaten für 25 000 Mann! Für was hielt dieser Papst sie? Für Tagelöhner? Frundsberg suchte sie zu beruhigen und regte sich dabei so auf, daß ihn der Schlag traf. Sprachlos und halb gelähmt, wurde der Söldnerführer nach Mindelheim auf seine Stammburg zurückgebracht, wo er am 20. August 1528 starb.

Karl von Bourbon – er war von Frankreich abgefallen und führte das spanische Heer – wurde nun alleiniger Heerführer und erklärte, er brauche mindestens 250 000 Dukaten, um die Söldner zu beruhigen. Clemens weigerte sich, diese horrende Summe zu bezahlen, und der Marsch auf Rom ging weiter. Der Papst hatte in der festen Meinung, sich mit den Angreifern zu einigen, seine eigenen Söldner entlassen, so daß Rom völlig schutzlos dalag.

Am 6. Mai 1527 wurden die kaum verteidigten Befestigungen durchbrochen – es war ein kühler nebliger Morgen, der es erschwerte, Freund und Feind zu unterscheiden. Beim ersten Ansturm fiel der achtunddreißigjährige Karl von Bourbon, und der ihn (vielleicht) tötete, hat später seine Erinnerungen geschrieben: der berühmte Goldschmied Benvenuto Cellini. Dieser begnadete Künstler war zugleich ein unverbesserlicher Raufbold und Totschläger, aber der Papst hatte einen Narren an ihm gefressen und verzieh ihm alles. Lassen wir ihn (Goethe hat sein Buch übersetzt) selber von jenen aufregenden Tagen erzählen:

«Papst Clemens hatte indessen, auf Anraten des Herrn Jakob Salviati, die fünf Kompanien des Johann von Medicis, der schon in der Lombardei umgekommen war, wieder verabschiedet. Bourbon, der erfuhr, daß keine Soldaten in Rom waren, drang mit seinem Heer gerade auf die Stadt. Bei dieser Gelegenheit griff jedermann zu den Waffen, und Alexander del Bene, dessen Freund ich war und dem ich schon einmal, zu der Zeit als die Colonneser nach Rom kamen, das Haus bewacht hatte, bat mich bei dieser wichtigen Gelegenheit, daß ich fünfzig bewaffnete Männer aufbringen und an ihrer Spitze wie vormals sein Haus bewachen solle. Ich brachte fünfzig der tapfersten jungen Leute zusammen, und wir wurden bei ihm wohl unterhalten und bezahlt.

Schon war das bourbonische Heer vor den Mauern von Rom, und Alexander bat mich, ich möchte mit ihm ausgehen. Wir nahmen einen der besten Leute mit, und unterwegs schlug sich noch ein junger Mensch zu uns, der Cecchino della Casa hieß. Wir kamen auf die Mauern beim Campo Santo und sahen das mächtige Heer, das alle Gewalt anwendete, gerade an diesem Flecke, in die Stadt zu dringen. Die Feinde verloren viel, man stritt mit aller Macht, und es war der dickste Nebel. Ich kehrte mich zu Alexandern und sagte: Laß uns so bald als möglich nach Hause gehen! Hier ist kein Mittel in der Welt; jene kommen herauf, und diese fliehen. Alexander sagte erschrokken: Wollte Gott, wir wären gar nicht hergekommen! und wendete sich mit großer Heftigkeit, nach Hause zu gehen. Ich tadelte ihn und sagte: Da Ihr mich hergeführt habt, müssen wir auch irgend etwas Männliches tun! Und so kehrte ich meine Büchse gegen den Feind und zielte in ein recht dichtes Gedräng nach einem, den ich über die anderen erhoben sah; der Nebel aber ließ mich zu Alexandern und Cecchino und sagte ihnen, wie sie auch ihre Büchsen abschießen und sich dabei vor den Kugeln der Feinde in acht nehmen sollten. So feuerten wir unsere Gewehre zweimal ab. Darauf schaute ich behutsam über die Mauer und sah einen ganz außerordentlichen Tumult unter ihnen. Es war der Connetable von Bourbon von unseren Schüssen gefallen: denn, wie man nachher vernahm, so war es der gewesen, den ich über die anderen erhoben gesehen hatte. Wir machten, daß wir über Campo Santo wegkamen, gingen durch St. Peter und gelangten mit größter Schwierigkeit zu dem Tore der Engelsburg: denn die Herren Rienzo da Ceri und Orazio Baglioni verwundeten und erschlugen alle, die von der Verteidigung der Mauer zurückweichen wollten. Schon aber war ein Teil der Feinde in Rom, und wir hatten sie auf dem Leibe. Der Kastellan wollte eben das Fallgitter niederlassen, es ward ein wenig Platz, und wir vier kamen noch hinein.»

Cellini hat dem Papst während der ganzen Belagerung in der Engelsburg als Kanonier gedient und dabei laut eigener Bekundung die größten Heldentaten vollbracht.

Für den Papst war es nun für eine Flucht zu spät, aber viele Römer hatten vorher die bedrohte Stadt verlassen.

Karl von Bourbons Tod hatte bei den Söldnern nicht Verzweiflung und Auflösung bewirkt, sondern genau das Gegenteil. Wutentbrannt stürmten sie die Leostadt, plünderten den Borgo und steckten die Häuser in Brand.

Papst Clemens war mit dreizehn Kardinälen und etwa 3000 anderen in die Engelsburg geflüchtet, und es scheint tatsächlich so, als habe das von Cellini befehligte heftige Kanonenfeuer die Deutschen und Spanier von einer Erstürmung dieser Festung abgehalten.

Vier Stunden nach Erstürmung des Borgo drangen die Plünderer – denn nach nichts anderem stand der Sinn dieser Söldner – in Trastevere ein und setzten dort ihren Raubzug fort. Verteidigt wurde nur noch der Zugang zur Sixtinischen Brücke, doch es dauerte nicht lange, dann mußten die Römer dem Druck weichen, und die kaiserliche Armee überschwemmte Rom wie ein verheerender Sturm. Wer noch auf den Straßen war, versuchte in die festen Burgen des Adels zu flüchten, sich in antiken Ruinen zu verstecken oder die Stadt zu verlassen. Wer sich in den heiligen Schutz der Kirchen begab, mußte bitter erfahren, daß den vorwiegend protestantischen Söldnerhorden nichts Katholisches heilig war. Sie plünderten die Kirchen, erschlugen alle, die sich dort verborgen hatten, und amüsierten sich damit, den Heiligenfiguren die Köpfe wegzuschießen.

Am Morgen des 7. Mai lag die halbe Stadt in Trümmern. Der Rauch brennender Häuser, Paläste und Kirchen durchzog die mit Leichen bedeckten Straßen, besoffene Landsknechte schleppten ihren Raub ins Lager, führten gefesselte Gefangene weg. Die Sieger sahen es als selbstverständliches Recht, so zu handeln, und einer der damals beteiligten Augenzeugen, der Ritter Sebastian Schertlin, tut das in seinen Erinnerungen ganz kurz ab: «Den 6. Tag May haben wir Rom mit dem Sturm genommen, ob 6000 Mann darin tot geschlagen, die ganze Stadt geplündert, in allen Kirchen und ob der Erd genommen, was wir gefunden, einen guten Teil der Stadt abgebrannt.»

Dieser Schertlin war keineswegs ein primitiver Schlagetot, sondern ein gebildeter Mann, der in Tübingen studiert hatte.

Bei den früheren römischen Parteienkämpfen wurden Häuser, Paläste, Besitz und Leben von Fremden und Verbündeten verschont – jetzt traf es alle. Die Landsknechte machten keinen Unterschied, ob jemand kaiserlich oder päpstlich gesinnt war, wo Beute zu machen war, griff man zu, wer sich in den Weg stellte, wurde niedergeschlagen. Nur wenigen gelang es, diese Katastrophe halbwegs zu überstehen. So bestach der Kardinal Andrea della Valle den Hauptmann einer Plünderertruppe mit einigen tausend Dukaten, und wer deshalb im Palast überlebte, mußte sich am Lösegeld beteiligten.

Gregorovius beschreibt die Ereignisse:

«Man muß sich die Menge von kostbarem Kirchengerät ... vorstellen, um die Masse von Beute zu begreifen. All dies ward geraubt, zerstört und geschändet. Die Apostelhäupter im Lateran, das Andreashaupt im S. Peter, und das Johanns in S. Silvestro teilten das gleiche Schicksal. Die sogenannte heilige Lanzenspitze befestigte ein deutscher Kriegsknecht an seinem eigenen Spieß; das Tuch der Veronica wanderte durch tausend Hände und alle Tavernen Roms. Das große Kreuz Constantins aus dem S. Peter ward durch den Borgo geschleppt und ging dann verloren. Die Deutschen behielten als Andenken manche Reliquien, und die lächerlichste Beute war wohl der dicke und zwölf Fuß lange Strick, mit dem sich Judas erhenkt hatte. Schertlin nahm ihn aus dem S. Peter mit sich in die Heimat. Auch die heiligste Capelle Roms, Sancta Sanctorum, wurde ausgeraubt.»

Sogar die Gräber wurden durchwühlt, die Grabstätten der Päpste erbrochen und ausgeraubt. Die Kirchen wurden in Ställe und Kneipen umgewandelt, wo die Landsknechte um die Beute würfelten, mit Huren soffen und schliefen.

Nach drei Tagen erging der Befehl an die Truppen, die Plünderungen einzustellen, doch kaum jemand dieser außer Rand und Band geratenen Horde hielt sich daran. Wer von den hohen Kirchenfürsten den Söldnern in die Hände fiel, dem erging es wie dem Kardinal Caetani (der damals in Augsburg Luther abgekanzelt hatte), den sie in Rom herumzerrten, um bei Freunden und Verwandten ein Lösegeld zusammenzubringen. Den Kardinal Numalio legte man auf eine Totenbahre, trug ihn unter Gesang wie zu seinem eigenen Leichenbegängnis fort und drohte ihm, ihn lebendig zu begraben, falls er sein Lösegeld nicht aufbrächte.

Der Brief eines gefangenen Venezianers ist erhalten, der seinen Bruder flehentlich um das Lösegeld bat:

«Laß mich um Gottes willen nicht im Stich! Ich bin Gefangener der Spanier, die mein Lösegeld auf 1000 Dukaten festgesetzt haben. Sie haben mich bereits zweimal gefoltert und zuletzt ein Feuer unter meinen Fußsohlen angezündet. Lieber Bruder, laß mich nicht so elend sterben! Wenn ich das Lösegeld nicht in sechsundzwanzig Tagen bezahle, werden sie mich in Stücke hauen. Um Gottes und der heiligen Jungfrau willen, hilf mir! Alle Römer sind Gefangene, und wenn ein Mann sein Lösegeld nicht bezahlt, wird er umgebracht. Hilf mir, lieber Antonio, hilf mir um Gottes willen!»

Papst Clemens mußte von der Engelsburg herab mit ansehen, wie die Landsknechte mit seinen geraubten Pontifikalgewändern auf und ab stolzierten und höhnend hinaufriefen, sie wollten den Luther zum Papst machen und nur mehr dem Kaiser gehorsame Kardinäle ernennen. Ein Esel wurde in geistliche Gewänder gekleidet, ein Priester sollte ihn mit Hostien füttern. Als er sich weigerte, wurde er zu Tode gemartert.

Drang das Schreien und Stöhnen der gequälten Stadt nicht hinauf in das bequeme Gemach, das Papst Clemens sich dort hatte einrichten lassen? Seiner chronischen Unentschlossenheit, seinem ewigen Hin- und Herschwanken hatte es die Stadt letztlich zu verdanken, daß ein solches Unglück über sie hereingebrochen war.

Die eigentliche Plünderung der Stadt, der «Sacco di Roma», dauerte etwa acht Tage. Ein Zeitgenosse schreibt: «Spanier und Landsknechte teilten sich Perlen mit Schaufeln zu; der elendeste Knecht besaß 3 bis 4000 Dukaten.»

Der Schaden ging in unermeßliche Millionenhöhe, abgesehen von den vielen Hingemordeten, und dabei sollte nicht vergessen werden, daß der Papst mit einer Zahlung von 250 000 Dukaten die Katastrophe hätte verhindern können.

Nun aber war das Unglück geschehen, und der Papst postierte Späher auf den Zinnen der Engelsburg, die Tag und Nacht nach dem erhofften, sehnlichst erwarteten Heer der Heiligen Liga Ausschau halten mußten.

Das aus päpstlichen, venezianischen und französischen Truppen gebildete Heer kam nur langsam – viel zu langsam – voran. Am 6. Mai, zu Beginn der Plünderung, stand das Heer bei Costona, am 8. bei Perugia, wo die Nachricht von der Katastrophe eintraf. Die drei Befehlshaber verloren mit Beratungen viel kostbare Zeit, erst am 12. Mai lagerten sie in Isola, etwa zwölf Kilometer von Rom entfernt. Dort berieten die Heerführer, gerieten in Kompetenzstreitigkeiten und waren sich schließlich einig, am 2. Juni 1527 den Rückzug anzutreten.

Die in Rom hausenden Söldnerhaufen waren unterdessen zunehmend verwildert. Die meisten hatten ihre Beute längst vertan und schrien jetzt erbost nach dem rückständigen Sold. Sie verlangten die Gefangennahme des Papstes, von dem sie glaubten, er habe ungeheuerliche Schätze in der Engelsburg angehäuft.

In seiner Verzweiflung rief der Papst Pompeo Colonna, das Haupt dieser ihm feindlich gesinnten Familie, zu sich, um über einen Ausweg zu beraten. Am 5. Juni ergab sich Papst Clemens dem Kaiser Karl und versprach, dem Heer 400 000 Dukaten in drei Raten auszahlen zu lassen. Dafür gab er das halbe Patrimonium Petri zum Pfand und versprach, die Colonna wieder in ihre alten Rechte einzusetzen. Nicht nur Einsicht hatte Clemens zur Kapitulation gezwungen, denn in der Engelsburg waren die Vorräte erschöpft, zudem war die Pest ausgebrochen.

Am 7. Juni durfte er gleichsam als Gefangener die Festung verlassen.

Ritter Schertlin schreibt in soldatischer Kürze: «Allda haben wir gefunden den Papst Clementen samt zwölf Cardinälen in einem engen Saal; den haben wir gefangen. War ein großer Jammer unter ihnen, weinten sehr, wurden wir alle reich.»

Um die hohe Summe aufbringen zu können, ließ der Papst alles erreichbare Kirchengerät einschmelzen und ummünzen; Cellini mußte sogar die Tiara in den Schmelztiegel werfen, ein symbolhafter Akt, der suggerieren konnte, nun sei auch Glanz, Würde, Macht und Bedeutung des Papsttums dahin.

In der Stadt lagen noch immer 24 000 Mann kaiserliche Truppen, am Rande von Auflösung und Meuterei. Sie fluchten über ihre Hauptleute, sahen sich um ihren Sold betrogen, schimpften über Kaiser und Papst und wären kaum mehr zu bändigen gewesen, hätte nicht ein Mächtiger seine Faust erhoben. Die Pest zog mit der Sommerhitze in die Stadt, eigentlich viel zu früh, aber überall lagen noch halbverweste, von Ratten benagte Leichen herum, während die hastig und unzulänglich Bestatteten von wildernden Hunden wieder ausgegraben wurden. Man schätzt die Zahl der Toten bis Ende Mai auf etwa 12 000.

Nun waren der Pest auch 3000 Söldner zum Opfer gefallen, als man die anderen Truppen überreden konnte, in Umbrien ein Sommerlager zu beziehen. Bei ihrem Durchzug verwüsteten die Marodeure Dörfer und Städte, während die in ihren Reihen wütende Pest sie – als in Narni eine Zählung stattfand – auf 7000 Mann zusammenschmelzen ließ.

Es folgte das traurige Finale. Der «Sacco di Roma» hätte als Katharsis wirken, die Sinne wandeln, einen hoffnungsvollen Neuanfang einleiten können. Doch das unselige Pontifikat dieses Papstes setzte sich, von Unheil und Katastrophen begleitet, fast bis zum Ende fort.

In der Engelsburg verbrachte Papst Clemens bittere Tage, völlig ausgeplündert und streng bewacht. Von hier aus sandte er Schreiben in alle Welt, auch an Kaiser Karl V., dessen Fürsprache allein ihn hätte befreien können. Doch der Kaiser hielt sich zurück – er wollte zuerst Geld sehen. Unterdessen wurden Überlegungen angestellt, wie künftig das Verhältnis zwischen Kaiser und Papst zu gestalten sei. Ein Unbekannter schrieb am 8. Juni 1527 aus Rom an den Kaiser:

«Wir erwarten, daß Ew. Majestät uns genaue Befehle gebe, damit wir wissen, wie Sie die Stadt Rom fortan zu regieren gedenken, und ob in ihr noch eine Form des apostolischen Stuhls verbleiben solle oder nicht. Ich will die Ansicht von Dienern Ew. Majestät nicht verschweigen, welche glauben, daß man den heiligen Stuhl in Rom nicht ganz und gar aufheben solle: denn der König von Frankreich dürfte alsbald einen Patriarchen in seinem Reiche aufstellen und dem apostolischen Stuhl die Obedienz verweigern, und so würde auch England und jeder andre Monarch tun. Daher schien es Ew. Majestät Dienern passend, daß der heilige Stuhl so niedrig gehalten werde, daß Ew. Majestät über ihn stets verfügen und gebieten könne.»

Das wirft ein Licht auf die damalige Stimmung bei den Kaiserlichen – den apostolischen Stuhl so niedrig wie möglich zu halten. Nun, auch die Heilige Liga existierte noch, aber ihre Versuche, den Papst zu befreien, erschöpften sich schon in der Lombardei, wo der französische Befehlshaber Lautrec eher damit beschäftigt war, Städte für Frankreich wiederzugewinnen, als nach Rom zu ziehen.

Das ging wie ein Lauffeuer durch Europa: Der Kaiser erwog, den Kirchenstaat zu besetzen und unter Reichsverwaltung zu stellen. England und Frankreich protestierten heftig, weil sie nichts mehr fürchteten als ein zu mächtiges deutsches Reich.

Kaiser Karl aber wollte den Papst zu einem Konzil zwingen und setzte ihn von neuem unter Druck, als er seine Truppen aus Umbrien wieder nach Rom sandte, übrigens ohne vom Heer der Heiligen Liga im geringsten behelligt zu werden.

Im September 1527 also befanden sich die Söldner wieder in der kurz davor geplünderten Stadt, und die nach wie vor beutehungrigen Landsknechte hielten auf ihre Art «Nachlese». Der Papst saß hilflos in der Engelsburg, doch nun riet man dem Kaiser dringend zu einem Friedensschluß, weil am Ende doch noch ein Eingreifen der Heiligen Liga zu erwarten stand. Karl V. reagierte mit einem Vertrag vom 31. Oktober, der am 16. November vom Papst im Castel S. Angelo unterzeichnet wurde. Die Bedingungen waren für Clemens günstig, weil Kaiser Karl ein Pragmatiker war und sich niemals von Haßgefühlen leiten ließ – er dachte großräumiger. Dem Papst sollte die Freiheit und das Patrimonium Petri zurückgegeben werden, dafür mußte er sich künftig neutral verhalten sowie die Städte Ostia und Civitavecchia verpfänden. Dem Heer mußten die schuldigen Summen zu bestimmten Fristen ausbezahlt werden, dafür hatten drei Kardinäle als Geiseln zu bürgen. Auf einem Konzil sollte dann noch die dringend nötige Kirchenreform erörtert werden.

Historiker haben Karl V. später vorgeworfen, er sei bei diesem Vertrag zu nachgiebig gewesen – gewiß, darüber läßt sich streiten, aber der tiefreligiöse und streng katholische Kaiser konnte und wollte wohl auch nicht über seinen politischen Schatten springen, um so mehr als sogar der spanische Staatsrat die Cortes dringend eine Freilassung des Papstes forderte.

Der Vertrag sprach es klar aus: Die kaiserlichen Truppen sollten Rom verlassen, sobald der Papst ihre Forderungen beglichen hatte. So schnell gingen aber die Gelder nicht ein, und die grimmigen Söldner drohten, die als Geiseln festgehaltenen Kardinäle zu ermorden. Doch diese konnten zum Glück nach über siebenwöchiger Haft entfliehen. Der zahlungsunfähige Papst wurde nach wie vor auf der Engelsburg festgehalten und so streng bewacht, daß nicht einmal der englische Gesandte zu ihm vordringen konnte. Pompeo Colonna – sein früherer Feind – half ihm dann bei der Geldbeschaffung, und Clemens sollte am 9. Dezember freigelassen werden, was aber von anderen hintertrieben wurde. So entschloß sich der Papst zur Flucht, die ihm am 8. Dezember tatsächlich gelang. Er floh schnurstracks in die feste Stadt Orvieto, die schon so vielen seiner Vorgänger Fluchtort und längerer Aufenthalt gewesen war.

Nun bestürmte ihn die Heilige Liga, sich endlich offiziell zu ihr zu bekennen, doch Clemens erklärte sich für neutral, weil er zunächst den Kaiser nicht verärgern wollte. Hintenherum wurde im geheimen heftig verhandelt, und am 28. Januar 1528 sandte die Liga dem Kaiser eine Kriegserklärung. Der französische Feldherr Lautrec marschierte schon in Richtung Neapel, und Karl V. sah sich gezwungen, seine Truppen aus Rom abzuziehen und nach Süden zu senden. Nun brach der Krieg an zwei Fronten aus, weil die Franzosen gemeinsam mit Venedig die kaiserlichen Truppen in der Lombardei angriffen.

Papst Clemens aber saß im sicheren Viterbo – Orvieto hatte er Ende Mai verlassen – und wartete ab, wer sich bei diesen Kriegen als der Sieger erweisen würde. Dem konnte er sich noch immer rechtzeitig anschließen.

Gregorovius umreißt den Zustand Italiens während dieser Zeit: «Jeder Blick auf Italien mußte Clemens schaudern machen, denn von den Alpen bis zum Faro war dieses Land ein einziges Schlachtfeld für Spanier, Deutsche, Franzosen und Italiener; der Zustand seiner Städte und Landschaften kam jenem in der Zeit der Gotenkriege gleich. Wenn er seine Regierung mit der von Leo und Julius verglich, so mußte er sich sagen, daß er verloren, was jene gewonnen hatten: Modena und Reggio, Ravenna und Florenz waren dahin, Rom ein Trümmerhaufen, die Campagna eine Wüste. Er selbst geschändet, jedes Nimbus, jeder Macht entkleidet, ein Spielball für die feindlichen Parteien. In der Geschichte der Kirche gibt es kaum einen Papst, der so tief elend war als Clemens VII. und dessen Unglück doch so wenig Mitgefühl erregte.»

Von allen Seiten versuchte man auf Papst Clemens einzuwirken. Die Heilige Liga erwartete nichts Geringeres als den Bann über Kaiser Karl; der wiederum versuchte, ihn auf seine Seite zu ziehen, während Heinrich von England dringend die Auflösung seiner Ehe erwartete. Etwas Bewegung kam in das Kräftespiel, als der französische Feldherr Lautrec vor Neapel jämmerlich scheiterte. Sein Heer dezimierte die Pest, an der er schließlich am 15. August selber starb. Neapel also blieb bei Spanien, und wer auf die Franzosen gesetzt hatte, verfiel dem Schwert.

Nun war für Papst Clemens die Zeit gekommen, Farbe zu bekennen, und natürlich wandte er sich dem Sieger, dem Kaiser, zu. Der verlangte seine sofortige Rückkehr nach Rom, so daß Clemens nichts anderes übrig blieb, als sich zu beugen. Seine Rückkehr war alles andere als ein Triumph. Am 6. Oktober 1528 kehrte er bei strömendem Regen in eine geschändete, geplünderte und halb zerstörte Stadt zurück – ein Rom, dessen Bevölkerung durch die Kriegsereignisse von 85 000 auf 32 000 Einwohner herabgesunken war.

Natürlich blieb dem Papst dieser Zustand nicht verborgen, aber wenn er sich jetzt dem Kaiser nahezu bedingungslos unterwarf, dann nicht aus Einsicht in seine Fehler, sondern um für sich und sein Haus zu retten, was zu retten war. Karl V., vernünftig wie stets, machte auch einige bedeutende Zugeständnisse. Clemens sollte wieder in den vollen Besitz des Kirchenstaates gelangen, die Venezianer sollten Ravenna und Cervia zurückgeben, und das Wichtigste: Der Kaiser versprach, die aus Florenz vertriebenen Medici dort mit Waffengewalt wieder einzusetzen. Den Abschluß sollte die Krönung Kaiser Karls – den Kaisertitel trug er längst – in Italien bilden.

Nun mußte sich auch König Franz I. von Frankreich dem Sieger beugen. Für zwei Millionen Dukaten erhielt er seine gefangenen Söhne zurück und mußte alles, was er in Italien noch besaß, dem Kaiser ausliefern. Es war ein Sieg für Kaiser Karl auf der ganzen Linie. Diese Zeit muß für ihn ein Triumph sondergleichen gewesen sein. Von allen Seiten strömte ihm das Geld zu, seine Macht und sein Einfluß in Italien waren nahezu unbegrenzt, Frankreich war unterworfen, Spanien gehörte ihm, die deutschen Reichsfürsten duckten sich, wenn sich auch – und das war der einzige Wermutstropfen – die lutherische Lehre im Reich immer weiter ausbreitete.

Im Herbst war ein Treffen von Kaiser und Papst in Bologna geplant, und beiden dürfte es auf dem Weg dorthin nicht entgangen sein, wie entsetzlich der Krieg überall in Italien gewütet hatte. Vermutlich fühlten sich beide nicht verantwortlich, und jeder schob die Schuld dem anderen zu.

Am 24. Oktober 1529 traf Papst Clemens VII. mit sechzehn Kardinälen in Bologna ein, Kaiser Karl folgte am 5. November, umgeben von tausend gepanzerten Kriegern, hoch zu Roß unter einem goldenen Baldachin. Der Papst erwartete ihn in der Basilika San Petronio, die damals noch unvollendet war und erst im 17. Jahrhundert fertiggestellt wurde. Kaiser Karl, der Weltliches und Geistliches streng zu trennen pflegte, kniete nieder und küßte dem Papst Fuß und Hand – eine Reverenz an sein Amt als Nachfolger Petri, gewiß nicht an seine Person.

Für viele Monate wurde Bologna zum weltlichen und geistlichen Zentrum des Abendlandes. Kaiser und Papst bewohnten gemeinsam einen Palast, empfingen dort die Großen der christlichen Welt und beugten sich den Gegebenheiten, so daß am 23. Dezember 1529 eine «Ewige Liga» gebildet wurde mit dem Hauptziel, der ständigen Türkengefahr wirksamer zu begegnen.

Dieser Ewigen Liga traten bei: der Kaiser, der Papst, Ungarn, Venedig, Mantua, die Häuser Sforza, Savoyen und Montferrat.

Am 1. Januar 1530 wurde in der Basilika San Petronio der Friede verkündigt. Am 24. Februar sollte dann die Kaiserkrönung erfolgen. Dieser Tag war von Karl V. bewußt gewählt, denn es war nicht nur sein Geburtstag, sondern auch der des Sieges von Pavia.

Zum ersten Mal in der deutschen Geschichte erfolgte eine Kaiserkrönung ohne die deutschen Reichsstände, die übrigens nicht einmal geladen waren. Noch bedeutsamer erscheint die Tatsache, daß es die letzte Kaiserkrönung eines deutschen Königs durch einen Papst war, und – darauf bestand Karl V. – sie erfolgte ganz nach althergebrachtem Brauch. Er leistete seinen Eid als Schirmvogt der Kirche.

Nach erfolgter Krönung hielt Kaiser Karl dem Papst den Steigbügel, und sie ritten in einer gemeinsamen Prozession durch die festlich geschmückte Stadt.

Kaiser Karl V. verließ am 22. März Bologna, traf nach vielen Zwischenstationen am 15. Juni in Augsburg ein, wo ihm die lutherischen Stände zehn Tage später ihre «Confession» überreichten, zusammen mit ihrem Protest gegen die Reichstagsbeschlüsse. Ein religionshistorischer Augenblick und die Geburtsstunde des Begriffes «Protestanten».

Papst Clemens VII. kehrte am 9. April 1530 nach Rom zurück, als ein in jeder Hinsicht Geschlagener, dem nun auch noch das Reformkonzil drohte, auf dem Kaiser Karl kategorisch bestand. Anstatt sich nun um sein zerstörtes und entvölkertes Rom zu kümmern, war sein ganzer Ehrgeiz auf Florenz gerichtet, dessen republikanisches Regiment er vernichten wollte, um seinem Geschlecht, den Medici, wieder zur Macht zu verhelfen – mit Wissen und Unterstützung des Kaisers.

Schon am 24. Oktober 1529 hatte die Belagerung der Stadt begonnen, doch die Republik verteidigte sich hartnäckig, so daß sich der Krieg über viele Monate hinzog. Ein vom Papst finanziertes Söldnerheer aus Raufbolden, entlaufenen Verbrechern und anderem Gesindel terrorisierte unterdessen die Umgebung von Florenz, wo der Hunger wütete und im Sommer die Pest ausbrach. Schließlich war die Stadt zur Kapitulation gezwungen, die am 12. August erfolgte mit der Auflage, den Abzug der kaiserlichen und päpstlichen Truppen mit 80 000 Dukaten zu erkaufen. Der Kaiser sollte dann im Laufe der nächsten vier Monate die neue Regierungsform bestimmen – eine lächerliche Klausel, da jedes Kind wußte, daß Papst Clemens dort wieder seine Familie ans Ruder bringen wollte. So kam es dann auch. Am 28. Oktober erließ Kaiser Karl die Bestimmung, daß die Regenten der Stadt Florenz für ewige Zeiten die Medici sein sollten, und setzte zum Herrn der Stadt Alessandro de Medici ein, den er vorher mit seiner eigenen illegitimen Tochter Margareta verheiratet hatte.

Alessandro war selber ein Bastard unbestimmter Herkunft, als sein Vater galt der Papst selber, seine Mutter soll eine afrikanische

Sklavin gewesen sein, was seine dunkle Haut und die schwarzen Kraushaare erklären würde.

Am 1. März 1532 verkündete der neue Herrscher der im Palazzo versammelten Signoria, daß die Republik aufgehört habe zu existieren. Daraufhin ließ er die Vacca vom Rathausturm holen – eine Glocke, die seit Jahrhunderten alle freien Männer aufgerufen hatte, ihre Stadt zu verteidigen. Ein Jahr darauf ernannte ihn der Kaiser zum Herzog, und seine erste Tat war der Bau einer Festung, deren Kanonen nicht nach draußen, sondern nach innen gerichtet waren – auf die Bürger der Stadt.

Alessandro, eine verkommene Kreatur, ungebildet, träge und ausschweifend, entwickelte nun despotische Neigungen. Sein Cousin Ippolito war Kardinal, aber der neue Herzog fürchtete dessen Ehrgeiz und ließ ihn kurzerhand umbringen. Lorenzo, ein Medici aus der jüngeren Linie, durfte am Hof Alessandros als eine Art Hofnarr fungieren, doch spielte er den Narren nur und schmiedete im geheimen Mordpläne, um Florenz vom Tyrannen zu befreien. Dazu fädelte er ein Treffen mit seiner Schwester Laudomia ein, die sich angeblich aus Liebe nach Alessandro verzehre. Dieser, wenig mißtrauisch, erschien, um die Geliebte zu beglücken, doch es wartete der Mörder und erdolchte ihn. Lorenzo war über das Gelingen seines Anschlags so erschrocken, daß er floh und zehn Jahre wie ein Gehetzter in Italien herumirrte, bis ihn die Schergen von Alessandros Nachfolger, Großherzog Cosimo, aufspürten und umbrachten.

Alessandro de Medici auf den Thron gebracht zu haben, war jedenfalls der einzige Triumph, den Papst Clemens in seinen letzten Lebensjahren noch feiern konnte. Ende 1532 wurde er vom Kaiser ein zweites Mal nach Bologna zitiert, und er wagte es nicht, sich dem Befehl zu widersetzen, doch das gegenseitige Mißtrauen könnte nicht größer gewesen sein. Um eigenmächtigen Schritten des Papstes zuvorzukommen, erzwang Karl V. eine «Italienische Liga» aus Kaiser, Papst, Sforza, Ferrara, Florenz, Genua, Siena und Lucca für sechs Jahre, die vor allem Mailand gegen den französischen Zugriff sichern sollte.

Doch noch immer stand das von Karl geforderte Konzil wie eine drohende Gewitterwolke am Himmel, und König Franz I.

von Frankreich tat alles, um es zu verhindern, denn ihm lag daran, den Zwist zwischen Kaiser und Papst zu schüren.

Warum aber fürchtete Clemens VII. ein Konzil so sehr? Wohl aus einer Reihe von Gründen. Man konnte ihm dabei die lutherische Abspaltung anlasten, die sein Zaudern und seine Unentschlossenheit begünstigt hatte. Nach kanonischem Recht mußte er wegen seiner illegitimen Geburt sogar eine Absetzung fürchten; des weiteren käme der «Sacco di Roma» zur Sprache und die gewaltsame Einsetzung der Medici in Florenz.

Auf diese Bedrohung reagierte Clemens wieder mit einer Annäherung (der wievielten?) an Frankreich, ging sogar soweit, seine Verwandte Catarina de Medici als Gattin für Heinrich, den zweiten Sohn von König Franz I., ins Auge zu fassen. Der Kaiser hatte das Mädchen zwar mit Francesco Sforza verheiraten wollen, aber Clemens kam ihm zuvor. Kaiser Karl nahm diese Tatsache hin, doch er handelte dem Papst das Versprechen ab, König Heinrichs VIII. Scheidungspläne – es handelte sich um seine Tante Katharina von Aragon – entschieden entgegenzutreten. Clemens versprach es und brach nach Marseille auf, wo eine Zusammenkunft mit König Franz I. stattfinden sollte. Offiziell ließ der Papst verbreiten, diese diene einzig und allein dem Ausgleich zwischen den Mächten und somit dem Frieden.

Am 12. Oktober traf Clemens VII. mit dem Schiff in Marseille ein und traute wenige Tage später seine Verwandte Catarina de Medici mit Heinrich von Orleans. Später sollte noch ganz Europa staunen, welch energische Herrscherpersönlichkeit in der jungen Frau steckte, die als Gemahlin eines Königs drei Könige gebären sollte.

Im Dezember 1533 kehrte Clemens VII. nach Rom zurück, stolz über sein diplomatisches Geschick, sein Haus Medici an die Krone von Frankreich gebunden wie auch Kaiser Karls illegitime Tochter Margarete in Alessandro de Medicis Ehebett gezwungen zu haben. So hatte er seine Familie mit den beiden Großmächten verschwägert, und allein darauf kam es ihm auch an – Wohlstand, Macht und Sicherheit für die Medici, auch wenn seine Rechnung letztlich nicht aufging. Er bezahlte den vom Kaiser geforderten Preis und verweigerte zunächst König Heinrich VIII. die Auflösung seiner Ehe. Im Jahr darauf erkrankte er schwer und schrieb am 23. September 1534 an Kaiser Karl V. einen Abschiedsbrief, aus dem vor allem die Sorge um seine Familie hervorstach:

«... macht mir auch der Gedanke an meine Vaterstadt Florenz, wo ich das Licht erblickte, und an meinen Neffen, den Herzog Alessandro, Sorge, da ich fürchte, daß die Stellung, die ihm Deine Großmut verliehen hat, nach meinem Tod durch ... Feinde könnte gestört werden ...»

Wir haben gesehen, welches Ende der Bastard Alessandro fand und wie berechtigt die Sorge des Papstes war. Seine letzte Sorge galt seiner Familie – kein Wort des Bedauerns über die Zerstörung Roms, die endlosen Kriege, sein Versagen auf der ganzen Linie. Rechnet man die Zahl der Menschen zusammen, die dem ewigen Zaudern dieses unheiligen Vaters zum Opfer gefallen sind, so werden wohl 50 000 eher niedrig geschätzt sein.

Guicciardini, der zeitgenössische Historiker, sagte: «Dieser Papst starb (am 25. September 1534), gehaßt von der Kurie, verdächtig den Fürsten, eher ein gehässiges und drückendes als ein freundliches Andenken hinterlassend ...» Leopold von Ranke nennt ihn sogar «... den unheilvollsten aller Päpste, der je auf dem römischen Stuhle gesessen».

Gregorovius versuchte in seinem Resümee eher zu relativieren, auch wenn sein Urteil hart ist:

«Die Nemesis, welche die Verwirrungen, den weltlichen Ehrgeiz und die Sünden des Papsttums seiner Vorgänger rächte, traf ihn als den Erben von all der Verderbnis, die sich in der Curie und Kirche angehäuft hatte. Es ist nur gerecht zu sagen, daß Clemens VII. von dem Labyrinth ererbter Übel so fest umstrickt war, daß eine übermenschliche Kraft würde nötig gewesen sein, um ihn davon zu befreien. Es war erst die Wirkung der Reformation, welche seinen Nachfolgern den Ausweg darauf geöffnet hat. In den Stürmen einer neuen, die Welt umgestaltenden Epoche auf den Heiligen Stuhl gestiegen, begegnete er jenen nur mit den schwächlichen Künsten des

Diplomaten aus der Schule Leos X. und des Fürsten Machiavellis, um, wenn irgend dies ein Papst sonst getan, den sonnenklaren Beweis zu liefern, daß das Unheil der Kirche wie der Staaten aus der Vermischung von Religion und Politik entspringt, und daß Priester dazu berufen sind, an dem Altar der Kirche zu stehen, nicht aber Völker politisch zu regieren. Sein Pontifikat war für die Welt und für Rom verderbenbringend. Man kann ihn geradezu den unseligsten aller Päpste nennen. Er sah zu gleicher Zeit die weltgeschichtliche Größe des Papsttums fallen, die Einheit der katholischen Kirche zertrümmern, und die Freiheit Italiens in der Fremdherrschaft untergehn.»

Ein römischer Dichter schrieb Papst Clemens VII. einen sehr treffenden Nachruf:

«Ein Papsttum, reich an Hin- und Herberaten,
An Meinungswechsel und an Klügelein,
An Wenn und Aber, wie an Ja und Nein,
Vielleicht und Doch – und Worten ohne Taten.»

Paul IV. – der Ketzerjäger

Was mochte die Kardinäle bewogen haben, den eher lächerlichen
«Schürzenkardinal» Alessandro Farnese am 13. Oktober 1534
zum Nachfolger von Papst Clemens VII. zu wählen? Dessen
einziges Verdienst war es gewesen, dem geilen Alexander VI. die
Wunschgeliebte «Giuliabella» unterzuschieben. Doch anscheinend hatte er sich als Kardinal wacker gehalten, da ihm sogar der
grimmige Julius II. das Bistum Parma und Clemens VII. das
Bistum Ostia verlieh. Farneses Sexualleben war fast so heftig wie
das des berüchtigten Borgia: Er zeugte vier anerkannte Kinder,
darunter seinen Liebling Pier Luigi, der fast so berüchtigt wurde
wie seinerzeit Cesare Borgia. Drei seiner Enkel im Alter von
vierzehn bis sechzehn Jahren erhob er zu Kardinälen, Pier Luigi
wurde Gonfaloniere, also Bannerträger der Kirche.

Das Porträt von Sebastiano del Piombo zeigt Paul III.
(1534–1549) nicht unsympathisch, sein bärtiges Gesicht wirkt
klug und nachdenklich. Doch die historischen Tatsachen belegen
seinen schrankenlosen, viele seiner Vorgänger in den Schatten
stellenden Nepotismus, der seine gesamte Familie umfaßte.

Andererseits war er eifrig um eine Kirchenreform bemüht,
ernannte zweimal eine Reihe würdiger, gelehrter, den Reformen
verpflichteter Kardinäle, darunter den unseligen John Fisher, den
der inzwischen von der römischen Kirche abgefallene König
Heinrich VIII. prompt hinrichten ließ. Das Ergebnis war die von
der Reformkommission im März 1537 veröffentlichte Schrift
«Consilium delectorum cardinalium...», die schonungslos Miß-
bräuche der Kirche und ihre Ursachen aufdeckte und geeignete

Maßnahmen zu deren Beseitigung vorschlug. Freilich blieb es zumeist bei der guten Absicht, aber der Anfang war gemacht, und die Reformschrift war auch so etwas wie eine Vorbereitung auf das lange geplante Konzil, das dann am 13. Dezember 1545 in Trient begann und dort nach mehrfachen Vertagungen und Ortswechseln im Dezember 1563 endete. Auch wenn es dabei nicht zu einer Verständigung mit den Protestanten kam, führte es doch zu ihrer stillschweigenden Billigung.

Was die Europapolitik betraf, so verhielt sich Paul III. neutral, woran auch Kaiser Karl V. nichts ändern konnte, der im Konsistorium gegen Franz I. von Frankreich eine lange Anklagerede hielt. Einiges davon war durchaus berechtigt, so etwa hatte sich dieser König mit den Türken verbündet, die 1537 in Apulien einfielen und ihren Feldzug nur deshalb nicht ausweiteten, weil sie der wankelmütige Franz nicht wie abgesprochen von Norden her unterstützte. Dem Papst gelang es sogar, eine «Heilige Liga» gegen die Osmanen zu bilden, mit Kaiser Karl, Ferdinand von Österreich und Venedig.

Papst Paul III., wesentlich konsequenter als sein zögerlicher Vorgänger, brachte das Kunststück zustande, im Juni 1538 einen zehnjährigen Waffenstillstand zwischen Karl und Franz zu vermitteln. Auch seine geliebte Familie vergaß dieser Pontifex nicht. So verkuppelte er Margarete, die Witwe des ermordeten Herzogs Alessandro von Florenz – Kaiser Karls uneheliche Tochter –, mit seinem Enkel Ottaviano Farnese.

Mit diesem Papst – beileibe kein unheiliger Vater – hatte die Kirche alles in allem keinen schlechten Griff getan. Er blieb ungeachtet aller Hindernisse fast bis zuletzt strikt neutral, die Wahrung des Friedens war ihm ein Herzensbedürfnis. In seinen letzten Lebensjahren konnte er dies nicht immer durchhalten, er näherte sich unter politischem Druck König Franz I. von Frankreich, weil er dem immer stärkeren spanisch-kaiserlichen Einfluß in Italien entgegenwirken wollte. Seinen Nepotismus hat der Sterbende bitter bereut, aber er hat ihn durch andere Tugenden aufgewogen.

Sein Mäzenatentum war beachtlich; Michelangelo schuf in seinem Auftrag die nach Julius II. bedeutendsten Werke in Rom, so unter anderem die architektonische Neugestaltung des Kapitols – bis heute eine Augenweide –, das in sechs Arbeitsjahren vollendete «Jüngste Gericht» in der Sixtina und die Fresken in der Capella Paolina. Daß Paul ihm auch noch seit 1547 die Bauleitung an der Peterskirche übertrug, sei nur am Rande erwähnt.

Am 10. November 1549 starb Papst Paul III. mit einundachtzig Jahren. Ihm folgte der bäurische, robusten Vergnügungen zugetane Julius III., dem Stierkämpfe, Gastmähler und Karnevalstreiben mehr lagen, als sich mit Konzilen zu befassen. Das Kollegium rümpfte die Nase, als er seinen früheren Affenwärter, eine nichtswürdige Kreatur, zum Kardinal ernannte. Den Ernst seiner Zeit hat er wohl nie erkannt, und als er nach fünfjährigem Pontifikat am 23. März 1555 starb, empfand es niemand als Verlust.

Marcellus II., eine Art Universalgelehrter, wurde am 9. April 1555 sein Nachfolger. Bescheiden, integer, jedem Nepotismus abgeneigt, wäre dieser Papst, den viele heiligmäßig nannten, ein Segen für die Kirche gewesen, doch er starb schon am 1. Mai 1555, nach nur dreiwöchigem Pontifikat. «Nicht das Grab ehrt die Asche – die Asche ehrt das Grabmal», schrieb ihm ein Dichter auf den Sarkophag.

Als man den neunundsiebzigjährigen Gian Pietro Carafa am 23. Mai 1555 zum Nachfolger wählte, dachten die meisten der Kardinäle an einen Übergangspapst, jedenfalls an ein kurzes Pontifikat. Es wurden dann vier Jahre daraus, und Papst Paul IV. hat sich redlich bemüht, sie unvergessen zu machen: als erbarmungsloser Hexenjäger.

Seine Karriere begann er unter Alexander VI. als Kammerherr; Julius II. machte ihn zum Bischof von Chieti, unter Leo X. amtierte er als päpstlicher Legat in England. Paul III. erhob ihn 1536 schließlich zum Kardinal. Er galt als strenger Vertreter der Kirchenreform, was sich bei ihm vor allem auf die Inquisition bezog, die ihm viel zu lasch war. Das hohe Alter hatte seinen hitzigen und schroffen Charakter nicht gemildert. Er haßte Spanien, er haßte Karl V., er haßte die Habsburger, er haßte Ketzer, Häretiker und letztere so sehr, daß dieser unheilige Vater den Ausspruch tat: «Selbst wenn mein eigener Vater Häretiker wäre, würde ich das Holz zusammentragen, um ihn verbrennen zu lassen.»

Kaum war er Papst, galt seine erste Sorge der Familie. Carlo Carafa, ein brutaler und gewissenloser Abenteurer und Condottiere, wurde gleich Kardinalstaatssekretär – nach dem Papst das höchste Amt. Sein ihm ähnlicher Bruder wurde flugs zum Herzog von Paliano erhoben; auch zwei weitere Neffen erhielten die roten Hüte.

Sein Haß gegen Habsburg machte Paul IV. sogleich zum Bündnispartner der Franzosen, wobei ihn nicht störte, daß König Heinrich II. die Protestanten unterstützte und mit den Türken paktierte. Nachdem Kaiser Karl V. im Herbst 1556 abgedankt und sich ins Kloster San Juste in Estremadura zurückgezogen hatte, ging Pauls Haß auf dessen Sohn und Nachfolger Philipp II. über, der nun die spanische Krone trug. Seine Kaiserwürde gab Karl an seinen jüngeren Bruder Ferdinand weiter, doch die Übergabe verzögerte sich bis zum 14. März 1558.

In der deutschen Reichsgeschichte ist Karl V. der einzige Kaiser, der ohne politischen Zwang, nur seiner inneren Eingebung gehorchend, zurücktrat. Dafür hat es wohl eine Reihe von Gründen gegeben, wobei sein fortschreitender körperlicher Verfall und eine gewisse Neigung zu grüblerischer Schwermut eine wesentliche Rolle gespielt haben. Freilich, er wurde in San Juste kein Klosterbruder, er hat vielmehr bis zu seinem Tod am 21. September 1558 aus der Ferne mit Rat und Tat am politischen Leben teilgenommen.

Pauls Rechnung aber ging nicht auf. Während er zum Krieg gegen Spanien rüstete, marschierte Herzog Alba im Auftrag König Philipps von Neapel auf den Kirchenstaat, eine weitere spanische Armee besiegte am 10. August 1557 Frankreich bei St. Quentin.

Daß dieser Papst, der jeden Protestanten für einen Abtrünnigen und Teufelsdiener hielt, sich durchaus nicht scheute, für seine Truppen hugenottische Söldner anzuwerben, sei nur am Rande erwähnt.

Ein neuer «Sacco di Roma» drohte, und es gehört zu den wenigen Verdiensten dieses Papstes, daß er es nicht so weit kommen ließ. Am 12. September 1557 wurde Frieden geschlossen, wobei die Bedingungen des frommen und erzkatholischen Königs Philipp II. durchaus maßvoll waren. Nachdem seine spanischen Pläne gescheitert waren, nahm sich Paul IV. der Reformen an, ohne sich dabei viel um das weiterhin tagende Trientiner Konzil zu kümmern. In seinem streng absolutistischen Verständnis vom Papstamt sah er darin nur eine ungehörige Störung und hielt es für unter seiner Würde, sich näher damit zu befassen.

Nun richtete er sein Augenmerk auf den verlotterten Klerus. Er setzte die Residenzpflicht der Bischöfe durch, die herumwandernden Bettelmönche mußten in ihre Klöster zurück. Seit jeher war es üblich gewesen, daß die meisten Bischöfe ihr Amt von Vikaren versehen ließen und oft zeitlebens ihre Residenzstädte niemals besucht hatten. Man verstand ein solches Amt als Pfründe und kassierte die Einnahmen. Ein weiteres Anliegen Pauls IV. war die – wie er es nannte – «simonistische Ketzerei». Im Zusammenhang damit verbot er jede Absprache über eine künftige Papstwahl, solange der regierende Pontifex noch lebte; dabei dachte er wohl auch an sich und seine Interessen.

Seine Hauptsorge galt jedoch der Inquisition, der er einen Rang vor allen anderen kirchlichen Institutionen einräumte. Er nahm an ihren wöchentlichen Sitzungen regelmäßig teil und achtete darauf, daß alles unter den Begriff Ketzerei Fallende – also zum Beispiel Übertretung der Fastengebote, Gotteslästerung, überhaupt jede Art Abweichung von den kirchlichen Geboten – unmäßig streng bestraft wurde. Denunziationen schenkte er gerne Gehör, und man kann sich denken, wie oft es auch Unschuldige traf. Dabei schreckte er auch vor den Inhabern hoher und höchster Ämter nicht zurück, nicht selten kam es auch zu Anklagen gegen Bischöfe und Kardinäle. So etwa gegen den allseits geachteten Kardinal Giovanni Morone, der wegen Häresie verhaftet und eingekerkert wurde. Der völlig Unschuldige kam erst nach dem Tod des grimmigen Ketzerjägers wieder frei. Dem englischen Kardinal Reginald Pole erging es nicht viel besser. Pauls Haß und seine Verfolgungswut waren krankhaft und grenzenlos.

Kardinal Seripando schrieb über die römische Inquisition: «Am Anfang war dieser Gerichtshof maßvoll und milde, wie es der Natur Pauls III. entsprach; später aber, vor allem infolge der unmenschlichen Strenge Carafas, gewann er eine solche Bedeutung, daß man dafür hielt, nirgends auf der ganzen Erde würden schrecklichere und furchtbarere Urteile gefällt.»

Diesem Papst ist auch der berühmt-berüchtigte Index von Büchern und Schriften zu verdanken, wobei 1559 das erste Verzeichnis veröffentlicht wurde. Die Auswahl war so umfassend, daß sogar der später heiliggesprochene deutsche Jesuit Peter Canisius sie für unmöglich und undurchführbar erklärte.

Natürlich beobachtete Paul IV. weiterhin argwöhnisch die Ereignisse im Deutschen Reich, und als es um die Nachfolge Karls V. ging, sandte er einen päpstlichen Legaten nach Deutschland. Diesen Herrn nahm man zwar zur Kenntnis, aber als er die Wahl für ungültig erklärte, weil drei protestantische Kurfürsten daran teilgenommen hatten, ignorierte man seinen Protest.

Freilich handelte Paul IV. auch sehr konsequent, als ans Licht kam, auf welche Weise sein zum Kardinalstaatssekretär ernannter Neffe Carlo Carafa zusammen mit anderen Nepoten ihre Ämter mißbraucht hatten. Sie wurden all ihrer Würden entkleidet und aus Rom verbannt. Nach Pauls Tod erging es ihnen noch schlechter, denn dessen Nachfolger Pius IV. ließ den Kardinal Carlo und seinen Bruder Giovanni (Herzog von Paliano) hinrichten, nachdem sie in Komplizenschaft Carlos Frau ermordet hatten. Der Papst bedauerte nur, diesen Galgenvögeln vertraut und sie so hoch erhoben zu haben. Der Dreiundachtzigjährige tat Buße, fastete und schlug sich an die Brust. Aber es half nichts mehr, sein Terrorregiment war so verhaßt, daß das Volk seinen Tod am 18. August 1559 frenetisch bejubelte. Dabei ging der Inquisitionspalast in Flammen auf, und seine Statue wurde gestürzt.

Hans Kühners Nachruf im «Lexikon der Päpste» trägt dem Rechnung: «Paul, dessen Grabdenkmal in Santa Maria sopra Minerva steht, bedeutete, abgesehen von allem, was an seinen Reformen echt war, einen Rückschritt in die Zeit Bonifatius' VIII. Wie dieser maßregelte er die Welt – wie dieser hielt er die Fürsten der Erde für unreife Schüler, die seine ebenso hochmütigen wie rhetorischen Befehle entgegenzunehmen hatten. Die Künste mußten unter der eisigen Härte des Carafapapstes verkümmern. Die Nachwelt vermag in dem versteinerten Asketen ohne Menschenkenntnis und Maßhaltung keine liebenswerte Seite zu erkennen.»

Das «Lexikon für Theologie und Kirche» geht fast noch strenger mit ihm um: «Deshalb wurde die Regierung des subjektiv wohlmeinenden, gegen sich selbst asketisch-strengen Paul eine Serie von Katastrophen. In seinem schroff absolutistischen Denken sah er im Konzil von Trient nur ein Abenteuer. (...) Völlig unglücklich erwies sich Paul als Politiker. Sein Haß gegen Habsburg–Spanien ließ ihn von einem antikaiserlichen Kreuzzug ‹Befreiung› für Papst und Christenheit erhoffen. Doch brachte dieser gespenstische Anachronismus nur weitere Zerstörung des kirchlichen Einheitsgedankens.»

Innozenz X. – das Weiberregiment

Der glücklose Papst und rigorose Ketzerjäger Paul IV. hatte eine Reihe von Nachfolgern, die klug, bescheiden, umsichtig oder gar heiligmäßig wie Pius V. (1566–1572) ihr Amt verwalteten, und wenn es – wie in Frankreich unter Pius IV. (1559–1565) – zu grausamen Religionskriegen kam, dann war es nicht diesem milden und um Ausgleich bemühten Papst anzulasten, sondern der tyrannischen Katharina von Medici.

Gregor XIII. (1572–1585) wird von den Chronisten nicht nur als bescheiden, arbeitsam und fromm geschildert, sondern ist auch als bedeutender Mäzen in Baukunst und Wissenschaft hervorgetreten. Unter ihm wurde die Peterskirche so gut wie vollendet, er schmückte die Stadt mit Kirchen und Brunnen, begann den Bau des Quirinalpalastes und drängte auf die Vollendung des Kapitols nach Michelangelos Plänen. Er schuf die Galleria Geografica mit den sechzehn gemalten Riesenlandkarten von Ignazio Danti. Auch die Kalenderreform ist ihm zu verdanken und somit die Tatsache, daß die Tage vom 5. bis zum 14. Oktober 1582 nicht existieren. Sie mußten gestrichen werden, um die Ungenauigkeit der julianischen Zeitrechnung auszugleichen. Der orthodoxe Kirchenkalender spielte da freilich nicht mit, und so feiern diese Glaubensgemeinschaften Weihnachten immer noch zehn Tage später.

Nach Gregor kam der nicht weniger bedeutsame Sixtus V. (1585–1590), den Hans Kühner als Staatsmann «zu den größten Gestalten seines Jahrhunderts» zählt und noch anmerkt: «Unerschrockenheit, Willenskraft, Verstandesweisheit und Unparteilichkeit haben ihn mehr ausgezeichnet als Güte und Milde.» Von ihm sagte das Volk, schon in seinem ersten Regierungsjahr seien in Rom mehr Köpfe gerollt, als man Melonen auf dem Markt verkauft habe.

Auch er ist als großer Mäzen für Kunst, Literatur und Wissenschaft hervorgetreten und hat für Rom viel getan – man denke nur an das Riesenwerk der Wasserleitungen der Aqua Felice. Seinem Namen begegnet man auch heute noch in der ganzen Stadt, eine Straße und eine Brücke sind nach ihm benannt. Unter seinem Pontifikat wurde am 14. Mai 1590 der Schlußstein in die Kuppel von St. Peter gesetzt.

Nach kurzen und wenig bedeutsamen Pontifikaten von drei Päpsten gelangte am 30. Januar 1592 Ippolito Aldobrandini als Clemens VIII. auf den Stuhl Petri. Wir wollen in ihm keinen unheiligen Vater sehen, auch wenn er sich in den Fällen Beatrice Cenci und Giordano Bruno auch anders – menschlicher – hätte verhalten können. Übte er noch als Kardinal harsche Kritik am Nepotenwesen, so machte er nun seinerseits zwei Neffen zu Kardinälen, auch wenn er dabei einen guten Griff tat, denn beide – Pietro Aldobrandini wurde Kardinalstaatssekretär – zeigten sich ihren hohen Ämtern durchaus gewachsen. Er überredete König Heinrich IV. von Frankreich, der sich zu den Hugenotten bekannte, zur Rückkehr in die Mutterkirche («Paris ist eine Messe wert») und zwang dadurch Philipp II. von Spanien zum Friedensschluß mit Frankreich.

Nun zu den erwähnten Gerichtsfällen.

Beatrice, 1577 in Rom als Tochter des römischen Adeligen Francesco Cenci geboren, wuchs in fürchterlichen Familienverhältnissen auf. Der Vater, ein sittenloser Säufer und Frauenjäger, tyrannisierte die gesamte Familie aufs Schlimmste. Als er zudem Beatrice mehr und mehr sexuell bedrängte, beschlossen die Mutter, der Bruder und sie, den Unmenschen zu töten. Ein gekaufter Mörder brachte den Edelmann auf seinem Schloß in Neapel um, doch wurden die Umstände schnell aufgedeckt. Lucrezia, die Stiefmutter, Giacomo, der ältere Bruder und die zweiundzwanzigjährige Beatrice wurden schwer gefoltert und

nach erfolgtem Geständnis am 11. September 1599 hingerichtet –
mit ausdrücklicher Billigung des Papstes, der sich allen Gnaden-
gesuchen gegenüber taub stellte. Offenbar wäre es ihm lieber
gewesen, Francesco Cenci hätte seine Tochter vergewaltigt und
die ganze Familie hätte es vertuscht.

Mehr Aufsehen erregte damals freilich der Fall des 1548 in Nola
geborenen Philosophen und Schriftstellers Giordano Bruno.
Dieser Freigeist und Aufrührer entfloh als achtundzwanzigjähri-
ger aus einem Franziskanerkloster, ging nach Frankreich und
hielt dort philosophische Vorlesungen, zuletzt in Paris, wo er
sogar den Beifall König Heinrichs III. errang. Weiter zog er seine
Spur durch Europa, lehrte und schrieb in Wittenberg, Prag,
Helmstedt, Frankfurt, Padua und schließlich Venedig. Dort
geriet er in die Fänge der Inquisition, die ihn 1593 nach Rom
auslieferte. Nach Folterung und Prozeß wegen Ketzerei und
Häresie wurde er am 17. Februar 1600 auf dem Campo dei Fiori
lebendig verbrannt.

Die Lehre des Giordano Bruno ist eine etwas phantastisch
anmutende Mischung aus Pantheismus, Platon, Stoizismus und
Epikur; dies alles poetisch verbrämt und verklärt. Er war ein
Verehrer von Schönheit und Natur, stellte auch den Satz auf, ein
Philosoph müsse zugleich ein Dichter sein. Seine Grundthese
lautete, die Welt sei ihrem Wesen nach harmonisch und als
Ganzes durchaus vollkommen, weil Gott sie bis ins einzelnste
durchdringe.

Dieser harmlose, nach Schönheit und Vollkommenheit dür-
stende und strebende Idealist weigerte sich, seinen Lehren ab-
zuschwören und mußte dies mit Zustimmung des Papstes Clemens VIII. auf dem Scheiterhaufen büßen. Daß dies nicht in
Spanien geschah, wo Zehntausende von Ketzern, oder in
Deutschland, wo unzählige «Hexen» sein Schicksal teilten, wiegt
in diesem Fall besonders schwer. Die Inquisition nahm zwar von
Rom, vom Papst ihren Ausgang, konnte aber in Italien ideolo-
gisch nie so recht Fuß fassen. Autodafés mit Massenhinrichtun-
gen wie in Spanien oder fanatische Hexenverfolgungen wie in
Deutschland hat es in Italien nie gegeben, mit Ausnahme vielleicht von der Lombardei, wo Carlo Borromeo (1538–1584) als

Erzbischof von Mailand eine gnadenlose Jagd auf Hexen, Ketzer und Protestanten inszenierte. 1610 wurde er heiliggesprochen, und Papst Johannes Paul II. – als wisse er nicht, was er tue – hat sein Andenken zum 400jährigen Todestag dadurch geehrt, daß er in Borromeos Meßgewändern einen Gottesdienst zelebrierte. Freilich, Carlo Borromeo war auch um die Armen bemüht, förderte die Jugendbildung und bewährte sich bei einer Pestepidemie als selbstloser Helfer. Ob das Tausende von unschuldigen, grausam zu Tode gekommenen Menschen aufwiegt, mag jeder selber entscheiden.

Auf Clemens VIII. folgten einige Päpste, die sich – klug, gelehrt und würdig – als große Mäzene hervortaten, so vor allem Urban VIII. (1623–1644), dessen Andenken allerdings ein aufwendiger und erfolgloser Kleinkrieg befleckt, den er gegen die Familie Farnese führte, um seinem Nepoten das Herzogtum Castro zu verschaffen. Sein mäzenatisches Interesse galt hauptsächlich der Musik, der Literatur und der architektonischen Ausgestaltung Roms. Urban war es, der am 18. November 1626 die endlich vollendete Peterskirche einweihte. Unter ihm schuf Bernini zahllose Werke; Urban zog auch Maler wie van Dyck, Poussin und Lorrain nach Rom – die beiden letzteren blieben bis zu ihrem Tode dort.

Lorenzo Bernini (1598–1680) hat den Petersplatz durch seine gewaltigen Kolonnaden unverwechselbar geprägt, schuf auch den Papstaltar im Innern der Kirche, wozu Urban VIII. die bronzenen Dachziegel des Pantheons abnehmen und einschmelzen ließ.

Hans Kühner beschreibt ihn wie folgt: «Urban besaß manche gute Eigenschaften, umfassende Menschenkenntnis und diplomatische Begabung. Daneben erschien er wortreich, eitel und cholerisch. Er war einfach in seiner persönlichen Lebensweise, liebte stundenlange Ritte und den Vortrag seiner Dichtungen mit Musikbegleitung. Die wirtschaftlichen Auswüchse seines Nepotismus kamen ihm erst kurz vor seinem Tod zu Bewußtsein.»

Der letzte Satz bezieht sich auf Urbans wenig glückliche Finanzpolitik und seinen kostenreichen Krieg gegen Castro. Das Loch in der Kirchenkasse mußte durch teilweise schlimme

Steuerlasten das Volk beheben, so daß dieser Papst immer unbeliebter, ja verhaßt wurde. Bei seinem Tod kam es zu Freudenausbrüchen, wie wir sie nur noch aus dem Mittelalter kennen.

Beim darauffolgenden Konklave wollte Frankreich seinen Kandidaten durchsetzen, und der ehrgeizige Kardinal Mazarin zog dabei alle Register, aber es war inzwischen ein ungeschriebenes Gesetz geworden, daß nur noch ein Italiener – am besten ein Römer – auf den Stuhl Petri kam. So wurde Giambattista Pamfili, der aus einer bis dahin wenig bedeutenden römischen Patrizierfamilie stammte, am 15. September 1644 zum Papst Innozenz X. gewählt. Die Pamfili profitierten davon, doch zur Ehre gereichte ihnen der neue Papst nicht, weil er sich bald als eine der kläglichsten Gestalten der neueren Kirchengeschichte erwies.

Wie viele seiner Vorgänger war der jetzt Siebzigjährige von Haus aus Jurist und hatte sich unter seinem Vorgänger als päpstlicher Legat in Frankreich und Spanien bestens bewährt. An Urbans Krieg gegen die Farnese übte er offen Kritik, was ihm anscheinend kaum schadete. Über seire Großmutter väterlicherseits stammte Innozenz von Juan Borgia ab, einem der Bastarde von Papst Alexander VI. Auch er konnte nicht umhin, dem Nepotismus zu frönen, und machte zwei Neffen zu Kardinälen, doch hat keiner von ihnen irgendeine Bedeutung erlangt.

Umso deutlicher trat jetzt Olimpia Maidalchini, die Mutter seines zum Kardinal ernannten Neffen Camillo, ins Licht der Öffentlichkeit. Diese Witwe seines Bruders übte nicht nur den größten Einfluß auf Innozenz aus, man nannte sie bald «Papessa», die Päpstin. Wer am Vatikan etwas erreichen oder werden wollte, mußte sich an sie wenden. Sie ernannte Kardinäle und Bischöfe, verteilte Ämter und Pfründen, empfing Diplomaten und Prälaten und benahm sich dabei wie ein Marktweib. Ihre Macht war absolut, nichts lief ohne Donna Olimpia, und jeder Bittsteller

Innozenz X. Überließ die Schlüssel von St. Peter seiner korrupten Schwägerin Olimpia Maidalchini. (Gemälde von Velàsquez)

war gut beraten, ihre Gunst zu gewinnen, ehe er sich an den Papst wandte, der wiederum nur tat, was seine Schwägerin wollte, anordnete oder gestattete.

In das Pontifikat Innozenz' X. fiel das Ende des Dreißigjährigen Krieges, der am 24. Oktober 1648 mit dem «Westfälischen Frieden» abgeschlossen wurde, wobei allerdings viele Probleme offenblieben. Die katholische Seite warf dem Papst vor, dabei untragbare Kompromisse eingegangen zu sein, die den Verlust von zwei Erzbistümern, zwölf Bistümern, zahlreichen Reichsabteien und anderen Kirchenbesitzungen nach sich zogen.

Im Grunde war es ein glänzender Sieg der protestantischen Mächte über den Katholizismus. Der Augsburger Religionsfriede wurde nochmals bestätigt, beide Konfessionen wurden für absolut gleichberechtigt erklärt, wobei die kaiserlichen Erblande in vielen Punkten allerdings ausgenommen wurden. Trotzdem – für Kaiser Ferdinand III. und seine Reichspolitik war es eine gewaltige Niederlage. Das Deutsche Reich verlor durch diesen Friedensschluß um die 100 000 km² Land, die Grenze zu Frankreich war löcherig und strategisch sehr ungünstig geworden.

Was die Kirche betraf, so hatte schon der päpstliche Nuntius Fabio Chigi beim Friedensschluß gegen die aufgezwungenen Verluste protestiert, wobei der gewiß falsche Eindruck entstehen mußte, die Kirche wünsche eine Verlängerung des Krieges, um am Ende besser wegzukommen.

Papst Innozenz untermauerte diesen Protest mit dem Breve «Zelo domus Dei», und er war nicht der einzige, der sich gegen das aufgezwungene Diktat wehrte. Doch die Proteste halfen wenig, weil eine Klausel im Friedensvertrag besagte, daß jeder spätere Widerspruch nicht zur Kenntnis genommen werde. Freilich, ein gewisses Unbehagen bleibt doch, wenn man bedenkt, ein Stellvertreter Christi habe es immerhin riskiert, daß einer der schlimmsten und verlustreichsten Kriege des Abendlandes wegen ein paar verlorener Bistümer hätte fortgesetzt werden können.

Ein weiteres trauriges Kapitel seines Pontifikates war der Krieg gegen die Farnese um das Herzogtum Castro. Man stutzt, denn hatte Innozenz nicht als Kardinal heftig dagegen protestiert, als

Papst Urban VIII. es für seinen Neffen gewinnen wollte? Wie bei seinen meisten Entscheidungen steckte wohl auch hier Donna Olimpia dahinter, was die Sache eher noch schlimmer macht. Diesmal gelang es den päpstlichen Truppen nach dreimonatiger Belagerung, Castro zu erobern, wobei der Ort samt Häusern, Palästen und Kirchen dem Erdboden gleichgemacht wurde.

Als bedeutender Mäzen – alles übrige Geld floß in Donna Olimpias Hände – erwies sich Innozenz nicht, doch schuf Lorenzo Bernini in seinem Auftrag immerhin den Vier-Flüsse-Brunnen auf der Piazza Navona in Rom.

Der geniale Velásquez hat diesen Papst porträtiert und zugleich – wie alle großen Bildnismaler – trefflich psychologisiert. Sein Blick ist argwöhnisch und verschlossen – ja, sogar etwas abweisend. Die verkniffenen Lippen entsprechen dem von Chronisten bezeugten mürrischen Wesen.

Dieser unheilige Vater hat sein hohes Amt entehrt und entweiht, als er es in die Hände einer launischen, habgierigen und eigensüchtigen Frau legte. Daß er die Gefängnisse im Kirchenstaat nach humanen Gesichtspunkten reformierte, gehört zu den ganz wenigen positiven Seiten seines Pontifikats.

Als Innozenz X. am 7. Januar 1655 starb, weigerte sich Donna Olimpia, das Begräbnis zu bezahlen. Sie sei eine arme Witwe und völlig mittellos, dabei wußte alle Welt, daß Hunderttausende von Dukaten in ihre Hände geflossen waren.

Der Nachfolger, Papst Alexander VII. (1655–1667), verbannte die habgierige und korrupte Megäre auf Lebenszeit aus Rom. Dieser Papst war eher ein Gelehrter und Poet, er ließ die «Congregazione di Stato» – ein schon unter Urban VIII. (1623–1644) tätiges Regierungskomitee – die Staatsgeschäfte ausüben. Er war es, der Königin Christine von Schweden in Rom empfing, nachdem sie die Krone abgelegt hatte und zur römischen Kirche übergetreten war. Sie ist die einzige Frau, der im Petersdom ein Grab zugestanden wurde.

IV. Ausklang

Sollte es nach Innozenz X. keine unheiligen Väter mehr gegeben haben oder zumindest solche, denen eine gewisse Anwartschaft auf diese Bezeichnung nicht abzusprechen ist? Meine Auswahl habe ich nicht willkürlich getroffen, aber sie war natürlich subjektiv. Ein anderer Autor hätte vielleicht andere Päpste dazugenommen und etliche von meinen weggelassen.

Natürlich hat es auch nach Innozenz X. noch Päpste gegeben, die ihr Amt mißbraucht, seine Würde mißachtet haben, aber es waren keine großen Sünder mehr – der Rahmen war enger geworden, Abenteurer vom Stil eines Cossa oder hybride Caesaropapisten wie Bonifatius VIII. hatten keine Chance mehr, den Stuhl Petri zu erklimmen, weil sie in der Regel schon den Sprung ins Kardinalskollegium nicht schafften. Die moralische Auswahl wurde genauer und strenger; die Möglichkeiten, sich sexuell, machtpolitisch oder mäzenatisch auszuleben, wurden immer geringer, die Ansprüche eines zunehmend aufgeklärten Kirchenvolkes auf eine integre und einwandfreie Persönlichkeit waren nicht mehr zu überhören. Für unheilige Väter war der Stuhl Petri kein behaglicher Aufenthaltsort mehr, von dem aus man seine Familie bereichern, seine Feinde vernichten und seinen Neigungen – welcher Art auch immer – mit finanziell fast unerschöpflichem Rückhalt frönen konnte.

Gregorovius beendete sein Werk mit Papst Clemens VII., und als Freunde ihn aufforderten, es bis in seine Gegenwart fortzusetzen, rechtfertigte er sich: «Die Epoche vom Tode Clemens' VII. abwärts würde dem Geschichtsschreiber der Stadt nur spärlichen Inhalt darbieten und fast ausschließlich zur Geschichte des in immer engere Grenzen moralischer Macht sinkenden Papsttums werden. In diesen drei Jahrhunderten konnte die Stadt Rom weder mehr ein mitwirkender Faktor der Geschichte des Abendlandes, noch ein Spiegel für die Bewegung Europas sein. Der Geschichtsschreiber würde daher mehr Mühe haben, die großen Weltströmungen in Bezug auf die Stadt Rom zu bringen . . .»

Was Gregorovius fast verschämt und gleichsam durch die Blume ausdrücken will, war schlicht und einfach die Tatsache, daß nichts mehr los war – in jeder Beziehung. Und dem glichen sich wohl auch die Charaktere ihrer Repräsentanten an, es gab weder asketische Mönche vom Schlag eines Coelestin V. noch gewalttätige, hybride Tyrannen, wie Bonifatius VIII. sie verkörperte, oder geile Frauenjäger wie Alexander VI., der den Spott der Römer souverän ignorierte. Sie alle waren Produkte und Kinder ihrer Zeit – im Guten wie im Schlechten. Je ruhiger die Zeiten wurden, desto farbloser die Päpste. Das ist polemisch ausgedrückt und sagt nichts über charakterliche Vorzüge oder Schwächen aus.

Gregorovius merkt noch an: «Von der Kaiserkrönung Karls V. bis gegen das Ende des 18. Jahrhunderts beherrschten die Päpste Rom in so vollkommener Ruhe, daß sie in dieser Epoche des politischen Absterbens Italiens und auch der Erstarrung des Papsttums ihre glücklichste, aber ruhmloseste Zeit gehabt haben.»

Mit dem Ende des 17. und dem Beginn des 18. Jahrhunderts trat der länger schon latent vorhandene Säkularisierungsprozeß des Abendlandes mehr und mehr in den Vordergrund. Zwar regierten die meisten Fürsten noch immer «von Gottes Gnaden». Mochten sie sich Gott gegenüber verantwortlich fühlen, so verlor sein Stellvertreter auf Erden mehr und mehr an religiöser Autorität.

Ausgerechnet in einem der katholischsten Länder wurde das erstmals und sehr deutlich sichtbar – noch Jahrzehnte vor der eigentlichen Säkularisation, nämlich in Österreich in der Person des «apostolischen» Kaisers und Königs Joseph II., dem ältesten Sohn von Maria Theresia. Als Mitregent seiner Mutter mußte er noch auf ihre ganz der süddeutsch-barocken, römisch-katholischen Welt verhafteten Neigungen Rücksicht nehmen, aber kaum saß er allein auf dem Thron, entwickelte er Reformpläne von einer Art, wie man sie im katholischen vorrevolutionären Europa nicht für möglich gehalten hätte.

Papst Pius VI. (1775–1799) muß in Rom zuerst an einen Irrtum geglaubt haben, als er hörte, daß sein geliebter Sohn, der apostolische Kaiser, alle Anordnungen aus dem Klerus – ob sie nun vom Papst oder von Bischöfen kamen – von seiner Zustimmung abhängig machte. Alles, was der katholischen Welt seit Jahrhunderten lieb und teuer war, ließ dieser reformwütige Habsburger nun einschränken oder verbieten: religiöse Bruderschaften, Wallfahrten, Bittgänge; die meisten kirchlichen Feiertage wurden schlichtweg abgeschafft, fast alle Klöster aufgehoben, kirchliche Schulen und Seminare unter staatliche Leitung gestellt.

Papst Pius VI. – Goethe nannte ihn «die schönste, würdigste Männergestalt» – huldigte zwar einem gemäßigten Nepotismus, doch er nahm sein Amt ernst und arbeitete bis zur Erschöpfung. Wegen seiner höflichen und gewinnenden Art verliehen ihm die Römer den Titel «Il persuasore» (= der Überreder, der Überzeuger).

Als der Papst einsehen mußte, daß Kaiser Joseph es mit seinen Reformen bitterernst meinte, reiste er – was damals höchst ungewöhnlich war – selber nach Wien, um zu retten, was vielleicht noch zu retten war. Er wurde dort sehr feierlich und höflich empfangen, doch erreichen konnte er nichts. Was Joseph II., der sich ja trotzdem als christkatholischer Herrscher verstand, in seinem nüchternen, aufklärerischen Reformeifer bewirkte – oder auch nicht, weil es viel zu schnell ging –, war eine Lappalie, verglichen mit dem Programm der Französischen Revolution, die alles auf den Kopf stellte, was die alten abendländischen Institutionen Thron und Altar betraf. Adel und Priester mußten aufs Schafott, auf die Altäre der Kirchen setzte man – in Gestalt einer nackten Frau – die Göttin Vernunft. Wer von der Geistlichkeit auf die neue Verfassung schwor, blieb im Amt und am Leben, aber dies taten nur sieben Bischöfe und etwa ein Drittel des übrigen Klerus. Doch war dies nur der erste Schritt, denn im Herbst 1793 beschloß der Nationalkonvent die Abschaffung des Christentums wie auch der christlichen Zeitrechnung. Zwei Jahre später nahm man einiges wieder zurück, und was an Kirchen noch stand oder nicht profanisiert war, durfte wieder geöffnet werden.

Papst Pius VI. mußte diese Entwicklung in Rom hilflos mit ansehen, und als der damalige Revolutionsgeneral Napoleon erobernd in Italien einfiel, säbelte er Stück um Stück vom Kirchenstaat ab: Bologna, Ferrara, Ravenna, Imola, Faenza fielen ihm ohne einen Schwertstreich zu. Der Papst mußte am Ende noch seine Unterschrift auf die Abtretungserklärung setzen und wurde dazu um fünfunddreißig Millionen Lire erleichtert. Später mußte er noch Avignon und die gesamte Romagna an Frankreich abtreten, woraus der Nationalkonvent – von Napoleon inspiriert – eine «Cisalpinische Republik» bildete.

Dem achtzigjährigen Papst wurde nicht einmal die Gefangennahme erspart, als er am 10. Februar 1798 in französische Hände fiel. General Berthier schleppte den Greis durch halb Italien und schließlich nach Frankreich, wo er am 29. August 1799 in Valence starb.

Die Kirche, das Papsttum, schienen am Ende, doch Pius VI. hatte bestimmt, sein Nachfolger solle gewählt werden, wo immer sich die meisten Kardinäle zusammenfinden konnten. Dies geschah in Venedig, und am 14. März 1800 wurde Pius VII. auf den Stuhl Petri gehoben. Was sein Vorgänger von Kaiser Joseph erdulden mußte, war ein Kinderspiel, gemessen an den Demütigungen, die ihm der zum Kaiser avancierte Napoleon bereitete.

Für den Dezember 1804 zitierte man Pius VII. wie einen Hofkaplan zur Krönung nach Paris. Als er während der Zeremonie die Kaiserkrone ergreifen wollte, nahm Napoleon sie ihm aus der Hand und setzte sich das neugeschaffene Juwel selber auf.

Zwar durfte der Papst nach Rom zurück, wurde aber sieben Jahre später auf Napoleons Befehl festgenommen und nach Savona verbannt. 1813 zwang ihm der listenreiche Kaiser einige Zugeständnisse ab, doch Napoleons Stern sank, und am 20. Mai 1814 zog Pius VII. triumphal in Rom ein.

Sogar sein Gegner Napoleon konnte nicht umhin, von ihm zu sagen: «Er ist ein Lamm, wahrhaft ein guter Mensch, ein Engel an Güte.»

Dabei war Pius keineswegs reaktionär, obwohl ihm der Antiklerikalismus seiner Zeit schwer zu schaffen machte; doch er hatte einen Blick für Menschen und machte Ercole Consalvi zu seinem Staatssekretär. Dieser gewiefte Diplomat und Politiker war liberal genug eingestellt, um auch von reformfreudigen Staatsmännern akzeptiert zu werden, gab aber wichtige Positionen der Kirche dabei keineswegs auf und erreichte nach Napoleons Sturz auf dem Wiener Kongreß die Anerkennung des Papstes als weltlicher Fürst, was bei der damaligen Stimmung gewiß nicht leicht war.

Jacques Louis David (1748–1825), der Hofmaler Napoleons, hat auch Pius VII. porträtiert. Wir sehen ein hageres, etwas asketisches Gesicht mit großen klugen und gütigen Augen und einen empfindsamen Mund.

Die Leiden der Päpste Pius VI. und Pius VII. habe ich vor allem deshalb gestreift, weil auf eine solche Zeit der Demütigung fast zwangsläufig eine Reaktion erfolgen muß, und die finden wir in der Person Papst Leos XII. (1823–1829), der wohl nicht imstande war, aus der Vergangenheit zu lernen, sondern als haßerfüllter Reaktionär der Kirche weiteren Schaden zufügte.

Der als Annibale, Graf della Genga, 1760 geborene war zuvor Erzbischof von Köln und päpstlicher Nuntius, wurde 1816 Kardinal und Bischof von Sinigaglia, bis ihn Pius VII. 1820 als Kardinalvikar nach Rom berief. Ohne Zweifel war er ein tüchtiger und ehrgeiziger Mann, denn die Zeiten waren endgültig vorbei, wo ein erlauchter Name – den er ohnehin nicht trug – beim Vatikan Tür und Tor öffnete.

Daß der liberale Staatssekretär Consalvi seit jeher Leos Gegner war, lag auf der Hand, er hörte sich zwar den Rat des Vielerfahrenen an, um dann genau das Gegenteil zu tun. Consalvi starb vier Monate nach Papst Pius VII., und Leo XII. begann nun sogleich, das Ruder herumzureißen, als wolle er für all das Rache nehmen, was man dem Papsttum seit Kaiser Joseph II. angetan hatte.

Stur, kleinlich, mißtrauisch und mit fanatischem Eifer versuchte er auf allen Gebieten das Rad der Geschichte zurückzudrehen. Dabei ging er soweit, die von Consalvi eingeführte Pockenimpfung als «teuflisch» verbieten zu lassen, ungerührt von der sogleich wieder ansteigenden Sterbeziffer. Die schon fast bedeutungslos gewordene Inquisition erhielt neuen Auftrieb, das Spitzelwesen blühte wie nie zuvor. Ziel von Leos Verfolgung waren die freisinnigen Geheimgesellschaften, an der Spitze die Carbonari (Köhler). In ihrer Organisation ähnelten sie den Freimaurern, waren aber – im Gegensatz zu diesen – eher politisch ausgerichtet. Sie kämpften für liberale Staatsformen, wie sie Napoleon in seinem Imperium eingeführt hatte. Nach dessen Sturz erfolgte ein Rückfall ins 18. Jahrhundert, doch die Zeit der absolutistischen Feudalherrschaft war in Europa vorbei.

Im Kirchenstaat aber wollte Papst Leo die alten, herrlichen Zeiten wiederherstellen, und so standen die Carbonari an der Spitze seiner Abschußliste. «Wie der Herr, so's Gscherr», lautet ein alter deutscher Spruch, und so, wie Pius VII. seinen Consalvi fand und klug walten ließ, beschäftigte Leo XII. einen Kardinallegaten namens Rivarolo, den er auf die vor allem in der Romagna tätigen Geheimgesellschaften ansetzte und der – ein Freisler seiner Zeit – binnen kurzem fünfhundertacht Personen festnehmen und aburteilen ließ, davon sieben zum Tode und vierundvierzig zu lebenslanger bzw. langjähriger Zwangsarbeit. Die meisten von ihnen wurden unter Polizeiaufsicht gestellt, durften ihre Häuser nur zu bestimmten Zeiten verlassen und mußten alle vier Wochen zur Beichte gehen.

Nachdem auf Rivarolo ein Anschlag verübt worden war, setzte ihn der Papst ab, und sein Nachfolger trat mit Todesurteilen und anderen schweren Strafen in seine Fußstapfen. Wie sehr er damit liberale, aber gläubige und gutwillige Katholiken verprellte, liegt auf der Hand.

Auch Rom spürte Leos harte Hand. Die Juden ließ er wieder ins Ghetto sperren; die Theater wurden streng beaufsichtigt und zensiert, in den Weinhäusern durfte nur noch Wein gekauft, aber nicht mehr getrunken werden. Man kann sich denken, wie beliebt ihn das bei den Römern gemacht hat. So wurde der Kirchenstaat im ganzen Abendland zum Synonym für Rückständigkeit.

Leopold von Ranke (1795–1886), der große deutsche Historiker, befand sich damals in Rom und urteilte über Leo XII.: «Gewiß, er hatte gute Absichten; er suchte nichts für sich selber; er bestritt seine Tafel mit einem Scudo des Tages. Allein neu in den Geschäften, wie er war, erfüllt von Doktrinen, ohne rechte Vorbereitung, ohne wahre Kenntnis der Sachen, beging er viele Mißgriffe. Was durch Consalvi ja noch zustande gekommen war, ging nun wieder zugrunde. Auch andere Päpste haben sich verhaßt gemacht, aber einige Anhänger hatten sie immer. Leo XII. war bei allen verhaßt, vom Prinzen bis zum Bettler; niemand war sein Freund.»

Natürlich hatte dieser Papst auch positive Seiten. Er war jedem Nepotismus abhold, lebte sehr bescheiden und hat sich in der Armenpflege, durch den Bau von Krankenhäusern, die Bekämpfung der Straßenkriminalität und die Neuordnung des Schulwesens große Verdienste gemacht.

Als Papst Leo XII. am 10. Februar 1829, nur wenige Tage vor dem Karneval, starb, dichtete das römische Volk den Epilog:

«Drei Übel fügt uns zu der Heilige Vater:
Er nahm die Krone an, lang leben tat er
und im Tod den Karneval verdorben hat er.»

Dieser Papst hatte, wenn auch in extremer Ausprägung, nur verkörpert, was in ganz Europa vor sich ging: Überall wurde versucht, die Aufklärung aufzuhalten.

Kaiser Josephs II. Reformwerk – ihm blieben dafür nur zehn Regierungsjahre – wurde unter seinen Nachfolgern weitgehend revidiert und zurückgenommen. Schon sein unmittelbarer Nachfolger, Leopold II. (1790–1792), gab der Kirche die Leitung ihrer inneren Angelegenheiten zurück, und vieles, was der übereifrige Reformer – ohne auf den Volkswillen zu achten – verboten hatte, wurde wieder zugelassen.

Nicht anders war es im Königreich Bayern, um ein zweites typisches Beispiel zu nennen. Was König Max I. (1756–1825) an Klöstern und kirchlichen Einrichtungen, beraten von dem freisinnigen Minister Graf Montgelas, seit 1803 aufgehoben und der Staatskasse einverleibt hatte, machte sein anfangs durchaus liberaler Nachfolger Ludwig I. (1786–1868) später wieder zunichte. Er, dessen Leidenschaft dem Städtebau, der Kunst und den Frauen galt, pflegte eine romantische Liebe zur Religion, ließ die meisten der aufgehobenen Klöster wiedererstehen, sah den Protestanten streng auf die Finger und führte die Zensur wieder ein. Die Liebschaft mit Lola Montez war nur der Schlußpunkt, aber gewiß nicht der Hauptgrund seiner Abdankung am 20. März 1848.

Doch das von der Französischen Revolution ausgehende und im Code Napoléon niedergelegte neue Verständnis von Menschenwürde und -rechten war nicht mehr auszutilgen, und wie in Bayern nach 1848, wurden auch in Deutschland und anderen europäischen Ländern die konstitutionellen Monarchien eingeführt.

Im Kirchenstaat blieb zunächst alles beim alten. Papst Gregor XVI. (1831–1846) trat in die Fußstapfen Leos XII. und gab sich manchmal reaktionärer als dieser. Das Wort Reformen hatte für ihn etwas Anrüchiges, ja Verbrecherisches, und so lehnte dieser Papst auch Dinge wie Eisenbahnen, Gasbeleuchtung, wissenschaftliche Forschung und Kongresse konsequent ab. Er war weltfremd und verbohrt, hat seine Zeit und ihre Erfordernisse nie begriffen. Auf seinen Befehl mußte der Hofbarbier Moroni eine Papstgeschichte von Pius VII. bis zu seinem Pontifikat verfassen, wobei der Papst selber mitwirkte. Man kann sich denken, was dabei herauskam. Wie oft bei solchen Traditionalisten hatte er viel Sinn für alte Kunst und erweiterte die Vatikanischen Museen um eine etruskische und eine ägyptische Abteilung. Ihm mußten auch die deutschen Nazarener gefallen, denn die auf das Mittelalter bezogene Kunst von Overbeck, Cornelius, Veit und anderen kam seinen Anschauungen entgegen.

Sein Tod wurde wenig betrauert. Um so mehr Hoffnungen setzte man auf den Grafen Mastai-Ferretti, der ihm am 16. Juni 1846 als Pius IX. folgte.

Die Hoffnung schien mehr als berechtigt, denn kaum einen Monat nach seiner Wahl erließ Papst Pius IX. eine Amnestie für politische Gefangene und wurde dafür gerade in liberalen Kreisen frenetisch gefeiert. Sogar die Vertreter des italienischen Risorgimento, der nationalen Einheitsbewegung, schrieben ihm begeisterte Briefe. Als sich aber die politische Lage komplizierte, geriet Pius in ein Dilemma, dem er nicht gewachsen war.

Dazu schreibt Hans Kühner: «Pius' verhängnisvoller Fehler war seine Unfähigkeit, anders als mit überströmender Gefühlsseligkeit zu reagieren, anstatt der sich überstürzenden Bewegung als klardenkender Staatsmann Herr zu werden. So riß ihn der

Zwiespalt zwischen seinem Amt als Papst und als volksbeglük-
kender Herrscher in immer tiefere Wirrnis.»

Das Volk in ganz Italien, mehr oder minder durch den nationalen Einheitsgedanken motiviert, wollte die Habsburger aus der
Lombardei, Venetien und dem Piemont vertreiben, weil es nicht
mehr einsehen konnte, was Österreich auf italienischem Boden
zu suchen hatte – übrigens ein Relikt aus dem Wiener Kongreß,
der mit seinen Länderverteilungen und -verschiebungen wenig
auf sprachliche und ethnische Grenzen Rücksicht genommen
hatte. Die damals begangenen Fehler mußte nun die darauffol-
gende Generation ausbaden.

Papst Pius IX. jedenfalls lehnte es ab, gegen Österreich Krieg
zu führen, und verscherzte sich damit die Sympathien von vielen
Teilen der italienischen Bevölkerung. Kurz nach seiner Thronbesteigung soll er noch über die Österreicher gesagt haben: «Hinaus
mit den Barbaren!», und er hatte sich auch bereit erklärt, dem
geplanten «Italienischen Bund» beizutreten. Daß päpstliche
Truppen sich in Richtung Norden in Bewegung setzten, wurde
im nationalen Übereifer schon als eine Kriegserklärung an Österreich verstanden. Doch Pius versuchte, die Dinge zurechtzurük-
ken, als er verkünden ließ, er habe nur die Grenzen des Patrimonium Petri schützen wollen, denn als Oberhaupt der Kirche sei er
mit aller Welt im Frieden. Auch in bezug auf den «Italienischen
Bund» machte er einen Rückzieher, und schließlich erklärte er am
29. April 1848, es sei ihm nicht möglich, gegen Österreich Krieg
zu führen, da sein Amt es erheische, alle mit der gleichen
väterlichen Liebe zu umfassen. Diese im Grunde ehrenwerte und
eines Papstes durchaus würdige Einstellung ließ ihn nun in ganz
Italien zum Lügner und Verräter werden, und überall wurde der
Ruf nach seiner Absetzung laut. Seine Popularität schwand und
wandte sich ins Gegenteil.

Es ist fragwürdig, ja lächerlich, Geschichte im nachhinein
durch kluge Ratschläge oder Patentrezepte korrigieren zu wollen, aber eine kleine Spekulation darf schon erlaubt sein. Hätte
Papst Pius IX. in dieser Situation einen Kompromiß gefunden,
einen Weg der Mitte versucht, so stünde er heute vor der
Geschichte anders da. Leider wählte er diesen Weg nicht und ließ

sich ins Lager der Radikalkonservativen hinunterziehen. Sein Nachfolger Leo XIII. äußerte sich darüber im privaten Kreis: «1846 eilte er überstürzt voran, um zwei Jahre später ebenso überstürzt wieder umzukehren.»

Für den Kirchenstaat hatte das fatale und sehr blutige Folgen. Zudem ernannte er den nicht einmal zum Priester geweihten und anfangs liberal eingestellten päpstlichen Schatzmeister Giacomo Antonelli (1808–1876) zum Kardinalstaatssekretär. Dieser wandelte sich jedoch zum Erzreaktionär und bestimmte von da an praktisch die Politik des Vatikans. Antonelli war ein geschickter und wendiger Diplomat, aber korrupt und ein unbarmherziger Verfolger jeder liberalen Bewegung. Er war es, der den Papst in den Wirren von 1848 zur Flucht nach Gaeta überredete, während man in Rom Pius IX. die weltliche Herrschaft aberkannte. Dieser bat Frankreich, Österreich und Spanien um Militärhilfe, und so waren es kurioserweise die seit der Revolution eher kirchenfeindlichen Franzosen, die Rom nach einmonatigen heftigen Kämpfen eroberten und den Papst wieder einsetzten.

So kehrte Pius IX. am 12. April 1850 in die Heilige Stadt zurück, und Antonelli begann, einen absolutistischen Polizeistaat einzurichten. Von vielen Seiten wurde versucht, des Papstes starre Haltung zu durchbrechen – es wurden goldene Brücken gebaut, Kompromisse vorgeschlagen, doch die Antwort lautete stets: «Non possumus!» (Wir können es nicht.)

Kaiser Napoleon III. von Frankreich lud die Völker 1859 zu einem europäischen Kongreß, um eine Lösung zu finden. Als Pius sich jedem Zureden verschloß, ließ Napoleon Victor Emanuel, dem designierten König von Italien, freie Hand.

Giuseppe Garibaldi, der anarchistisch angehauchte Erzrevolutionär, von den Liberalen ständig gebraucht und öfter auch mißbraucht, eroberte Sizilien und Neapel und wollte gleich weiter nach Rom ziehen, um dort die Pfaffenherrschaft zu stürzen. Man hinderte ihn daran, und der Papst warb ein Heer von 20 000 Mann – meist Franzosen, Schweizer und Österreicher – an, um das Patrimonium Petri bzw. seine Reste wirksam verteidigen zu können. Zuvor hatten sich nämlich durch Volksabstimmung Neapel, Umbrien und die Marken von der päpstlichen

Herrschaft losgesagt. Bei den beiden letzteren Provinzen ergab die Auszählung ca. 230 000 Stimmen dafür und nur 1600 dagegen.

Am 17. März 1861 wurde Victor Emanuel zum König von Italien ausgerufen. Dem Papst hatte man dafür angeboten (Seppelt/Schwaiger): «... den Verzicht auf Rom, Anerkennung seiner Souveränität, eine ansehnliche Zivilliste und weitgehende Freiheiten und Privilegien der Kirche, Freiheit des Dogmas, der Disziplin, der kanonischen Gesetzgebung, der kirchlichen Jurisdiktion, der bischöflichen Gewalt etc.»

Der skeptische französische Botschafter hatte dazu vorher bemerkt, man könne mit denselben Aussichten auf Erfolg dem Papst vorschlagen, Protestant zu werden.

Pius verbohrte sich immer tiefer in seinen Trotz und spielte die Rolle des verfolgten christlichen Märtyrers. Wie um aller Welt zu beweisen, daß er – kraft göttlicher Eingebung – gar nicht imstande war, Unrecht zu begehen, berief er am 8. Dezember 1869 das zwanzigste Allgemeine Konzil (auch Vatikanum genannt) ein und verkündete am 18. Juli 1870 das Dogma von der päpstlichen Unfehlbarkeit. Am Tag darauf erklärte Frankreich Deutschland den Krieg, der am 10. Mai 1871 mit der französischen Kapitulation endete und Papst Pius – für den sich kein Staat mehr einsetzte – die weltliche Herrschaft kostete. Damit hörte der Kirchenstaat nach etwa tausend Jahren auf zu bestehen. Man bot dem Papst eine Rente an, aber der jetzt fast Achtzigjährige besaß Würde genug, sie abzulehnen. Er saß gleichsam als Gefangener im Vatikan und wies alle Vorschläge ab – auch die gutgemeinten. 1878 ließ er sich herbei, den todkranken König Victor Emanuel vom Kirchenbann zu lösen, weigerte sich jedoch, seinem Nachfolger Umberto den Königstitel zuzuerkennen, was aber kaum jemand störte.

Am 7. Februar 1878 starb Papst Pius IX. Sein Wesen und sein Verhalten hat die Meinungen polarisiert. Die einen sehen in ihm den christlichen Dulder, den aufrechten Streiter, ja den Märtyrer um der Kirche willen, die anderen den verbohrten und unbelehrbaren Reaktionär, der – statt die Zeichen der Zeit zu erkennen – die Welt auch noch mit dem Dogma der Unfehlbarkeit vor den

Kopf stieß. Das ist eine Frage des Standpunkts und der religiösen Einstellung, die hier nicht erörtert werden kann.

Dieser Papst – alle Welt erkannte es an – war von Güte und Nächstenliebe geprägt, lebte äußerst bescheiden und haßte den Nepotismus so sehr, daß er männliche Verwandte aus Rom verjagen ließ. Doch er war auch eitel, liebte Lob und Beifall, liebte auch die Künste, besonders die Musik. Mit Franz Liszt verband ihn eine persönliche Freundschaft. Er selber wußte um seine Starrsinnigkeit, als er einmal bemerkte: «Ich bin der Stein, wohin ich falle, da bleibe ich liegen.»

Der geistige Umbruch Mitte des 19. Jahrhunderts hat diesen Stein aus dem Wege geräumt, späteren Päpsten aber auch ein neues, anderes Selbstverständnis gegeben. Pius IX. war gewiß eine tragische Gestalt, und sein Starrsinn hat Kriege entfacht und vielen Menschen das Leben gekostet. Als letzter Papst in der Kirchengeschichte mußte Pius noch als weltlicher Fürst auftreten, und hätte er sich – anstatt den tyrannischen Antonelli schalten und walten zu lassen – zu einer Entscheidung aufgerafft, vielleicht wäre die Abtrennung des Kirchenstaates unblutig verlaufen.

Am direkten Kriegführen waren die künftigen Päpste verhindert, doch daß sie indirekt oft sehr nachdrücklich auf das Geschehen einwirkten, verdeutlicht ein Beispiel aus dem Pontifikat Papst Pius' XII. (1939–1958), das wieder sehr aktuell geworden ist, denn der Konflikt zwischen Serben und Kroaten ist bekanntlich uralt, wurde aber immer wieder von neuem angefacht.

Das folgende Beispiel ist naturgemäß sehr vereinfacht, läßt vieles außer acht, weil es nur das Verhalten von Papst Pius in bezug auf diesen Fall beleuchten soll. Ich folge hier der genauen, detailreichen und historisch unbestrittenen Darstellung von Karl Heinz Deschner in seinem Buch «Die Politik der Päpste im 20. Jahrhundert». Deschner nennt das betreffende Kapitel: «Katholische Schlachtfeste in Kroatien oder Das Reich Gottes». Es beginnt mit den Worten: «Wie die Missionierung Rußlands ist die Katholisierung des Balkans ein altes Ziel Roms. Ende des 19., Anfang des 20. Jahrhunderts suchte man es immer energischer zu erreichen; erst mit dem Beistand des Hauses Habsburg, dann auch mit Unterstützung des wilhelminischen Deutschlands, zuletzt mit Hilfe Mussolinis und Hitlers.»

Aufgrund ihrer Geschichte tendierten die orthodoxen Serben nach dem Osten, also nach Rußland, mit dem sie Religion und kyrillische Schrift verband, während sich die römisch-katholischen Kroaten mit ihrer lateinischen Schrift dem Westen verbunden fühlten. So arbeiteten in den dreißiger und vierziger Jahren die faschistisch regierten Länder Italien und Deutschland eng mit Ante Pavelić, dem kroatischen Führer einer faschistisch-katholischen Partei, zusammen. Dessen erklärte Hauptfeinde waren «die serbische Staatsgewalt, die internationale Freimaurerei und das Judentum».

Am 10. April 1941 besetzten die Deutschen Zagreb und proklamierten ein «Unabhängiges Kroatien». Im selben Monat wurden die Serben den Juden gleichgestellt und mußten eine blaue Armbinde tragen. In Restaurants, Verkehrsmitteln, Geschäften und Telefonzellen hingen Schilder mit der Aufschrift: «Betreten für Serben, Juden, Nomaden und Hunde verboten.»

Was aber hat Papst Pius XII. damit zu tun? Zunächst einmal dies: Ante Pavelić handelte mit der Zustimmung des Papstes. Wie weit dieser von den Greueln in Kenntnis gesetzt war, mag dahingestellt bleiben. Deschner schreibt: «Als der vom Papst gesegnete Pavelić am 26. Juni 1941 den katholischen Episkopat in Audienz empfing und Erzbischof Stepinac ‹von ganzen Herzen Ehrerbietung› bezeugte, auch ‹ergebene und treue Mitarbeit für die strahlendste Zukunft unseres Vaterlandes› versprach, hatte das katholische Kroatien innerhalb von sechs Wochen schon drei orthodoxe Bischöfe, mehr als hundert orthodoxe Priester und Mönche samt 180 000 Serben und Juden ermordet.»

Die Greuel nahmen ein solches Ausmaß an, daß selbst die italienischen Faschisten protestierten und sich sogar bei den Nazis der Widerstand regte. Deschner schreibt:

«Am 17. Februar 1942 berichtet der wohl kaum großer Empfindlichkeit verdächtige Chef der Sicherheitspolizei und des SD dem Reichsführer SS: ‹Die von den Kroaten niedergemetzelten und mit den sadistischsten Methoden zu Tode gequälten

Pravoslaven müssen schätzungsweise auf 300 000 Menschen beziffert werden ...› Zu bemerken ist hierbei, daß letztlich die katholische Kirche durch ihre Bekehrungsmaßnahmen und ihren Bekehrungszwang die Ustascha-Greuel forciert hat, indem sie auch bei der Durchführung ihrer Bekehrungsmaßnahmen sich der Ustascha bedient ... Tatsache ist, daß in Kroatien lebende Serben, die sich zur katholischen Kirche bekannt haben, unbehelligt wohnen bleiben können ... Daraus ist ersichtlich, daß der kroatisch-serbische Spannungszustand nicht zuletzt ein Kampf der katholischen Kirche gegen die pravoslavische Kirche ist.»

Daß der stets wohlinformierte Papst gerade darüber nichts gewußt hat, ist nur schwer vorstellbar. Die damals kaum vom Kommunismus angekränkelten Serben trieb dieses Verhalten scharenweise in die Arme von Titos Partisanen.

Pavelić aber, der Massenmörder, trat stets als treuer Sohn der Kirche auf, umgab sich mit Priestern, pilgerte nach Rom, hielt einen eigenen Beichtvater und verkündete dem Papst: «Heiliger Vater! Als die gütige Vorsehung Gottes zuließ, daß ich das Steuer meines Volkes und meines Vaterlandes in meine Hände nahm, habe ich fest beschlossen und mit allen meinen Kräften gewünscht, daß das kroatische, seiner glorreichen Vergangenheit immer getreue Volk dem Heiligen Apostel Petrus und seinen Nachfolgern für die Zukunft treu bleiben solle und daß unser vom Gesetz des Evangeliums durchdrungenes Volk das Reich Gottes werde.»

Der Ustaschaführer wurde dabei von den meisten katholischen Orden unterstützt, wobei sich die Franziskaner – es fällt schwer, dies zu glauben – besonders hervortaten. Sie stellten ihre Klöster für die Ustascha als Waffenlager zur Verfügung, fanden sich in der Umgebung von Pavelić als «Berater» – etwa von der Art eines Pater Simić, der im Mai 1941 erklärte: «Alle Serben in möglichst kurzer Zeit zu töten, das ist unser Programm.»

Ein anderer Franziskaner, Miroslav Filipović-Majstorović, war zeitweise sogar Kommandant des Vernichtungslagers Jasenovac, wo etwa 200 000 Serben und Juden ermordet wurden.

Sogar Erzbischof Stepinac, der eng mit der Ustascha zusammenarbeitete, nannte das Lager «einen Schandfleck» und protestierte gegen die Morde. Um seine kritische Haltung zu demonstrieren, übergab er bei einem Rombesuch im Mai 1943 Papst Pius 34 Dokumente und ein Memorandum, das uns heute gespenstisch anmutet. Ich zitiere aus einem Bericht, der unter dem Titel «Gottesstaat im Teufelskreis» in der «Zeit» vom März 1992 erschienen ist: «Barbarische Grausamkeiten seien während der ‹nationalen Revolution› von ‹verantwortungslosen Individuen› ohne Wissen, wenn auch im Namen der Staatsmacht begangen worden. Dann zählte der Kirchenfürst in zehn Punkten Beweise dafür auf, daß die Regierung Pavelić ‹auch viel Gutes› getan habe. An erster Stelle, daß die Zahl der Abtreibungen, die ‹vor allem von jüdischen und orthodoxen Ärzten inspiriert wurden›, von jährlich etwa 60 000 auf 20 000 gesunken sei. Die ‹wahre Pest›, die Pornographie und die Freimaurerei, seien verschwunden. Das Regime kämpfe gegen den Kommunismus und verbiete das Fluchen, fördere den Religionsunterricht, sogar beim Militär; es unterstütze die Priesterseminare, den Kirchenbau, die ‹Caritas› und habe die Monatsgehälter der Priester erhöht.»

Übrigens blieb auch der Hilferuf unbeantwortet, den der Oberrabbiner von Zagreb am 4. August 1942 an den Papst sandte und worin u.a. stand: «In den letzten Monaten haben sich die kroatischen Behörden, wenn sie um Nachrichten über Juden gebeten wurden, in unerklärliches Schweigen gehüllt ... Polizeichef Dr. Eugen Kvaternik, bei dem ich mich über die Grausamkeit gegen Juden jeden Alters und Standes beklagt habe, ließ mich folgendes wissen: Die deutsche Regierung hat angeordnet, daß alle Juden innerhalb von sechs Monaten nach Deutschland transportiert werden müssen, wo – wie mir der gleiche Kvaternik sagte – in letzter Zeit zwei Millionen Juden getötet wurden. Es scheint, daß dasselbe Schicksal die kroatischen Juden erwartet ... Ich bemühe mich ständig, etwas für ihre Rettung zu tun. Der Polizeichef verzögert auf meine Anregung hin soweit wie möglich die Befehlsausführung. Er wäre froh, wenn der Heilige Stuhl sich für den Widerruf des Befehls einsetzen könnte.»

Nun, der katholische Kreuzzug in Kroatien endete mit dem

Untergang der faschistischen Regime in Italien und Deutschland, aber wie endete Pavelić, Massenmörder und treuer Sohn der Kirche?

Dazu Deschner:

«Während rund 150 000 seiner Männer noch kämpften, floh er mit einer Eskorte von Hauptakteuren, darunter etwa 500 katholische Kleriker, an ihrer Spitze der Bischof von Banja Luka, Jozo Gavić, und der Erzbischof von Sarajewo, Ivan Sarić, der 1960 in Madrid starb. Mit Zentnern geraubten Goldes im Kloster Sankt Gilgen bei Salzburg aufgenommen, wurde Pavelić zwar von den Briten verhaftet, infolge einer ‹mysteriösen Intervention› jedoch bald wieder freigelassen. Als Priester verkleidet, gelangte er nach Rom, wohnte, als Pater Gomez und Pater Benarez, erneut in einem Kloster und erreichte 1948, als Pablo Aranyoz, Buenos Aires, immer noch 250 Kilo Gold und 1100 Karat Edelsteine im Gepäck – und begleitet von Erzbischof Stepinacs früherem Verbindungsmann zum Vatikan, dem Geistlichen Draganović, den ihm die ‹Commissione d'assistenza pontifica› zur Verfügung gestellt. Nach Peróns Sturz entging Dr. Pavelić 1957 einem Revolverattentat sowie der argentinischen Polizei, landete abermals in einem Kloster, diesmal bei Madrider Franziskanern, und starb, siebzigjährig, Ende 1959, sinnigerweise im deutschen Krankenhaus der spanischen Hauptstadt, mit dem Segen des Papstes.

Sollte das stets wohlinformierte heilige Rom nichts von den Schandtaten dieses Mannes, seines Staates, seiner Kleriker gewußt haben? Doch der Londoner Rundfunk, die alliierte Presse, selbst italienische Zeitungen verbreiteten sich ganz offen darüber. Von allen alliierten Regierungen trafen Protestschreiben beim ‹Statthalter Christi› ein. Auch der Erzbischof von Belgrad, Dr. Ujcić, hatte ‹Informationen über die Massaker ... aus den verschiedensten Quellen erhalten› und ‹alles an den Vatikan weitergeleitet›.

Aber Pius XII. schwieg wie über Auschwitz und so vieles.»

Er schwieg auch zu den Judenverhaftungen in Italien. Rolf Hochhuth hat den ganzen Komplex in seinem Theaterstück «Der Stellvertreter» dargestellt. Dazu ein Beispiel.

Als am 16. Oktober 1943 im römischen Judenviertel 1259 Festnahmen erfolgten – etwa tausend davon kamen nach Auschwitz – kam keinerlei Protest aus dem Vatikan, was den damaligen Botschafter am Heiligen Stuhl, Ernst von Weizsäcker, zu dem Bericht nach Berlin veranlaßte:

> «Der Papst hat sich, obwohl dem Vernehmen nach von verschiedenen Seiten bestürmt, zu keiner demonstrativen Äußerung gegen den Abtransport der Juden aus Rom hinreißen lassen. Obgleich er damit rechnen muß, daß ihm diese Haltung von seiten unserer Gegner nachgetragen und von den protestantischen Kreisen in den angelsächsischen Ländern zu propagandistischen Zwecken gegen den Katholizismus ausgewertet wird, hat er auch in der heiklen Frage alles getan, um das Verhältnis zu der deutschen Regierung und den in Rom befindlichen deutschen Stellen nicht zu belasten.»

Was hatte der Papst zu fürchten? Wollte er den Duce nicht verprellen? Als damals die römischen Juden verschleppt wurden, hatte man schon etwa drei Millionen ihrer Glaubensgenossen in die Gaskammern getrieben. Papst Pius schwieg dazu. Später verbreitete sein Sekretär, der Jesuit Robert Leiber, die Lüge, der Papst habe nichts davon gewußt. 1964 aber war in der «Civiltà Cattolica» zu lesen, daß er die Tatsachen sehr wohl kannte.

Daß man auch durch Schweigen die Mörder ermuntern, ja, ihnen rechtgeben kann, war diesem Heiligen Vater offenbar nicht bewußt.

Der Nachfolger Pius' XII. war wohl die erfreulichste Gestalt unter den Päpsten bis auf den heutigen Tag. Ein dicker, fröhlicher Mann, unverkrampft, jedem Pomp abhold und ehrlich bemüht, über manchen der langen Schatten der Kirche zu springen. Ihm widmete sogar Nikita Chruschtschow lobende Worte und gratulierte als erster sowjetischer Staatschef einem Papst zum Geburtstag, wofür sich Johannes XXIII. (1958–1963) herzlich bedankte. Vielen konservativen katholischen Kreisen war das gar nicht recht, aber davon ließ sich der Bauernsohn Roncalli nicht beeinflussen. Auch Johannes stand eisern zum Zölibat, aber unter seinem Pontifikat konnten Priester in Sexualnöten auf Verständnis hoffen, das heißt sie durften heiraten, wurden ihres Priesteramtes entbunden und konnten als Religionslehrer weiterarbeiten. Anders als sein Vorgänger hielt er in Krisenzeiten nicht den Mund, zeigte sich auch nicht parteiisch, sondern sandte während der Kubakrise an die amerikanische und die sowjetische Botschaft eine dringende Aufforderung, «vor dem Schrei der Menschheit nach Frieden nicht taub zu bleiben».

Es ist völlig gleichgültig, ob dieser Appell zum guten Ausgang der Krise beigetragen hat – dieser Papst hat als Haupt eines großen Teils der Christenheit nicht geschwiegen, wenn ein furchtbares Unheil drohte. Unter seinem Pontifikat waren Ansätze zu erkennen, die Kirche – mit jahrhundertelanger Verspätung – in ein neues Zeitalter zu führen, doch mehr zu erreichen wäre nur einem Papst vergönnt gewesen, der sich nicht davor gescheut hätte, bei Teilen der Kirche in den Ruch eines Antichristen zu kommen. Was wäre schon gewesen, hätte einer von Roncallis Nachfolgern manche von dessen Anregungen aufgenommen und behutsam weitergeführt, aber genau das Gegenteil trat ein.

Papst Paul VI. – «Pillenpaule» (1963–1978) – und besonders Johannes Paul II. schreckten vor jedem Umdenken zurück und machten zunichte, was unter Johannes XXIII. behutsam zu keimen begann. Dabei knüpften sich an Karel Wojtyla viele Hoffnungen liberal denkender Katholiken, und es hagelte Vorschußlorbeeren. Sogar der bissige Helmut Schmidt, Protestant und Sozialdemokrat, brummte gerührt: «Bei einem solchen Mann würde ich beichten.»

Ein «Papst zum Anfassen», gebildet, vielsprachig, weltoffen und eindeutig auf seiten der sozial Schwachen – ja, ein solcher Papst würde die Liberalität von Johannes XXIII. nicht nur fortführen, sondern gewiß noch übertreffen. Männer, die sich zum Priesteramt berufen fühlten, aber nicht auf eine Familie verzichten wollten, machten sich kühne Hoffnungen; von Gewissensqualen gepeinigte Frauen erwarteten das erlösende Wort zu Pille und Kondom.

Zunächst aber erfüllte dieser Papst alle Erwartungen in bezug auf politische und soziale Ethik und stellte sich – zumindest verbal – immer auf die Seite der Benachteiligten und Verfolgten, sowohl in den kommunistischen Ländern wie auch in Lateinamerika, wo er mit scharfen Worten das dort herrschende Hochkapital angriff. K. H. Deschner sieht aber auch die andere Seite, wenn er schreibt:

«Der Papst klagt an, aber zu einer faktischen Verbesserung all der grauenhaften Zustände trägt er nichts bei. Im Gegenteil. Seine eigene Kirche saugt mit aus. Sie braucht erwiesenermaßen ein Vielfaches dessen, was sie anderen gibt ... Sie verschlingt mit Haut und Haaren. Mit den Seelen. Sie will total, den Menschen, die Herrschaft. Der Status quo, kein Zweifel, kommt ihr zugute. Also klagt der Papst nur scheinbar an. Er heuchelt. In all seinen Enzykliken, in all seinen Hunderten, ja Tausenden von Reden, Erklärungen fehlen dann auch detaillierte, konkrete Fingerzeige, fehlen wirtschaftliche, soziale, politische Modelle völlig. Das eigentliche Elend ist für ihn, den Kirchenpolitiker, auch gar nicht die verheerende politische, die wirtschaftliche Situation, sondern die sittliche, die religiöse Verkümmerung. Die Misere resultiert aus den ‹Strukturen der Sünde›, ist ‹die Frucht vieler Sünden›.»

Dies alles mag gutgemeint und von der Überzeugung beseelt sein, es richtig zu machen, doch wird es den heutigen Problemen nicht mehr gerecht. Nicht nur der bekannte und polemische Kirchenkritiker Deschner, auch die übrige und gerade die katholische Welt erkennt und bedauert dies mehr und mehr, ist verbittert und enttäuscht. In einer Umfrage der Zeitschrift «FOCUS» zum Jahreswechsel im Dezember 1994 wurde die Frage «Hat Papst Johannes Paul II. dem Ansehen der katholischen Kirche sehr geschadet?» mit 13% und «eher geschadet?» mit 35% beantwortet.

Diese Einstellung hat sich in den letzten Jahren verstärkt, was die Medien zum Ausdruck bringen.

Die «Süddeutsche Zeitung» widmete Johannes Paul II. in ihrem «Magazin» am 18. Januar 1991 eine Titelgeschichte, in der es u.a. heißt: «Die Welt drehte sich, der Papst blieb stehen. Es wird sich erst noch zeigen müssen, wer die bessere Position hat. Aber daß die Öffentlichkeit, ergriffen von seiner charismatischen Ausstrahlung, ihn falsch eingeschätzt hat, ist gewiß. Was bewegt diesen Papst eigentlich? Woraus leitet er seine Haltung ab? Ist sie vielleicht – in einer rational verzwecklichten Lebenswelt, in einem von überall heraufziehenden, religiöses Leben aufzehrenden Alltags-Atheismus – die derzeit einzig mögliche eines Pontifex maximus? Oder wird er, der Vertreter der neben China letzten unreformierten Weltmacht, mit seiner strikten Haltung zur Empfängnisverhütung gar als Hauptverantwortlicher einer tödlichen Weltübervölkerung in die Geschichte eingehen?»

Seine sture Haltung zur Empfängnisverhütung trägt, wie viele glauben, pathologische Züge. Im selben Artikel heißt es weiter: «Keines der Probleme, die an seinem Beginn standen, ist gelöst, viele haben sich verschärft: der Priestermangel, die Auszehrung der Orden, die binnenkirchlichen Gegensätze. 80 000 Gläubige verlassen jährlich allein in Deutschland ihre Kirche, die Zahl der Priester ist in der Bundesrepublik von 27 500 (1965) auf 18 943 (1989) geschrumpft. Bei der Behandlung von Sexualthemen wirken die Oberkatholiken so hilflos, daß selbst Männer Gottes wie Prälat Franz Henrich, Direktor der Katholischen Akademie in München, schon vermuten, ‹die Unterleibsfixierung in der Kirche› trage ‹psychopathologische Züge›. Die Haltung des Vatikans zur Frage des Zölibats umgehen viele Priester inzwischen auf ihre Art: zwanzig Prozent, ergab eine Umfrage in den USA, haben eine sexuelle Beziehung mit mindestens einer Frau, zehn Prozent eine aktive homosexuelle Beziehung mit einem Mann.»

Immer wieder wird von allen Seiten die rigorose und völlig anachronistische Moraldoktrin dieses Papstes kritisiert und dazu im «Spiegel» (25/1992) der amtsenthobene Priester und weithin bekannte Kirchenkritiker Eugen Drewermann zitiert. «Drewermann nennt sie unmenschlich und unchristlich, weil der Papst allen Frauen die Pille, allen Schwangeren die Abtreibung, allen Priestern die Ehe und allen Geschiedenen und standesamtlich

Wiederverheirateten die Teilnahme an den Sakramenten verbietet.»

Anstatt sich diesen harten und drängenden Fragen zu stellen und dafür gemeinsam mit dem Kirchenvolk, wenn schon nicht Lösungen, so doch Kompromisse zu finden, weicht Papst Wojtyla auf eine hektische und anachronistische Marienverehrung aus, wozu der «Spiegel» (25/1992) anmerkt:

«Stärker noch als seine Vorgänger forciert der polnische Papst die Verehrung der Gottesmutter Maria, die auf den Dogmen von ihrer Jungfräulichkeit und ihrer leiblichen Himmelfahrt fußt. Er tut es mit immer neuen Reisen in Marienorte, mit immer neuen Marienandachten, mit immer neuem Marienlob in nahezu allen längeren Äußerungen.»

Wer in diesen Tagen den «eiligen Vater» auf einer seiner Reisen in die dritte Welt über Familienplanung reden hört, der muß glauben, dieser Papst predige bewußt den Untergang einer Menschheit, die schon auf das Zehnfache dessen angewachsen ist, was Professor Heinz Haber in seinem Buch «Eiskeller oder Treibhaus» für die Erde für tragbar hält. Trotz aller manchmal verzweifelten, häufig aber eher laschen Bemühungen, das Wachstum der Bevölkerung zu bremsen, sind wir heute (1994) bei etwa 5,7 Milliarden angelangt und werden – laut seriösen Vorhersagen – im Jahr 2000 bei 6,3 Milliarden, im Jahr 2050 bei etwa 10 Milliarden liegen.

Diese Zahlen vor Augen sperrt sich der Vatikan rigoros gegen jede Art wirksamer Geburtenkontrolle, nennt Kondome «Werkzeuge des Satans» und verteufelt Apotheker, die solche anbieten.

Im April 1994 schrieb P.-H. Lehmann im «Stern»: «Der 264. irdische Stellvertreter Christi beharrt auf der längst widerlegten mittelalterlichen These, daß ein männliches Spermium allein schon der volle Samen sei (‹semen verum›), der alleinige Lebensspender. Demnach sind Kondome Samen-Mülltonnen – Lebensvernichter. Der Papst ignoriert dabei die biologische Realität, daß erst die Vereinigung des Spermiums mit der weiblichen Eizelle zwei halbe Chromosomensätze zu einem Bausatz menschlichen Lebens verschweißt.

Kondome, Spirale und Pille – alle ‹künstlichen› Verhütungsmittel – sind dem Heiligen Stuhl ein Greuel. Gestattet sind nur ‹natürliche› Vorbeugungsmaßnahmen wie die Thermometer-Prozedur von Knaus–Ogino, mit der die Frau die empfängnisfreien Tage ermittelt, oder die Billings-Methode, bei der weibliche Schleimfäden inspiziert werden. Beide Methoden gelten als ebenso gottgenehm wie ungenau.

Die päpstliche Pillenpolitik, in der Enzyklika ‹Humanae vitae› beschworen, ist kirchenrechtlich lediglich eine Empfehlung. Der Vatikan erweckt indes den Eindruck, sie sei Dogma (‹göttliche›, unwiderlegbare Lehre), und stürzt damit viele Gläubige in aller Welt in Gewissensqualen.»

Im Juni 1984 richtete der Papst an den Generalsekretär der Weltkonferenz für Bevölkerungsfragen den folgenden unglaublichen Appell:

«Die Kirche verurteilt als schwere Beleidigung der menschlichen Würde und der Gerechtigkeit alle Aktivitäten von Regierungen oder anderen öffentlichen Autoritäten, die in irgendeiner Weise die Freiheit der Ehegatten, über Nachkommenschaft zu entscheiden, zu beschränken versuchen. Dementsprechend ist jede gewaltsame Maßnahme dieser Autoritäten zugunsten der Empfängnisverhütung oder gar der Sterilisation und der Abtreibung völlig zu verurteilen und mit aller Kraft zurückzuweisen. Auf die gleiche Weise ist die Tatsache als schweres Unrecht zu bezeichnen, daß in den internationalen Beziehungen die Wirtschaftshilfe zur Förderung der unterentwickelten Völker von Programmen zur Empfängnisverhütung, Sterilisation und Abtreibung abhängig gemacht wird.»

Weiß dieser Papst nicht, wie viele Millionen Menschen jährlich verhungern? Kennt er nicht das Elend der Kinderbanden in Lateinamerika? Gott hat uns, seine Geschöpfe – im Gegensatz zum Tier – mit Vernunft begabt, und diese muß uns sagen, daß heutzutage die Hauptgefahr auf der Welt in der maßlosen und ständig steigenden Überbevölkerung liegt.

«Der Gerechte erkennt die Sache der Armen, der Gottlose achtet keine Vernunft», lautet ein Spruch des weisen Salomon.

Chronologie der Päpste[1]

Petrus −64/67?

Linus 64/67?−79?

Anenkletus (Anaclet I.) 79?−90/92?

Clemens I. 90/92?−99/101?

Evaristus 99/101?−107?

Alexander I. 107?−116?

Xystus (Sixtus I.) 116?−125?

Telesphorus 125?−136?

Hyginus 136/38?−140/42?

Pius I. 140/42?−154/55?

Anicetus 154/55?−166?

Soter 166?−174?

Eleutherus 174?−189?

Victor I. 189?−198?

Zephyrinus 198?−217?

Kallistus (Calixtus I.) 217?−222

*Hippolyt[2] 217?+−235

Urban I. 222−230

Pontianus 230−235

Anterus 235−236

Fabianus 236−250

Cornelius 251−253

*Novatianus 251−258?

Lucius I. 253−254

Stephan I. 254−257

Sixtus (Xystus) II. 257−258

Dionysius 260 (259?)−267 (268?)

Felix I. 268 (269?)−273 (274?)

Eutychianus 274 (275?)−282 (283?)

Caius 282 (283?)−295 (296?)

Marcellinus 295 (296?)−304

Marcellus I. 307?−308?

Eusebius 308 (309?, 310?)

Miltiades (Melchiades) 310 (311?)−314

Silvester I. 314−335

Marcus 336

Julius I. 337−352

Liberius 352−366

*Felix (II.) 355−358 (365)

Damasus I. 366−384

*Ursinus 366−367

Siricius 384−399

Anastasius I. 399−401

Innozenz I. 402−417

Zosimus 417−418

Bonifatius I. 418−422

*Eulalius 418−419

Coelestin I. 422−432

Sixtus (Xystus) III. 432−440

Leo I. 440−461

Hilarus 461−468

Simplicius 468−483

Felix II. (III.) 483−492

Gelasius I. 492−496

Anastasius II. 496−498

Symmachus 498−514

*Laurentius 498−506

Hormisdas 514−523

Johannes I. 523−526

Felix III. (IV.) 526−530

*D[?]ioskur 530

Bonifatius II. 530−532

Johannes II. 533−535

Agapet I. 535−536

Silverius 536−537

Vigilius 537−555

Pelagius I. 556−561

Johannes III. 561−574

Benedikt I. 575−579

Pelagius II. 579−590

Gregor I. 590−604

Sabinianus 604−606

1 Nach Seppelt, F.-X. / Schwaiger, G.: *Geschichte der Päpste*, München (Kösel) 1964.

2 Die mit * versehenen Namen bezeichnen die Gegenpäpste.

Bonifatius III. 607
Bonifatius IV. 608–615
Deusdedit (Adeodatus I.) 615–618
Bonifatius V. 619–625
Honorius I. 625–638
Severinus 640
Johannes IV. 640–642
Theodor I. 642–649
Martin I. 649–653
Eugen I. 654–657
Vitalianus 657–672
Adeodatus II. 672–676
Donus 676–678
Agatho 678–681
Leo II. 682–683
Benedikt II. 684–685
Johannes V. 685–686
Konon 686–687
*Theodor 687
*Paschalis 687
Sergius I. 687–701
Johannes VI. 701–705
Johannes VII. 705–707
Sisinnius 708
Constantinus I. 708–715
Gregor II. 715–731
Gregor III. 731–741
Zacharias 741–752
*Stephan 752
Stephan II. 752–757
Paul I. 757–767
*Constantinus II. 767–768
*Philippus 768
Stephan III. 768–772
Hadrian I. 772–795
Leo III.[3] 795–816
Stephan IV. 816–817
Paschalis I. 817–824
Eugen II. 824–827
Valentinus 827
Gregor IV. 827–844
*Johannes 844
Sergius II. 844–847
Leo IV. 847–855

Benedikt III. 855–858
*Anastasius 855
Nikolaus I. 858–867
Hadrian II. 867–872
Johannes VIII. 872–882
Marinus I. (Martin II.) 882–884
Hadrian III. 884–885
Stephan V. 885–891
Formosus 891–896
Bonifatius VI. 896
Stephan VI. 896–897
Romanus 897
Theodor II. 897
Johannes IX. 898–900
Benedikt IV. 900–903
Leo V. 903
Christophorus 903–904
Sergius III. 904–911
Anastasius III. 911–913
Lando 913–914
Johannes X. 914–928
Leo VI. 928
Stephan VII. 929–931
Johannes XI. 931–935/36
Leo VII. 936–939
Stephan VIII. 939–942
Marinus II. (Martin III.) 942–946
Agapet II. 946–955
Johannes XII. 955–963 (964)
Leo VIII. 963–965
Benedikt V. 964
Johannes XIII. 965–972
Benedikt VI. 973–974
*Bonifatius VII. (Franco) 974
Benedikt VII. 974–983
Johannes XIV. 983–984
Bonifatius VII. (Franco) 984–985
Johannes XV. 985–996
Gregor V. 996–999
*Johannes XVI. 997–998
Silvester II. 999–1003
Johannes XVII. 1003
Johannes XVIII. 1003 (1004?)–1009
Sergius IV. 1009–1012

3 Die fett gedruckten Namen bezeichnen die im Buch ausführlicher behandelten Päpste.

Benedikt VIII.   1012–1024
*Gregor VI.   1012
Johannes XIX.   1024–1032
Benedikt IX.   1032–1045
*Silvester III.   1045
Gregor VI.   1045–1046
Clemens II.   1046–1047
*Benedikt IX.   1047–1048
Damasus II.   1048
Leo IX.   1049–1054
Victor II.   1055–1057
Stephan IX.   1057–1058
Benedikt X.   1058–1059
Nikolaus II.   1058–1061
Alexander II.   1061–1073
*Honorius II.   1061–1072
Gregor VII.   1073–1085
*Clemens III.   1084–1100
Victor III.   1086–1087
Urban II.   1088–1099
Paschalis II.   1099–1118
*Theoderich   1100–1102
*Albert   1102
*Silvester IV.   1105–1111
Gelasius II.   1118–1119
*Gregor VIII.   1118–1121
Calixtus II.   1119–1124
Honorius II.   1124–1130
*Coelestin II.   1124
Innozenz II.   1130–1143
*Anaklet II.   1130–1138
*Victor IV.   1138
Cölestin II.   1143–1144
Lucius II.   1144–1145
Eugen III.   1145–1153
Anastasius IV.   1153–1154
Hadrian IV.   1154–1159

Alexander III.   1159–1181
*Victor IV.   1159–1164
*Paschalis III.   1164–1168
*Calixtus III.   1168–1178
*Innozenz III.   1179–1180
Lucius III.   1181–1185
Urban III.   1185–1187
Gregor VIII.   1187
Clemens III.   1187–1191
Coelestin III.   1191–1198
Innozenz III.   1198–1216
Honorius III.   1216–1227
Gregor IX.   1227–1241
Coelestin IV.   1241
Innozenz IV.   1243–1254
Alexander IV.   1254–1261
Urban IV.   1261–1264
Clemens IV.   1265–1268
Gregor X.   1271–1276
Innozenz V.   1276
Hadrian V.   1276
Johannes XXI.   1276–1277
Nikolaus III.   1277–1280
Martin IV.   1281–1285
Honorius IV.   1285–1287
Nikolaus IV.   1288–1292
Cölestin V.   1294
Bonifatius VIII.   1294–1303
Benedikt XI.   1303–1304
Clemens V.   1305–1314
Johannes XXII.   1316–1334
*Nikolaus V.   1328–1330
Benedikt XII.   1334–1342
Clemens VI.   1342–1352
Innozenz VI.   1352–1362
Urban V.   1362–1370
Gregor XI.   1370–1378

Großes Abendländisches Schisma

Urban VI. (Rom)   1378–1389
Bonifatius IX. (Rom)   1389–1404
Innozenz VII. (Rom)   1404–1406
Gregor XII. (Rom)   1406–1415
Clemens VII. (Avignon) 1378–1394

Benedikt XIII. (Avignon) 1394–1417
                                                    (1423)
Alexander V. (Pisa)   1409–1410
Johannes XXIII. (Pisa)   1410–1415

Martin V.   1417–1431
*Clemens VIII.   1423–1429
*Benedikt XIV.   1425–?
Eugen IV.   1431–1447
*Felix V.   1439–1449
Nikolaus V.   1447–1455
Calixtus III.   1455–1458
Pius II.   1458–1464
Paul II.   1464–1471
Sixtus IV.   1471–1484
Innozenz VIII.   1484–1492
Alexander VI.   1492–1503
Pius III.   1503
Julius II.   1503–1513
Leo X.   1513–1521
Hadrian VI.   1522–1523
Clemens VII.   1523–1534
Paul III.   1534–1549
Julius III.   1550–1555
Marcellus II.   1555
Paul IV.   1555–1559
Pius IV.   1559–1565
Pius V.   1566–1572
Gregor XIII.   1572–1585
Sixtus V.   1585–1590
Urban VII.   1590
Gregor XIV.   1590–1591
Innozenz IX.   1591
Clemens VIII.   1592–1605
Leo XI.   1605
Paul V.   1605–1621

Gregor XV.   1621–1623
Urban VIII.   1623–1644
Innozenz X.   1644–1655
Alexander VII.   1655–1667
Clemens IX.   1667–1669
Clemens X.   1670–1676
Innozenz XI.   1676–1689
Alexander VIII.   1689–1691
Innozenz XII.   1691–1700
Clemens XI.   1700–1721
Innozenz XIII.   1721–1724
Benedikt XIII.   1724–1730
Clemens XII.   1730–1740
Benedikt XIV.   1740–1758
Clemens XIII.   1758–1769
Clemens XIV.   1769–1774
Pius VI.   1775–1799
Pius VII.   1800–1823
Leo XII.   1823–1829
Pius VIII.   1829–1830
Gregor XVI.   1831–1846
Pius IX.   1846–1878
Leo XIII.   1878–1903
Pius X.   1903–1914
Benedikt XV.   1914–1922
Pius XI.   1922–1939
Pius XII.   1939–1958
Johannes XXIII.   1958–1963
Paul VI.   1963–1978
Johannes Paul I.   1978
Johannes Paul II.   seit 1978

Bibliographie

Die Bibel: Verschiedene Evangelisch-Lutherische und Ökumenische Ausgaben.

Bradford, S.: **Cesare Borgia,** Hamburg (Hoffmann und Campe) 1979.

Cellini, B.: **Leben des Benvenuto Cellini,** Frankfurt/M. (Insel) 1957.

Chamberlin, E. R.: **Unheilige Päpste,** Tübingen/Stuttgart (Wunderlich) o.J.

Cremer, E.: **Lorenzo de Medici,** Frankfurt/M. (Klostermann) 1970.

Deschner, K.: **Die Politik der Päpste im 20. Jahrhundert,** Reinbek (Rowohlt) 1991.

–: **Das Kreuz mit der Kirche,** Düsseldorf (Econ) 1992.

Diwald, H.: **Geschichte der Deutschen,** Berlin (Ullstein) 1987.

Döllinger, J. J. von: **Papstfabeln des Mittelalters,** Kettwig (Phaidon) 1991.

Friedenthal, R.: **Luther,** München (Piper) 1990.

Gelmi, J.: **Die Päpste in Lebensbildern,** Graz (Styria Graz) 1989.

Gregorovius, F.: **Geschichte der Stadt Rom im Mittelalter,** 8 Bde, Stuttgart (Cotta) 1869–74; Neuauflage München (Beck) 1988.

–: **Lucrezia Borgia,** München (dtv) 1991.

Handbuch der Kirchengeschichte, hrsg. v. Jedin, H., Freiburg/B. (Herder) 1978/79.

Heer, F.: **Karl der Große und seine Welt,** Wien (Molden) 1977.

Herrmann, H.: **Savonarola,** Gütersloh (Bertelsmann) 1977.

Kelly, J. N.: **Reclams Lexikon der Päpste,** Ditzingen (Reclam) 1988.

Kindlers Malereilexikon, Köln (Lingen) 1971.

Kühner, H.: **Lexikon der Päpste,** Wiesbaden (Fourier) 1991.

Meyers Großes Konversations-Lexikon, Leipzig und Wien (Bibliograph. Institut) 1902–1909

Nette, H.: **Friedrich II. von Hohenstaufen,** Reinbek (Rowohlt) 1975.

Obermeier, S.: **Ludwig der Bayer,** Weilheim (Stöppel) 1989.

–: **Walther von der Vogelweide,** Reinbek (Rowohlt) 1992.

Papafava, F.: **Vatikan-Führer,** Florenz 1975.

Ranke, L. von: **Französische Geschichte,** Stuttgart (Koehler) 1954.

Seppelt, F.-X. / Schwaiger, G.: **Geschichte der Päpste,** München (Kösel) 1964.

Sprenger, J. / Institoris, H.: **Der Hexenhammer,** München (dtv) 1982.

Stacke, L.: **Deutsche Geschichte,** Bielefeld (Velhagen/Klasing) 1892.

Valentin, V.: **Geschichte der Deutschen,** Köln (Kiepenheuer & Witsch) 1991.

Vasari, G.: **Lebensläufe der berühmtesten Maler, Bildhauer und Architekten,** Zürich (Manesse) 1993.

Personenregister